儒家政治哲學

朱國斌 主編

儒家政治哲學
政治、城市和日常生活

Confucian Political Philosophy
Politics, Cities and Daily Life

貝淡寧

吳萬偉譯

統　籌　陳小歡
實習編輯　張琳鈺（香港城市大學亞洲及國際研究學系三年級）
封面設計　蕭慧敏　Création 城大創意製作
排　版　劉偉進

本書前言的英文版由*Books and Ideas*出版；第一章的英文版由University of Hawaii Press出版；第二至十章、十二至十六章的英文版由Princeton University Press出版，第十一章由*Journal of Chinese Philosophy*出版，並經其授權翻譯出版。版權所有，不得翻印。

©2019 香港城市大學

本書版權受香港及國際知識版權法例保護。除獲香港城市大學書面允許外，不得在任何地區，以任何方式，任何媒介或網絡，任何文字翻印、仿製、數碼化或轉載、播送本書文字或圖表。

國際統一書號：978-962-937-269-9

出版
　　香港城市大學出版社
　　香港九龍達之路
　　香港城市大學
　　網址：www.cityu.edu.hk/upress
　　電郵：upress@cityu.edu.hk

©2019 City University of Hong Kong

Confucian Political Philosophy: Politics, Cities and Daily Life
(in traditional Chinese characters)

ISBN: 978-962-937-269-9

Published by
City University of Hong Kong Press
Tat Chee Avenue
Kowloon, Hong Kong
Website: www.cityu.edu.hk/upress
E-mail: upress@cityu.edu.hk

Printed in Hong Kong

目錄

第一部分　儒家民主

第二部分　中國新儒家

第三部分　城市的精神

總序

約自上世紀八十年代起，「全球化」（globalization）逐步成為公眾和學術討論中一個不可繞開的關鍵詞。從物質形態看，全球化首先是指資本、貨物與技術的跨境流動，基本上經歷了跨國化、局部國際化及全球化這三個發展階段。然而，全球化的影響穿越了資本等界域，進入到思想和學術空間。國與國之間政府和人民的頻繁交流，以及互聯網帶來的充分資訊流動，令各地人們對世界認知的視野更為廣闊，程度更為深厚，甚至在傳統上被認為發展中或欠發達的偏遠落後地區，人們亦會觀察、思索、追尋社會發展的路徑，希冀能從慣性及舊有的制度和思維中掙脱開來。

全球化令世界當代思潮層出不窮湧現，百家爭鳴、交相輝映，中國情況亦然。世紀之交特別是進入新世紀之後，中國人文社科學術界和思想界出現了一批有重大學術和社會影響力的學者、思想家，他們出世入世，探討學術，砥礪思想，耕耘專業，發表了一批對學術和思想有突出貢獻、對社會有承擔的時代作品。

傳播知識和交換思想是出版人肩負的神聖使命。香港城市大學出版社決定出版一套全新的思想性與學術性叢書，旨在推動及實踐引領思潮、激發新思想、喚醒公民意識的使命。

本叢書遂命名為「Civitas / 思想共和國」。*Civitas*（拉丁文），據羅馬共和末期的哲學家、政治家、雄辯家西塞羅（Cicero）的定義，是指由法律統一起來的、由公民（*cives* 或 citizens）組成的社會團體。法律規定公民責任，同時賦予他們權利。比照今天的話語，它描述的就是「公民社會」。「共和國」（Republic）亦源自拉丁語 "*res publica*"，意思是「人民的公共事務」。今天，人們使用它來描述一種民主政體。古希臘偉大哲學家柏拉圖曾以《共和國》為題討論正義問題，並首先討論國家的正義和體制。

本叢書取中文名「思想共和國」，除表達現代社會是公民社會、每個公民皆具獨立思考和行動能力之意涵之外，也希望能夠匯納百家、交換傳播來自大中華乃至世界各地著名思想家和學者的新觀念、新思維、新理論，一方面擴展讀者的思想維度、引領讀者在自由的思想空間漫遊，另一方面啟迪讀者的思想路徑、平等探究箇中的哲理。

在公民的參與意識和權利意識日漸形成並高漲的今日，不同的價值觀並存於同一個時空之下並不一定帶來矛盾和衝突；多元的社會需要成員之間的自由交流和各抒己見。矛盾與多元最能激發思維震盪，啟迪思考，與時俱進形成更多新思想。

時代在進步，進步得益於新思想。

做一個有思想的共和國公民。

是為序。

朱國斌

香港城市大學教授、法學博士

二〇一六年春夏之交，九龍塘

自序

非常榮幸有機會在香港城市大學出版自己的學術著作。首先，繁體字豎版書寫的傳統，從審美的角度看令人賞心悅目。本書主張恢復傳統，而這種出版形式正好反映了思想內容。其次，我之所以特別高興，是因為文章能夠以完整的形式發表，無需受到審查刪減。幸運的是，香港仍然是學術自由的綠洲（在中國大陸，我有關儒家政治哲學的文章往往受到審查。）第三，我本人的儒家政治哲學觀點在一定程度上歸功於我在香港城市大學工作的親身經歷（二〇〇〇年到二〇〇三年，我曾經在該校的公共及社會行政學系〔今公共政策學系〕任教）。那是我第一次與來自中國大陸的同事和學生有深度的互動交流，從這些討論中，我獲益良多。在此期間，我逐漸認識到儒家對中國知識分子來說不僅僅是學術議題，它還塑造了他們的世界觀和日常生活。我開始對這個話題感到痴迷，並決定舉家遷往中國大陸，目的就是要親眼目睹政治儒學在中國的復興。

正如本書所顯示的那樣，儒家倫理學不僅塑造了中國的國家政治，而且塑造了城市生活和人們在家庭和工作單位的日常生活交往。很少有人懷疑過去幾十年中國儒家的復興，我盡自己最大的努力記錄了這個現象，不僅依靠社會科學研究的方法，而且依賴自己在香港、北京、上海和青島的生活和工作經歷。鑒於自己受到正規的政治哲學專業訓練，我也試圖區分對儒家政治倫理學的闡釋，有些闡釋是道德上可欲的，有些闡釋在道德上是有問題的。為此，我試圖提出能夠得到中國和其他地方的進步政治思想家認可的闡釋。人們對儒家的最嚴重誤解之一是，認定儒家不過是老邁、嚴肅和保守的男人為現狀辯護的倫理學罷了。事實上，過去歷史上的很多儒家士大夫都是傑出的社會批評家，現在依然如此。儒家理想與「實際存在的儒學」之間仍然存在着很大的鴻溝，當代受儒家啟發的社會批評家必須首先提出適合現代社會的儒家理想，然後再想辦法消除或至少縮小理想與現實之間的差距。

值得注意的是，過去若干年來，我的觀點也發生了一些變化。十年前，我曾經半開玩笑地預測中國共產黨可能會改名為中國儒家黨。當然，我不敢肯定這樣的預測能夠美夢成真，但是，如果中國共產黨充分「儒家化」，我會感到非常開心。因為到那時，中國共產黨的領導將更加接近正式擁抱儒家思想。習近平主席於二〇一三年十一月二十六日曾前往儒家的故鄉曲阜參觀，我的預測似乎一度即將變成現實。但是現在，我對中國共產黨接受儒家作為官方意識形態有些信心不足了。一方面，官方將儒家定為國教，很可能是儒家哲學的死亡之吻，因為任何偏離官方闡釋的其他選擇都可能遭到禁止。在中國大陸，有關儒家倫理學的辯論熱烈和活躍；但是，如果由國家來決定誰是真儒家，誰是假儒家的話，這樣的辯論很可能就偃旗息鼓了。另一方面，我並不認為儒家或其他任何價值觀體系能夠為所有人或者絕大部分人提供有道德依據的答案，以便迎接當今時代面臨的挑戰。我們也需要輸入其他倫理傳統，包括社會主義、自由主義等。而且，我們比從前任何時候都更加需要開放的社會，允許人們討論什麼奏效，什麼不奏效；什麼好，什麼不好。在這些辯論中，儒家能夠和應該扮演重要角色，但是，它不能也不應該成為道德指南的唯一源泉。

我非常感謝吳萬偉教授，是他在過去十多年中一直忠實和高效地翻譯了我的大部分儒家政治哲學著作。隨着年齡的增長，我漸漸不怎麼記得之前所寫的東西了，他比任何人都更加了解我寫了什麼，包括我本人在內。我還要感謝香港城市大學出版社的社長朱國斌教授。朱教授是我的朋友，也是十五年前在城市大學工作的同事，當他提出能完整地出版我有關儒家政治哲學的文章時，我受寵若驚，深感榮幸。我還要感謝香港城市大學出版社的編輯陳小歡老師，她工作效率極高，為我提供了很多及時的幫助。最後，我要感謝山東大學的同仁們，在山東省這個地方，很多時候我們根本不需要別人提醒儒家的價值多麼大，影響力是多麼持久。

貝淡寧

山東大學政治學與公共管理學院院長

二〇一八年十月七日於山東省青島市

作者及譯者簡介

作者簡介

貝淡寧（Daniel A. Bell），山東大學政治學與公共管理學院院長、清華大學蘇世民書院哲學系教授。出生於加拿大蒙特利爾，先後求學於麥基爾大學、牛津大學（獲博士學位）。曾先後在一九九六年於香港大學、二〇〇〇年於香港城市大學任教。撰寫和主編多本著作，近作包括《賢能政治：為什麼尚賢制比選舉民主制更適合中國》、《城市的精神》、《中國新儒家》等。

譯者簡介

吳萬偉，河南洛陽市宜陽縣人。武漢科技大學外語學院教授，翻譯研究所所長。譯有《行為糟糕的哲學家》、《中國新儒家》、《分配正義簡史》、《大西洋的跨越：進步時代的社會政治》、《城市的精神》、《儒家民主：杜威式重建》等。

前言

離開自由框架，選擇儒家學説

專訪貝淡寧

本前言由艾米麗•弗蘭基爾（Emilie Frenkiel）所撰，記錄了與作者貝淡寧的訪談，原刊於 *Books & Ideas*。*

在回顧了從研究社群主義到接受儒家學說的轉變過程之後，政治哲學家貝淡寧指出人們應該把城市當作現代世界中代表不同社會價值觀的場所。他還認為當今中國推崇的賢能政治可能有助於矯正民主制度中的缺陷。

弗蘭基爾（以下簡稱「弗」）：你最早出版的著作之一《社群主義及其批評家》（*Communitarianism and Its Critics* [Oxford: Clarendon Press, 1993]）引用了查爾斯•泰勒、邁克爾•桑德爾、阿拉斯代爾•麥金泰爾等人的著作。你是否自認為是社群主義者？現在偏愛政治儒學的立場能描述為社群主義者嗎？

貝淡寧（以下簡稱「貝」）：我的第一本書（是在博士論文基礎上修改而成）確實是對當今英美當代社群主義的辯護。社群主義者批判自由主義的個人主義，理由是它沒有嚴肅對待社群。在社群主義者看來，美好的生活在於豐富的社會紐帶，政府的目的至少部分在於為那種生活提供必要的條件。自由很重要，但更多是作為實現好生活的手段，其中包括實現豐富的社會生活的手段。否認自由的社會往往也會否認實現豐富的和多樣的社會生活的機會：想想文化大革命，當時人們為了顯示對國家（至少是作為國家的象徵的毛澤東）的忠誠，不惜背叛家人。但是英美社群主義說到底是自由主義的「一個分支」，仍然意味着在自由民主的政治框架下運行。

一、發現儒學

剛開始研究儒學的時候，我意識到這是一個同樣強調社會生活的豐富的和多樣的倫理學傳統，若按另一個框架，它們不「附屬於傳統」。研究得愈多，我就愈發認識到儒學是一種能夠說明我從前大部分道德承諾的道德哲學：好生活意味着豐富的家庭紐帶和與朋友的親密關係，道德發源於親人，然後延伸到陌生人，以及我們應該承諾於社群甚至世界的生活幸福。我喜歡早期儒家模糊的形而上學，這或許符合多元化的宗教信仰。孔子等教育家和立法者主張依靠道德力量而不是嚴厲懲罰的觀點也很有吸引力，正如他的觀點——政府的首要任務是為窮人提供基本的生活條件。我也喜歡孟子的觀點，國外的人道主義總從減輕當地人民的物質痛苦來辯護，而不是推廣民主。有些女權主義學者重新闡釋儒家來顯示它符合性別平等的要求也讓我感到安慰。

但是，我與儒家學說的接觸也挑戰了我從前抱持的某些道德承諾。這不僅是為我的社群主義世界觀尋找更多彈藥的問題，而是我已經學到了新的和更好的觀點。通過閱讀《荀子》，我學會欣賞等級禮儀的道德價值，這些實際上有助於物質上的平等，看到下級給社會地位高的人鞠躬，我不再覺得不以為然。我也認識到唱歌有助於社會和諧，比從前更同情卡拉OK了。我明白了批判思考應該有個限度，不再盲目地鼓勵學生批判他們還沒有理解的文章。我還學會了質疑西方價值觀兩個「神聖」觀念。首先，我不再認為一夫一妻制是組織性關係的唯一值得嚮往的方式——拙著《中國新儒家》中關於性和卡拉OK一章引起了激烈的爭議——在這方面，儒家的思想就開放得多。其次，我不再認為一人一票形式的民主是組織政治關係的最好方式。我認為選擇領袖的其他形式如考試和舉薦相結合更容易實現善治。我坦白承認，在接觸儒家之前，我覺得這個觀點令人憂慮。所以 我認為現在與其說我是社群主義者，倒不如說我是儒家。

二、如何定義身份

弗：你如何闡述從最初的身份（加拿大人）到後來接受的身份（中國儒家）的轉變呢？你認為自己是儒家價值觀在東亞國家之外發揮作用的潛力化身嗎？

貝：我個人的身份認同更多是通過城市而不是國家來塑造的。我在蒙特利爾這個雙語城市出生和長大，這個事實非常清晰地影響了我的身份，但是，我很難解釋作為「加拿大人」意味着什麼或是什麼身份。這種困擾同樣也適用於北京、香港和新加坡：我在這幾個城市都生活了若干年，我的身份也被它們塑造和重新塑造。這種觀點在我和艾維納•德夏里特合著的《城市的精神》中有詳細闡述，我們並非過於放縱不知克制，而是要表明城市是如何塑造我們的身份。從倫理學的角度看，我確實認為我們更愛「市民」而不是國民，這恰恰因為我們與市民擁有更多的共同生活。儒家的差等之愛有助於解釋這一點：對關係最親密的人——家人和朋友，我們擁有的義務最大，因為他們為我們做的一切，因為他們是我們幸福的主要源泉。我們應該把這種愛和責任感向外擴展，但是延伸得愈遠，這種義務就變得愈小。因此，我們對市民的義務比對國民更多，因為城市是比國家更親密（或者至少更不遙遠）的社會關係之所。

雖然這樣說，我還是不敢肯定儒家是否有助於我理解沒有儒家淵源的地方的社會背景。我在拙著《城市的精神》[1] 中發現儒家非常有助於解釋北京、香港和新加坡的精神氣質，因為這幾個城市都受儒家傳統的影響，但是對解釋蒙特利爾、巴黎和紐約的精神則沒有多大幫助。我的合著者在解釋耶路撒冷、柏林和牛津時也沒有依靠儒家，我本人也同意儒家在這方面沒有多大價值。

當然，在歷史上，儒家超越了中國，傳播到其他地方，最終成為韓國和越南的主要社會和政治思想。未來，在理論上，西方社會「儒家化」是有可能的，不過，只有在西方社會遭遇長期的社會、經濟和政治危機情況下才可能發生這種事，正如中國在經歷了一個世紀的「國恥」之後才真正開放國門，向西方學習。我愛儒家，但我也不希望西方社會出現這樣的危機。

弗：在《城市的精神》中，你提到定量研究方法（在你回答佐尼斯（A. Tzonis）的評論時回顧了「個人體驗很重要」），這與你在其他研究中使用的方法一致嗎？

貝：

像很多寫作課題一樣，我們萌生創作該書的想法始於二〇〇一年九月初，當時我和好朋友艾維納•德夏里特在舊金山的大街上散步，我們被這座城市的獨特魅力所吸引，接着開始討論我們熟悉的其他城市，覺得它們也都很特別，各自都有非常有趣的地方，而確認這些城市的特徵是一件非常好玩的事。所以，我們就想那就共同寫一本書吧。政治理論中的許多辯論是有關國家和世界的，但城市當然也有倫理和政治上的意義。我們回顧了沃爾特•本雅明的途徑，認為通過在不同的城市閒逛，可以從親身體驗中闡述隱藏起來的種種社會和政治意義。但是，幾天後，恐怖分子襲擊了紐約，在城市悠閒地散步的計劃似乎成為非分之想。幸運的是，我們過於悲觀了，幾年後我們再次提起這個計劃。

說到方法，我們持非常開放的態度。只要能幫助我們解釋和評價城市的精神，我們都願意使用。對於從個人經驗角度看非常熟悉的城市，求助於親身體驗當然是有道理的。對於其他城市，我們採用了「閒逛的方法」：即我們先閱讀有關這個城市及其歷史的書，從而形成一些假設，然後在城市的大街上閒逛，檢驗、提煉、甚至拋棄某些假設，我們安排了與這些城市的居民訪談，對象包括不同階層、不同族群和不同性別的人。我們試圖發掘他們是否有一些共同點或至少有一些共同的話題。在適當的時候，我們也試圖利用定量的社會研究方法，如城市的價值觀調查。遺憾的是，相關的定量研究很少，大部分調查對比的是國家而不是城市。因此，在新加坡一章中我們較多地使用了調查數據，這恰恰因為它是一個城市國家。不過，最近幾年出現了很多以城市為基礎的研究，尤其是在中國，那裏有很多城市都試圖確定其獨特精神，這確實是令我們感到意外的驚喜。二〇一一年五月，我們在上海舉辦了一場「重新思考城市與身份」的研討會，收到不少有關城市精神的精彩論文，南京的城市精神就是由調查數據支持的。

至於定性研究方法是否與我在其他研究中使用的方法一致的問題，我的回答是，其實我根本沒有過多考慮方法問題，我相信很多政治理論家和我差不多。我們試圖思考一些具有社會和政治意義的有趣的和重要的問題，然後利用任何能夠幫助我們回答這些問題的方法（或信息）。真正思考研究方法往往是在書大部分已經完成了之後才出現的，我承認《城市的精神》就是如此。多數章節寫完之後，我們才開始寫長長的緒論，討論方法問題。我們確實基於這個方法修改了部分章節，但是基本內容並沒有因為明確思考方法問題而有所改變。讀者對書中大量的自傳性材料或許印象深刻，在此意義上，雖然該書確實與我的其他著作不同，但是艾維納和我的確相信這些材料有助於讀者理解我們的主要論點。

三、城市與國家

在該書的結尾，我提到妹妹和我把父親的骨灰撒在加拿大和美國邊境的品尼克山上。父親提出這個要求是因為他出生於美國，在加拿大度過了一生的大部分時間。在寫這該書的時候，我才開始思考這個問題，一經反思後就發現這個要求有點怪異。父親討厭任何形式的民族主義者，但不管願不願意，他仍然用國家的範疇思考問題。這個故事說明了民族主義思維的威力和非理性特徵。其實，父親喜歡紐約、蒙特利爾、巴黎，他在每座城市都生活了很多年。如果真要表達他最強烈的情感和最理性的欲望的話，他本來可以要求把骨灰撒在這些城市而不是兩國的邊境地區，或許他根本就沒有想到這個可能性。我希望你會同意這個故事很好地支持了我們的論點，即建立城市為基礎的身份認同的必要性。順便說一下，我希望家人把我的骨灰撒在該書討論的這些城市。

弗：該書的政治議程是什麼？

貝：

我們最初的假設是許多人熱愛他們的城市。「我愛紐約」的口號成為現代歷史上最成功的營銷口號決不是巧合。世界各地的城市都在複製這個口號，中國的首都常常能看到襯衫上用英文寫的「我愛北京」。人們很容易變得玩世不恭，會說所有這一切都是錢鬧的，「我愛多倫多」網站的廣告說它是「多倫多美好生活的指南」，結果只是房地產買賣而已。但是，這個口號確實觸動了真感情，人們真愛自己的城市。另一方面，國家不會使用這樣的口號。你看不到有人會穿着寫有「我愛加拿大」的襯衫上街。如果以史為鑒，人們有理由對期待國民在公開場合如此赤裸裸地、無節制地表達愛國熱情的政府感到擔憂。國家太大，太複雜、太多樣，因而太危險，不值得我們無節制地愛。因此，我們創造了「愛城主義」一詞來表達這種情感。隨着世界的都市化進程，愛城主義正在傳播到全世界的偏僻角落，原來的村莊和鄉鎮如今變成了國際大都市，它們競相爭奪居民、新移民和遊客的喜愛。

四、城市有精神

今天，超過一半的世界人口居住在城裏，這和一八〇〇年的不足百分之三形成鮮明對比。到二〇二五年，中國將擁有十五個平均人口達兩千五百萬的特大城市。人們有理由歡迎這樣的發展趨勢。允許資本、人才、商品自由流動的國際大都市往往對外國人和歷史上處於邊緣化的群體持一種更開放的態度。當然，城市無法提供村莊或鄉鎮給人的那種濃厚的共同體紐帶感，但城市居民往往對所在城市的特定生活方式感到自豪，並願意為此而努力。蒙特利爾人竭力推動該市的法語特徵，耶路撒冷人則努力強化其宗教身份認同。實際上，表達某種身份認同或精神的城市往往表現出最強烈的都市自豪感。

把全球化的開放性和強調地方特殊性結合起來的城市也往往具有吸引遊客的國際聲譽。人們前往牛津去感受那裏的學習精神，前往巴黎則是要參與其浪漫精神。當然，當地人或許不同意吸引遊客或參觀者的俗套觀念，但很少有人拒絕這些精神本身。居住在牛津「邊緣化」社區的人或許批評其精英主義教育途徑，迫使社會行動者重新思考人們公平接受教育的問題。荷里活式的愛情觀遭到巴黎人的拒絕：巴黎人的浪漫觀點是與資產階級生活形成對比。耶路撒冷的社會批評家認為，宗教應該有一種吸引人的新解釋，而不是專注於物品、石頭或聖物。北京也吸引了中國最著名的政治批評家雲集於此。簡而言之，城市精神為居民提供了政治論證的主要來源。

「城市有各自獨特的精神」這個觀點有悠久的歷史，這裏的精神是指導居民思維和判斷的共同的生活方式。在古代世界，雅典是民主的同義詞，斯巴達則代表了軍事化訓練。耶路撒冷表達了宗教價值觀，中國周朝時期作為首都的洛陽雙城（成周與王城）則以商業大都市而繁榮。

那麼，認為城市在現代世界代表不同社會價值觀的觀點說得通嗎？今天的都市區龐大、異質、多元化，認為某個城市代表了這種或那種精神似乎顯得怪異，但是只要想想北京和耶路撒冷就明白了：還有比這兩個城市差別更大的嗎？這兩個城市都被設計為圍繞一個中心的同心圓，但一個表達的是精神的、宗教的價值，另一個則表達的是政治權力。顯然，有些城市確實表達或特別強調了某種社會和政治價值觀。甚至在一個國家內部的城市如蒙特利爾和多倫多，北京和上海，或耶路撒冷和特拉維夫似乎也表現出價值觀的明顯差別。芝加哥的官方網站就明確區分了它與紐約的不同城市品質。就像國家一樣，城市常常成為集體自我身份認同的場所。

但是，這是好事嗎？如果人們過於激烈地確認自己民族的獨特性，這種爭奪很容易演變為仇恨和戰爭。但是，城市就不同，愛城主義其實能遏制民族主義的氾濫。除了像新加坡這樣的城市國家之外，城市一般沒有軍隊，所以城市的自豪感不大可能採取危險的形式。多數人確實需要確認某種社會特殊性，這種需要投射到城市往往更好。擁有強烈愛城主義情感的人要自我感覺良好並不需要強烈的愛國主義。雖然首都居民的民族主義情緒確實更強烈些，但同樣真實的是在危機時刻如受到外國支持的恐怖分子大襲擊時，人們往往能圍繞一面旗幟聚集起來。我們在世界九座城市的訪談顯示，大部分「城市居民」擁有自己的無需延伸到整個國家的身份認同。

確認一個城市的精神還有其他理由。全球化有黑暗的一面，這一點在中國比在任何地方都更真實，三十年的市場改革已經摧毀了許多傳統和生活方式。因此，中國等國的許多城市正在花費時間、金錢和心思去保護其獨特的精神，用以幫助抗衡全球化的同質性傾向。在長沙，有機構向市民諮詢該市獨特性的「精神」，這些調查結果對都市規劃和文化遺產保護產生了影響。打造城市品牌的努力在其他地方也很常見。特拉維夫的官方網站提到城市的目標，是要把它打造成為以色列同性戀者的首都和其中一個世界同性戀社區中心。

擁有一種精神的城市也能實現在國家層面上難以實現但令人嚮往的政治目標。讓美國或中國的政客來認真實施應對氣候變革的計劃，可能需要等待很長時間，但像波特蘭和杭州這樣為自己的環保精神感到自豪的城市，在環境保護方面可以做得遠遠超過國家標準。自封為「世界首都」的紐約市根據其抱負之城的精神有效地開展其自己的外交政策；市長布隆伯格（Bloomberg）已經實施他自己的氣候外交，通過直接邀請世界數百位市長來集中討論都市領袖如何共享政策倡議和技術來減少碳排放，規避以國家為基礎的高峰會。

推動城市精神還有很好的經濟理由。開發出一種清晰身份的城市能夠幫助復興凋敝的經濟。一個漂亮的博物館把西班牙的畢爾巴（Bilbao）從一個衰落的工業城市變成了藝術世界的聖地麥加。在中國，喜歡文化的遊客蜂擁參觀曲阜，因為他們想看看儒家鼻祖孔子的家鄉，這反過來促進了當地經濟的發展。如果城市推動儒家學説，許多人可能不擔心，但這些政策若在國家層面推行可能就引起很多爭議，因為國家應該平衡和兼顧多方的考慮。

最後，一個城市的精神也能激勵具有世界意義的社會和政治理論。雅典和斯巴達模式的競爭為柏拉圖和亞里士多德的政治理論提供了思想基礎，而中國社會和政治思想最具有創造性的階段，則出現在思想蓬勃發展的戰國時代的城市中。約翰‧洛克（John Locke）論寬容的信，就是受到他曾於十七世紀逗留的城市阿姆斯特丹——歐洲最開放和最寬容的城市——的直接啟發。當然並非巧合的是查爾斯‧泰勒（Charles Taylor）的多元文化主義和語言權利的理論來自蒙特利爾，那裏的居民不可避免地必須在這個城市微妙的語言政治航道中穿行。

弗：你目前在研究賢能政治。你認為它是自由民主的最好替代品嗎？你認為中國現有的制度是賢能政治嗎？

貝：賢能政治的含義是設計一種政治制度，挑選能力超過平均水平的政治領袖做知情的、道德上站得住腳的政治決斷。也就是説，賢能政治有兩個關鍵因素：一、政治領袖有超過平均水平的才能和品德；二、設計用來選拔這種領袖的機制。當今世界，賢能政治已在政治理論中黯然失色，但是，在中國背景下，復興並重新解釋這種政治理念尚有三個重要理由。其一、賢能政治過去是，也會一直是中國政治文化的核心；其二、西方民主是一種有缺陷的政治體制，而賢能政治有助於彌補其部分缺陷；其三、過去三十多年裏，中國共產黨本身正變得愈來愈崇尚賢能。我在下面將討論一下這幾個方面，最後提出一些縮小現實和賢能政治理想之間的差距的建議。

五、中國人為什麼重視賢能政治？

賢能政治是中國政治文化中的一個重要主題。「尚賢使能」的理念是春秋時期貴族等級解體的產物。[2] 戰國時期大多數著名的思想家也認同此觀點，針對如何定義「賢能」，如何開展政治活動、確立以「賢能」為基礎的制度，政治思想家展開了激烈的辯論。孔子認為，賢能政治始於有教無類的觀念。然而，在此過程中不是人人都有同等的能力做出知情的、道德上站得住腳的政治決斷。因此，政治體制的一個重要任務就是選拔能力在平均水平之上的領導去做知情的、道德上站得住腳的政治決斷，並鼓勵更多有才學的人參政。孔子認為，這樣的統治者才會贏得人民的信任。

在皇權時代的中國，賢能政治依靠科舉制使優勝者取得功名與權力的途徑制度化。無論該體制有何缺陷，它確實提供了選拔賢才的最低標準，並帶來了適度社會流動。科舉制度傳播至韓國、越南，同時影響了西方國家公務員考試的發展。二戰後，東亞國家的快速發展，至少有一部分原因應歸結為按照賢能標準選出的政治統治者所作出的周全決策。目前，政治調查顯示，受儒家傳統影響的東亞各國普遍支持賢能政治的理念。在中國，史天健和呂傑認為大多數人認可「監護人話語」（guardianship discourse）而不認可自由民主話語（liberal democratic discourse），前者認為有必要選出「關心人民需求、決策時考慮人民利益、代表人民和社會選擇好的政策的高水平政治家」，後者則強調可以確保人民參與政治、選擇領導人的權利的程序性安排。[3]

六、西方政治思想中的賢能政治

賢能政治的理念也是西方政治理論和實踐的核心。柏拉圖（Plato）在《理想國》（*The Republic*）中為賢能政治理念辯護的著名言論是：「最好的政治制度中，政治領導人因有卓越的能力做出知情的、在道德上站得住腳的政治決斷而被選出，並被授權統治這一共同體。」在接下來的歷史中，賢能政治也有相當的影響力，儘管後來的思想家幾乎很少為純粹的賢能政治辯護。美國的開國元勳以及十九世紀的「自由精英」如密爾（John Stuart Mill）和托克維爾（Alexis de Tocqueville）都提出了試圖將賢能政治和民主政治結合在一起的政治主張。不過，將賢能政治理論化的努力已經全部從西方政治話語中消失了。雖然探討民主理論與實踐的書籍千千萬萬，但人們很難找出最近有任何一本論述賢能政治的英文著作。

如果自由民主政治被廣泛贊同是最好的政治制度（或者像温斯頓•丘吉爾〔Winston Churchill〕的名言那樣，是一種最不壞的政治制度），缺乏賢能政治的辯論或許沒有問題。但是，民主制遭遇的質疑愈來愈多，商品、服務和資本史無前例地全球流動，造成了西方民主國家的「治理危機」，這一點很多政治學家都有所記述。[4]政治理論學家已經對投票制度提出質疑。部分原因是選民往往只自私地關心自身狹隘的物質利益，而忽視了子孫後代和居住在國家邊界之外的人的利益。詹森•伯南（Jason Brennan）曾說，如果選民無法作出知情的、道德上站得住腳的政治決斷，不如不去投票的好。[5]布萊恩•卡普蘭（Bryan Caplan）通過廣泛的實證研究顯示，選民常常是非理性的，他建議對選民的參政能力進行檢測以作為矯正措施。[6]當然，這樣的建議在自由民主社會是注定行不通的，一人一票形式體現出來的政治平等原則在當今具有接近神聖不可侵犯的地位。在十九世紀，密爾還能提出讓受教育者獲得額外選票的建議，但是如今支持這種建議的人可能被認為（在西方國家）已經喪失了道德指南。

幸好中國的政治理論家並沒有這麼教條。儒學家蔣慶認為，民主的合法性——在西方根植於人民主權論——應該受到來自天和地的合法性的平衡。他認為，在現代背景下，這種政治理想應該通過三院制國會來實現，其中權威在庶民院、通過儒院和國體院之間分配，三者代表了三種形式的合法性。[7]其他學者也曾提出類似的的理論，復旦大學教授白彤東和香港大學教授陳祖為曾提倡把民主政治和賢能政治因素結合起來的混合政治體制模式，其中，賢士院的政治領袖通過考試以及在政府基層工作的政績選拔產生（我也贊成混合體制，由賢能之人組成的議院被稱為賢士院）。這些模式可能有點烏托邦色彩，但他們提供了新的——這或許存在爭議——更好的標準來評估中國以及其他地方的政治進步。不是以中國是否變得更為民主來判斷政治進步，新標準提供了判斷政治進步（或退步）的更為全面的方式。關鍵是中國政治制度是否變得更為尚賢。這裏或許有令人樂觀的理由。

七、中國政權是賢能政治嗎？

毛澤東時代的中國共產黨明確拒絕儒家倡導的賢能政治。這也許可以理解，因為當時的主要任務是鼓動革命，增強軍事力量以便終結外國列強的壓迫和欺凌。但現在，中國共產黨領導建立了相對安全和強大的中國，這意味中國可以較少地擔心政治共同體的生存問題。因此，任務的重心轉移到由德才兼備的政治領袖進行善政的問題，中國共產黨的選拔和晉升機制因此變得更為尚賢。

二十世紀至八十年代，中國一流大學裏的優秀學生往往不會尋求加入中國共產黨。現在情況不同了，高校校園成為招募工作的主陣地。[8] 二〇一〇年，在清華這樣的精英學校，全部本科生中的28%，大四畢業生中的43%，以及碩士畢業生中的近55%都是共產黨員。[9]（我在清華教書近八年，我最優秀的學生幾乎全部是共產黨員）。中國共產黨同時還瞄準了城市地區「新興社會階層」中的年輕專業人員，包括商人、私企經理、律師和會計。

幹部晉升體制的尚賢色彩更為明顯。在最近與幾位中外學者的對話中，中共中央組織部部長李源潮先生講述了一些有趣又很能説明問題的細節。李部長提到，對於不同政府層別，會使用不同標準來判斷其能力和品德。在基層，與人民的緊密關係尤其重要（換句話説，或許民主在基層更為重要）。在更高層，更多地強調理性，因為領導需要綜合考慮多種因素，制定決策時涉及治理的更廣泛內容，但關心群眾、實事求是的態度也很重要。幹部還應以身作則樹立廉潔的榜樣。為了説明政府高層幹部選拔的嚴格性（尚賢），李部長向我們介紹了中共中央組織部秘書長的選拔過程。首先是包括退休幹部在內的提名過程；獲得較多提名的候選人將進入下一個環節。接下來是考試，試題包括如何當好秘書長；十幾個人參加考試，之後有五位入選下一輪。為確保過程公平，考試答卷會張貼在走廊供所有人判斷。之後是口試，考官專家組由部長、副部長和大學教授擔任。為確保透明和公開，為秘書長工作的一般幹部可以旁聽，他們可以監督整個過程。之後，人事部門將組成一個檢查組，考察各位候選人的政績和品德，品德的表現更為重要。這一輪中選出兩位進入下一階段。最終的當選者將由一個由十二位部長組成的委員會投票產生，至少需要獲得八票才會當選。如果首次投票沒有人獲得八票，各部長將進一步討論，直到三分之二的評委就當選者達成一致意見。

中共中央組織部秘書長如此嚴格的選拔過程確實令人印象深刻（成功當選者更令人敬佩）。人才選拔過程的這種透明有助於增強政府的合法性。如果人民不清楚選拔過程，他們就會懷疑這種選拔主要是由於忠誠、關係或腐敗而定，透露一些具體選拔機制，就會消除上述疑慮。當然，這種制度還有很長的路要走，比如對影響中央委員會成員或者政治局成員選拔的標準的更多信息就非常有用。不過，李源朝部長向我們介紹組織部的選拔過程這件事本身就是一個風向標，意味着選拔過程將更趨於透明，這是一個好現象。

中國共產黨「實際存在」的尚賢好處很明顯。幹部要經過極其嚴格的人才選拔過程，只有那些過去政績優異的人才可能上升到政府的最高層。培訓過程包括對品德的培養，如在貧困鄉村地區工作一定時間，培養諸如對弱勢群體的同情等品德。此外，這種尚賢的選拔過程只有在一黨制國家裏才有用。在多黨制國家中，因為政府主要官員可能由於不同政黨的領導而發生更迭，因此不能確保政府基層官員因為政績突出而得到提拔，政黨也就沒有強烈動機去培訓幹部，讓他們在政府高層工作時更富有經驗。因此，即使是像美國總統奧巴馬這樣有才能的領導人，一旦上任可能也會犯很多「初學者的錯誤」，因為他們沒有接受過為迎接在政府最高層工作而應有的適當的歷練。[10] 中國領導人由於經驗和歷練的關係，不太可能犯這樣的錯誤。最高層由委員會（政治局九名常委）集體決策也排除了因無知無畏而作出錯誤決策的可能性（如李光耀在新加坡推行的受教育婦女的生育得到照顧的政策，其理論基礎是多數科學家反對的優生學）。

中國領導人上任後，他們可以作出關係到所有人利益的決定，包括子孫後代和居住在國外的人。在多黨制民主國家，領導人通常通過競爭性選舉獲任，與前面情況相反，領導人需要考慮下屆選舉，他們很可能出於短期政治考慮作出決策，增加連任機會。像後代子孫這樣的非選民利益如果與現任選民利益衝突，很有可能不會被認真對待。

此外，在西方式民主中，真正的掌權者是在選舉中由人民選出的人，這個事實往往意味着「官僚」不重要；因此，相對平庸者會進入官僚體制。這一缺陷在美國政治體制中尤為明顯。從最近我與一位年輕的羅德獎學金（Rhodes Scholarships）（也許是美國教育體制中最有聲望的獎學金，目的是選拔未來領導）獲得者的談話中可以略見一二。她對國際事務感興趣，我建議她或許可以進入美國國務院，但是她回答説，有人警告她，美國國務院中多是平庸之輩，真正有才能的人很難在那樣的體制中脱穎而出。相反，中國政治體制並沒有明確地區分「官僚」和「掌權者」，因此有志向的能人並不會怯於加入這個政治體制的基層，因為他們有希望向高層晉升。

八、局限性和前景

不過，這裏並非暗示美國和其他國家應該努力學習中國式的賢能政治。一方面，它只存在於推崇賢能政治的穩定政治文化之中：像上面提到的，政治調查顯示受儒家傳統影響的東亞國家更傾向於重視賢能政治。但在其他的文化中可能並非如此，例如：美國政治文化形成了一股強烈的「反精英」思潮，因此很難想像它會支持尚賢的一黨制。但這並不是説美國政治體制中沒有精英主義元素（例如：最近美國總統都是哈佛和耶魯的畢業生），但政治領導人往往不願意公開表現出精英主義的特點。更重要的是，很難想像美國的政治體制會做出鼓勵賢能政治的重大憲法改革。（有可能會預見到更糟糕的變化——例如在美國本土遭到另一次重大恐怖襲擊時會變得更為軍國主義）。與此相反，中國憲法體制在必要的情況下更有可能經歷重大變革。

筆者沒有暗示中國「現實存在的賢能政治」盡善盡美。中國賢能政治的成功非常明顯：中國領導人創造了歷史上最引人注目的成就，數億人擺脱貧困走上富裕路。但是，同樣明顯的是，中國有些問題如腐敗、貧富差距、環境破壞、政府官員的濫權、過分強大的國有企業為了自身的利益扭曲經濟體制、迫害政治異見分子、嚴厲鎮壓西藏和新疆的宗教表達等是在政治體制變得更加尚賢的同時出現的。這部分是因為中國各級政府缺乏民主，畢竟，民主可以提供權力制衡，為邊緣化的群體提供表達政治意願的機會。但是，部分也是因為中國的賢能政治還沒有得到充分的發展。該體制在過去30年逐漸尚賢使能，未來能夠也應該更為尚賢。賢能政治涉及到德才兼備的政治官員的選拔，請允許我依次論述。過去三十年中共最明顯的進步就是強調對能力與政績優異的官員的挑選和提拔，尤其是在政府高層，但是，即使在這方面也仍然有改進的空間。不妨考慮一下「反精英心態」對言論自由特別是政治言論自由的限制。最好的政治決策當然必須建立在充分的信息基礎之上，但是如果總是擔心負面結果，則可能會阻礙各方自由表達觀點。我發現中國共產黨開始進行內部調研，以盡可能充分地獲取信息，幹部也被鼓勵不斷學習和提高，但言論自由障礙的減少可能會提高決策的質量。

另一個擔憂是過分嚴格的、歷時多年的人才選拔過程是否會阻礙冒險精神。換句話說，相對有創造力和原創性思維的人才可能會在早期被淘汰，因為他們會得罪人或挑戰「做事的正常套路」。在危機時刻，或許中國的政治制度能作出巨大變革，但在平時，過於強調保持現狀可能會影響制度的實用性。也許這個問題（如果這是個問題的話）有解決的辦法，比如在政府重要崗位（包括政治局）上多設置一兩個崗位，允許其他出身的能人如商人或學者來擔任。

選拔過程或許有必要對外更加公開。中國共產黨的主要任務當然是服務中國人民，但中國現在是國際大國，其內部事務同樣會影響到居住在中國邊境以外的人的利益，故此，在與其他國家打交道的時候，中國需要盡可能人性化。政府領導人子女在海外接受教育是一個好現象，因為他們可以當非正式顧問。不過，什麼也替代不了領導人直接接觸外國的做事方式。在選拔政府高層領導人的過程中，或許也應該重視海外經驗，甚至是外語技能。閻學通認為中國政府應該像唐朝那樣聘用有才華的外國人當官。[11]

同樣重要的是，政府最高層需要有更多少數民族成員的代表，即使他們並非能完全從現有政治體制中脱穎而出。只有真誠的宗教信徒才真正知道什麼對其宗教的發展最好，而賢能政治的決策需要宗教共同體成員的更多代表。一種可能性就是在政治局中保留少數民族群體的代表。蔣慶提議的國體院就是由中國歷史上各種宗教的領袖所組成，包括儒教、藏傳佛教、道家和基督教。

當然，賢能政治決策不僅僅是擁有能力和知識進行政治決策的問題。擁有高超分析技能和專業知識的不道德的決策者可能比一個平庸無能的政治領袖造成的危害更大，筆者並沒有暗示中國政治領袖不道德。我遇見過很多令人敬佩的官員，他們有為公眾服務的精神，為了公眾利益甚至不惜犧牲自身的利益。但是，有道德的領導人不應該容忍腐敗的猖獗，當今中國人都知道政治腐敗是個嚴重的問題。中國領袖的任期和年齡限制有助於減少腐敗，但是還需要其他機制的配合，比如相對獨立的反腐敗機構（類似於香港和新加坡的廉政公署）、更多的透明、媒體報道腐敗案的自由、領導人及其家庭成員的財務審計、提高領導人工資、對腐敗分子的嚴厲懲罰等。

更多強調政治領袖的道德教育也很重要。現有的領導選拔過程不允許領導者有足夠時間對道德問題和政治問題進行系統性的反思。在黨校的幾週並不能讓領導者有充分時間閱讀政治學、歷史和哲學名著，進而增加領導者的知識，做出知情的、道德上站得住腳的政治決斷。如果給政治領袖半年的假期，專門去閱讀名著（特別是直接論述政治道德的儒家經典），從長期看，會增加其做出知情的、道德上站得住腳的政治決斷的能力。同樣重要的是，在中小學更多強調儒家經典可能改善未來中國領袖的道德教育水平。

當然，政治決策者不僅僅應該克制自己不腐敗。無論是對民眾，還是動物和自然界，他都應該有仁愛之心。但是，這種渴望與政治決策群體尤其是決策高層中的女性代表的極度缺乏很難匹配；當今的領導選拔過程中對女性有偏見。由於女性經常需要照顧家庭，她們可能沒有充足的時間公平地與其他男性競爭政府最高職位。（即使女性不是主要的家庭關照者，這種期待也影響選拔過程：有人告訴我女性很難進入外交部工作，因為這些職務的要求很難與普通家庭生活協調起來）。如果我們同意領導應該有同情心，那麼上面這點就很重要。如果同情心是女性突出的一種特質（也許這個說法有爭議），那麼我們應該鼓勵更多女性在政府任職，也許政府最高層職位中應該有一半為女性保留。我堅信更多女性領袖組成的政府更可能用充滿愛心和人道的方式統治。

顯然，走向「賢能政治」的過程是長期的轉變過程，沒有明顯的終點（意指國家最高領導人選舉的民主化過程）。但是一個明顯的前進之路是中國共產黨更改名稱，以便更加符合該組織的機構性現實及其理想。最明顯的是，該組織已經不再是共產主義者，很少中國人，包括中共黨員相信中共在帶領中國人邁向更高階段的共產主義。無論是馬克思還是毛澤東都不重視賢能政治。列寧的先鋒隊理念也與此不同。再者，共產黨也不像其他政黨。共產黨是代表整個國家不同群體和階級的多元化組織，在一定程度上，也代表世界。更準確的名字也許是「中國賢能聯盟」。

最後，我想說的話可能在具有民主傳統的國家引起激烈的爭議。中國可以從民主政權的一些典型政治美德中學到很多東西，如政治參與、自由、透明、寬容等，但是中國的政治制度能夠和應該建立在賢能政治現有和潛在的優勢基礎之上。政治官員被賦予政治決策權力長達幾十年，在決策時有能力考慮子孫後代、世界其他地方人和自然界的利益，即使該決策可能與大多數公民的利益發生衝突；由委員會決策而不是給予個體（比如美國總統）最終的決定權等。賢能政治的這些優勢與更多的自由、透明、寬容、非全國性政府的政治參與和最高層在一定程度的政治競爭上是相容的。但是賢能政治與高層的多黨競爭不相容，也與一人一票選舉最高決策者不相容。因此，中國的任務不是學習當今許多民主派認為的民主制的這個核心內容，而是改善賢能政治，學習民主制的其他方面。

我的這些觀點仍然是初步的想法。目前的五年計劃是寫一本論述賢能政治的書，雖然以中國為中心，但帶有比較視角。這個五年計劃已經進展了一半，希望無需延長。

註釋

* 本前言原刊於 Emilie Frenkiel, "Choosing Confucianism: Departing from the Liberal Framework. An Interview with Daniel A. Bell," *Books & Ideas*, September 10, 2012. http://danielabell.com/2012/10/18/choosing-confucianism-departing-from-the-liberal-framework/，已獲作者授權重印。

1 Daniel A. Bell and Avner de-Shalit, *The Spirit of Cities: Why the Identity of a City Matters in a Global Age* (Princeton: N.J., Princeton University Press, 2011).《書籍與觀點》發表了一篇書評和貝淡寧的回應。

2 Yuri Pines, *The Everlasting Empire* (Princeton: N. J., Princeton University Press, 2012), ch. 3.

3 史天健，呂傑：〈文化對人民理解民主的影響〉（"Cultural Impacts on People's Understanding of Democracy"），二〇一〇年華盛頓特區美國心理分析協會（Annual Meeting, Washington, D.C., APSA）年會。

4 例如 Kupchan, Charles, "The Democratic Malaise," *Foreign Affairs*, Jan./Feb. 2012.

5 Brennan, Jason, *The Ethics of Voting* (Princeton: N. J., Princeton University Press, 2011).

6 Caplan, Bryan, *The Myth of the Rational Voter* (Princeton: N. J., Princeton University Press, 2007).

7 Jiang Qing, *A Confucian Constitutional Order* (Princeton: N. J., Princeton University Press, 2012).

8 Gang Guo, "Party Recruitment of College Students in China," *Journal of Contemporary China*, v.14 (43), May 2005.

9 參見 www.china.org.cn/china/2011-05/31/content_22678122.htm

10　參見 www.theatlantic.com/magazine/print/2012/03/obama-explained/8874/

11　Yan Xuetong, *Ancient Chinese Thought, Modern Chinese Power* (Princeton: N. J., Princeton University Press, 2011).

第一部分：儒家民主

第一章

有中國特色的民主

一項政治提議

場景：二〇〇七年六月三日。在中國北京的北京大學。山姆•德謨（Sam Demo）現在已經常駐北京了，他走進王教授的辦公室，[1]準備做一個預約好的採訪。王教授當時四十多歲，是一位在北大廣受尊敬的政治哲學家，他被選為代表參加二〇〇七年六月四日在北京舉行的一次制憲大會。（編者按：作者受到柏拉圖的影響，嘗試以對話方式表達思想中的矛盾。本章運用了虛擬手法，以美國人山姆•德謨為主人翁，虛構了他與北京大學政治學者王教授的一次對談。）

德謨：（上氣不接下氣，氣喘吁吁地）感謝你今天的盛情接待。唉，現在我才知道原來這個時段的交通是這麼繁忙。（停頓片刻）很抱歉我遲到了，我可是塞了兩個多小時的車啊。

王：我覺得這是一個社會為經濟發展付出的代價。我們經常從教科書上讀到所謂現代化往往會加快生活的節奏，可是與此恰恰相反的情況不也經常發生嗎？

德謨：（大笑）可能更糟呢。上世紀九十年代中期的曼谷，普通開車上班的上班族不得不在自己的車內帶上一個便壺呢。但是經歷了經濟危機之後，交通情況倒是改善了不少。（歇了口氣）嗯，可是我現在仍然對我們在此討論中國民主政治改革前景，卻沒有秘密警察監視之虞覺得難以置信！回頭想想，如果是在十幾年前，誰曾想到有朝一日，為了通過一部適合中國的民主憲法，竟能召開全國大會呢？[2]

王： 回顧過去，我們就會發現原來變化並沒有你所想的那樣顯著。你應當記得，在二十世紀八十年代末期的政治風波之前，中國曾進行過一次關於政治體制改革且相當公開的辯論。人們看來已經忘記了當時中國共產黨就曾建立過一個政治體制改革辦公室，該機構有時會對一些主張政治變革的激進提議進行評估。而其後鄧小平的逝世看來提供了更多的變革契機。在一九九七年十月召開的中共十五大上出現了新的寬容跡象，同時知識分子又再次開始公開呼籲政治改革了。[3] 而現在，政治改革已是箭在弦上，勢不可擋了。

德謨： 嗯，還有更怪異的事情發生呢。有誰能料到蘇聯帝國會一朝土崩瓦解，[4] 而南非種族隔離又能平穩地得到廢止呢？（短暫停頓）不過，我還是不大清楚你明天在制憲會議上的提案究竟是怎樣的。聽說你傾向於建立一種「具有中國特色的」民主政治體制，這種體制意味着什麼呢？我深知中國改革者往往將民主視為一種增強國力的手段[5]——而與此相反，比如美國的理論家更傾向於從個人自由的價值方面來論證民主體制的合理性[6]——（可見）中國在論證民主體制的正當性時仍然存在較大的爭議。我必須承認，對於中國這塊土地而言，一種獨特的與西方民主制度的主流模式有所不同的民主體制類型是更適合她的。換言之，無論是亞洲人或是西方人，看來都認同民主的政治理想，儘管他們擁護民主是出於不同的理由。

王：那我就試着闡釋一下我的方案吧。的確，我力主一種與西方不同的民主制度，這一制度是尤其適合中國國情的。明天我會力圖說服其他與會同仁，當然，我自信即使外國人也會慢慢欣賞我對這一方案的辯護理由的。

德謨：願聞其詳。

一、限制民主的民粹主義

為現代社會尋找有能力、有遠見的管理者

王：好的。我們在這個問題上應當有共識吧：一個民主體制至少必須包括基於普選權之上的定期選舉，這一制度的目的在於給予那些縱使深處邊遠的普通公民在政治

決策中有發言權，同時還在於促使政治管理者直到任期末都能對選民負責。可是，這一制度恰恰也使得現代社會政治體制中的諸多有關議題與政策變得非常複雜，以至於大部分普通公民甚至不能作出準確的判斷。街上那位仁兄難道真正懂得提高利率[7]或改革行政法規可能會帶來的影響嗎？現代社會中公共事務的極端複雜，決定了絕大部分的政治決策權力應當被置於一部分智力秀異、能力超群的精英階層手中，這幾乎已成為現代政治社會的一項功能上的需要。政府已比以往任何時期更加需要精英的頭腦。

德謨：的確如此。不過從另一方面看，也有許多現代社會在民主體制之下看來運轉良好。

王：是的。可同樣是這些社會或許基於這樣一種認識，即有些事情最好還是留給更有資格的人去做得更好，從而給民主的多數設置了諸多的限制。作為研究生，我曾經用了六年的時間在美國讀書，不得不坦言，在這六年時間裏，我不斷地被美國「人民主權」的言辭與知識精英統治的現實之間的巨大反差所震驚。當然，美國的一個反民主的制度設計，乃是由握有最終審查權而非選舉產生的大法官加以實施的憲法權利法案，你想必也知道，美國最高法院有權否決當選政客的決策，據説這些政客的決策違反了美國憲法。

德謨：嗯，不錯。或許你還可以用較鮮為人知的西方社會裏的中央銀行作為佐證，來支持你的論點。例如，在美國，聯邦儲備局（The Federal Reserve Board）有權制定貨幣政策，這種權力可能具有重要的經濟影響，如影響人們購買耐用消費品的決定等。[8] 鑒於自己必須擁有權力制定在長時期內造福國家的重大經濟決策，這一秘密機構明確絕緣於民選政治家的干預。因此，舉例來說，美聯儲有時會通過增加利率來防止通貨膨脹，即使這意味着增加失業率也在所不惜。而一個更為敏感的央行可能無從違逆政治家的願望，在政治家看來，與失業作鬥爭符合自己的利益，而不會顧及此舉會對長遠的經濟發展產生何種影響。這似乎存在一種明確的觀點，即對於成功的貨幣政策而言，相對於政治壓力的秘密性與絕緣性是不可或缺的，而大多數的民選政治家既不具備制定有效經濟政策的能力，也不具備相應的政治意願。[9]

王：不錯，這的確是個好例子。

德謨：但你必須認識到人民仍然擁有最終權力。絕對多數擁有修正美國憲法的權力，[10] 儘管修憲無疑是件費時費力的事情。而美聯儲的官員乃是由美國總統任命，並且必須得到參議院批准才可就職的。

王：我懷疑這種「最終權力」在現實中發揮的效力究竟能有多大。[11] 而且，當我們觀察東亞的民主政治體制時，不難發現相對那些選舉產生的官員而言，知識精英擁有更大的發言權。在日本，從精英教育體制中選拔出來的官員繼續掌控着權力與威望，以至於他們那些半虛構的（semi-fictitious）同僚會陷入一種「是，長官」（Yes, Minister）式的妒嫉之中。日本政治體制授予精英文官制定該國絕大多數政策的權力，而他們可以有效地做到不必對任何人負責，甚至包括民選政治家在內。[12]

德謨：可是你願意支持這樣一種體制嗎？難道日本的政治體制不需要更大的開放性與問責性嗎？我想我沒有必要再提請你注意大藏省（The Ministry of Finance，今財務省）在二十世紀九十年代日本經濟危機中扮演的那種火上澆油（如果不是始作俑者的話）的角色了吧。[13] 更不用提日本厚生省（The Ministry of Health，今厚生勞動省）

的那群官僚了，直到一九八五年被告知有HIV感染危險之前，他們一直拒絕進口消毒血液。作為這幫官僚愚蠢固執的結果，數百名日本血友病患者死於愛滋病。[14]

王：知識精英的確會犯下悲劇性的錯誤，但是選舉產生的政客也難免於此啊。因此我更為憂慮的還是這種政治體制，在該體制下，自我感覺良好的政客通過開出無數的空頭支票來換取選票，從而掌握政權。他們口口聲聲說什麼「我們將裁減稅收並增加公共投資」，什麼「讓經濟全速發展」，許諾滿天飛，卻從不慮及長遠的後果，讓後代去擔心天文數字的赤字和生態災難！

德謨：說得好。不過我擔心你可能低估了某些選舉產生的政客的智商了吧，並非所有政客都會讓長遠利益屈尊於短期收益之下。舉例來說，朗奴•列根（Ronald Reagan）似乎太過聰明了，以至於根本沒有抓住自己一度倡議之政綱的長期徵兆。

王（微笑着）：福禍相倚吧（for better or for worse）。他的確是在玩火，然而他也確實發起了一場拖垮了蘇聯經濟的軍備競賽。不管怎樣，在我看來，理想的政治體制應當讓那些聰明睿智、目光長遠之士進行統治的同時，使得他們對自己的作為負起責任。日本政治體制的弊端即在於，那些「官員們」——該國掌權的高層決策者——在黑箱中秘密決策。因此當事態惡化時無法追究其責任。

德謨：看來我們的話題距民主已經漸行漸遠了。一個民主的體制無從保證該國的最高決策者的「聰明睿智與目光長遠」。民主制下的領袖是由選民所決定的，而這又假定了普通公民大概具有選擇正確類型執政者的能力。

尊重知識精英統治的儒家傳統

王：你也看到了，這就是文化差異或許會發生影響的情況。我們可以粗略地認為，在東亞，一直以來傳統都把信任寄託在能幹而有道德的官僚身上。正如你或許知道的那樣，東亞政治文化是由儒家出仕以求自我之完全實現的理念所塑造的。在儒家的《論語》中有這樣一句話。（短暫停頓）且讓我説給你聽：「子路問君子。子曰：『修己以敬。』曰：『如斯而已乎？』曰：『修己以安人。』曰：『如斯而已乎？』曰：『修己以安百姓。修己以安百姓，堯舜其猶病諸？』」（譯者註：《論語‧憲問》第四十二篇）根據此種觀點，促進公共福祉乃是生活的最高成就，而這種觀念可能激勵了東亞「最優秀和聰明」者競逐科舉的功名。[15] 美國自主創業的企業家足以贏得廣泛的社會尊重，與此同出一轍、不足為奇的是，在東亞地區，官員也受到廣大人民的高度尊重。

德謨： 如果我錯了的話還請糾正，柏拉圖也曾倡導過一種「智者統治」的政治制度。我可以向你保證，政治精英主義對於西方來說並不陌生。

王： 不過二者還是有一種區別的。柏拉圖的哲學王背負着公共職責的重任——真正的自我實現存在於「洞穴之外」理想形態的國度。亞里士多德也持有同樣的看法，認為知性的沉思（intellectual contemplation）乃是至高的快樂。而當我們轉而考察基督教的時候，就會發現更為深厚的反對從事世俗公職的偏見——在「世人之城」（“the city of man”）裏，人生存和受難，以求得到「上帝之城」（“the city of God”）中的幸福。（短暫停頓）現在，我並不想否認某些中國哲學體系——正如道家[16]——同樣貶低政治的價值，可是東亞主流的哲學傳統肯定是將從事公職看成高於其他活動之上的價值。而其中的成功者足以被許諾得到整個世界。

德謨： 我想你或許誇大了哲學文本的社會重要性。

王：或許如此吧。但是請注意，儒家社會將一種穩定的機制制度化了，這一機制可以至少經常性地產出被人們廣為接受的「最優秀的人組成的政府」（"government of the best men"）——這便是中國著名的、具有兩千年歷史的精英科舉考試制度。除了少數例外，通過競爭性考試進入文官系統的機會，對所有男性都是開放的，而考試的最終通過者，為此經常需要花費半輩子的光陰皓首窮經，當然他們被認為具備了公職必須的資格，集知識與美德於一身。（短暫停頓）你想想，西方知識精英統治的捍衛者只能通過在政治理論文本中、在大學和教會等地方論證他們上乘的能力，而儒家信徒實際上只需要在一種公平公開的考試過程中獲得成功，就足以證明自身的資格了。我想這有助於解釋為何東亞的學者—官員被給予如此非比尋常的（按照西方的標準）正當性、尊重與權力。

德謨：可是，看看中國在過去發生過的事情吧——知識精英統治的傳統價值和我想沒有必要提醒你注意「文化大革命」的歷史吧。

王：你說得沒錯，可是隨着經濟改革的到來，意識形態開始恢復對於人才與專家的重視。在鄧小平改革時代，知識分子再度獲得了高度尊重，並被認為是國家的領導階層之一。[17] 而我們回顧一九八九年的政治風波，當時有超過百萬名北京市民投身到一場來自中國最優秀大學的學生和知識分子領導的運動中，我們會明白，尊重知識精英領導角色的價值並沒有被文革完全扼殺。[18] 當然，在有幸未曾經歷全盤文革的其他東亞國家，我們更容易尋找哲學與制度上的連續性。[19] 在日本，全國性高校入學考試的最優秀者會進入東京大學的法學院，並在畢業時得到政府的要津職位。在新加坡，新加坡國立大學的優秀畢業生不會競逐私有部門中的美差，反而更願意謀求上佳的政府職位。而那些學業最為優異的頂尖學生，可以得到政府獎學金去普林斯頓、哈佛等名校深造，而且一旦回到新加坡，他們就會被委以公共部門的重任。更有甚者，作為獲取政府獎學金的先決條件，他們負有法律責任，必須為政府工作至少八年。真是才盡其用啊！

德謨： 你是在暗示中國應當復興以知識遴選政府官員的儒家實踐嗎？

王： 並不全然如此。正如我所說，我希望在政治決策中有更多的可問責性，而傳統儒家社會及現在的日本和新加坡所欠缺的正是這一點。而且我認為與目前的狀況相比，東亞的政治人才選拔程序應當更為透明，可是我還是希望保持賦予知識精英尊重與權力的儒家政治價值，基於這樣的假定，若能得到精明能幹、目光長遠的公職人員治理，一般而言現代社會將會有更大的進步。所以問題就在於，如何在當代中國的背景下，實現民主及重用具備公共精神之知識精英統治的雙重承諾。

德謨（有了興致，但仍有一些懷疑）：那麼答案是什麼呢？

二、選擇性提議

王：好的。多年來我殫精竭慮，一直試圖解決這個問題。我曾經想過許多不同的方案，但還沒有哪一個足以令人信服。（短暫停頓）奇怪的是，有一天我在天安門廣場的肯德基分店吃午飯時，突然找到了解決之策。

德謨（笑）：有什麼奇怪的？過去像盧梭這樣的哲學家曾在橡樹之下突發奇想，如蒙天啟[20]，可是在今天的北京，要找到塊綠色似乎愈來愈難了。

王：我當然沒有自況盧梭了，儘管我無法否認想到這種政治安排的時刻我是多麼的狂喜。

德謨（變得更為好奇）：好啊，快講給我聽吧。

王：如何在全盤性的民主背景下，將知識精英統治予以制度化，這是問題的困難所在。對於如何制度化迷局中民主成分的問題，我倒是從來就沒有什麼迷惑——我認為在現代社會，任何行之有效且具備正當性的政治體制，都必須包含自由與公平的競爭性選舉。但是怎樣才能確保「最優秀的人組成的政府」的實現呢？

德謨：讓人民來決定，你覺得怎樣？

王：對此我不敢過於確定。有時候政客只能靠允諾平民的短期利益才有望當選。在發展中國家，通過許諾創造使經濟快速增長的條件，而不顧後代將要付出的生態代價，要更容易拉到選票。在發達國家，選民希望政治家能夠施行有利於中產階級與富人的政策，而不顧其對於窮人的影響。或者，他們會許諾施行在經濟上不具持續性的福利措施。

德謨：民主並非完美無缺的。可是如果解決方案是給予知識精英更多權力，那麼在東亞民主選舉就可能解決問題（do the trick）。正如你所言，普通民眾都接受尊敬儒家「君子」的倫理觀念，因此有理由相信公民會投票給這樣的人。

王：這是可能的。例如在韓國和台灣，最高層級公職的候選人經常會在自己的教育資歷上大做文章，很明顯這是出於一種希望，認為人們更有可能把選票投給擁有名牌大學博士頭銜的傢伙。不過總體來看，情形不容樂觀。日本的選民看起來更易被短期的物質福利所誘惑，直到現在大多數政治幹才都青睞行政官署而不是立法部門。而且即使假定人們都努力尋求「儒家式的」政治管理者，卻不一定總是能夠找到這種德才兼備的人才。為了提高找到合適人選的把握，新加坡政府對人民行動黨（People's Action Party, PAP）的候選人進行一系列的測試，包括一場智商測驗及其他的心理測驗，後者乃是為了淘汰那些自私自利的候選人。[21]

德謨：可是新加坡並沒有真正競爭性的選舉。在新加坡，政府同時還採取種種措施控制「壞」統治者當選的可能性，例如給選票編號、侮辱反對黨候選人並使之破產，以及營造恐怖氣氛等。你可不希望在中國發生這些事情，對嗎？

王：當然不希望了，但是我也不希望將優異管理者的選擇完全交於人民之手。這只是因為，在中國這樣做實在是很冒險的。絕大多數人口只是未受過教育的鄉下人，而且……

德謨（打斷王的話）：請稍停一下。在中國，鄉下人（peasants）——或許「農民」（farmers）是一個更為政治正確的詞語——已經開始選舉了。你肯定很熟悉村級民主的計劃，農民可以在競逐村民委員會職位的候選人之間作出選擇。到了二十世紀九十年代中期，甚至中共都出於使基層領導者更為負責的考慮而採納了這一計劃。[22] 對此你並不反對，不是嗎？

王：當然不反對了，你可別這麼想。「農民」當然應當選擇村委會的領導人，他們應當有權把那些腐敗的地方負責人趕下台。可是你覺得「農民」有能力選擇全國的政治領袖嗎？要知道國家領導人必須處理諸如宏觀經濟管理及外交政策這樣的複雜問題啊！我對賦予教育水平相對低的人們過多權力的做法表示懷疑，而且我知道許多「民主派」人士也懷疑一個由農民主導的立法機構的可能性。[23] 中國面臨的問題是如此嚴重——人口膨脹、環境污染、與日俱增的經濟不平等、打內戰的危險——以至於在每四年或五年一度、人人免費的政治盛宴中，將我們所有的希望寄託在大部分是農村人口的選民反覆無常的好惡之上，實在無異於一場豪賭。

德謨：但是又有什麼樣的替代方案呢？

王：當然有了。請記住，我對於民主本身並沒有什麼異議。我的意圖只是，用對於遴選富有才幹之決策者的關注來調節民主過程。我還想重申，即使美國這樣的西方社會，也在實踐中對選舉產生之政治家的決策權力施以限制。但是你們的解決之道在中國不一定能夠行得通。問題在於如何能夠在中國的背景之下，將民主與一種穩定、正當且有效的知識精英統治體制結合起來。

複票制方案

德謨：這讓我想起了李光耀對一種複票制方案的倡導。或許你也知道，李光耀不相信一人一票制乃是選拔「最優秀的人」組成之政府的最佳方案，所以李光耀認為應當給予有家室的中年男子兩張選票，因為他們更有可能認真謹慎，同時也為自己的孩子投票。李光耀還認為那些追求及時行樂的年輕人更有可能在選舉中表現得反覆無常，對別人的利益視若無睹；而老年人同樣只是關注短期目標，因而支持諸如免費醫療之類的政策，這些政策或許會危及後代的經濟前景。這就是你所構想的方案嗎？

王：不是。我曾考慮過李光耀的觀點，以及約翰・密爾（John Stuart Mill）在假定受教育者更少可能遵循物質利益行事的基礎上，給予其額外選票的倡議，[24] 但我拒絕接受上述方案及其他賦予特定公民群體以額外選票的倡議。

德謨：為什麼呢？

王：我的總體看法是複票制方案簡直是任意恣行。我接受這樣的假定，即並非所有人都具有同等明智的投票能力，可是遴選「理性」選民的目標團體卻是一個粗糙而不可依賴的程序。而且那些被剝奪了平等民主權利的人士，有可能把這種剝奪視為以公共權威的名義對自己進行的官方傷害。[25] 人們將會反對在政治過程甫一開始就遭到不平等對待的做法。（短暫停頓）這將歸結為這樣的現實，那就是自己永遠不可能在「誰來決策」這一問題上發揮決定作用。如果由政府來決定誰能多填幾張選票的話，人們或許會覺得政府之所以這樣做，是出於選擇最有可能維繫執政黨優勢地位之團體的願望。回想一下過去在新加坡發生的事情——李光耀試圖推行自己的提議，但是政府卻受到了來自反對黨——新加坡民主黨的挫敗，後者的武器乃是新加坡國立大學一位社會學家（可憐的傢伙因其研究而獲得報酬）的研究成果，證明中產階級家庭男子投票給李光耀所在政黨的機率，要比其他任何人口高出一倍。當然，對反對意見的新加坡式壓制，使這一提議變得問題叢生。

德謨：可是在一個更為民主的背景下，給予人們額外的選票也會帶來問題。各政黨會對擁有額外選票的團體允諾特別的恩惠，[26] 而當選的官員，不管其品質如何，也會對自己選民額外的選票知恩圖報。讓政治家決定此類事情就是一個錯誤。

王：我同意。可是除了讓政治家決定這類事情之外，並沒有任何明顯的替代方案。誰能夠相信一個社會科學專家的「獨立」實體，能夠辨別出最有可能選舉出幹練且具有公共精神之管理者的團體呢？就算這是可行的，誰又可以委任這樣的實體呢？

德謨：我很同意你的看法。事情或許會變得更為複雜。明智選民的目標團體會隨着時間的變化而改變，因此我設想這種社會科學專家實體在每次選舉時都不得不修正「額外選票」的規則。

王：沒錯，無論是在中國抑或別處背景之下，這種權力都不能被託付給任何人。因此我放棄了複票選舉制的設想。

社團主義式立法會

德謨：好的，讓我們轉向討論你的提議吧。

王：這個問題我們最終會討論的。有一段時間我還曾被黑格爾（Hegel）在《法哲學原理》（*Philosophy of Right*）中論述的理想國家吸引。

德謨：你是指黑格爾關在競爭性考試基礎上選拔超然無私的文官，並賦予其權力的論述嗎（第291節）？[27] 我能理解你為什麼會被黑格爾的政治觀點所吸引。

王：實際上，以中國人的視角觀之，黑格爾關於中立文官系統的論述沒有多少原創之處。我最感興趣的，還是黑格爾通過具有代表社會各部分意見之關懷的專家官僚，獲取和諧政治統治的企圖。他贊同實行一種兩院制的立法制度，其中地產階級組成上院，社會團體與同業公會（guilds）組成下院。通過提供關於特定選民群體之緊迫和特別需求的詳盡信息，立法機構可以發揮協助文官進行理性決策的功能（第301節）。同時，他認為立法機構應當當眾進行協商，藉以發展立法者的政治美德與能力，並教育「群眾」（the mass）各政治部門幫助提升政體公共善治的不同方式（第315節）。黑格爾意識到個人現在已對國務之管理產生興趣，並且想要在政策決斷中發言，他得出的結論是，只有一個公開和透明的大會才能為各種政治制度贏得尊重。

德謨：可是他反對直接選舉！

王：沒錯。黑格爾擔心，不從屬任何團體或組織的個人將會成為——用他的話來說——「自發的、無理性的、野蠻的、恐怖的」（第 303 節；同時參見第 308 節）。早在托克維爾（Tocqueville）關於市民社會提升公民德性之重要性的論述之前，黑格爾就認識到，個人只有靠加入和參與志願性公會與社會團體，才能對公共事業產生興趣並發展出特定的政治能力（第 253 節）。這就是黑格爾希望下院由社會團體與同業公會組成的原因——個人傾向於根據一己之私進行投票，而社團的代表很可能展示出一定程度的組織能力及對於公共善的關注（第 308 節）。

德謨：必須牢記，黑格爾的計劃在墨索里尼及其法西斯主義者國家聯盟（National Union of Fascists）那裏得到了實現，這些人把社團主義看成根據其所屬職業團體將人民整合進國家，進而消除社會紛爭的途徑。[28]

王：我認為那是不公平的。在反對普選權上，黑格爾或許不是一位民主主義者，但是他表達了自由賴以實現的社會架構，因此仍然是某種自由主義者。[29] 他只是認為，現代對於自由的慾望，只有在一種非民主的政治背景之下才能得到最好的實現。

德謨：幸運的是歷史已經證明了他的錯誤。

王：我不敢那麼肯定。讓我們想想二十世紀八九十年代的香港立法會，這可能是與黑格爾的社團大會性質最為接近的所在了。[30] 香港實際的權力，看起來更多地掌握在一群相對誠實能幹的「黑格爾式的」——或者我可以說他們是「儒家式的」？——殖民政府官員之手。可是立法會的組成則與我們的目的更有相關性。從一八四四年一直到一九八五年，立法會的所有成員都是由港督直接任命的。然而，為了更具權威性地代表香港人民的看法，政府決定圍繞其中若干立法委員席位組織選舉。可是擔心在關鍵時刻導致不穩定的顧慮，破壞了引入建立在普選權基礎上之直接選舉的理念，於是政府決定，大部分席位應當建立在基於不同利益團體之上的功能選區之間進行分配，在香港回歸中國之後，這一體系仍然保留下來。[31] 醫生與牙醫正如教師、律師、工程師及會計師一樣，都擁有一個議席。最大的功能選區議席歸商界諸公會所有，例如香港中華廠商聯合會（The Chinese Manufacturer's Association）、金銀業貿易場（The Chinese Gold and Silver Exchange）、香港旅遊協會（The Hong Kong Tourist Association）等。在立法會的六十個議席中，共有二十一個屬功能選區產生；在一九九五年與一九九八年選舉中則增加到三十個議席。據我所知，這可謂一種真正獨特的「黑格爾式」立法大會——同時期沒有其他任何國家或地區，在政府中賦予商界團體和同業公會如此多的議席。[32]

德謨：但這並非一種穩定與正當的政治安排。香港人民渴望擁有投票的權利！

王：情況並不是那麼顯而易見的吧。當香港人在一九九一年和一九九五年獲得機會實現投票權，選舉數目有限的議席時，只有百分之三十左右的選民撥冗參加投票。

德謨：可是在一九九八年這個數字上升到百分之五十以上，而且若是人們被賦予選舉產生其社群最高決策者的真實權利，相信投票率還會攀升。記住，在香港恰恰是未經選舉的行政部門成員進行決策，而選舉產生的立法機構成員與其說是立法者，不如說他們更像反對派批評者。

王：實際上我贊成你的看法。我一直在扮演着——你怎麼說來着？——「魔鬼代言人」(devil's advocate) 的角色。

德謨：沒錯。這個術語來源於天主教會的一種成規。在聖徒追授（canonization）典禮上，教會會指定一位「魔鬼代言人」並認真聆聽之。此舉的理念在於，除非魔鬼對其所作的一切攻訐都已為人所知、權衡輕重並加以駁斥，否則最為聖潔的信徒也無法被追授死後的榮光。

王：我記得曾經在約翰•密爾的著作中讀過這個。[33] 儒家的對等物乃是「諫官」（censor），他必須對貪官酷吏和弊政提出抗議。這實在是一份危險的職業，有一些高尚的儒家官員為此犧牲了生命。[34]（短暫停頓）無論如何，我都認為投票權不論出於何種原因，看來都已成為現代世界公民不可取締的政治認同之象徵。我覺得任何取締投票權的政體，永遠都無緣達成一種穩定而正當的政治體制。在這個意義上，黑格爾預見公民獲得參與大眾選舉的機會，在個人選票效果甚微的情況下將不可避免地變得漠不關心，無法善加利用選舉之價值（第311節），這種預言是頗為錯謬的。

德謨：我願意舉個例子來印證你的看法，據我觀察，像新加坡這樣的對選舉過程施加大量限制的國家，其政治冷漠（political apathy）程度會與日俱增。（短暫停頓）不過我有一點點困惑，你看起來最終並不接受黑格爾社團主義立法大會的提議啊。

王：是的，我肯定不會接受他的看法。香港嘗試在沒有完全選舉之立法會的情況下過活，但是在看重普選權的普通公民中間，這一體制從未獲得過多大的正當性。換言之，取締絕大多數人民的選舉權是行不通的。香港的例子還可以生動地闡明黑格爾構想存在的第二個問題。絕大多數功能選區規模很小，這就意味着選民可以密切監督其代表的言行，使後者該說些什麼、該投誰的票莫不惟本選區選民馬首是瞻。有這麼一個例子，香港總商會（General Chamber of Commerce）的主席曾經公開指責其選區的代表——我記得這位代表叫做麥克格雷格（McGregor）——在沒有總商會支持的情況下於立法會上發表了自由主義的觀點。[35] 回歸之後同樣的一個老生常談乃是，同業公會經常要求其代表保護本職業安身立命的飯碗，而不要服務於整個社會的福祉。[36] 簡言之，大多數功能選區代表都服務於香港社會中富有和最有名望部門的狹隘利益。關於這種情況對功能選區體制在廣大香港社會之正當性所產生的影響，你應該可以想像得到。

德謨： 嗯，正如黑格爾或許低估了選舉權對於現代社會普通公民的重要性一樣，黑格爾看來也高看了「社團」代表作為強勢利益團體僕從之外的能力了。

士大夫議會

王：沒錯。因此我不得不尋求其他方案，以在中國借助一種制度化的知識精英統治對民主予以調節。我受到了黃宗羲政治改革倡議的啟迪。黃宗羲是十七世紀中國王朝體制的一位激進的儒家批判者。

德謨（打斷王的話）：你是說中國王朝體系的儒家批判者嗎？可我一直有這樣的印象，儒家官員好像一直是皇帝權力的忠誠擁護者。在家庭中學會服從的美德，乃是為了養成服從統治者的習慣，在《論語》中不是有這樣的說法嗎？

王：我想你指的是下面的篇章吧：「有子曰：其為人也孝弟，而好犯上者，鮮矣。不好犯上，而好作亂者，未之有也。君子務本，本立而道生。孝弟也者，其為仁之本與？」（《論語•學而》第二條）這裏強調的重點在於家庭乃是學習道德的主要教育機制。然而，即使在家庭背景下，道德也並不意味着盲目地服從——在《論語》稍後的篇章中，孔子説道，「事父母，幾諫」（《論語•里仁》第十八條）。[37] 因此，家庭或可成為養成尊重正當權威之美德的重要場所，可是即使是孝子也負有勸誡父母免於犯錯誤的責任。[38]

德謨：我必須承認你給我留下了深刻的印象，你好像背誦過整部《論語》。

王：呵呵，近來在某種程度上出現了傳統復蘇的現象。你或許會感到驚訝，因為有那麼多教育良好的中國人能夠背誦「神聖」典籍裏的篇章。再者，《論語》只有一百來頁長，它和《聖經》可不一樣。

德謨（微笑）：簡潔也是一項儒家的美德嗎？

王：的確如此。儒家對於華而不實的言辭有很深的偏見。正如孔子所言，「君子欲訥於言而敏於行。」（《論語•里仁》第二十四條；譯者註：同時參見《論語•憲問》第二十七條：「君子恥其言而過其行」）。（短暫停頓）不管怎樣，我希望回到你提到的對於儒家批判傾向的困惑上來。請記住孟子——孔子最為著名的後學——已經走得如此之遠，竟論述了誅殺無道之君的合理性。[39]

德謨：可是看起來你只是拿儒家傳統中「自由主義的」成分説事，卻沒有顧及其他成分。不幸的是，實際上存在的儒家思想更加傾向於從傳統中支持威權主義、等級制現狀的部分吸取資源。[40]

王：沒有那麼簡單。儒家的批判傾向同樣在現實中發揮着影響。實際上，儒家的批評者恰恰在其不能培植政治順從的問題上對它展開了批判。例如韓非就曾再三攻擊儒家「遊士」(wandering scholars)（第 49 節）[41]散佈對抗國法的反對態度。

德謨：能否請你再講一遍？

王：我指的是法家思想集大成者韓非的觀點。韓非是現實政治憤世嫉俗的堅定倡導者——與他相比，馬基雅維利（Niccolò Machiavelli）倒是顯得像一位天真的理想主義者了。韓非為統治者撰寫了一部政治手冊，主張通過嚴刑峻法增強國力。他的目的不是別的，正是為了全面的國家控制。他還強調道德考量不應阻礙其間。不足為奇的是，從公元前二四六年即位的殘暴秦王、後來接受韓非建議統一與治理全中國的秦始皇嬴政開始，歷代統治者非常樂於接受此類建議。（短暫停頓）無論如何，韓非對於儒家道德不過報以輕蔑的態度。例如，針對著名的儒家因捍衛孝道而不惜違反法律的教誨，不難理解韓非會感覺到恐怖。

德謨：孔夫子真的有過那種教誨嗎？

王：是的。請允許我再次引用《論語》：「葉公語孔子曰：『吾黨有直躬者，其父攘羊，而子證之。』孔子曰：『吾黨之直者異於是。父為子隱，子為父隱，直在其中矣。』」（《論語・子路》第十八條）韓非重述了這一軼聞，可是他卻持有恰恰相反的觀點。他又增加了另一個故事——或許是一樁假託的事件——孔子對一個從戰場上脫逃以照顧自己老父的人大加讚賞，結果使人們對投敵或脫逃的行為視若無睹（第四十九節）。在韓非看來，「家在國上」（family over state）之原則與戰爭的勝利格格不入；更為一般的情況則是韓非力勸政府不得推行儒家的價值。

德謨：我懷疑韓非會在一個不成問題的問題上感覺到痛苦。要知道，沒有任何政府願意倡導一套為違法行為正名的道德體系。

王：難怪你會感到驚詫。作為一種卓越的價值，孝道事實上體現在中華帝國的法律之中。漢代就已有規定，人們允准隱瞞其近親的罪狀而不至獲罪，而且不得強迫他們出庭作證，指控自己的家庭成員。[42] 在清代，向當局控告父母犯罪行為的子女，一旦控告被證明是無中生有，就會被處以絞刑；即使罪狀成立，檢舉者也會被處以三年苦役，杖責一百。[43] 斥罵自己的父母或祖父母者可被處以死刑。[44]

德謨（驚詫地）：真的嗎？

王：千真萬確。所以請你記住，我的觀點是為了強調帝制中國的現實政治形態對於儒家的批評，指責後者鼓勵人們的不服從，以及培植一種針對國家的批判觀念。儒家價值遠遠沒有證明政治現狀的合理性，卻經常為社會批評者提供知識資源。[45]

德謨：我對儒家的認知肯定是受到李光耀的影響，他是在掛儒家羊頭，賣威權統治狗肉。

王：那是現實政治世界中的一種悲哀現實，統治者經常對理念進行歪曲以適應其狹隘的政治綱領之需。毫無疑問，若是得知人們借用自己名義的所作所為，想必馬克思在九泉之下也會驚怖不已。[46]（短暫停頓）不管怎樣，或許我應當回到對於十七世紀儒家學者黃宗羲的討論。黃宗羲的著作《明夷待訪錄》（*Waiting for the Dawn: A Plan for the Prince*），體現了儒家對專制主義的一種猛烈批判。且讓我徵引書中相關的一段。（短暫停頓）好的，黃宗羲在全書的一開始便說道：「古者以天下為主，君為客，凡君之所畢世而經營者，為天下也。今也以君為主，天下為客，凡天下之無地而得安寧者，為君也」（〈原君〉篇）。[47]該書寫成於明亡之際。當時黃宗羲正在抵抗後來建立清朝的滿州人對於中原的征服。

德謨：那麼剛剛君臨華夏的滿族皇帝對此種觀點作何反應呢？

王：黃宗羲沒有愚蠢到將自己的思想公諸於眾的地步。鑒於黃宗羲對於現存王朝統治的輕蔑描述，他不可能是在向當時的君主致意。[48]看來黃寄望於將來的有道仁君吸取自己的思想，建立我們今天所謂正當的政治秩序。

德謨：那麼這部書又是怎樣傳諸後世的呢？

王：這部書一開始被分送給幾位黃宗羲的同仁與學生。在兩個半世紀的時間裏，該書是以「地下出版物」（samizdat）——請允許我使用這種年代錯亂的（anachronistic）語言——的形式加以流傳的，並最終在清代中期之後國祚動盪之時得見天日。黃宗羲逐漸被十九世紀末二十世紀初的改革者稱為中國本土「民主」觀念的早期提倡者。[49] 例如梁啟超——二十世紀初葉中國最優秀的作家——曾將該書重新印行，從而為政治改革提供更為充分的思想武器。[50]

德謨：黃宗羲有沒有為王朝統治提供具體的替代方案，抑或只是對現狀予以批評？

王：這正是興味盎然之處。與大多數儒家士人不同，黃宗羲並不僅僅強調由具備楷模式品格之優秀管理者治國的必要性，更對旨在限制帝權的特定法律與制度進行了討論。黃宗羲希望設置強有力的宰相以平衡天子的權力（〈置相〉篇）。按照他的看法，如果說宗旨在於服務民眾，則大臣之權力應予加強，而天子應當歡迎大臣的批評意見，改善令百姓苦難的國策（〈原臣〉篇）。我還希望你特別關注黃宗羲關於強化學校培養儒家士大夫之政治角色的倡議。在黃宗羲看來，所有各級學校都應當成為公共討論的舞台。他還提到，在公元二五至二二〇年間的東漢，培養士大夫的最高學府——太學——的學者，可以不必恐懼當權者，暢所欲言朝政大事，而當時的高官非常害怕他們的清議。再者，黃還提議應當從當時最著名的學者（譯者註：「當世之大儒」）裏選拔太學的校長（譯者註：祭酒），該職位應當與宰相具有同等的重要性，而且天子應每月連同宰相和大臣到太學走訪。天子應當與各級學生坐在一起，由太學校長就國政對其進行質詢（〈學校〉篇）。

德謨：這聽起來像是議會裏的質詢時間！

王（興奮起來）：沒錯！他希望管理者向一個「賢士院」（Parliament of Scholars）負責！[51]

德謨（停頓）：稍等一下，這就是你對當代中國的提議嗎？一個賢士院？你怎樣選拔這些學者呢？

王：標準的儒家做法是在公平公開的競爭性考試基礎上選拔出士大夫。

德謨：儒家式的考試對於現代中國來說真的適合嗎？如果我錯了的話還請糾正，我記得帝制時代科舉考試考查的是對於儒家經典的記憶能力，我懷疑在當今社會這並不是一種合理的政治精英階級遴選基礎。

王：黃宗羲的改革提議再度顯現出其相關性。他譴責當時的考試制度只能鼓勵膚淺與抄襲，不能分辨出學者的「真才實學」。他並不反對考察經典及其相關注疏，但他強調考生必須同時展示出自己對於某一問題的闡釋。用黃宗羲自己的話來說——我想我有這個權利——「使為經義者全寫注疏、大全、漢宋諸儒之說，一一條具於前，而後申之以己意，亦不必墨守一先生之言。」（〈取士上〉篇）考試既應考核考生儲存信息的能力，又應考核考生獨立思考的能力。

德謨：有意思。可是請允許我問你一個問題：民主該怎麼辦？如果通過競爭性考試而非選舉選拔管理者，民眾又該做些什麼呢？在你的計劃中，普通人該怎樣表達自己的政治意願呢？他們又該如何對政府行為施加控制呢？

王：這正是黃宗羲的構想，[52] 乃至整套儒家學說的問題所在。其政治學上的重點在於民享（for the people），卻未能足夠重視民治（by the people）的重要性。[53]

德謨（感到泄氣）：現在你可是把我搞糊塗了。你的觀點一直是前後反覆。你看似欣賞密爾和李光耀賦予更為明智和富有公共精神的選民額外選票的觀點，接下來你又承認對相關目標群體的選擇可以成為一種政治操縱之下的武斷過程。你看似青睞黑格爾由社團代表組成立法機關的觀念，接下來卻又承認這種設計很有可能不公平地使富人和強勢團體受益，正如香港發生的情況一樣。你看似贊同黃宗羲在競爭性考試基礎上產生士大夫議院的提議，接下來卻又承認這種體制在政治學上會讓民眾無從表達意願。有時你是個民主主義者，有時你又成了儒生。你想擁有德才兼備的管理者，卻又只想在民主的整體框架之下做到這一點。魚與熊掌，你可以兼得嗎？

王：我猜想，你是想聽聽我的提議了。

德謨：是啊！你可是讓我等得夠久了。

三、提議

王：那就開始吧。正如我提到過的，有一天我在天安門廣場附近的肯德基分店突地萌生了這種想法。我思忖道，如果說資本主義和共產主義在經濟領域可以共存的話，那麼為什麼民主與儒家思想就不能在政治領域共存呢？於是在刹那之間問題的解決方案便了然於胸了，而且我必須承認，突發的奇想在數月之後看起來仍然具有足夠的說服力，這種體驗在我生命中還是頭一遭。問題的解決之策：兩院制的立法機構，包括民主選舉產生的下院，以及在競爭性考試基礎上遴選之議員組成的上院。我將上院稱作「賢士院」（House of Scholars）。

德謨：嗯……有意思……

選拔程序

（一名叫做李學東[54]的北京大學研究生走進王教授的辦公室，看到德謨，一時有些驚訝，停下了腳步。）

王：讓我介紹一下。這位是德謨先生，在人權與民主國家基金工作的美國朋友。這位是李學東，他是位博士研究生，目前正在做一篇關於紮帕里澤（Dzhaparidze）雙型邏輯（bimodal logic）體系的論文。（德謨與李學東握手）

李：很高興認識你。王教授正在向你闡述他的「有中國特色的民主」提議嗎？

德謨：是的，你對此有何高見？

李（臉紅）：哦……你知道，在中國我們從不批評自己的教授。

王：學東，說說看，告訴德謨先生你的看法。

李：我大體上是支持這項提議的。我唯一關切的是王教授關於賢士院議員應由競爭性考試產生的觀點。就在我們所在的北大——中國最負盛名的大學——有許多頂尖的本科生剛剛從農村地區來到此間。我並不是說他們不夠聰明，只是覺得他們主要還是善於背誦高考所要考核的知識，而在其他方面卻經常並不怎麼成熟。他們中的一些人一旦在北京生活幾年就會發生改變，不過對這種將政治權力給予閱世未深、格局不足的年輕男女的做法，我還是感到擔憂。

德謨（微笑）：你，我猜測，不是從農村地區來的。

李：我來自上海，這可能對我有一點幫助。

王：學東，對於賦予「剛剛來自農村地區」的青年以權力的做法，我和你具有相同的關注。但更一般的情況下，我還是對主要由聰明伶俐的年輕人（無論他們來自哪裏）治國表示擔憂——試想一個滿是年少輕狂、頭腦發熱的二十來歲年輕人的賢士院吧！[55] 因此，我將對這種選拔考試施加年齡上的最低限制，比方說三十五歲或是四十歲。

德謨：或許我也應當參加進來，捍衛王教授的提議。王教授剛才告訴我，他採納了黃宗羲的看法，選拔考試既考核記憶力，也考核獨立思考能力。

王：對。我希望考試能夠包含策論寫作的部分，能夠為我們設計的問題提供新穎而可行的解決方案的考生，會得到我評給的高分。我還會設計一兩個倫理問題策論，這有助於淘汰那些聰明卻不通道德的技術官僚。

李：王教授，我並不想批評你的提議，不過你尋求的那些「道德」品質可是很難加以考查的。

王：的確不容易，但我們必須嘗試去做。我們所追求的並不只是職業素養，或是實現其他人交託之任務的能力。我們想要的人才，應當能夠反思公共政策的深層目的，並關注受政策影響人士的實存或潛在的要求。當然在理想情況下，我們會選擇具備一定公共精神的候選人。

李：但是在一次考試中，還是很難檢測出上述品質的。舉例來說，人們可以展示給你「道德的」答案，但這並不意味着他們對此真心服膺，或是作為決策者，會在實際情況中將其付諸運用。

王：唉，並沒有完美的制度。至少我們能夠裁汰那些道德感遲鈍不堪的人——例如，那些連保障基本人權的需要都視若無睹的傢伙。同時，我們還可以通過設計題目，使考生從爭議問題的正反雙方看待問題，從而裁汰政治煽動家（political demagogues）[56]——大多數煽動家對他們希望反駁的觀點看來先天地欠缺理性表達的能力。在這個意義上，依靠考試要比仰仗民主過程安全得多。而且若是幸運，我們能夠得到一些貨真價實的賢才。

李：但你不敢保證總能碰到最為「道德的」候選者。

王（提高聲音）：當然不能打保票了！這是政治，不是哲學。這一體制與其他可行的替代方案相比較怎樣，這才是問題所在。我們並非在尋找所謂的鐵證。如果你想要批評我的提議的話，就必須提出另外的、更有可能產出具備才幹與公德之決策者的方法。[57]

李（有點受驚）：王教授，我想我並不反對考試本身，我只是覺得它們應當做到盡可能的客觀。如果你允許主觀因素參與其中——例如測試公共精神等——那麼考試就會被輕易地濫用，高分的獲取會建立在「關係」[58]而非美德的基礎上。至少我們在多項選擇（multiple-choice）大學入學考試的分數，不會被個人親寵主義所扭曲。

王：我贊同你的看法。在考試過程的最初階段，鑒於效率的考慮，我會堅持採用多項選擇考試的形式。但是我認為，在這一階段以後增加策論部分就是必須的了。我同意你的觀點，選拔過程必須謹小慎微地做到公平與公正——否則人們不會接受賢士院的正當性。然而這並非不可克服的障礙。比方説策論考卷可以用「盲閱」（blind）的形式，由相關領域專家組成的委員會批改，閱卷者只會看到試卷上的考號而非考生的姓名。

德謨：請原諒我插話，可是難道你不想對考生進行面試嗎？在我看來應當考核他們對口頭問題的應對能力。有些人善於接受書面考試，卻不能很好地表達自己的觀點，或是不能在與活生生的個人的對話中應對自如。對於學者而言欠缺這種能力尚無傷大雅，可是對於政治管理者來說就是致命的缺陷。而一旦你採納面試的形式，就又會陷入學東提到的選拔過程中潛在偏見的問題了。

王：我同意有必要採行面試，不過對於面試中的偏見問題我想有種幹淨利落的解決方法。就像有時聲樂考試採取的形式一樣，考生可以在屏風之後接受面試。

德謨：可是屏風不能遮蔽所有東西，例如，辨別出考生的性別還是可能的。由於女性考生或許會處於不利的局面，因此這仍然是個問題。不管怎樣，過去只有男性可以參加文官考試，某些人或許願意維持這種選拔男性決策者的傳統。

王：嗯，但這已經是過去的事情了。今天的東亞國家對於女性參加文官考試並無限制，這也是我希望中國能夠做到的。實際上，考試的好處之一就在於它有可能增加女性決策者的比例。這一比例甚至可以達到百分之五十，這甚至要好於斯堪的納維亞（Scandinavian）國家的水平！而且這種做法不必拘泥於那種流於表面、反對賢能政治的配額體制。

德謨：你並沒有回應我的看法。如果採取口頭考試，「非正式的」歧視將會在這一階段發生。

王：或許可以採用一種合成器處理考生的聲音以隱蔽其性別。或者可以將考生的回答錄入到電腦顯示屏上。我確信有技術手段可以解決這一問題。

李：王教授，對於「盲閱」考試我還有一個問題。如果我們當真看不到考生，這就意味着一個「三角眼」（sanjiaoyan）的人或許可以通過考試。可是，誰會信任一位有着三角眼的管理者呢？

德謨（突然插話）：必須承認，我聽得不是很明白。

王（嘆氣）：哎呀，這説起來就複雜了。你知道，西方人區別不同的眼珠顏色——例如，女人會嫉妒伊麗莎伯•泰萊（Elizabeth Taylor）美麗的紫羅蘭色眸子，而法蘭克•仙納杜拉（Frank Sinatra）的淡藍色眼珠使得他風度翩翩，等等。但是中國人都是褐色的眼珠，因此我們很少注意眼睛的顏色，代之以分辨不同的眼睛形狀。最常見的區分當然是單眼皮或雙眼皮。西方人幾乎注意不到二者的區別，即使被告知單、雙眼皮對於中國人的意義也是如此——或許是因為你們大多都是雙眼皮吧——可是在中國，擁有雙眼皮是非常重要的，因為這能使眼睛看起來更大，據說還更有吸引力。實際上在中國及其他東亞國家（如日本和韓國），最常見的美容手術就是在眼睛上拉一刀，以便多出一層眼皮。

德謨（輕微地抽搐了一下）：真的嗎？

王：這是一個無痛手術，遠沒有你們的「隆鼻術」（nose job）嚴重，更不用提聲名狼藉的矽膠「料理」崩裂事件了。不管怎樣，很有意思的是，在漢語中描述不同眼形的詞語足以組成一個豐富精妙的詞匯庫。[59] 中國社會對「鬥雞眼」或「形狀像兩隻公雞打架的眼睛」存有偏見，而另一方面「杏仁眼」或「形狀像杏仁的眼睛」卻廣受青睞。我懷疑大多數西方人甚至壓根兒就注意不到這些區別。

德謨：這很有意思。不過我不太清楚，關於眼形的話題怎麼就跟我們對於「有中國特色民主」的討論扯上關係了？

王：我馬上就要解釋這個。這並不只是因為我們對眼形發展出一套審美等級體系。有時候眼形據說還可以傳達出特定的人格特徵。例如，據說有三角眼，或三角形、「三個角」的眼睛的人，是不值得信賴的。這正是學東困擾的問題——我關於「盲閱」打分的提議不能裁汰具有三角眼的人，因此學東不敢想像人們能夠信任一位三角眼的管理者。

李：謝謝你王教授，我理應表達得更清楚一點。

王：但是請允許我補充，我不會調整自己的提議來迎合這一文化價值。相反，我認為我們應當挑戰這種依據眼形將人們分成三六九等的荒謬做法，正如我們挑戰其他諸如裙帶關係、重男輕女、禁止女性躋身文官隊伍等有害的傳統價值與實踐一樣。至少從一種政治的觀點來看，有必要在受歡迎的和不合需要的文化特徵之間作出區分。政府應當倡導那些適應當代社會需求的文化價值，例如尊重知識精英統治的傳統。

李（難為情地）：教授你說得對。學生不是政治哲學領域的行家裏手，我早該尊重你的觀點的。

王：學東，你可沒必要這麼謙虛啊。在明天的制憲會議上或許也會碰到這類問題，我很有必要為此準備具備說服力的回答。

李：請你們諒解，我必須回自己的書房了。德謨先生，很高興與你會面。（李學東走出了王教授的辦公室。）

德謨：或許我還可以補充，美國政治文化同樣處於有害偏見的影響之下。如果當年羅斯福（Franklin. D. Roosevelt）是在電視時代競選總統的話，選民將會發現他身體的殘障，要想當選恐怕就很困難了。至今有很多人看起來仍然根據毫不相關的體貌特徵對政治管理者進行評判。

王：因此賢士院議員候選人的遴選有必要採用「盲閱」的評估形式。

德謨：請允許我回到考試內容的問題上。就算你的書面考試對於記憶力、獨立思考能力、倫理觀念及在實際談話中良好表達的能力都能加以考核，你仍然可能無從考查真正重要的一項素質，也就是處理政府問題的能力。難道你不認為檢驗解決實際政治問題的能力非常重要嗎？

王：當然很重要。如何找到那些有才能的人，孔夫子本人就非常關注這一問題。他說：「誦《詩三百》，授之以政，不達；使於四方，不能專對。雖多，亦奚以為？」（《論語•子路》第五條）。我們的考試同樣可以設置範圍廣泛的實際政治問題。例如，我們可以就重大緊迫的內政外交問題對考生進行考查。

德謨：但是你這樣做只能選拔出通才，這就會帶來特定的問題。比方說聯邦儲備銀行，主要是由職業經濟學家組成的。更為一般地説來，從孔子的時代以來，精英統治的概念已經發生了變化。較之以往，現代知識專業化的程度高出很多，在這種情況下，最好能夠辨識和委任接受過專門訓練的專才，使之在各自擅長的領域發揮決策作用。而你的「儒家式」考試在這個方面可能用處甚微。

王：對此我並不確定。知識或許變得更為專門化了，但是有許多不同門類的知識與政治決策相關。如果有什麼區別的話，那就是事物之間的聯繫變得日益緊密。例如，較之以往，經濟力量對外交政策發揮了更為顯著的驅動作用；在亞洲經濟危機期間，我們更多看到的乃是羅伯特•魯賓（Robert Rubin）（譯者註：前任美國財政部長）而不是瑪德琳•奧爾布賴特（Madeleine Albright）（譯者註：前任美國國務卿）。從另一方面看，沒有對背後政治力量的良好理解，我們就很難理解經濟現象——直到最後，世界銀行仍對印尼經濟抱有信心，這是因為該行未能對一些政治因素予以重視，例如蘇哈托家族受到人們的憎惡，以及經濟財富集中於華裔少數族群之手，等等。因此我並不認為我們應當希望受過嚴格訓練的專才在政府中佔據決策的高位。我們要尋找的乃是具有才幹、正直清廉的男人和女子。他們必須博學多聞，敏於倫理的考量，還應做到思路敏捷，足以在急劇變化的現代世界「高瞻遠矚」（take a “bird’s-eye view”），快速適應新的環境。我堅信，此種人才一旦被發現，一定學會做出明智而審慎的政治判斷。

德謨：可這簡直是寄望於「天降神跡」（leap of faith）！

王：我想指出的是，你稱之為「天降神跡」的東西在東亞大部地區已經成為現實了，而且總體看來卓有成效。在新加坡，執政的人民行動黨希望高級文官和部長具備一種「全域觀」（helicopter view），也就是說他們應當將注意力從事物核心的細枝末節轉移到宏大的圖景，將議題放到整體的社會與政治背景之下加以考慮，並估計到變化多端之環境的可能影響。這些官員經常並不具備政治或技術背景，但無論遇到何種問題，他們總能將自己的智慧運用於其中。在香港，政務職系官員（administrative grade officers）——居於文官隊伍金字塔頂端的精英組別——由通才充任；每隔五年左右他們都會改變所屬部門。此舉是基於這樣的假定，即他們需要視野開闊，廣見卓識，辨識不同領域變化中的趨勢，適應新的環境要求。而在日本——正如我曾講過的——從競爭性考試選拔出的東京大學法學院的拔尖畢業生，幾乎總能自動獲得大藏省與外務省的重要職位。人們簡單地假定那些學業優異的人將會「從工作中」（on the job）學習……

德謨（打斷王的話）：可是近來這種假定碰到了問題。在發展的早期階段，日本式的、依據精英統治理念選拔出的官僚一度是一筆財產，可是後來面對發達經濟中出現的問題，在為其提供創造性的解決方案上，他們卻表現得一敗塗地。幾乎所有人都認同有必要在日本實現更多的民主、更少的官僚。

王：首先，中國仍然是一個相對欠發達的國家，因此這種反對意見與中國現實狀況無關。更重要的是，我並沒有說中國應當複製選擇政治管理者之日本模型的所有方面，我的觀點是應當採納其中行之有效的成分而避免其餘那些缺乏可行性的成分。

德謨：但你並沒有回應我的論點。即使在欠發達經濟中，也最好倚重專才而非通才。例如，中國的中央銀行就應當任用受過訓練的經濟學家，而不是來自賢士院的通才。

王：請注意，我並沒有反對有必要實現專業化。決策者當然需要倚重專家的觀點，但他們經常需要依靠不同的專家對公共政策問題的不同方面發表看法。此外，公共政策議題的科學「證據」是極少有定論的。它經常會留出很大的解釋與判斷空間，而這恰恰是我們希望德才兼備的決策者發揮影響的地方。[60] 即使是聯邦儲備銀行，如果能夠吸納更多非經濟學家的話，也會取得更好的成效。美聯儲畢竟經常被指責偏向華爾街而非梅恩街（Main Street）（譯者註：此處並非確指，而是泛指「小城鎮的主要街道」）的利益，或許通才可以使局面發生一些變化。

德謨（停頓）：或許你是對的。現在我們思考一下這個問題：運用考試制度選拔政治通才並不是東亞特有的現象。在法國，學生爭相進入國立行政學院（École Nationale d'Administration），成功的畢業生隨後就被任用為政治與經濟領域的決策者，經常游走於公私部門之間。不過，在美國，主要是私有部門吸納有能力由此領域轉到彼領域的才華出眾的學子，並「從工作中」培養其所需的才能。著名的商業顧問公司麥肯錫（McKinsey and Company），向所有前來求職的羅德學者（Rhodes Scholars）提供就業機會，而且不要求有工作經歷。一旦受聘，麥肯錫的顧問就運用他們的才智幫助解決經濟領域中的各種難題。高盛集團投資公司（Goldman Sachs）等投資公司從名牌大學中聘用研究領域與銀行業全無關的博士，其預設也是認定真正的幹才應當是通才，可以從一個領域轉換到另一個領域中去。

王：說得太對了。既然如此，政府為何不能照此辦理呢？由最聰明的頭腦擔負為公共福祉而非特定的商業機構制定政策，將會從總體上造福於社會。應當把為政治社群服務的機會，給予那些在嚴酷而考查範圍廣闊的競爭性考試中取得成功的個人。

德謨：我們還有一個議題需要討論：將權力授予那些毫無政治經驗的人，你難道不對此感覺憂慮嗎？

王：我並沒有說應當馬上給予他們政治權力。如果我說錯了還請糾正，在獲得重要決策權力之前，商業顧問或經紀人經常要接受一年左右的培訓。我將在賢士院採行同樣的措施。一旦被選拔成賢士院的議員，他們可以選擇諸如經濟政策或外交政策之類的專業領域（考試成績優異者可以優先選擇），然後他們可以在原來的一批賢士院議員的指導下展開工作，這就是為期一年或兩年的過渡期。這段時間足以使他們在專家支持下，達到足以進行明智判斷的程度。

德謨：嗯，我希望你是正確的。不過，你有不少看法是建立在未經檢驗的假設之上的。

王：並非完全未經檢驗。我想重複的是，在成功的東亞國家，我上面所講的早已成為現實了。然而，本人方案的獨特——或許我可以說是「出色」——之處，乃是它可以將選拔政治管理者的方法予以制度化，而不像日本的情況那樣，實際上的管理者是在非正式的過程中揀選出來的。而且，與經常因其過於強調死記硬背、獎掖那些具有過分一致化傾向之應試者而遭到批評的日本式競爭性考試不同，[61]我們的考試也會對獨立思考和倫理觀念進行考查。另外，還是與日本相比，在那裏高級官僚隱藏在民選政治家背後以隱秘的方式行使權力，而本人提議中政治權力的行使應當更為透明。我希望，除了事關國家安全的辯論之外，賢士院的其他政治商議均應以電視轉播，並將其直接展示於公眾周知。

腐敗問題

德謨：可是，甚至比確保透明性還要重要的，乃是可問責性的問題。如果賢士院的議員不受選舉過程節制的話，怎樣才可以確保他們的可問責性呢？如果他們被給予終身任期的話，或許會變得傲慢、遲鈍與腐敗。

王：未必如此吧。美國最高法院非經民選產生的大法官都擁有終身任期，可最高法院或許是美國政治體系中最少腐敗、最廣受尊敬的機構。

德謨：可是按照你的提議，「士大夫」擁有制定政策的真正權力，而不僅僅是執行憲法的權力吧。

王：你說得沒錯。至少在理論上，法官與政治決策者比較少權宜行事的空間，對後者不負責任的行為進行制度化檢查是非常重要的。不過選舉過程只是限制權力的途徑之一，設定任期限制則是另一種途徑。在我看來，賢士院議員不應獲得終身任期，但是另一方面，又應當給予他們充足的時間研習政治及服務於長程的福祉。比方說七年或八年的任期限制，看起來將是較為合理的。

德謨： 但是你又怎麼確保這些「士大夫」將會致力於提升公共福祉，而不是——比方說——為中飽私囊而濫用權力呢？若是知道自己在七八年後將會卸任，他們或許會利用自己的任期搜刮財富。

王： 當然，我假定自由的新聞媒體將會竭盡所能地調查腐敗事件並公諸於眾。同樣重要的是，為了降低腐敗的動機，應當給予賢士院議員可觀的薪酬。新加坡發給高級政治家與文官全世界最高的薪水，結果便是令人豔羨的低腐敗水平。

德謨： 但是新加坡的文官擁有終身的職業生涯。退休之後，那些賢士院議員會做些什麼事情呢？比方說，如果他們在五十歲退休的話，他們或許會變成具有以門路換鈔票能力的幕後政治掮客。

王： 或許我們可以把賢士院議員的最低年齡限制提高五歲或十歲，這樣的話在賢士院的任職將成為一個人職業生涯中的最終階段。[62] 而且我假定，我們應當給予議員可觀的薪酬，以使其卸任後不再需要更多的錢財。同時，我還想指出這一問題並非為賢士院所特有——它同時也是一個在民選政治家卸任後如何防止腐敗與「後門效應」（back-door influence）的問題。我認為應當採取同樣的辦法遏制腐敗，例如可對作為政治家為利益集團游說的行為施加限制。實際上，我對賢士院的議員還是較少感到擔憂的——經由考試選拔、職位變動頻仍的事實，使他們在與先前同僚的持續聯繫中可以更具免疫力。

德謨： 看來你仍然在這些「士大夫」身上寄託了很大的信任。

王：我並不認為我們應當完全寄望於他們的誠實。我願意採用胡蘿蔔加大棒的辦法。例如，新加坡對腐敗行為施以嚴酷的懲罰；我還被威尼斯共和國（The Republic of Venice）的反腐策略吸引。正如你或許知道的，在過去的千年中，這個共和國享有長達八百多年的國祚。威尼斯政府為其公民提供了和平與繁榮，擁有優良的司法制度，具備一部精巧且被人恪守的憲法，而且自一三〇〇年以來，這共和國就在僅佔其總人口百分之二的公民的合法統治之下生活。[63] 所以，你或許會問，威尼斯共和國怎樣確保其統治者抗拒個人致富的誘惑呢？在統治者任期屆滿之際將會進行一項稽核（audit）工作，如果發現有財政上的漏洞，則統治者的子女將會遭到懲罰。[64]

德謨：統治者的子女？可是如果他們的子女是無辜的，又當如何呢？

王：他們很少是無辜的，在中國情況也是如此。有些政府高官的子女是出了名的腐敗，他們經常借助家庭的政治紐帶，鑽法律空子牟取私利。懲罰腐敗者的子女並不會帶來多大的傷害。相反，這種「威尼斯式的」方法有助確保官員誠實。因其子女的腐敗行為，同樣應對政府官員施以懲罰，這樣就可以使公務人員具備指導自己家人清廉行事的動機。

德謨：可是，你憑什麼認為，因為其他人的過失就可以對某些人施加懲罰呢？

王：這或許很難理解。你知道，中國人的自我觀念與典型的西方觀念相比，是頗為不同的。在西方，責任止於個人（“the buck stops” at the individual、“The buck stops here”乃是杜魯門總統的名言，意即「責無旁貸」——譯者註）。個人要對他／她自己「選擇」的行為負責，其所承擔的責任不需過多也不得過少。與此形成對照的是，在中國，家庭被極具特色地視為一種將祖先與後代連接起來的、不能分解的有機體。因此，家庭成員較少被視為個人，而更多被看作家庭與家族世系的產物，進而應當為近親的錯誤行為負責，上述觀念乃是司空見慣的。毫無疑問，建立在家庭基礎上的懲罰是很殘酷的。在帝制時代，曾經有一人獲罪，全家被誅的做法，而折磨與處決的方式還包括淩遲、斬首示眾等酷刑，與其說懲罰意在將痛苦最大化，毋寧說是為了根除犯人的後代，斷絕該家族的世系。然而，另外的懲罰措施看起來相當人性化。在最為精華的儒家價值感召之下，有些法律允許犯人家屬住在獄中照顧患病的親人，而且家庭成員可以選擇在自己人中間分攤刑期，而不是將全部牢獄之苦施加到某一個人身上。[65]

德謨：可是你所說的這些，又有多少仍然適用於現代呢？

王：我並沒有說我們應當在今天的社會重新實踐上述的每一種做法。然而，對華人世界的大部分人而言，以家庭為基礎的責任觀念依然發揮着作用。我們對於過去歷史最為痛苦的經歷之一，便是因家庭成員的「反革命」行為而頻頻遭到懲處。我有些朋友受了迫害，只是因為有遠親具備「資產階級」背景。更別提臭名昭著的、讓死刑犯的家人為射殺死刑犯的子彈買單的行為了。

德謨：如你所言，這些都是些不堪回首的痛苦經歷。因此，難道這不就意味當代中國人應當挑戰，而不是恪守以家庭為懲罰基礎的傳統價值嗎？

王：的確如此。不過我的觀點是，作為單一責任單元的家庭觀念，可被用以證明旨在解決當代問題的特定政策的合理性。例如，你很熟悉中國的人口過剩

（overpopulation）危機。中共試圖通過施行計劃生育政策（one-child-per-family policy）來改變現狀，這一政策在實踐中意味着，與第一胎相比，第二胎的受教育機會將會受到限制。人們或許會認為，子女是在代父母受過。以西方的個人責任觀念觀之，這種現象看起來是不公正的，但是大多數中國人——或者總之是大多數城市知識分子[66]——都支持計劃生育政策及其公開承認的實踐後果。

德謨：想想這個問題：在美國，以家庭為基礎的責任觀念同樣發揮了使某些政策獲得正當性的作用。某些州會扣除單身母親的社會福利金，而她們的子女經常要為此買單。還有加利福尼亞州的選民支持旨在懲罰非法移民子女、使之無法進入公立學校的187號提案（Proposition 187）。克林頓政府曾對在古巴開設的外國公司進行制裁，一度禁止其經理人及其子女赴美參訪或學習。[67]為了抑制青少年犯罪，曾經有過因其子女犯罪行為而對其父母進行處罰的建議。然而，我必須承認，我對這些政策感到不快。

王：我也一樣。人們很容易指責以家庭為基礎的懲罰行為。可是中國的腐敗問題實在是太嚴重了——而且有很多乃是根源在政治圈中對家庭關係的濫用——以至於我認為為了消除政治體系中的腐敗現象計，應當考慮施行以家庭為懲罰之基礎的可能性。當然，我寧願自己的想法是錯誤的。如果任期限制在實踐中發揮作用，如果公開性（publicity）、當眾審議、高額薪酬，以及針對貪腐者本人的嚴酷懲罰能夠奏效，成功地將腐敗抑制到可以容忍的程度的話，或許就沒有必要實施以家庭為基礎的懲罰了。它們只應作為最後手段加以運用。[68]

普適性問題

德謨（停頓）：為了便於討論，讓我們假設你關於賢士院的提議的確得償所願。該院由這樣的人士組成，他們具備扮演美德與知識之「監國者」角色的潛能，為了公共福祉治理國家，同時有各色憲政與反腐敗機制削減濫用權力的傾向。同時讓我們假定，這套「知識精英統治」體制特別適合於解決現代社會日漸錯綜複雜的政治問題。現在我想問你這樣一個問題——為什麼你看起來覺得，賢士院的提議只是適合於中國呢？為什麼它不應被所有現代社會或處於現代化進程中社會的政治體制所採納呢？

王：我懷疑在某些社會背景之下，我的提議將被嘲笑為空中樓閣。二十世紀中國的大多數民主運動都是由知識分子倡導和推行的，[69] 唯其在這種背景下，我的提議才是適切的。與其說這些知識分子追求的是真正的民主政治，毋寧說他們追求的是受到具有公共精神的知識精英規約的「人民統治」（people's rule）。然而，在其他社會背景下，其他不同團體在民主化運動中發揮了更大的作用，而賢士院式的提議或許不能滿足這些團體的渴望。同樣重要的是，由於我們擁有尊重由精英統治程序遴選士大夫的傳統，在中國「底層」（on the bottom）百姓的眼中，賢士院看起來具備正當性。可是在其他地方事情就迥然不同了。我們可以想想美國的情況，反智主義（anti-intellectualism）在那裏根深蒂固，傳統上人們普遍對「尖頭尖腦」（pointy-headed）的知識分子反感。[70] 身處建立在儒家理念之上的東亞社會，當我告訴出租車司機我是一位政治哲學教授的時候，他們幾乎總會就當前緊迫的政治問題詢問我的看法。[71] 可是到了美國，他們通常會嘲笑進而告誡我，我對「現實世界」一無所知。因此，我懷疑賢士院很難在美國民眾中獲取太大的正當性。

德謨：不過美國大眾文化還是有很多面向的。你自己不也曾經指出美國最高法院——主要由才華橫溢的學界翹楚組成——或許是美國政治體系中最受尊重的機構嗎？而且，你可以考慮至少有一位著名的美國知識分子所提出的、與你並非全然不同的倡議。你熟悉丹尼爾‧貝爾（Daniel Bell）嗎？

王：你是說那位卓越的美國社會學家丹尼爾‧貝爾嗎？

德謨：當然是他。大約十五年前，貝爾就美國國會的政治改革提出了一個高度虛構的方案。你或許知道，美國國會面臨的主要問題是其成員——尤其是眾議院議員——總是為了再度當選而拼命籌集資金，這就給人留下了這樣的印象（如果不是現實的話）：政治家主要對財政利益頂禮膜拜，而不是致力於提升公共福祉。因此，為了使國會在美國公眾心目中「重新獲得正當性」（re-legitimize），貝爾建議為國會議員設定任期限制——參議員可任三屆，眾議員可任四屆，每屆任期四年（而不是兩年）。然後卸任議員被吸納進入一個第三院（third chamber），其退休金外加一筆額外的收入足以使卸任議員在財政上無憂。這個貝爾所謂的「顧問院」（House of Counselors），將成為評估政策、諮議政府之委員會或獨立機構的儲才庫。這樣一來，國家就能擁有一批經驗豐富、公正不阿、隨時準備效力於公共福祉且擁有較高民眾支持度的個人。[72] 我之所以清楚記得貝爾的提議，是因為若干年前，我所在的組織曾採納與顧問院非常接近的建議。比方說，與把長程醫療政策計劃交給總統夫人設計的做法相比，我們覺得貝爾的想法要更為高明。

王：我不是非常了解美國的政治體制，不過這一提議的實現難道不需要對美國憲法做相當激進的改變嗎？

德謨：是的，這也是我們最終決定放棄的原因之一。但是誰又能知道呢，如果國會持續喪失來自美國公眾的信任，或許有一天，貝爾的想法會等到得以實施的成熟時機。

王（短暫停頓）：實際上貝爾的想法和我所想的很不一樣。顧問院或許仍然是由平庸之人組成，成功被選進國會乃是這些人的唯一資格。我想遴選的乃是真正超然中立、富有才幹的男女公民，他們不必因為迎合富人和權貴的利益，或是大眾的短淺追求而自貶身價。更為接近本人方案的一種西方等價物——儘管是多少打了些折扣的（watered-down）形式——是英國的上議院（House of Lords）。

德謨（驚訝）：上議院！

王：是的。與流行意見相反，上議院在立法中仍然發揮着客觀影響。它有權將下議院通過的法案擱置一年，儘管該院很少使用此項權力。上議院在更為通常的情況下則是充當一種審察機構，通過補足細節、修補漏洞等方式改進下議院的法案。而且據我所知，上議院以其出眾的能力和非黨派的傾向足以勝任那項工作。該院的辯論是優雅的、非對抗性的和見聞廣博的，有些時候可以產生影響重大的修正案。許多上議院議員在其職業生涯的較早時期便擁有了深入的專業知識，而這正是相對年輕的下議院議員經常欠缺的。[73]

德謨：不過上議院包括世襲貴族，這些人只是因為祖先出身的高貴才繼承了坐在上議院、就立法進行投票的權利。這可不是你希望在自己的貴族院出現的，不是嗎？

王：當然不是了。不過，難道貝理雅（Tony Blair）的工黨政府沒有祛除世襲貴族嗎？[74]其他貴族則是在首相的推薦下由女王任命的，這看起來是種相對具有精英統治成分的過程。例如，可敬的政治哲學家雷蒙德•普朗特（Raymond Plant）便是一位上議院議員。不過，上議院還是應當進行改革，使之成為一種真正的精英統治機構，在這一點上你是正確的。我也不欣賞政治委任的想法。如果我能夠說了算，我就會將其轉變成一個由競爭性考試產生之議員組成的賢士院。

德謨：說不定你的提議最適合英國呢？

王：對此我表示懷疑。在英國並沒有支持賢士院的文化基礎。[75]當然，英國有尊重「勝於己者」（betters）的傳統，可是「最好之人的統治」的精英政治觀念，以一種在東亞儒家社會鮮有存在的方式，受到了財產與階級偏見的腐蝕。我對多愁善感的歷史讀物表示懷疑，不過總的說來你在儒家社會可以發現一種公平和公開的考試過程，而一直以來，考試經常被視為一種社會向上流動的機制。[76]

德謨： 既然如此，為什麼不推薦在韓國、日本和新加坡設立賢士院呢？例如，正如你所言，你的提議可以彌補由強大官僚進行實際統治的日本體制的缺陷，就像缺乏透明性和可問責性等，那麼賢士院的提議怎麼就不適用於日本呢？

王： 或許有一天其他東亞國家會被我的提議所吸引。如果人們覺得政治現狀並非運轉良好的話，也許賢士院可被作為一種選擇加以考慮。[77] 在中國，人們明顯需要重大的政治改革，而且他們善於接受新的政治觀念。

德謨（停頓）：我希望你是正確的，不過如果你不介意的話，我還有其他幾個問題。直到現在，我一直都在問你為什麼只是將你提議的適用範圍限定在中國，可是現在我想表明的是：把你關於賢士院的提議運用於整個中國，這種想法都顯得過於雄心勃勃了。如你所知，中國並不是一個文化上同質的國家。這就意味着，一方面，對於由精英統治遴選程序選拔出的政治精英實行統治的儒家傳統，那些非漢族的中國少數族群可能並不認同，而且讓他們參與到你的計劃中來，這看起來並不太公平。

王：允許西藏、新疆這樣的少數民族區域實行高度的自治（self-administration），我對此並無異議。在賢士院的問題上，應當確保少數族群享有特定數目的席位。香港同樣可以擁有一個議席，而台灣則可以得到三或四個席位。[78]

德謨：我的觀點是，通過書面考試競逐政治權位的做法，在某些非漢族的少數族群看來還是相當新鮮的事物，他們或許不會支持這種遴選政治管理者的辦法。

王：有一些辦法可以用來容納少數族群的文化特殊性，例如可以採納不同的選拔過程，讓少數族群推出自己的代表。或者可以調整考試的內容，使之更好地反映其自身的傳統——例如，西藏賢士院議員的遴選就可以包括對於佛教和藏語的考查。這些細節正是明天大會所要討論議決的課題；或許各代表可以任命由少數族群代表組成的委員會，研究上述的問題。

僵局問題

德謨（停頓）：最後一個問題。到現在為止，我們只是就你提議的兩院制立法機構中的上議院進行了討論。你曾說過，下議院應當由民主選舉的代表組成。可是，在同一政策問題上，兩院的意見或許並不總是能夠保持一致。

王：當然了。

德謨：所以我的問題是：你將如何解決兩院之間的分歧？有沒有什麼機制，足以破解政府兩院之間的僵局呢？

王：這是一個很棘手的問題。不過，答案最終要看兩院中的哪一個擁有更大的權力。賢士統治制度的精英統治支持者——且讓我們稱之為「儒學派」（Confucians）——希望授權於賢士院。

德謨：如果你真想做個儒學派的話，可能會希望最高的政治掮客（power-broker）是個超越群倫紛爭之上的皇帝。不管怎樣，傳統中國的國家元首乃是一個「奉天承運」（divinely-appointed）的聖人—君主，而經由賢士統治制度的程序選拔出的文官扮演着諮議朝政、勸誡君王的角色，但他們並不是最高的決策者。因此為什麼不復興中國的君主制傳統呢？

王（笑）：別傻了，這永遠都行不通——我們是很難（如果不是不可能的話）復興已經枯死百年的君主體制的。你不大可能在憲政大會上説服人們信賴一個奉天承運的統治者。此外，現在已經沒人奮力爭取實現這種體制了。我認為更為現實的選擇，是從賢士院議員中選拔國家元首。他可能是議員中最為年長者，或者若是恪守賢士統治理念的話，則應當是在考試中得分最高者。你的意見呢？

德謨：坦率地說，我對這兩種選擇都不太喜歡。在我看來，賢士院的地位應依據憲法規定從屬民選的下議院之下。賢士院應該與貝爾的顧問院一樣，充當評估政策、諮議政府的委員會與獨立機構的儲才庫。與英國的上議院相似，賢士院應該扮演審議下院通過之立法、指出其瑕疵、提出小型修正案的相對次要角色。我並不介意從賢士院議員中產生一位象徵性的、主要是禮儀性的國家元首，可是政府首腦——真正進行政治決策的人——則應來自下議院。重要部門負責人的人選也應照此辦理。

王（臉色變白）：可是，可是我還以為你跟我意見一致呢！

德謨：現在我仍然和你持有一致的看法啊！正如我所説，我並不反對設立賢士院。我同意你的觀點，賢士院看來適合中國的政治文化，與其他將知識精英統治制度化的替代機制相比，它是一個更好的選擇。但是我也只能到此為止了。我不能接受一個將最終決定權給予非民選領袖的政治體制。民選政治家能夠——而且應當——聽取富有才幹、超然中立之個人的建議，只有人民選擇的領袖才應當握有最後的王牌。

王：但這將會是中國的災難！下議院的民主派——主要關注下次大選並且深受商業利益的影響——或許會青睞快速的經濟增長而罔顧長期的生態後果；而賢士院的議員——他們經過認真的、非黨派的審議達成決議，不會受到迎合特定利益之需要的限制——或許會選擇速度較慢、生態上可持續的發展，而不會追求同樣急功近利的物質利益。誰應當獲勝呢？難道是民主派嗎？

德謨：對這個問題很難給予抽象的解答。政策爭論可比你所說的具體多了。

王：好吧，我們就以計劃生育政策為例吧。大多數農民出於鄉村地區根深蒂固的重男輕女偏好，都反對這項政策。而這樣的觀點可能會在下議院佔據上風——大多數中國人仍然居住在農村地區——通過反對這項政策，民主派將會獲得可觀的選票，而不顧長遠的後果。可是賢士院——由知識分子主導，其中多數人都理解此項政策的必要性[79]——很可能會投票支持這項政策。難道你認為民主派理應當道嗎？

德謨：你把它置換成了一個「非此即彼」（either/or）的議題——粗俗的民主派對抗明智的賢士。不過某些賢士肯定會站在下議院的民主派一邊。即便他們是全然大公無私的，對於公共福祉，眾賢士也不見得都持有相同的理解啊。

王：當然不會有高度一致的理解了。[80] 不過可以通過多數決策解決紛爭，問題在於當下議院的多數反對上議院的多數時又當如何。我傾向於——舉例來說——通過某種憲法程序，賦予賢士院的絕對多數（supermajorities）壓倒下議院多數的權利。

德謨（提高聲音）：我的看法與你恰恰相反。而且我懷疑大多數中國人會樂於採納這樣一套制度，這套制度的宗旨，乃在於系統化地踐踏他們所選出代表，同時否決這些領袖為選民爭取的利益！看來你並不是要求人們採納一種像最高法院那樣對其權力進行過審慎限定的機構，而是要求他們接受一種在原則上具備巨大權力，足以淩駕於一切民選領袖決定之上的機構！

王（短暫停頓）：嗯，沒錯，你算是說對了。當然兜售這一部分觀念將是很困難的。[81]

德謨：而且你大可不必如此！在中國，即使一個在憲法上居於從屬地位的上議院同樣能夠扮演重要的角色。貴國將會獲得一批相對具有才幹、超然中立的個人，從而為決策過程增添智慧和長遠的規劃。而且如果上議院在「人民眼中」具備正當性的話——在一個具有尊重以賢士統治制度方式遴選的政治精英傳統的社會，這種情況是極有可能發生的——賢士院將會發揮巨大的道義權威作用。民主的多數將會發現，無視賢士院議員公開審議所得出的觀點將是非常困難的。至少，下議院中對賢士院推薦之政策實行系統化漠視的政治家，或許會發現自己很難再度當選。[82]我想努力表明的是，要想擁有一個強有力的賢士院，你並不需要太多的憲法支持。

提議之實現

王（停頓）：是的，你或許是對的。我猜想，若能擁有一個在憲法上居於從屬地位的賢士院，我也足以感到滿意了。重要的事情在於，該院的決議能夠在政治舞台上發揮真正的、實際的影響。

德謨：嗯，不過這同樣有賴於其他因素，比方説賢士院與司法部門的關係。[83]

王：當然如此了。在制憲會議的審議過程中還有許多類似的細節需要達成共識。[84]然而，首先我必須處理一個更為迫切的問題。也許我不能得到支持建立（哪怕是一個具備最小權力的）賢士院的足夠選票，對於這種可能性我深表憂慮。共產黨人熱衷於選舉過程，對賢士院的提議沒什麼興趣。從俄羅斯的經驗中他們學到，自己無孔不入的官僚機構，可以很輕易地轉換成為強有力的競選機器。從前的政治異議分子，尤其是其中較為年輕的人士，也贊同建立一個強大的民選立法機關。他們堅信，自己可以步曼德拉們（the Mandelas）與哈維爾們（the Havels）的後塵而成功當選。請注意，對他們我並無苛責之意。多年來，我一直欽佩他們的勇氣，而且我覺得他們理應獲得這樣那樣的政治回報。但是與此同時，我不得不應對這樣的現實：支持我的提議並不符合任何主要政治勢力的利益。我所能駕馭的唯一的武器，便是理性的論證。

德謨（微笑）：看來沒多大戲，不是嗎？

王：是的。很不幸，這是現實政治，而不是學術研討。可是，我並沒有喪失全部政治派別的支持。我想我可以得到婦女團體的一些支持——她們樂於接受考試的主意，因為這有可能收到增加女性在政治過程中比重的效果。而且有一位代表是馬克思主義者——或許他是當前中國最為真誠的馬克思主義知識分子——他有可能支持我的看法，這是因為對於民選立法機關將會被大企業利益左右的可能性，他深感憂慮。

德謨：就這些嗎？

王：嗯，我必須努力爭取來自民主派的更多支持。如果其他方法都不能收到成效的話，我還有最後一個錦囊妙計——那就是俄羅斯向民主轉型的「教訓」。在蘇聯解體之後，俄羅斯人面臨着一種嚴酷的選擇——要麼是共產主義的停滯不前，要麼是以西方政治實踐形式獲取的進步。如果民主帶來了物質福利、提供了社會和平，他們或許會在民主之路上走上一程。但是計劃沒有變化快，而且不足為奇的是，西方式民主在該國的根基相當淺薄。難道我們真的能夠指責俄羅斯人民嗎？將過去完全拋棄，告訴他們其民族政治歷史毫無可取之處，這是對於一個民族——特別是一個擁有古老而值得自豪的文明的民族——的羞辱。所以在誤入歧途之際，在民主不能滿足人民的願望之時，人們就會受到誘惑，乞靈於一位允諾復興民族尊嚴的強人。但是，如果民主的體制能夠包容某種傳統政治文化的因素，上述所有的一切都可加以避免。即使發生異常情況，公民也會忍受這樣的政治體制，而且他們不會將問題全部歸咎於外國人惡毒的陰謀詭計。

德謨：所以你的意思是，俄羅斯的民主之所以不穩定，乃是由於在將傳統政治特性整合進政治體系的問題上，該國未能進行嚴肅的努力。[85] 至於中國，為了避免類似的錯誤，你提供了一條介於儒家和西方民主之間的中道——一種「具有中國特色的民主」。

王：說得太對了！在中國，弔詭的是，旨在限制民主多數的賢士院能夠發揮確保民主制度的作用。現在請允許我問你一個問題：我覺得如果我能告訴代表們，貴組織支持我的提議，這必將有助於本人明天的獻言，至少便於人們接受具有賢士院的兩院制立法機構的總體構思。我擔心，某些「激進民主派」將試圖把我的提議刻畫成一種由威權主義勢力炮製的反動陰謀……

德謨（打斷王的話）：可是這聽起來很可笑啊。

王：我知道，不過某些年輕代表非常地教條化——他們甚至拒絕思考介於中國傳統理想與西方民主之間中道的可能性。而且，為使本人的提議——哪怕是以其最為溫和的形式——得以順利通過，我必須有效地回應所有形式的批評意見。因此，如果我告訴大家，就連美國支持的「人權與民主國家基金」都採納了我的倡議的話，對於「激進民主派」的批評，這簡直可以起到釜底抽薪的效果。

德謨：如我所言，如果賢士院在憲法地位上能夠居於民主的下議院之下，我願意採納你的提議。

王：沒問題。

德謨：我想強調這一部分同樣符合你的利益——如果你能夠闡明下議院具備最終權威的話，你很有可能從民主派那裏獲得更多的選票。

王：是的，這一點很重要。我想我會照此辦理的。（王教授離開了自己的座位。）

尾聲

德謨：最後一個問題……

王（打斷他的話）：可是你已經問過你的「最後一個問題」了！

德謨：最最最後的一個問題——絕對是最後一個。我並不想挑起其他的議題，我想要問的只是：在這種賢士院裏，你有沒有為自己找到什麼角色？不管怎樣，我敢肯定你會在那些考試中冠絕群倫的。

王（笑）：可別高估了我的能力！你知道，我們中國可是藏龍臥虎。可是嚴肅地説，我唯一的宗旨乃是改進中國的治理質量。我並不追求政治權力。

德謨：如果兩者可以兼得的話豈不是更好？

王（微笑）：對此我並不否認。不過，現在咱們還是做些更重要的事情吧。（王教授向辦公室遠端角落的木製孔子雕像走去。德謨驚詫地看着王教授輕輕擰掉孔夫子的腦袋，露出了一個托盤，上面放着一瓶五糧液[86]和兩個小的瓷酒杯。王斟滿兩杯酒，將其中一杯遞給德謨。）

王：在《論語》著名的開篇，孔夫子說道：「有朋自遠方來，不亦樂乎？」（《論語・學而》，第一條）

德謨（舉杯）：我願以此唱和：為了跨文化的友誼，乾杯！

王：乾杯！

註釋

* 本章英文版原刊於 Daniel A. Bell, "Democracy with Chinese Characteristics: A Political Proposal for the Post-Communist Era," *Philosophy East and West* 49, no. 4 (Oct 1999): 451–493，獲夏威夷大學出版社（University of Hawaii Press）授權重印。中文版原刊於貝淡寧，孔新峰、張言亮譯：《東方遭遇西方》（上海：上海三聯書店，2011）。

1 「王」是一個很普通的中國姓氏，字面意思是「國王」或「皇帝」。

2 儘管在一次提出「中國將民主化嗎？」這一問題的研討會上，絕大多數與會者「發現自己不能找到任何有力、有意願並可以結盟的團體，以推進所謂不可避免的民主變革」，但是黎安友（Andrew Nathan）提到，「幾位與會者強調了中國令人驚異的政治振盪與突破的歷史，並指出了經常存在的可能性」。參見 Andrew Nathan, "Even Our Caution Must Be Hedged," *Journal of Democracy* 9, no. 1 (January 1998): 62, 63– 64.

3 參見 "Beijing Spring," *Far Eastern Economic Review*, 2 April, 1998, 20–22. 另有兩份期刊《改革》（*Reform Magazine*）和《公共論叢》（*Res Publica*）都刊登了呼籲民主改革的文章。由福特基金會資助部分資金的《公共論叢》刊載了本文提議的一份節略的中文版，倡導包括一個賢士院作為上院的兩院制立法機關（〈21 世紀的儒家式民主〉，《公共論叢》第四輯〔1997 年〕，頁 378–392 ·，英文版 "A Confucian Democracy for the 21st Century" 刊載於 Mrigiwa Yasutomo（森際康友）主編的 *Archiv fuer Rechts-und Sozialphilosophie, Beiheft* 72 (1998), 37–49.

4 的確有部分觀察者曾經預見到蘇聯的解體。1986 年巴黎國家人口研究所（Paris National Institute for Demographic Research）的伊曼紐爾•托德（Emmanuel Todd）預言，「可以用醫學的精確性斷定蘇聯很快就會解體」。參見 Erazim Kohak "The Search for Europe," *Dissent*, Spring 1996, 15. 艾塞克斯大學（The University of Essex）的彼得•弗蘭克（Peter Frank）同樣預見到一些二十世紀九十年代初發生的事情及其原因。可是更為重要的事情在於，當蘇維埃帝國崩潰之際，大多數政治思想家仍然在如何對付共產主義制度的「現實主義」範式下思考問題，卻沒有具體地構想在共產主義時代之後會發生些什麼，以至於他們的備選方案範圍非常狹隘，變成了一種在西方式民主及「回歸共產主義」之間的抉擇問題（參見本章「提議之實現」一節）。

5 參見 Andrew Nathan, *Chinese Democracy* (London: Tauris, 1986), 127; Yan Jiaqi, *Toward a Democratic China* (Honolulu: University of Hawaii Press) , ch. 17; Orville Schell, *Discos and Democracy* (New York: Pantheon), 198.

6 就連一些美國的社群主義者也傾向於採取這樣的看法（也就是說，將社群看成實現自由之手段）參見 Benjamin R. Barber, "A Mandate For Liberty: Requiring Education-Based Community Service," in *Rights and the Common Good*, ed. Amita Etzioni (New York: St Martin's Press), 194.

7 香港貨幣政策的負責人任志剛（香港最高薪的公務員）舉過一個例子，以證明貨幣議題的困難性：「不幸的是，貨幣問題具有極高的技術性與困惑性，但它們又會對每個人的生活產生影響。錢是每個人的心肝寶貝，因此，貨幣的價格與價值乃是我們應予關注的事情，這是再正常不過的道理了。在此，對外行和一般的政治家而言，我們都顯得過於深奧了。何謂貨幣的價格？何謂貨幣的價值？兩者之間有何區別？我們為何應當對這些問題予以關注？這些都是些正統的問題，可它們都是不容易表達的概念。因此，不妨試着解釋並支持下述的提議：『通過重新界定貨幣基（the monetary base），以隔日回購協議（overnight repurchase agreement）方式容納香港金管局（HKMA）可貼現的（discountable）債務票據（debt paper），在外匯儲備的全力支撐之下，不可背離通貨委員會關於只有在外匯儲備發生相應改變情況下才能改變貨幣基的貨幣規則，以抑制利率揮發性（interest rate volatility）並減輕利率苦痛（interest rate pain）。』這簡直就是詰屈聱牙的天書。在某些人看來，我肯定是在講希臘語。不過我可以向你保證，提議中的用詞精確，在技術上是百分之一百正確的。」參見 Yam, "The Management of Our Money," *South China Morning Post*, October 22, 1998, 19.

8 對那些將其貨幣與美元綁定的國家，聯邦儲備委員會同樣發揮直接的影響。正如香港金管局總裁任志剛所言，「實行固定匯率制度的代價乃是，你將自己的貨幣政策主權讓給了跟你綁定通貨的中央銀行。就我們的情況而言，為我們決定貨幣政策的乃是阿蘭•格林斯潘（Alan Greenspan，美聯儲主席）。」參見 Peter Seidlitz and David Murphy, "Yam Calls for Asian Facility to End Crisis," *South China Morning Post*, June 14, 1998, Money Section, 4. 同樣值得一提的是，英國新任工黨政府授權英國中央銀行制定利率，其假定一如財政部大臣（Chancellor of the Exchequer）所解釋的，「政客（一度）過多地設定迎合自己需要的政策，結果使英國經濟深受破壞性的周期之苦。」參見 Erik Ibsen, "Labour Empowers U. K. Central Bank to Set Interest Rate," *International Herald Tribune*, May 7, 1997, 10.

9 參見 John Cassidy, "Fleeing the Fed," *The New Yorker*, February 19, 1996, 45–46. 這篇文章的題目指的是阿蘭・布林德（Alan Blinder），由於對中央銀行欠缺透明性與可問責性持有分歧意見，據說布林德已經「從美聯儲逃脱」。不過值得一提的是，儘管如此，布林德曾經寫過一篇文章讚美美聯儲，並認為有必要將這種「非政治性的」（"apolitical"）決策實體拓展到其他領域，參見 Blinder, "Is Government Too Political?" *Foreign Affairs* 76, no. 4, November/ December, 1997.

10 羅納德・德沃金（Ronald Dworkin）堅持「反多數規則」（antimajoritarian）的美國最高法院是民主的（而非扮演限制競選產生的政治家決策的角色），這不僅簡單地歸因於人民可以通過修正憲法而可以推翻一項法院裁決，同時還在於人民意識到在某些情況下，多數意志必須加以限制，這便支持了最高法院及其作為憲法守護者的角色（Dworkin, *Freedom's Law*, 16）。德沃金之所以有這種看法，是因為他並不把民主看成是由選舉產生的政治家進行的決策過程，而是「將社群中的所有成員看作應予平等關懷與尊重之個體」的決策過程；可是，他並未對這一問題——即「這種對於民主目的的不同表述……與多數規則假定要求大致相同的政府架構」（Ronald Dworkin, *Freedom's Law*, [Cambridge: Harvard University Press, 1996], 16.）——作出解釋。由賢士院（House of Scholars）這樣一類由非經選舉產生的決策者組成的「不夠民主」（"less than democratic"）的體制，如果說在「給予人們以平等關懷與尊重」方面比那些由民選官員執政的體制更好的話，德沃金傾向於採納前者。在我看來，德沃金應當乾脆說出實話（come clean），坦承自己是在討論正義而非民主問題；同時，若想更好地保障正義，德沃金（與王教授一樣）願意在民選官員身上加諸更多的限制。

11 我們可以思考羅伯特・萊赫（Robert Reich於一九九二至一九九六年間擔任美國勞工部部長）的一段話：「只有他（指美聯儲主席阿蘭・格林斯潘）擁有提高或降低短期利率的權力。如同其前任保羅・沃爾克（Paul Volcker）一樣，格林斯潘只需稍稍加緊控制便可使經濟陷入不景氣狀態。1979年沃爾克曾經通過此種手段導致吉米・卡特總統的倒台。比爾・克林頓對此可謂心知肚明。格林斯潘才是城裏的大佬——比爾的命運握在他的掌心。」參見Reich, "Locked in the Cabinet," *The New Yorker*, April 21, 1997, 44–45.

12 參見Karel Van Wolferen, *The Enigma of Japanese Power* (New York: Vintage Books, 1990).

13 參見Benjamin Fulford, "Japan's Reluctant Reformers Backing in the Status Quo," *South China Morning Post*, July 7, 1998, Business section, 5. 我們還可參見Peter Hartcher的*The Ministry*，該書有對於二十世紀八十年代末至九十年代末大藏省政策失敗的長篇描述。若想進一步了解日本的官僚情況，可參閱Peter Hartcher, *The Ministry: How's Japan Most Powerful Institution Endangers World Markets* (Boston: Harvard Business School Press, 1998).

14 參見Sheryl WuDunn, "Japan's Bureaucrats Fumble Away the Traditional Center of Power," *International Herald Tribune*, May 7, 1996, 4.

15 然而根據白牡之（Bruce Brooks）的看法，我們稱為「孔子」的那個人可能只是直接表達了《論語》第四章傳達的理念，在第十二篇之前一直沒有出現對於平民福祉的關注，而這種思想的出現可能是孔子逝世一百五十多年後的事情了（Bruce Brooks, *The Original Analects* [New York: Columbia University Press, 1997].）；感謝克里斯・弗雷澤（Chris Fraser）提醒我注意這一參考資料）。不管這種觀點的真實性如何，事實乃是在流傳於過去兩千年的主流儒家闡釋中，投身公職一直被視為生活的最高價值。

16 然而，許多雄心勃勃的士大夫只有在闈場失意之後才會轉向道家，這也説明投身公職是他們的首選。

17 參見 Merle Goldman, "Politically-Engaged Intellectuals in the Deng-Jiang Era," *Sowing the Seeds of Democracy in China* (Cambridge: Harvard University Press, 1994), 38。

18 當我們思考這場學生運動與其美國的對應物——在一百萬波士頓勞工階層的熱情支持與參與之下，幾十名哈佛和麻省理工學院的大學生領導的一場要求社會改革的群眾運動——的（不）相似性時，中國尊重知識精英統治之價值的廬山真面目就會昭然若揭了。

19 正如杜維明所言，「儒家的士大夫思想依然在東亞社會的文化心理結構中發揮着作用」。參見 Tu Weiming,"Confucian Traditions in East Asian Modernity," Institute of East Asian Philosophies, Occastional Paper and Monograph Series, no. 13, Singapore, 1989, 15。同時參見 Ronald Dore, "Elitism and Democracy," *Tocqueville Review* 14(71), p. 70 ，以及 Ezra Vogel, *The Four Little Dragons* (Cambridge: Havard University Press, 1993), 101.

20 參見 Jean-Jacques Rousseau, *The Confessions*, trans. J. M. Cohen (Harmonds-worth, England: Penguin, 1953), 327–328.

21 參見 Hill and Lain, *The Politics of Nation Building and Citizenship in Singapore* (London, New York: Routledge, 1995.

22 參見 "Village Committees: The Link between Economic and Political Reform," *China Development Briefing* 4 (January, 1997): 18–20. 四川省的步雲鎮已經將直選領導人的實踐推廣到鄉鎮層級 ("Democracy for Chinese" [editorial], *International Herald Tribune*, February 2, 1999, 8).

23 根據舒秀文（Vivien Shue）的看法，某些民運領導人「對於給予農民平等投票權的民主程式只是表露出恐懼之情」（Vivienne Shue, "China: Transition Postponed?" *Problems of Communism* 41, nos. 1–2 (January–April, 1992), 163）。黎安友在最近一次對中國政治改革提議的調查中，提到自己「並未發現有任何一人一票的提議」，農民主導立法機關的可能性已經使一些改革者採納了目前不公平的議席分配（malapportionment）體制，而這樣的體制有利於城鎮而非農村地區的選民，見Andrew Nathan, "China's Constitutionalist Option," *Journal of Democracy* 7, no. 4 (October, 1996): 48.

24 參見John Stuart Mill, "Considersations on Representative Government," in *Three Essays* (Oxford: Oxford University Press, 1975), ch. 8.

25 參見Richard Arneson, "Democratic Rights at National and Workplace Levels," in *The Idea of Democracy*, eds. David Copp, Jean Hampton, and John Roemer (Cambridge: Cambridge University Press, 1993), 137.

26 在這一點上，筆者要感謝劉彥方。

27 參見G. W. F. Hegel, *Elements of the Philosophy of Right*, trans. Allen Wood, ed. H. B. Nisbet (Cambridge: Cambridge University Press, 1991).

28 參見Steven Smith, *Hegel's Critique of Liberalism* (Chicago: University of Chicago Press, 1989), 142.

29 關於黑格爾的自由觀念，參見Charles Taylor, Hegel and Modern Society (Cambridge: Cambridge University Press, 1979).

30 然而，根據史蒂文•史密斯的看法，黑格爾的自由社團主義形式「或許與當代斯堪的納維亞（Scandinavian），法國及英國的經驗最為相近，這是基於其利益團體與行政部門之間的高度結構化關係」（Steven Smith, *Hegel's Critique of Liberalism* [Chicago: University of Chicago Press,

1989], 145.）可是西歐式的社團主義仍然包含了一個由個人而非團體選舉產生之代表組成的政府院。

31 回歸後的香港政府大幅削減功能選區合格選民的人數，且削減了二百五十萬之多（末代港督彭定康曾經拓寬了大多數選區的團體範圍，將普通僱員包含在內），但值得一提的是，「民主派」並不總是樂於拓寬功能選區的選民範圍——當「親中」的民建聯（DAB）提議修正社會福利功能選區使其包容街坊團體及其他非營利社會服務提供者時，卻遭到了民主派的反對，這明顯是因為上述新的團體較少有投票給民主派的傾向。更為一般的情況是，「各政黨提出修正案（改變功能選區的組成）、擴張自身權力，乃是出於赤裸裸的一己私利」。見"Poll Change Approved," *South China Morning Post*, September 28, 1997, 1. 這足以證明，如想避免政治紛爭，避免破壞社團主義立法機構的道義信任度，決定功能選區合格選民的構成（並在各功能選區之間劃出界限），即使並非不可能，但也是非常困難的。然而，用公正的眼光來看待民主派，就會發現他們還是希望徹底取消整個功能選區體系，代之以一人一票制方式產生立法機構。

32 參見 Norman Miners, *The Government and Politics of Hong Kong*, fifth edition. (Hong Kong: Oxford University Press, 1991), 111–117.

33 參見 Mill, John Stuart, "On Liberty," in *John Stuart Mill: Three Essays* (Oxford: Oxford University Press, 1975), 28.

34 參見 Patricia Buckley Ebrey, ed. "A Censor Accuses a Eunuch," in *Chinese Civilization: A Sourcebook*, 2nd edition (New York: The Free Press, 1993), 263–266.

35 Norman Miners, *The Government and Politics of Hong Kong*, fifth edition (Hong Kong: Oxford University Press, 1995), 117–118.

36 〈死水微瀾〉，《南華早報》，1998 年 5 月 17 日，第 11 版。一九九八年的稍晚些時候，香港人權監察（Human Rights Monitor）公開譴責「極不公平的」功能選區體制，批評該體制允許行業巨頭通過其公司及選區控制大量的選票。人權監察列舉了房產大亨黃志祥（Robert Ng Chee Siong）的例子，「據估計他總共控制了四十一張選票」（〈人權團體攻擊選舉體制〉，《南華早報》1998年12月14日，第14版。

37 參見 D. C. Lau（劉殿爵）trans., *The Analects* (London: Penguin, 1979), 74.

38 Joseph Chan, "The Asian Challenge to Universal Human Rights: A Philosophical Appraisal," in *Human Rights and International Relations in the Asia Pacific*, James Tang ed. (London: Pinter, 1995), esp. 222–226.

39 孟子「論政」，見 Ebrey, ed., "On Government" in *Chinese Civilization*, 2nd edition, 23. 然而這一段話也有可能作此種解釋：「紂」理當被斬首，並不是因為他未能為人民做好事，而是因為從孟子視角看來他是一個十惡不赦的壞蛋。易言之，在孟子眼中，「民」或許並非正當性的來源，而只是正當性存在與否的受益者或其操作的指標（筆者感謝黎安友在這一點上的提示）。

40 對於儒家「陰暗面」的描述，參見慈繼偉：〈正當、善與權利〉，一九九八年六月在北大舉行的儒家與人權研討會上遞交的論文。

41 參見 Burton Watson, trans. *The Basic Writings of Han Fei Tzu* (New York: Columbia University Press, 1967), 108.

42 當代韓國還存在着類似的規定。例如刑法第155條「在刑事犯罪中，允許對制止特定證據（suppression of evidence）、隱匿、偽造或改造證據的行為免予懲罰，只要這些行為出自嫌疑人的親屬、家長或與其一起居住的家庭成員之手，並且是為了犯罪嫌疑人的利益而行的。」儘管此類法律「或可被解釋為維護審判公正的手段，但是也可以被解釋為儒家維持親密家庭關係之家庭倫理的殘餘」。見 Oh Byung-Sun, "Cultural Values and Human Rights: The Korean Perspective,"

in *Human Rights in Asian Cultures: Continuity and Change*, Jefferson R. Plantilla and Sebasti L. Raj S. J. eds. (Osaka: Hurights Osaka, 1997), 235.

43 參見 Derk Bodde and Clarence Morris, *Law in Imperial China* (Cambridge: Harvard University Press, 1967), 40.

44 參見 Albert Chen, "Confucian Legal Culture and Its Modern Fate," The New Legal Order in Hong Kong, Raymond Wacks ed. (Hong Kong: Hong Kong University Press, 1999), ms., 17. 值得一提的是，帝制時代的中國國家不止是對那些違背儒家美德的人施以懲罰，禮部（The Ministry of Ritual）同時還獎掖擁有美德者，例如，在這些人家門口掛起匾額，使之成為所在社區的榜樣與楷模。參見 Mark Elvin, *Another History: Essays on China from a European Perspective* (Canberra: Wild Peony, 1996), ch. 10.

45 這並不是說每一項儒家價值就其本身而言都會鼓勵不服從和培植批判精神，例如，只要統治者並不要求人們對其父母不敬，孝道倫理就不會培養出批判精神（筆者感謝邁克爾•沃爾澤在這一點上的提示）。可是如果將其他價值共同考慮的話——例如孟子提倡用暴力推翻喪失天道之君正名的觀點，統治者首當其衝的責任乃是為人民提供福祉的觀點，對規範和遵守禮儀必須「發自內心」（from inside）（的觀念，以及傾向使用説服和改造性教育的方式而非強制力，達成社會與政治秩序的看法——就會發現儒家的確提供了一套經常（或者説幾乎經常）與政治現狀不太和諧共存的哲學。參見 David L. Hall and Roger T. Ames, *Democracy of the Dead: Dewey, Confucius, and the Hope for Democracy in China* (Chicago: Open Court, 1999), 171; Philip J. Ivanhoe, *Confucian Moral Self-Cultivation* (New York: Peter Lang, 1993), 12–13; David L. Hall and Roger T. Ames, *Thinking Through Confucius* (Albany: State University of New York, 1987), 169–170.

46 參見 Daniel Bell, "From Mao to Jiang: China's Transition to Communism," *Dissent* (Summer 1999), 63.

47 參見 Wong Zongxi（黃宗羲）, *Waiting for the Dawn: A Plan for the Prince*, trans. Wm. Theodore de Bary (New York: Columbia University Press, 1993).

48 參見 Wm. Theodore de Bary, "Introduction," *Waiting for the Dawn: A Plan for the Prince*, 7.

49 同上註，頁 11–12。

50 參見 Nathan, *Chinese Democracy*, 68.

51 這是狄百瑞（Wm. Theodore de Bary）在〈引論〉（Introduction）中採用的術語，頁 83。

52 在上註，頁 55，狄百瑞也持此種觀點。對黃宗羲反民主觀點的尖銳評論，參見 W. J. F. Jenner, "China and Freedom," in Asian Freedoms, David Kelly and Anthony Reid (Melbourne: Cambridge University Press, 1998), 84–85.

53 對於孫中山包括負責管理文官考試的考試院在內的五權憲法，也存在同樣的批評。按照孫中山的設想，包括被選進立法院的議員在內的所有官員，「在就職前必須通過考試」。見 J. L. Wei, R. H. Myers, and D. G. Gillin ed., *Selected Writings of Sun Yat-sen: Prescriptions for Saving China* (Stanford: Hoover Press, 1994), 49. 孫中山希望避免「美國政治的腐敗與鬆弛」，在那裏「天生口若懸河的人討好公眾，贏得選舉，而具備學識和理想卻欠缺口才的人則被忽視」（同上註），但是這樣做的結果卻是將那些考試失敗的民選政治家排除在政權之外。很難想像一個完全排除「民選領袖」的政府能夠在「人民眼中」獲取足夠的正當性（設想這樣的情景，某人獲得了百分之八十的選票卻考場失意，因而被另一位只得到百分之二十選民支持的考試優勝者取代）。

54 「李」是中國一個普通的姓氏。「學東」意味着「學習東方」，是「文革」期間出生的孩子常見的「革命」名字。

55 可是在日韓等「儒學」國家，二十來歲的法官主持庭審並不是什麼新鮮事。例如在韓國，法官必須通過律師資格考試（bar exam）並在司法部主管的司法培訓所修習一個兩年的項目，這就造成了二十來歲的青年主持韓國庭審的狀況。然而，這也許是採納德國民法傳統的結果（而並非經由考試選拔決策者的儒家傳統），韓國政府目前正在通過禁止作為律師或檢察官年資不足的人士成為法官等方法，努力減低這一體制的不良影響（筆者感謝咸在鳳提供這一信息）。

56 與此相似，香港高級文官考試也考查從爭議話題的正反雙方看問題的能力。

57 温斯頓•丘吉爾（Winston Churchill）的（或是假託的？）關於民主的妙語——民主或許並不是人類所能採用的最好的制度，但是據我們所知，它至少不是人類所能採用的最壞的制度——同樣可以用在作為選拔德才兼備決策者之方式的考試制度上。

58 這個詞語可以被翻譯成“connections”。

59 中國人還區分不同的眉形。例如「劍眉」（「劍形的眉毛」）一詞被用來描摹男子眉毛理想的「形狀」，而「柳眉」（「柳葉形狀的眉毛」）則用來形容女子眉毛的理想「形狀」。

60 阿蘭•布林德很好地表達了這種觀點（參見本章註10），儘管布林德將其視為「他方」（the other side）觀點，參見 Alan Blinder, “Is Government Too Political?” *Foreign Affairs* 76, no. 4 (November/December, 1997), 126.

61 然而，根據大沼保昭教授的看法，東京大學正在努力改變現狀，對在大學入學考試答卷中做出創造性解答予以更多的強調。

62 如果最低年齡限制被上移過高的話，我們有理由認為，不會有太多的「老人」（“senior citizens”）（尤其是那些在其他職業領域獲得成功的人士）樂意堅持通過嚴酷的考試過程。有種可能的解決方法是讓三十歲的人參加書面考試，然後在接下來的二十五年裏封存考試結果，二十五年後公開成績，成功的考生將在自己五十五歲的時候就任賢士院議員之職（該體制還有另一個好處——它將使一大批人希望自己在人生中稍晚些時候取得成功，激勵他們度過三十歲到五十五歲之間遭遇到的艱難困苦）。當然，如果這一制度被立即付諸實施，如何選擇第一批議員將是個問題。

63 參見 Robert Dahl, Democracy and Its Critics (New Haven: Yale University Press, 1989), 64.

64 筆者感謝羅伯特•達爾（Robert Dahl）提供這一信息。

65 參見 Michael R. Dutton, *Policing and Punishment in China* (Cambridge: Cambridge University Press, 1992), ch. 4.

66 參見 Perry Link, *Evening Chats in Beijing* (New York : Norton, 1992), 106–107.

67 參見 "The Cuba Boomerang," *New York Times* (editorial), July 12, 1996, 18.《紐約時報》對這項政策持批評態度，並問道：「人們不禁會問，親屬的罪行到底能拓展到多遠呢？」

68 另外一種更為尊重以個人為基礎之責任觀念的選擇或許是制定一部法律，要求國家密切監控公共官員之子女的商業行為，但是只有在這些子女犯有實際罪行的情況下才能對其施加懲處（筆者感謝陳祖為在這一點上的提示）。

69 參見 C. L. Chiou, *Democratizing Oriental Despotism* (Basingstoke: Macmillan Press, 1995), 3.

70 政客們利用美國文化中的反智主義稟性為自己服務的幾個例子，參見 Bruce J. Schulman, "In America, Intellectuals Are Suspect," *International Herald Tribune*, March 3, 1999, 9.

71 金光國（音）（Kim Kwang-ok）將韓國尊重知識分子的社會準則追溯到其儒家根源：「由於教育是人們得以成人的最重要機制，與教育相關的工作，例如老師或教授，會受到高度的尊重。」

在韓國，大學教授是最富聲望的職業之一，因為這代表了紳士的典範形象。」參見 Kim Kwang-ok, "The Reproduction of Confucian Culture in Contemporary Korea," in *Confucian Traditions in East Asian Modernity*, Tu Wei-ming ed. (Cambridge: Harvard University Press, 1996), 206.

72 參見 Daniel Bell, "The Old War: After Ideology, Corruption," *New Republic* (August 23 and 30, 1993), 20–21.

73 參見 John Darnton, "Labor Peers Into the Lords' Future," *International Herald Tribune*, April 22, 1996, 1, 8.

74 參見 Simon Macklin, "House of Lords to Oust Hereditary Peers," *South China Morning Post*, June 11, 1998, 14.

75 鑒於法國知識分子的社會與政治重要性，法國可能相對喜歡賢士院的文化地形。參見 Alain Touraine（阿蘭•圖雷恩）在 *Comment sortir du libéralisme?*（《如何走出自由主義？》）一書第147–154頁對法國知識分子角色的討論。如果第五共和國經歷了一系列嚴重的政治危機或憲政危機，那麼「賢士院」可能被當作「第六共和國」的憲政提議來考慮。

76 根據何懷宏的看法，上述觀念經常奠基在事實基礎之上，也就是說，科舉制的確經常扮演着向上層社會流動機制的作用（對於那些不再能夠培育出成功後人的既定家族，科舉制則可以發揮向下層社會流動機制的作用）。參見其中文論文，〈儒家的平等觀及其制度化〉，發表於一九九八年六月在北京大學召開的儒家與人權研討會。在法國、英國和美國，標準化（盲閱）考試同樣一直是一種社會向上流動的機制，參見 Adrian Woodridge, "A True Test," *New Republic*, June 15, 1998, 20–21.

77 實際上，幾位同仁（包括筆者在內）正投身於一項為儒家民主（尤其強調韓國的社會背景）草擬憲法的工作，其中或許包括了與上述提議相似的想法。這項努力乃是由韓國首爾延世大學（Yonsei University）的咸在鳳教授組織的「儒教與民主」跨年系列研討會的一部分。

78 正如某位學者在後共產時代中國實行聯邦制的提議（參見其論文〈中國的少數民族與聯邦制〉〔"China's National Minorities and Federalism"〕）所揭示的那樣，少數族群同樣可在民主的下議院確保有其代表。更為一般地說來，值得強調的是，賢士院的提議與規約族群之間、省分之間關係的聯邦憲政機制是完全協調的——實際上，那些希望得到更多地方自治的人士，或許有興趣支持賢士院的提議，這是因為受到任期限制的賢士院議員（與那些具有終身任期、相對「權力饑渴」〔"power-hungry"〕的官僚，以及關注下次大選的野心勃勃的政客相比而言）更傾向於確保地方層級的決策不致受到國家政治機構的侵奪。

79 參見 Perry Link, *Evening Chats in Beijing*, 106–107.

80 然而，並非所有的中國知識分子都樂於承認這種可能性，即不同個人能夠（合理地）在對於公共善治的不同闡釋上達成一致。根據墨子刻（Thomas Metzger）的觀點，許多中國知識分子，包括自我標榜為自由主義者的知識分子，看起來相信「所有特定的規範性問題都可以在『理性』基礎上以某種客觀的方式加以解決；萬事萬物的最終本性……均可為人所知；而且所有的知識均可被組織起來，形成一種單一的統一思想體系，並被開明的精英用以指導社會」。見墨子刻：「論中國抵制民主化的趨向」（"On Chinese Tendencies Resisting Democratization"），1998 年 6 月在韓國濟來舉行的「儒教與民主」討論會分發給與會者的文件夾中包含的文章。

81 或許王教授可以揭示一種公投（referendum）的可能性，以檢測人們對於擁有駁回民選之下議院決議權利的賢士院的支持程度。但這可能意味着讓王教授作一種無謂的冒險，因為滿足於一種純粹諮議性的賢士院角色，不必付諸公投，看起來是更可取的選擇。而且即使多數投票贊成設立強有力的賢士院，從長遠來看這種體制並不穩定，因為未來的（受更好教育的？）世代或許會反對這種政治安排。另一種可能性則是給予上議院中的多數壓倒下議院多數的權利，然後卻賦予下議院中的絕對多數（比如說，下議院議員的三分之二）以壓倒上議院多數的權利。按照這種方式，上議院可以施行更多的實際權力，但是最終的權力仍然握於下議院中的人民代表之手。然而，在大多數情況下，民主派都不願接受一種有效削減下議院權力的提議。

82 這將引出這樣的問題，即下議院的代表是否也應處於任期限制之下。如果他們不受此種限制的話，則其議員只具有七年或八年任期的賢士院，或許不能勇敢地與其成員為長期當政者的下議院展開對抗。

83 如果賢士院扮演單純的諮議者角色，或許該院應當審議公共政策及司法判決問題。但是，如果賢士院扮演更為積極的決策者角色的話，就有更為充分的理由為在賢士院和司法部門之間分權的必要性感到擔憂了。

84 其他重要「細節」包括規模問題（或許賢士院應當限制在二百至三百個議席，以便保障高質量的審議）；如何使賢士院議員進一步絕緣於政治壓力的問題（或許應當禁止他們加入政黨，以及公開透露自己在利益集團中的成員身份，這些做法與美國確保聯邦法官正直清廉的機制頗有類似之處）；應當由誰來決定遴選賢士院議員之考試內容的問題（或許來自下議院的一個委員會可以在這一問題上擁有最終的發言權，這也有助於減輕民主派人士的顧慮）；以及應當由誰閱卷評分的問題（或許應當由一個由社會各界代表組成的委員會擔負此項職責，以避免某一強勢團體選拔較為同情其利益之候選人的局面）。

85 一個例外情況是索爾仁尼琴（Solzhenitsyn）一九九一年的小冊子《我們該如何重建俄羅斯》（*How We Are to Rebuild Russia?*），這本小冊子希望通過從革命前的典範（他提議重新創造革命前時代的選區議會，以及一九〇五年成立的首屆俄羅斯議會——國家杜馬（The Duma），並復興東正教）中汲取營養，重建俄羅斯國民的自尊心，但是應當清除俄羅斯民族主義中反民主及殖民主義的成分。然而，此項提議從未獲取廣泛的支持，這或許是由於索爾仁尼琴對世俗「物質主義」現代性再三顯示的（opt-displayed）敵意，已經在人們的心目中形成了固定的印象。

86 一種醇烈的中國高級糧食酒。

第二章

認真對待精英主義

有儒家特點的民主

在新加坡政界元老李光耀看來，一種「儒家關於治理者與被治理者之間關係的觀點，在一個快速轉型的社會中會有所幫助……換言之，你要去適應這個社會——與美國式的個人權利觀點正好相反。」[1] 更準確地說，一個現代的、由英明而且有道德的精英所治理的儒家社會，可以令經濟快速增長與社會安寧，但這必須以犧牲民主政治權利為代價，而正是對這些權利的要求，使得西方政府的管理如此困難。一位重要的美國政治科學家塞繆爾•亨廷頓（Samuel Huntington）更加坦率地表示：一種儒家民主是「術語上的自相矛盾」。[2] 對一個思考自己未來的社會而言，似乎前景最終只有兩種：要麼西方式的民主，要麼儒家的威權主義。[3]

讓我們換個角度，即假設西方與儒家的政治價值並不一定在根本上不兼容。事實上，想像如下可能性是很具吸引力的，即對儒家由英明而有道德的精英進行治理的重視，與重視公眾參與、責任和透明度的民主價值進行協調。但是這說起來容易，做起來難。一種現代儒家民主的政治制度是什麼？由選舉產生的政治家治理，還是由受過教育的精英治理？如果都是的話，這兩者怎麼可能同時在一個社會中存在？本章提出了一種解決這困境的答案：一種兩院制的立法機構，包括一個由民主選舉產生的下議院，以及一個由競爭性考試為基礎選出的代表組成的上議院。[4] 但是首先讓我來論證一下容納精英政治對現代民主政體是有益的看法。

一、賢能政治與民主：兩種重要的價值

儒家傳統中對處於領導地位的、受過教育的精英的尊重

儒家倫理中一個基本假設，對那些以才能為標準的教育體制中取得成功的人有着特別的意義，即認為對每個人而言，最高的善在於公職之中：

> 子路問君子。子曰：「修己以敬。」曰：「如斯而已乎？」曰：「修己以安人。」曰：「如斯而已乎？」曰：「修己以安百姓。修己以安百姓，堯舜其猶病諸？」[5]

柏拉圖的哲學認為肩負公共義務的是未開化的「穴居者」，亞里士多德則認為理智的沉思是最高的幸福，「以色列與西方的先知似乎更加獨立，更少地忠於這些世俗功能」，[6] 與這些形成鮮明對比的是，孔子心中的君子在履行公共職務中達到完全的自我實現。[7]

需要着重指出的是，只有道德與文化精英才有責任領導社會，而大多數人並不被視為有能力完成這種目標。[8] 孔子確實提到過「教」民，[9] 但是史華慈（Benjamin Schwartz）指出，所「教」的內容「大概不超過有關家庭關係的入門知識。這些人無法進行廣泛的學習以達到完全的自我實現，很明顯只有那些擔任公職的人才能做任何治理社會的實質性事情。」[10]

簡而言之，只有那些具有知識與品德的人才應當參與到政府中來，而普通人並不被認為具有參與實質性政治活動所必需的能力。這種政治精英主義並沒有將儒家思想與其他的理論——比如柏拉圖《理想國》中的——區分開來。但是儒家社會制度化了某種穩定的機制，它至少有時候能夠達到通常所説的「由最好的、最聰明的人組成政府」：中國著名的、有着兩千年歷史的科舉制度。除了少數例外之外，所有男性都可以通過競爭性的考試獲得公職，而只有那些最終成功通過考試（常常要花去半輩子的時間）的士人才會被視為具有對公職而言所必需的道德與文化修養。換句話説，學者／官員不是僅僅在討論政治理論的環境中、在大學、教堂等地方聲稱自己具有非凡的品德，而是通過在公平、公開的考試體系中的成功來證明自己的能力，他們被賦予非同尋常（以西方標準看）[11]的合法性、尊敬與權威。[12]在中國的民間傳説中有着無數這樣的故事，有才能的、勤奮的年輕人成功通過科舉考試「朝為田舍郎，暮登天子堂」。

二、賢能政治在當代東亞的表現

在杜維明（Tu Weiming）看來，「儒家學者/官員的觀念仍然在東亞社會的心理構建中發揮着作用」。[13]這並不是要否認中國共產黨在文化大革命中，竭盡全力根除由文化精英進行治理的儒家政治價值。[14]在十多年的時間裏，推動政治的口號是「要紅不要專」，但是隨着經濟改革的到來，意識形態開始重新考慮能力和才幹。現在共產黨的領導人更多的是清華畢業生，而非老的革命幹部。多數家長夢想着將他們的子女送到頂尖的大學就讀，[15]甚至連一些看起來很「瑣碎」的——例如有關北京大學改革年輕教授的任職方式——討論也會引發公眾的強烈興趣。[16] 從小學[17] 到大學[18]，包括博士學習在內，[19] 在各級教育中嚴格地實行着競爭性的考試體系；那些想要成為公務員的也必須參加競爭性考試。[20]

或許在那些幸運地沒有經歷大規模的「文化革命」的東亞社會中，儒家政治精英主義在當代表現得更加明顯。例如在日本，那些在全國範圍的高等學校入學考試中，取得最好成績的學生進入東京大學的法學部學習，而畢業時他們會獲得政府部門中最受尊敬的職務。[21] 然後政治體系賦予他們決定多數國家政策的權力，而且實際上他們不用向任何人——包括由選舉產生的政治家——負責。[22] 在韓國，體系也相似。首爾國立大學法學院是通向重要政府職務的鋪路石。在新加坡，國立大學最優秀的畢業生並不爭奪私人企業的重要工作，而是擔任公職中的最好職位。那些在他們的大學入學考試中取得最好成績的人，會獲得政府獎學金到英美的頂尖學府深造，當他們回到新加坡時，幾乎立刻被分派到公共部門中的要職。作為接受獎學金的條件之一，他們在法律上有義務為政府至少工作六年。在香港，優秀畢業生爭相競爭行政部門中的「政務官」職務，這一職務不僅薪酬豐厚，而且提供了在官僚體系中快速向上晉升的機會。

三、由受過教育的精英治理，在現代社會中的重要性

更普遍地説，我們可以認為「賢能政治」很明顯適合當代「知識型」社會。經濟、政治與法律問題是如此複雜，以至於多數選舉出的領導人——更不用説普通公民——不能夠試圖做出穩健而有效的判斷。換句話説，由於公共事業的複雜性，令決策的權力必須置於一群具有機敏頭腦的精英手上，這幾乎成了現代政治社會的一種功能性要求。對政府中「腦力」的需求，比之前任何時候都要急迫。

然而，並不是任何「腦力」都可以。今天的決策者還必須迅速適應快速變化的現代社會和新環境的能力。政策制訂者遠非只求成為一個狹隘的、高度專業化的專家，而應當眼光開闊、能夠提出並且執行解決新問題的創新性方法。這一點為一些東亞政治體系所認可。在日本，東京大學法律專業的高材生被委任進行政治決策的領域不是法律，而更多的是諸如金融與國際事務。似乎是假定「最好的、最聰明的」可以學習如何做自己的工作，將他們的才智從一個領域轉移到另一個領域。[23] 在新加坡，執政的人民行動黨青睞那些能夠通盤審視問題的高級官員與部長，他們能夠擺脱詳盡的政策細節，而將問題置於整體社

會與政治背景中，並能夠預見環境變化可能造成的影響。在香港，政務官是多面手，他們每隔大約五年就要調換部門。這是為了開闊他們的視野，發現不同領域中的新趨勢，並適應新的形勢。

西方國家的政治體系，同樣承認需要明智且視野開闊的政策制訂者。在法國，學生都爭相試圖進入國家行政學院。完成學業的畢業生隨之被賦予在政治與商業世界中進行決策的權力，他們往往既在私人也在公共部門中任職。而在美國，主要是有聲望（高薪酬）的私人公司招收那些在學術上取得成功的人，他們有能力從一個領域轉移到另一個領域去學習與發展工作所需要的技能。在行業中領先的商業諮詢公司麥肯錫（McKinsey and Co.）公司，向所有獲得羅德獎的求職者提供工作機會，而對工作經驗沒有任何要求。一旦受僱，麥肯錫的諮詢人員會運用他們的才能幫助顧客解決商業世界中的不同問題。像高盛這樣的投資公司，會僱用那些頂尖學府中的博士畢業生，雖然他們的專業與銀行業風馬牛不相及（例如物理學），但這裏同樣是認為真正的才能並不狹隘、可以從一個領域轉移到另一個領域。

現代社會的經濟與政治決策有時會對環境與下一代的經濟前景造成嚴重的長期損害，所以政治上的治理者還必須考慮現在的決策的長期後果。這可能會限制選舉產生的、感謝特定選民的政治家的權力，並加強非選舉產生的決策者的自主權。[24] 在美國，主要由成功學者組成的美聯儲在管理宏觀經濟方面有着比總統及國會都要大的發言權。這個保密的機構明顯完全不受選舉產生的政治家的干預，理由是它必須有權作出艱難的、但從長期來看對整個國家有利的經濟決策。比如説，美聯儲有時會調高利率以防止通貨膨脹，哪怕這意味着增加失業率。一個對其他機構負有更多責任的中央銀行，也許無法違背政客的意願，而後者會發現降低失業率對他們是有利的，不管長期影響是什麼。這似乎帶出某種明確的信息，即精英的、不向他人負責的決策對於金融政策的成功執行是關鍵的，而且多數選舉產生的政治家既沒有能力也沒有政治意願去作出穩健的經濟決策。[25]

保護不受歡迎的人和容易受到損害的少數群體，免受民主制度中多數人決定的傷害也是很重要的，[26] 這或許意味着賦予一群受過良好教育的精英以權力去考慮他們的利益。一種反民主的設計就是憲法中的權力法案，它是由非選舉產生的法官強制實行，並且具有終審的權力。例如，美國的最高法院有權推翻由選舉產生的政治家作出的違反憲法的決定。[27]

不用説，政治決策者還必須表現出一定的道德敏感性。他們應當熱心公益，而且對決策造成的後果和影響很敏感。這不僅包括公民，還包括受特定政策影響的非公民，比如説由於富國的農業補貼而變得更貧困的第三世界的農民。考慮非公民的利益對那些政治生命取決於特定選民的決策者而言，是很成問題的。

簡而言之，當代社會的政治決策者應當具有才智、適應性及長遠眼光，而且熱心公益——這些品質與傳統的儒家君子的品德並非有很大不同。當然，與傳統儒家關於君子觀念的一個關鍵區別在於，不管在法律上還是在實踐中，女性不應當被排除在現代社會的政治職務之外。[28]

四、對民主的需要

正如當代社會需要賦予「聰明的人」以權力一樣，同樣極為需要對問責、透明與平等的政治參與這樣的民主美德制度化。例如，最近日本發生的事件暴露了賦予非選舉產生的官僚以過度權力的危險。大藏省（現名財務省）被指責延長了——如果不是導致了——日本二十世紀九十年代的經濟衰退。[29] 在已經得知 HIV 感染的危險之後，厚生省（現名厚生勞動省）的官僚仍然在一九八五年前抵制進口消毒的血液，這導致了數百名日本的血友病患者死於愛滋病。[30]

「儒家威權主義」的缺陷在新加坡更為明顯。新加坡在名義上是民主制的，但是反對派候選人會面臨各種報復，這包括破產、侮辱及被驅逐，結果是在選舉時很少有合格的候選人敢於挑戰執政的人民行動黨。在選舉期間，政府對那些批評其政策的專家與宗教組織採取嚴厲的手段。可以預料到的結果就是整個國家中普遍存在着恐懼氣氛，並且厭惡社交的、精明的自私自利的行為受到了鼓勵。[31]

然而，甚至連那些重視公民自由的社會，也可以從表現為普選權的政治參與中獲益。看看香港的例子。一九八五年，香港政府決定由選舉產生立法會的一些議席，以便更可信地代表香港人民的觀點，但是它輕視建立在普選權之上的直接選舉的觀點，理由是這可能在一個關鍵的時期導致政治上的不穩定。解決方法是將立法會中最多的議席給予代表不同的利益群體的功能組別，主要來自商界及專業組織。然而，這種體系有着嚴重的缺陷。大多數功能組別的代表明確地被指示服務於他們的利益群體的利益而非公眾利益，結果是社群中最富裕、最有特權的一部分人，對政治進程有着不成比例的影響力。[32] 來自商界的功能組別代表明確質疑直接選舉的價值，理由是支持民主的政治家會支持工人權利，將香港變成一個福利地區，結果是商人「會離開，換個地方做生意」。[33] 毫無疑問，功能組別的代表從來沒有在一般民眾中獲得多少合法性。民意調查顯示大多數香港人要求投票權，而如果有機會競爭立法會中的議席的話，支持擴大賦予公民權的政治黨派會幹得不錯。[34]

簡而言之，現代社會面對的問題，是要將對民主的肯定及對由具有才能、熱心公益的精英進行決策的思想的肯定結合起來。更準確地說，在東亞環境中，社會必須試圖將由「儒家」君子的治理與民主價值和實踐協調起來。

五、制度化儒家民主

投聰明人的票？

一個西方的民主主義者也許會支持由「人民」來決定。這是相信普通公民可以像有能力的治理者那樣作出明智的選擇。如果人民想要「儒家」的有才能、有品德的政治家，他們在選舉的時候會投票支持他們。

但是，這種觀點的問題在於，政治家往往因為迎合人們的短期利益而當選。在工業化國家中，人們常常為他們的錢包投票，哪怕他們將經濟負擔轉嫁給了他們的子孫。[35] 在貧窮的國家中，即可對將來的生態環境有損害，政治家也可能比較容易依靠承諾提供快速經濟發展的條件而獲選。政治家因此將會受到如下限制：即必須迎合特定的、當前的選民的利益，就算這與他們關於公眾利益的觀點相衝突。

或許東亞的情況不一樣。普通民眾似乎深受儒家倫理中，對受過教育的精英的尊重與順從的思想影響，這可能使得我們認為選民會選擇有才能、熱心公益的政治家。中國有着長期的由學生領導為政治變革進行抗議的傳統，這鼓動了大量的人跟隨：最近的例子就是一九八九年的五月至六月在北京發生的民主運動，超過一百萬普通民眾參加了由來自中國最負盛名大學的學生領導和組織的抗議遊行。事實上，在新加坡、韓國與台灣，那些競選全國性行政職務的候選人，常常標榜他們的教育背景，明顯是希望人們會傾向投一位擁有名校博士學位的候選人的票，這説明在東亞對學歷給予了特殊的重視，認為這是治理國家的一項條件。然而從整體上説，東亞的情況並不令人鼓舞。在日本，選民看起來主要受短期的經濟利益影響，而且大多數有才能的人會進入官僚體制而非立法機構。在台灣，選民似乎受狹隘的身份認同的情感因素影響。在韓國，地區身份比實質的政策差異，在競選上有着更大的重要性。就算假設選民受一種對「儒家」式政治領導人的認同的驅使，他們也可能無法在一場每隔四或五年舉行一次的、人人可自由參與的政治盛宴中識別出這樣的人。就中國而言，就算是政治上持不同政見者，「也對一種賦予農民以平等投票權的民主規則，表現出恐懼」。[36] 似乎是認為中國的問題——人口過剩、環境污染、不斷增長的經濟不平等與爆發內戰的危險——是如此嚴峻，以至於許多改革家對於給予相對沒有多少教育的農民太多權力，感到不安。

簡而言之，以西方式民主選舉產生的政治家可能既缺少動力也缺少能力，作出穩健的政治決策。

六、黃宗羲的建議

一位十七世紀的儒家學者黃宗羲，曾提出能選出有着「儒家」品德的政治管理者的機制。黃宗羲的《明夷待訪錄》是對專制政府的激烈攻擊，正如黃宗羲在第一章中所說的：「古者以天下為主，君為客，凡君之所畢世而經營者，為天下也。今也以君為主，天下為客，凡天下之無地而得安寧者，為君也。」[37]

在黃宗羲看來，君主體制不能僅僅依靠尋找到一位有着君子的品德、願意實施善政的君主來進行改變。與孔子不同，黃宗羲要求確立一定的法律與機制來約束皇帝的權力，比如設立強有力的丞相及相對有權力的大臣。

黃宗羲提出加強學校的訓練儒家學者／官員的政治角色的建議特別有意義。在黃宗羲看來，各級學校應當成為公開的公共論壇。他指出，在東漢時期（公元二十五至二二〇年），太學——訓練學者／官員的最高學府——的老師和學生會就重要問題進行坦率的討論，而不擔心那些掌權的人，且最高官員期望可免於他們的責難。不僅如此，黃宗羲提出，從當時最偉大學者中選出的太學祭酒應對具有與丞相一樣的重要性，而且皇帝每月應當與丞相和部分大臣一起造訪太學一次。當祭酒評論管理國家得失的時候，皇帝應當與學生坐在一起。[38] 簡單地說，這一體制的主要作用是要統治者對那些狄百瑞所說的「學者議會」負責。[39]

黃宗羲還提出了改革儒家選擇學者／官員的科舉制度。他譴責他那個時代的科學制度鼓勵淺薄與剽竊，而無法發現學者的「真正才能」。[40] 在黃宗羲看來，考試應當既考察記憶經典及註解的能力，又考察獨立思考的能力：「漢宋諸儒之説，一一條具於前，而後申之以已意，亦不必墨守一先生之言」。[41]

不管黃宗羲成立學者／官員議會的建議，能否實現賦予那些有着「真正才能」的學者以權力的承諾，主要的問題在於它仍然剝奪了普通民眾在政治中的發言權。[42] 換句話說，黃宗羲支持民享的政治，但是他沒有認識到對民治的政治的需要。[43]

七、一個現代儒家民主方案

所以一個當代的「儒家民主主義者」面臨着如下困境，即雖然西方式的民主機制沒有完全體現對「由英明的人進行治理」的關注，「學者／官員議會」的思想在精英政治方向走得太遠，以至於沒有包含任何形式的、由人民進行的政治決策。現在折衷解決方法可能很明顯了：一種兩院制，包括一個民主選舉出的下議院和一個的由競爭性考試為基礎選出的代表組成的「儒家」的上議院。[44] 英國的下議院是一個明顯的民主的下議院的例子，但是還必須確立一種儒家的上議院，所以我將試圖就此問題提出一些初步的觀點。

首先，詳細說明一種儒家的上議院所處的社會環境是很重要的。這一方案對於那些沒有尊重依據才能選出的學者／官員的傳統的社會是不適合的。例如，考慮到美國傳統中對知識分子的普遍憎惡，很難想像美國的公眾相信成立這種上議院的建議的合理性（更不用說憲法中的障礙）。[45] 英國似乎也同樣缺少支持這種上議院的文化基礎——英國傳統中尊重「勝於己者」的觀念似乎已被玷污，這裏「勝於己」似乎是指這些人的財產與階級特權。而在受儒家思想影響的東亞地區有着相對適宜的文化背景支持。我在這裏再一次強調，尊敬由受過教育的精英進行治理的觀念，是儒家政治文化的主流。[46] 選拔學者／官員的競爭性考試，確實曾經起到過促進社會階層向上流動的作用（對於那些有地位但沒有成功後代的家族而言則是向下流動），[47] 成功通過考試的人，在普通民眾中得到了極大的尊重。在東亞國家，有充分理由認為，一種依據才能組成的上議院，是政治現狀可行的替代方案。接下來的討論將集中於中國，但此方案可能在其他東亞社會中也值得考慮。

讓我先對這裏使用的術語解釋一下，我將這種上議院稱為「賢士院」。這個中文術語，可以被大體翻譯為由有品德與才能的人組成的議院，但是這種說法在英語中聽起來很可笑，其他對這種上議院的英語說法也是一樣。[48] 翻譯問題顯示了這一方案受環境限制的本質：一種由文化精英組成的政治機制，不可能在英語國家中具有哪怕一點的可行性（或吸引力）。[49] 因此，我將繼續使用中文的「賢士院」這一術語，它在中文中沒有任何貶義。這一術語還可以提醒英語世界的讀者，賢士院並不打算移植到英語社會來。

八、二十一世紀中的賢士院

賢士院的成員將會以競爭性考試為基礎選出。東亞國家的公務員考試可以被用作賢士院考試的基礎，但應當對其進行改進。正如黃宗羲所說，考試應當既考察記憶力也考察獨立思考的能力。論述題可以用來考察後一種能力，匿名閱卷可以有助確保公平公正的評卷過程。在考試中取得好成績的能力，表現了處理壓力的能力，而這對處理危機情況的決策者而言是非常關鍵的。考試還需要進一步修正以發現政治活動者所需要的能力，這也許包括考察當代世界的經濟與政治知識，以及解決問題的能力；但是考試還應當考察哲學及文學知識，因為人文學科激發了過去那些偉大領袖的靈感。[50] 考察解決問題的能力[51] 也很重要，還要有一兩個關於論理學的論述題，以便篩走那些蠱惑民心的政客，[52] 以及那些有才能但是漠視道德的技術專家。[53] 無論如何，沒有必要從頭開始設計某種考試制度：正如前面所說的，考試委員會可以從過去與現在東亞及其他地方的公務員考試中獲得幫助，[54] 了解如何改進現存的考試方法。[55]

不用說，考試過程是一種高度不完善的選擇有才能、有品德的決策者的機制。但是可以證明的是，這種程序比其他可供選擇的政治選擇方法更有效，[56] 後者包括民主選舉在內。

東亞社會在二戰後取得的社會與經濟成就，至少可以部分解釋為依靠以競爭性考試為基礎選出的公務員所做出的穩健決策。

對給予年輕及沒有經驗的人以過大權力的擔心，可以依靠採取一種最低年齡限制的規定來解決，例如規定三十五或四十五歲是參加考試的最低年齡。一旦選出代表，他們可以選擇自己擅長的領域（最優秀的候選者最先選擇），比如經濟政策或外交事務，並要首先在以前的代表的帶領下工作一或兩年作為過渡，以便掌握一定程度的專門技術。

可能還有必要確保有來自社會中不同群體的代表，特別是在一個少數群體可能更信賴他們自己的代表的多民族社會中。這可以依靠保證少數群體一定數量的議席，以及修正考試的內容以適應不同群體的文化特點來解決（例如，選擇西藏代表可以包括對佛教及藏語的考察）。賢士院這一方案可和給予少數民族地區實質的自治權相適應，也與允許各省在一些領域內管理各自事務的聯邦制度相適應。

在缺乏一種選舉機制的情況下，保證賢士院的成員不會濫用權力是很重要的。這需要限制任期，但是任期應當夠長（比如七或八年），以便他們有足夠的時間學習政治並有效地為公益工作。[57] 貪污的危險也可以依靠各種方式來降到最低，這包括通過公告與電視轉播，使公眾知曉賢士院中的政治商議（除了涉及國家安全的）內容、依靠新聞自由、調查及公開腐敗案例。各代表還應當得到可觀的薪酬以減少貪污腐敗的動機，對腐敗行為的嚴厲處罰，也可以起到附加的威懾作用。

為了推進高質量的商議，賢士院應當在規模上比較小（最多幾百人）。[58] 參與商議的成員的動機應當是共同的善（這與民主選舉出的政治家不同，後者常常受到滿足特定選民利益的需要的限制）。[59] 適當的薪酬可以減少迎合有錢和有權人的可能性，或許還可以以法律禁止他們加入任何政黨、收受任何利益團體的捐助（與美國確保聯邦法官的正直的機制類似）的方式使成員進一步與政治壓力隔絕開來。無論如何，這些問題在商議的過程中可以解決，並為憲法所確定。[60]

九、民主院與賢士院之間的衝突

賢士院可以在就有關問題進行公開與公眾商議之後，依靠多數票來進行決策。但是如果賢士院中「精英領導階層」的多數與下議院中的民主多數不一致時該怎麼辦？這種僵局可以依靠憲法機制規範兩院之間的關係來解決。例如，「儒家」的解決方法可能是加強賢士院的地位，在憲法中規定上議院中的絕對多數可以推翻下議院中的相對多數；政府首腦及重要的部長可以從賢士院中選出；大多數重要法律將會由賢士院制定，下議院主要起着對其權力進行制約的作用。

「民主」的解決方式會是賦予下議院以權力，而賢士院起着相對次要的作用，即對下議院通過的法律進行修正、指出錯誤、提出小的改正建議，如同英國的貴族院一樣。政府首腦可以來自下議院，而形式上的國家元首可以來自賢士院。[61]

下一部分將會提出，一種相對軟弱的賢士院可能是更加可行的，然後再提出，一種有力的賢士院可能更受歡迎。

十、可行性的問題

中國現在的政治體制從長期而言是不穩定的，甚至連中國共產黨都將現在的體制稱為「社會主義初級階段」，説明政治現狀屬一個過渡期。此時，不那麼民主的統治，是為了確保快速的經濟增長，並在中長期使大多數人獲益，或許具有一定的合法性。由於大多數人可能不願忍受創造經濟發展（特別是高度分裂性的、東亞式的經濟發展）的基礎所必須的艱難困苦，[62] 對多數人的統治進行一些限制也許是必要的。問題在於，在經濟發展了之後是什麼？或許令人吃驚的是，對政治發展的最終結果有着普遍的共識，投票權很可能擴大到所有人、一些形式的多黨民主會生根。對時間（這會花十年還是五十年？）和機制（這會是精英領導的還是大眾領導的、暴力的還是和平的？）有着爭議，但是大多數中國觀察家們——包括共產黨的領袖在內——似乎相信民主是不可避免的。有許多理由相信中國最終會民主化，但是也許最有說服力的理由是，投票權會成為現代社會政治公認的一個重要象徵，一種使人們知道政府承認每個公民都是社會中有價值成員的方式。任何否認形式上的自由與公平的競爭性選舉的政治體系——就算人們的觀點對實際政策的影響力非常低——很可能缺乏政治合法性，這使人們很難相信中國會成為一個例外。[63]

如果中國的政治領袖是民主選舉產生的，一種憲法上軟弱的賢士院也許是最有可能的。但是一個有着最低憲法權力的賢士院，仍然可以在中國發揮重要的政治作用。國家將有一群有才能而且無私的人隨時準備為了共同的善採取行動，例如，在調查團和獨立機構中任職、對政策進行評估、對政府提出建議。此外，在一個有着尊重依據才能選出的官員的傳統的社會中，賢士院成員的觀點可能獲得實質上的社會支持。下議院中由民主選舉產生的政治家，如果一貫地忽視賢士院的政策建議，也許他們會發現想再次當選很困難。

但是，是否有任何理由相信賢士院——就算是作為一個無力的上議院——可能在中國未來的憲法商議過程中產生呢？當然，賢士院是一個有待實現的理想，很難預測它是否會誕生，而且思考此問題也許看起來很愚蠢。但不管怎樣，就算僅僅只是為了防止誤解和濫用，也值得對這一可行性進行一些思考。[64] 一個有關可行性的論點是，正如前面所說的那樣，賢士院與傳統政治文化會產生共鳴。這裏讓我提出另外兩個會增大實現這一方案可能性的論點。

贊成賢士院方案的制憲會議也許會產生許多利益團體。女性團體可能會贊成賢士院這一方案，因為它會增加女性在政治過程中的比例。勞工團體由於擔心民主選舉的立法機構會受到大的經濟利益集團的控制，可能也會贊成。知識分子受惡劣的民主政治論述的困擾，也許會支持制度化精英統治。甚至連民主主義者可能也會被這種將傳統文化因素制度化的方案吸引。對一個民族——特別是認同一個古老而文明且值得自豪的民族——而言，將過去完全拋棄、被告知他們的民族歷史中，找不到任何有價值的東西是相當具有羞辱性的。人們也許會贊成西方式的民主，前提是它促進了物質利益及社會和睦，但是如果民主過程與計劃不符怎麼辦？當出現問題時，會出現轉而支持政治強人的誘惑，後者會承諾恢復國家的尊嚴及「傳統」的威權政治體制。[65] 但如果一個民主體系包括了傳統政治文化的一部分的話，這是可以避免的，那樣人們即使是在艱難的時候也會忍受這一體系。在中國的環境中，民主力量也許會欣賞賢士院可以穩定民主體系這種觀點。

另一個有關賢士院的實際性論點是，它可以不經激烈的變革就嫁接在某種現存的政治機制之上。中國人民政治協商會議的目的在於對有關人民幸福的關鍵國家政策及重要問題進行政治磋商。[66] 在實際中，它被批評是玻璃櫥窗中的閒職，由一些通過政治任命產生的、工作效率低下的人們組成。但不管怎麼說，它包括了諸如梁漱溟這樣的一流學者，作為一個傳統的儒家學者，即使是在被毛澤東公開懲罰後，他仍然繼續參與這一機制。[67] 最近，中國人民政治協商會議在李瑞環的領導下表現出愈來愈大的影響力。[68] 中國大陸的媒體公開討論對政協進行改革的建議，比如允許它發揮更大的政治作用、監督政府的一些部門及減少代表人數以易於開展商議。[69] 或許最重要的問題反而是討論得最少的問題：被任命的人忠於任命他們的黨，因此不大可能與官方路線偏離得太遠。正如一份官方文件所說的那樣，如果「民主監督的關鍵是發展民主，讓人人暢所欲言，並創造這樣的條件與機會使每個人說實話、說真話、表達不同的意見」，[70] 那麼從考試中選出的代表，只會忠於那些他們所認為的國家（以及人類，更廣泛的說）的最大利益，他們更有可能做政協應當做的事情。增加政協的合法性及功效的最好辦法，將會是將它變成由依據才能選出的代表組成的賢士院。

簡而言之，認為中國的民主體制將會在憲法體制中相對次要的上議院制度化，也許並不是完全不能現實的。賢士院會與傳統政治文化產生共鳴，它在制憲會議上會受到利益團體的支持，它可以很容易的從一種現存的政治機構上改造。它會是中國式的民主：有儒家特點的民治。

十一、一種對「民治」的非威權主義的選項

但是如果「中國的民主未來」沒有實現呢？我們無法準備地預測未來，有可能創始者在將世界上人口最多的國家交給「人民」的時候會臨陣畏縮。那時中國會註定經受專制的一黨統治還是激烈的內戰？當然，一種可能性是賢人統治：社會由從競爭性考試中選出的代表進行治理。這樣的政治體制不一定是「專制的」，也就是說人們不是沒有任何發言權，

或者公民權受到了嚴重限制。考慮一下下面的場景：舉行了一次全民公決，大多數人贊成一種強有力的賢士院。在國家層次上，最高決策者是根據自由而且公平的考試選出的，代表們在作出決定前進行着實質性的商議。國家的民主立法機構的主要作用是將人們（相對信息不完全）的偏好傳達給賢士院。在省市及村級層面上，最高決策者是根據競爭性的考試選出的，任何決策都經過了公眾商議。新聞自由基本上獲得保證，人們有許多機會對賢士院成員的意見表示反對，表達不滿。賢士院中的大多數討論會進行電視轉播，公眾在網絡上也可以看到。在這樣的場景中，精英統治不會是「專制的」，但是它也不會與「最低限度的民主」一致。這意味着在最高的政治層面上，將人們投票選出的政府官員邊緣化。至少在發生衝突的時候，賢士院中的多數可以有權推翻下議院中的多數。

精英統治應當被視為不夠理想嗎？換句話説，它相對於「民治」有什麼優點？對強有力的賢士院的最有力的辯護是，它所制定的政策更有可能不僅有利於現在的、有經濟能力做他們想做的事情的多數人或少數人，而且有利於潛在的公民、少數群體和潛在的成員與外國人。例如，想像一下兩院的代表必須要商議計劃生育的議題，大多數農民反對政府限制子女的數量，部分是因為農村地區有着很深厚的對男性後代的偏愛。這些觀點可能會主導下議院——大部分中國人仍然住在農村——民主主義者有充分的理由投票廢除政府限制子女數量的努力，而不管長期的人口學上的後果。但是賢士院——為知識分子所主宰，大多數理解進行一些計劃生育的需要[71]——有可能會反對下議院的決定。[72]

賢士院的知識分子還有可能反對城市選民普遍的偏好。例如，城市居民似乎渴望擁有一輛汽車的「美國式」夢想，民主選舉出的代表很少會反對這種觀點（正如很少有美國的政治家公開贊成增加汽油稅一樣）。與此形成對比的是，賢士院可能對大量擁有汽車的負面效果更加敏感（環境污染、交通堵塞、對石油的不斷增長的依賴等），而贊成對汽車銷售進行更加嚴厲的限制，對公共交通提供更多的國家補貼。[73]就經濟政策而言，依靠人們的選擇可能也是一樣輕率的。例如，當低效率的農民與國有企業的職工失去他們的工作的時候，很可能遵守世界貿易組織的嚴格規定會導致短期貧困加重和社會不穩定，這時人們會希望不斷增長的失業工人能在私人領域找到像樣的工作，一切終會得到經濟上的回報，但是由民主選舉出的政治家不大可能會如此耐心。[74]相反，賢士院更有可能推行一些長遠的政策。

簡單地說，中國知識分子（即那些可能成為賢士院代表的人）的看法常常與主流觀點相反。當然，一種更加開放的政治機制可能對這種狀況會有所改變。人們將會有許多渠道使得他們的偏好通過民主的下議院、次於國家層次的立法機構、協商性論壇、互聯網、報紙、民意調查及更傳統的諸如抗議和請願這樣的機制而為他人知曉。或許有很多人在辯論之後會改變他們的觀點。但是如果事實上多數人的行為仍然是受到狹隘的經濟利益或粗野的情感表達的刺激的話（在「先進的」民主國家中看起來是這樣），那麼賢士院的代表應當能夠讓「人們」變得清醒一點。至少，賢士院應當可以不用擔心選舉時期的代價而約束人們最糟糕的過度行為。

對一種強有力的賢士院的更重要的反對觀點是，這一方案可能是不現實的。首先，很難想像政治領袖會有着很強的動力去為一種強有力的精英統治而努力。在新建立的民主政治體系中，一旦他們的觀點實現後，這些舊體制最主要的批評者，會傾向於獲得最高的政治地位作為酬勞：看看我們時代的曼德拉（Mandela）、哈維爾（Havel）與華里沙（Walesa）。這對於新建立的專制體系也是一樣的：看看我們時代的朴正熙（Park）與皮諾切特（Pinochet）。然而在一個精英體系中，這樣的政治倒退的機率是最小的。就算最有才智、最有道德的奠基者，也無法肯定能夠在有着十億候選人的考試體系中獲得高分。所以他們必須積極地推進一種新的體系，而沒有以最高的國家權力作為回報的現實希望。奠基者一旦實現了自己的理想，將會從政治舞台上慢慢淡出。換句話說，必須要真正的無私的立憲奠基人，才能夠將時間和精力貢獻給這一事業。

就算建立了這一體系，它也可能會不穩定。如果賢士院一貫地踐踏人們的意願，不管人們對由根據才能選出的精英進行統治的耐心在傳統中有多麼深厚，它總會消耗殆盡。所以賢士院的代表將不會偏離公眾態度太遠，除非這會影響到體制的合法性。賢士院將會小心的注意尊重人們的意願（在這種情況下它會使自己變得多餘）與不尊重它（在這種情況下它可能招致激烈的反對）之間的界限。

註釋

* 本章英文版原刊於 Daniel A. Bell, "Taking Elitism Security: Democracy with Confucian Characteristics," *Beyond Liberal Democracy: Political Thinking for an East Asian Context* (Princeton: Princeton University Press, 2006)，已經由 Copyright Clearance Center, Inc. 轉介，獲得 Princeton University Press 授權重印。中文版原刊於貝淡寧，李萬全譯：《超越自由民主》（上海：三聯書店，2009）。

1 引自 *The Economist*, December 9, 1995, 12.

2 引自 Sor-Hoon Tan, *Confucian Democracy: A Deweyan Construction* (Albany: State University of New York Press, 2003), 6.

3 有關儒家與民主價值之間的兼容性的積極觀點，參見上書；另見參見 Brooke A. Ackerly, "Is Liberalism the Only Way toward Democracy?" *Political Theory* 33, no. 4 (August 2005), 547–76; Shaun O'Dwyer, "Democracy and Confucian Values," *Philosophy East and West* 53, no. 1 (January, 2003), 39–63. 以上這些討論缺乏對制度的詳細構想，而這正是本章試圖提供的。

4 在之前的文章中我提出過類似的建議，最近的描繪記錄在 *East Meets West* 一書的第五章中。然而，我對自己的觀點作出了重大修正，現在的版本是為了克服任何可能發生衝突的領域。我還更新了這一方案：我在 *East Meets West* 中的文章設定的時間是二〇〇七年，認為在那時中國會有某種制憲會議可以討論這樣的方案，現在我坦率地承認我的觀點確實是太樂觀了！

5 Ames Roger T. and Henry Rosemont, Jr., *The Analects of Confucius: A Philosophical Translation* (New York: Ballantine Books, 1998). 引自《論語‧憲問》，第四十二條。

6 Wm. Theodore de Bary, "The Trouble with Confucianism," *Institute of East Asian Philosophies (Singapore) Public Lecture Series*, no. 13 (1989), 16.

7 有兩本著作對認為孔子將公共服務視為生活的最高目標的觀點提出了質疑，分別是布魯克斯兄弟（Brooks and Brooks）的《〈論語〉的最初面貌》（*The Original Analects* [New York: Columbia University Press, 1998]）和伊若白（Robert Eno）的《對「天」的儒家建構》（*The Confucian Creation of Heaven* [Albany: State University of New York Press, 1990]），特別是第二章。不管這些（相互矛盾的）看法是否真實，在這裏要指出的是，在過去兩千年中認為公共服務是生活的最高目標的觀點，是對儒家思想的主導性解釋。公益服務的重要性在中文特性中得到了體現，例如，官癮這一用語指的是「從事公共服務的強烈慾望」。

8 參見 Ames and Rosemont, *The Analects of Confucius*。包括〈泰〉第九條、〈顏淵〉第十九條、〈季氏〉第九條。

9 同上書，〈子路〉第九條。

10 Benjamin Schwartz, "Some Polarities in Confucian Thought," in *Confucianism in Action*, ed. D. Nevinson (Stanford: Stanford University Press, 1960), 53。有關學者與普通人對道德規範有不同

的觀點，參見 Kwang-Kuo Hwang, "The Deep Structure of Confucianism: A Social Psychological Approach," *Asian Philosophy* 11, no. 3 (2001), 179–204.

11 根據一些未受儒家思想影響的亞洲社會的標準也是一樣。例如，眾所周知的是，苗族對官僚沒有多少尊重，這可在下面的諺語中體現出來：「遇虎則亡，遇官則困」，引自 Fadiman, *The Spirit Catches You and You Fall Down* (New York: Farrar, Straus, and Giroux, 1997), 184.

12 在元代（由蒙古人統治，他們依靠恢復科舉制來表現他們的「文明程度」），就算是佛教僧侶也必須以通過考察文本考試的方式來「證明」他們的價值。這導致了一位禪宗大師的抗議，他堅持宗教真理無法通過詞句來考察，而且不可能說明誰有最終的權威來解釋文本。狄百瑞（Wm. Theodore de Bary）說明了雙方最終是如何達成妥協的：「有些人只存在於喜劇，或者來自異想天開的明代小說《西遊記》的想像中（或者也許來自一個傾向於根據誇張程度評分的當代大學），最終協議是『考試將會舉行，但是沒有人會不通過』」。Wm. Theodore de Bary, *Nobility and Civility: Asian Ideals of Leadership and the Common Good* (Cambridge: Harvard University Press, 2004), 55.

13 Tu, *Confucian Traditions in East Asian Modernity* (Cambridge, Mass.: Harvard University Press, 1996), 7.

14 中國共產黨也許受到了法家傳統中對知識分子的憎惡的影響。有關中國官方的馬列主義毛澤東思想與中國法家思想（以及法家化的儒家思想）的專制傳統之間的連續性，參見 Zhengyuan Fu, *Autocratic Tradition and Chinese Politics* (Cambridge: Cambridge University Press, 1993). 其他學者提出，不管官方說法如何，毛澤東的意識形態與實踐均大量借鑒了儒家思想，參見 Wm. Theodore de Bary, *Nobility and Civility: Asian Ideals of Leadership and the Common Good*, 211–216. 不管這些理解是否真實，但毫無疑問，對儒家思想的研究現在重新得到了官方的歡迎。例如，官方對曲阜（孔子的家鄉）的一個孔子學院提供了大量資助，江澤民及其他共產黨領導人參觀了這個學院。

在這個學院中的兩種陳列品形成鮮明對比：一個是收藏的毛澤東徽章，一個是對世界性孔子研究的詳細說明（根據二〇〇五年二月在該學院的訪問及講座的經歷）。

15 當然，在非儒家社會中——比如美國——也可能是一樣的。那些有着儒家傳統的社會的與眾不同之處在於，社會中的所有階層（而不僅僅是受過教育的資產階級）都讓他們的子女在家庭與學校中接受一種嚴格的工作與教育倫理思想。一個有趣的故事是：我在北京的司機，會於休息的時候讀孔子的《論語》，而且讓她十歲的孩子每天背誦兩段。

16 許紀霖：〈一次不自覺的民主實踐：北大改革與協商民主〉，於二〇〇四年十一月十八至二十一日在杭州舉行的「協商民主理論與中國地方民主的實踐國際學術研討會」中發表。這篇論文的英文版本出版為 "Reforming Peking University: A Window into Deliberative Democracy?" in *The Search for Deliberative Democracy in China*, Ethan J. Leib and Baogang He ed. (New York: Palgrave Macmillan, 2006). 許紀霖認為，關於北京大學所計劃的新任職體系改革的廣泛公眾討論，是協商民主在中國城市的一種表現形式（這次研討會中所提交的大部分論文，討論的是農村環境中的協商民主）。

17 我的兒子現在（二〇〇六年初）在清華大學附屬小學上學。當我被叫到學校與我兒子同學的家長一起坐在教室（在我兒子的座位上）一個問題接一個問題地檢查期中考試的試卷時，我也很清楚地了解到考試體系的重要性。在過去三十年中我從來沒有感覺到這麼緊張過！

18 整個國家為了高考動員起來。我那些有着大學入學年齡子女的同事會提前幾周告訴我他們無法參加學術討論，因為他們要幫助孩子準備考試。在考試期間（二〇〇五年六月八日至十日），考場附近的建築工地都要停工，政府甚至為那些不幸地困在北京出名的交通堵塞中的考生提供救護車。

19 想成為北京大學政治學博士研究生的人，必須通過包括政治學、英語及馬克思主義在內的考試，而入學名額是嚴格地依據考試成績來分配的。這也許看起來像一個過於僵化的體系，但是其他的替代方法也許會更糟糕：一個研究政治學的朋友告訴我，如果沒有這個體系，他會受到同事、學校官員及政府官員的壓力，要他對他們的子女放寬入學標準。現在他只需要指指考試體系，然後告訴他們「沒有辦法」。

20 考試還覆蓋了中國日常生活中令人驚訝（就一個西方人看來）的廣泛領域。這裏有三個例子：一、我必須通過一個考試才有權在清華大學游泳池的深水區游泳；二、幾個北京的餐館組織了對男女服務生的英語考試，他們的考試成績會影響他們的工資；三、一家高盛投資的合資企業的高級管理人員，必須通過考試才能參與中國的證券市場。

21 在明治維新時期及二十世紀初期的討論奠定了其後政治發展的基調。甚至連議會民主的堅定支持者——比如吉野作造——也堅持「由一群受過良好教育（而非社會中）的精英進行領導是關鍵的，這樣的領導者會表現出公共道德並且以此勸導普通民眾，這對於任何層次的任何政府的運轉都是關鍵的」。Wm. Theodore de Bary, *Nobility and Civility: Asian Ideals of Leadership and the Common Good*, 186.

22 我不是想說，強而有力的政府官員無視選舉產生的政治家的意願這一現象是東亞地區所特有的（雖然也許在此地區比其他地區更常見）。英國社會中的這種現象在電視節目《是的，部長》中的諷刺性描繪極為著名。有趣的是，節目本身影響了現實，使政治家更加懷疑政府官員的行為。一位加拿大高級政府官員告訴我，他與一位選舉產生的內閣成員會談中時不經意地說：「是的，部長。」這位部長憤怒地回答：「不要給我來這套！」（在加拿大總理保羅•馬丁訪問北京期間，與加拿大政府高級官員的交流，二〇〇五年一月二十一日）。

23 制度上偏愛通才的起源可以追溯到明治維新時期（十九世紀後期）。參見 Ezra Vogel, "Japan: Adaptive Communitarianism," in *Ideology and National Competitiveness: An Analysis of Nine Countries*, George C. Lodge and Ezra F. Vogel .eds. (Boston: Harvard Business School Press, 1987), 150–53.

24 培養官僚自主在最初階段沒有必要以犧牲民主參與為代價，但是最終官僚機構所具有的聲望，使他們可以違背選舉產生的政治家的意願。就美國的例子而言，參見 Daniel P. Carpenter, *The Forging of Bureaucratic Autonomy: Reputations, Network, and Policy Innovation in Executive Agencies* (Princeton: Princeton University Press, 2001) .

25 例如參見 John Cassidy, "Fleeing the Fed," *The New Yorker*, February 19, 1996, 45–46. 這篇文章的標題指的是艾倫•布爾德（Alan Blinder），由於對中央銀行缺乏透明性與對其他機構負責的狀況有異議，他被認為是「逃離了的聯邦官員」，但有趣的是布爾德本人之後發表了一篇文章讚美聯邦工作人員的美德，並且建議將這種「不關心政治」的決策方式擴展到其他領域。見 Blinder, "Is Government Too Political?" *Foreign Affairs* 76, no. 4 (November/December, 1997)。另一個極端，是墨西哥報紙《每日報》（*La Jornada*）的一篇社論，讚美烏拉圭人民依靠公民表決的方式推翻了一項允許石油產業私有化的法律。見「烏拉圭：不要走向私有化」（"Uruguay: No a la Privatizadores," *La Jornada*, December 8, 2003, 2. 但是「人民」真的有能力就石油產業的私有化作出審慎的決策嗎？

26 在香港，甚至連民主陣營的領導人也擔心「完全」的民主（例如，引入普選），可能導致無法給予對像同性戀群體這樣的（不受歡迎的）少數群體更多的保護。Keith Bradsher, "As China Considers Hong Kong Democracy, Advocates Are Split," *The New York Times*, April 6, 2004, A9.

27 羅納德•德沃金（Ronald Dworkin）認為「反對多數」的最高法院是民主的（而不是對多數人通過民主選舉做出的決定的限制），並不僅僅因為人們有着最終的權利以修改憲法的方式來推翻法庭的決定，而且因為人們意識到多數人的決定需要在一些環境下受到限制，所以支持最高法院及它扮演的憲法監督者的角色。Ronald Dworkin, *Freedom's Law* (Cambridge: Harvard University Press, 1996). 德沃金可以這麼説，是因為他沒有將民主定義為由選舉產生的政治家進行決策，而是定義為某種將「社群的所有成員視為單獨的個人並給予他們同等的關注與尊重」的決策過程，但是他沒有提供任何理由支持如下説法，即這種「對民主目的的替代性解釋……對政府結構的要求與多數主義者的設想所要求的大體是一樣的」(Ronald, *Freedom's Law*, 17) 如果在給予人們以同等的關注與尊重方面，與由民主選舉產生的政治家組成的政治制度相比，由非選舉產生的決策者組成的不那麼民主的制度，可以明顯地幹得更好，那麼德沃金應當支持後者。在我看來，德沃金應當説明他實際上在談的是正義而不是民主，他贊成如果可以達到確保更多正義的目的的話，對民主選舉產生的政治家的權力可以給予更多的限制。無可否認，這樣的論證在反對精英主義的美國環境下達不到在政治上預期的效果。

28 另一個關鍵區別是傳統儒家觀點，在家庭責任與公共責任發生衝突的時候會強調前者，這對於普通人及國家官員是一樣的。孔子認為對年老父母的關心，可以證明違反法律的合理性的論斷廣為人知：「葉公語孔子曰：『吾黨有直躬者，其父攘羊，而子證之。』孔子曰：『吾黨之直者異於是，父為子隱，子為父隱。直在其中矣。』」(《論語•子路》，第十八條)。但是這也許只是意味家庭成員不應被迫相互控告，這與「西方式」保護夫妻之間在法庭上彼此之間不作不利證詞的豁免權並沒有很大區別(雖然儒家的論證會訴諸於孝的核心價值而不是親密性，而且儒家的豁免主要指的是成年子女與其年老父母而非配偶之間)。孟子認為一個有德的君主應當關心他犯下殺人罪行的父親的觀點可能更成問題：「竊負而逃，遵海濱而處，終身欣然，樂而忘天下」。(《孟子•盡心上》，第三十五條)。但是這一建議並不需要從字面上進行理解(有許多比「負」要有效的運輸方法)。也許孟子是想説，如果近親犯下了嚴重的罪行的話，國家官員應當辭職(首先，他們會喪失道德權威，治理將會變得更加困難)。我在其他地方提出過，與(相對的）自由主義觀點相比，儒家關於家庭責任高於公共責任的觀點，也許在實踐中有一些優點，參見〈自由主義正義真的有用嗎？對自由主義將公共責任置於私人責任之上的意願的一種批評〉，本文由張啟賢譯為中文，收錄於黃俊傑、江宜樺編：《公私領域新探：東亞與西方觀點之比較》（台北：台大出版中心，2005年），頁243–278。無論如何，清楚的是儒家政治理論的主要問題，是家庭責任與國家責任之間，而非宗教與世俗之間的緊張狀況。參見 Hahm Chaibong, "The Ironies of Confucianism," *Journal of Democracy* 15, no. 3 (July 2004), 4（網絡版）。

29 參見 Peter Hartcher, *The Ministry: How Japan's Most Powerful Institution Endangers World Markets* (Boston: Harvard Business School Press, 1998).

30 參見 Sheryl WuDunn, "Japan's Bureaucrats Fumble Away the Traditional Center of Power," *International Herald Tribune*, May 7, 1994, 4.

31 參見 *East Meets West*，第二部分。

32 參見 Norman Miners, *The Government and Politics of Hong Kong*, 5th ed. (Hong Kong: Oxford University Press, 1995), 111–117.

33 田北俊（香港總商會在立法會中的代表），引自 Jimmy Cheung, "Firms May Baulk at Direct Elections, Warns James Tien," *South China Morning Post*, August 4, 2003, A3.

34 二〇〇五年十二月四日，大約八萬群眾參加了要求普選的和平遊行。

35 我不是想說，「實際中的多數」不可避免地會通過民主程序實現他們的經濟偏好，因為富人一般會有不成比例的影響力，特別是在沒有對競選資金進行實質限制的民主體系中。一種常見的諷刺說法是，美國的政治體系應當被形容為「一美元一票」而不是「一人一票」。事實上，這種觀點也許還不夠諷刺，因為當選高級職務的費用在美國常常要高於一美元一票。代議制民主的理想與現實之間的巨大鴻溝，有助於解釋為什麼在美國大多數關於哪個機構最受尊敬的民意調查中，美國國會——理論上最有代表性的政治機構——得分最低，而最高法院、武裝部隊與聯邦儲備銀行制度（所有都是任命而不是選舉產生的）得分最高。Fareed Zakaria, *The Future of Freedom: Illiberal Democracy at Home and Abroad* (New York: W. W. Norton, 2003), 248.

36 Vivienne Shue, "China: Transition Postponed?" *Problems of Communism* 41, nos. 1–2 (January–April 1992), 163. 在一個有關中國的政治改革方案的調查中，黎安友（Andrew Nathan）指出他「沒有聽到任何提出一人一票的方案」。出現一個由農民控制的立法機構的可能性，使一些改革者贊成現在有利於城市居民代表名額的不公分配。Andrew Nathan, "China's Constitutionalist Option," *Journal of Democracy* 7, no. 4 (October 1996), 48.

37 Huang Zongxi（黃宗羲）, *Waiting for the Dawn: A Plan for the Prince*（《明夷待訪錄》）, trans. Wm. Theodore de Bary (New York: Columbia University Press, 1993), 92。

38 同上註，頁 107。

39 同上註，頁 83。

40 黃宗羲並不是第一個譴責流於表面的學習的，荀子（約公元前三一〇至二一九年）將真正的學習與「詩書故而不切」進行對比。《荀子 • 勸學》，第十四條。*Xunzi: A Study of the Complete Works* (Stanford: Stanford University Press, 1990, 1.12.

41 Huang, *Waiting for the Dawn*, 113.

42 儒家學者只是在十九世紀晚期開始思考「民治」政治的可能性。從那時開始，他們始終努力要求在政治上，給予普通民眾一定的發言權。參見 Wang Juntao, "Confucian Democrats in Chinese History," in *Confucianism for the Modern World*, ed. Daniel A. Bell and Hahm Chaibong (New York: Cambridge University Press, 2003).

43 對孫中山建議的五權憲法可以提出同樣的批評。這五種權力中包括獨立的考試權。在孫中山的方案中，包括選舉進入立法機構的人在內的一切國家官員，「必須考試，定了他的資格……必須合格之人，方得有效」（《孫中山選集》（北京：人民出版社，1921年第2版，頁87–88）。孫中山希望可以避免「美國政治腐敗散漫」，「那些略有口才的人，便去巴結國民，運動選舉；那些學問思想高尚的人，反都因訥於口才，沒有人去物色他」，但是這種方案會使那些當選但沒有通過考試的政治家不管他們多麼受到公眾歡迎，卻失去政治權力。很難想像一個將人民選出的領導人排除在外的政府，在人民眼中能夠獲得多少合法性（考慮如下情況，一個人獲得百分之八十的選票，但沒有通過考試，另一個人成功通過考試，但只獲得百分之二十的選票，而前者被後者取代）。陳祖為建議（但沒有明確地說明理由）一種也許可以補救這一缺陷的模式：那些想要參加選舉的人，必須參加一個考試，並要求他們在競選資料中公佈他們的得分。陳祖為：〈民主與賢人治理：一種儒家視角〉，未發表論文，頁18。這可以讓人們投那些也許在智力上不是那麼令人印象深刻的候選人的票（在美國由於似乎政治家的「愚蠢」能夠吸引選民的支持，在政治資格考試中拿低分實際上可以成為一個優勢）。

44 我對其他一些試圖將民主與對「賢人統治」的重視結合起來的方案進行了批判性評價，參見我的 *East Meets West*, 289–307。最近，蔣慶提出了一個有趣的方案，一種三院制的立法機構，它包括儒家精英的代表、肩負文化傳承使命的精英的代表與人民的代表。蔣慶：《生命信仰與王道政治：儒家文化的現代價值》（台北：養正堂文化事業股份有限公司，2004），頁312–317。然而，蔣慶的方案要求在三院一致同意的條件下，才能批准一項法案，沒有說明三院地位的區別及如何解決僵局，這樣可能導致幾乎無法通過幾部法律的後果。胡百熙（Edward P. H. Woo）在他的 *In Search of an Ideal Political Order & an Understanding of Different Political Cultures* (Hong Kong: Novelty Publishers, 2002) 中提出了另一種方案，在一黨統治的範圍內選擇有德的領導人，但是它可能與現在的政治體系一樣存在合法性問題。另一種可能性由中國一位主要的、持不同政見者非正式地提出，認為中國應當重新建立君主制以建立立憲君主制民主（他對我說，中國在二十世紀最大的錯誤就是廢除了君主制）。但是這一方案無法應對政府需要才能這一問題，而且從實際角度出發，君主制一旦被廢除就很難再恢復它的魔力。

45 丹尼爾•貝爾（著名的美國社會學家）提出了某種在美國環境下也許是最接近於一種依據才能組成議院的方案。貝爾的觀點是給予國會議員任期限制，而「退休者」進入第三個議院——「顧問院」。這些退休的議員會得到經濟上的補助，他們將會有意願、有能力為共同的善而努力，並且無需擔心選舉的問題。Daniel Bell, "The Old War: After Ideology, Corruption," *The New Republic*, August 20 and 30, 1993, 20–21. 然而，顧問院可能仍然是由一些平庸的人組成的，因為這些人唯一的資格就是依靠取悅於「人民」的短期利益而成功地進入國會，何況對他們而言，拋棄老習慣是很困難的。

46 我不是想說，這一文化傳統僅僅是儒家思想所特有的：我們可以說法國社會中尊重知識分子並賦予其以政治權力的傳統與此是相似的（雖然最近法國的政治事件說明，那裏有着不斷增長的對精英統治的憎惡）。參見 David A. Bell, "Paris Dispatch: Class Conflict," *The New Republic Online*, June 6, 2005. http://www.tnr.com/doc.mhtml?i=w050531&s= bell060105

47 參見何懷宏：〈儒家的平等觀及其制度化〉，在「儒家思想與人權會議」上提交的論文（北京大學，1998年6月）。關於儒家式的賢人治理，反映了某方面的平等觀點，參見 A. T. Nuyen, "Confucianism and the Idea of Equality," *Asian Philosophy* 11, no. 2 (2001), 61–71.

48 我在以前的著作中提出了有關賢士院的觀點，現在我後悔使用了英語詞匯「學者議會」（House of Scholars），因為這聽起來像是我在為一種由專業的學者組成的政治機構辯護（任何通過了考試的人都可以成為代表，並不需要是一個學者）。我曾考慮過其他的英語詞匯，包括儒者院（the Confucian House）、才能院（the House of Merit）、知識分子上議院（the Senate of Intellectuals）

等，但它們幾乎都聽起來可笑。在我一篇關於中國的商議性民主的文章中（"Deliberative Democracy with Chinese Characteristics: A Comment on Baogang He's Research," in *The Search for Deliberative Democracy in China*, Ethan J. Leib and He Baogang eds. [New York: Palgrave Macmillan, 2006]），我使用了「商議院」這一術語，但是這一術語沒有表現出這一政治機構的儒家色彩。最終，我決定最好還是使用中文的「賢士院」（感謝宋冰的建議）。

49 值得思考的是，由數百名學者簽名抗議香港對言論自由的壓制（2004年5月）的請願書的中英文版本的差異。中文版本一開始是「我們是一群知識分子……」，而英文版本一開始是「我們所有署名者……」。在中國人看來，認為知識分子具有特別的道德地位的觀點，似乎並沒有什麼問題，作為知識分子的社會批評家，可以自豪地肯定他們作為知識分子的身份。

50 有關文學對領導者的重要性，參見 Robert D. Kaplan, *Warrior Politics: Why Leadership Demands a Pagan Ethos* (New York: Vintage Books, 2003), 39.

51 加拿大外交人員需要通過的考試以前只考察知識的廣度，但是最近對此進行改革以考察解決問題的能力。這一考試內容的變化，導致了加拿大外交學院內兩種文化的發展，一種的代表是因其知識的廣度而獲得成功的學者，一種的代表是因其解決問題的能力而獲得成功的實用主義者（源於與北京的加拿大外交人員韓逸敏〔Kim Henrie-Lafontaine〕的交談，2005年1月12日）。

52 一種過濾蠱惑民心的政客的方法，是要求對同一公共政策從正反兩方面進行有説服力的論證，正如香港政務官的考試所要求的那樣。這一方法無法過濾機靈的詭辯家（或者律師），但是它可以過濾希特勒、毛澤東等，他們似乎天生就無法理解——更不要説條理清楚地説明——相反的觀點。有關考試的內容與形式方面的具體細節，參見 *East Meets West*, 308–316.

53 例如，「最優秀和最聰明的」的人（借用大衛•霍伯斯坦〔David Halberstam〕的諷刺用語）被甘迺迪總統選中來領導對抗共產主義的戰鬥，這些知識分子為越南戰爭提供了虛幻的「前景」。

這些最優秀和最聰明的人的工作是如此糟糕（三百萬越南人在這場他們稱之為「美國人的戰爭」中死去，其中包括兩百萬平民），是擔心授予一群知識分子精英過多政治權力的一個理由。然而，需要指出的是，賢士院中的代表人數，要遠遠大於甘迺迪挑中的那一小批精英的數量，而且賢士院中大多數的商議是公開的，可以讓公眾審查的，所以就算一小撮缺乏道德感的知識分子通過了考試成為賢士院的成員，他們那些可能導致災難性後果的計劃，也不大可能被通過。

54 有關新加坡選擇公務員的體系與帝國時期中國的科舉制度之間的有趣比較，參見 Kris Su Hui Teo, "Singapore's Civil Service: A System of Life-long Examination."（未發表論文）。

55 例如，在新加坡與日本，已有如何在考試中考察創造性的活躍討論。最近新加坡沿此方向的改革舉措，是向考生提供一些場景及許多不同的因素，然後要求他或她決定哪一個因素更重要（與張蘇惠的交談，2004年10月）。

56 約翰•德雷澤克（John S. Dryzek）提出了一種選擇政治才能的隨機方法：「我會建議，考慮在共識大會（consensus conferences）、公民陪審團、單一議題短期小型議會（planning cells），以及審議式意見調查中完全是外行的普通公民的高質量商議，我們可以考慮如下可能性，即建立一個由人口中隨機選擇出的普通公民組成的上議院，任期或許是一年。這一方案是在英國最近關於改革貴族院的討論中由狄莫斯（Demos）智囊團提出的。」John S. Dryzek, "Deliberative Democracy in Different Places," in *The Search for Deliberative Democracy in China*, eds. Ethan J. Leib and He Baogang (New York: Palgrave Macmillan, 2006)。然而，在當代中國的環境中，隨機選擇意味賢士院很有可能由相對沒有受過多少教育的農民組成（考慮到他們構成了人口的多數），所以必須要具有相當大的勇氣，才能相信他們可以像由競爭性考試選出的代表一樣，能參與高質量的商議。無論如何，德雷澤克的建議在中國的環境中是不可行的。中國沒有任何採取隨機選擇方式選出決策者的歷史，不願冒風險的中國人不會進行這樣沒有經過檢測的試驗，來選擇那些要思考諸如是否進行戰爭這樣的議題的代表。與此相反，在東亞，考試體系已經證明了它作為選擇政治才能的方式的地位，從而在社會中獲得了相當大的合法性，因而那些訴諸於考試體系的政治改革方案，更有可能獲得人們的認真對待。

57 任期限制可能還能推進合理的地方分權效果。也就是說，有任期限制的代表也許更有可能確保在地方層次的決定不會被國家的政治機構篡奪（與任職終身、對權力饑渴的官僚及關心下次選舉的野心政治家相比）。

58 值得注意的是，在中國的地方層面上有成功協商機制的試驗。參見 He Baogang（何包鋼）"Participatory and Deliberative Institutions in China," in *The Search for Deliberative Democracy in China*, eds. Ethan J. Leib and He Baogang (New York: Palgrave Macmillan, 2006). 在這篇文章中，何包鋼並沒有提出這些處理相對直接的地方事務（例如決定地方官員的薪酬）的試驗應當在國家層次實行。很明顯，將商議性民主從地方擴展到國家層次上有現實的阻礙，這包括資本家經濟利益的力量、國家安全事務的保密需要、對時間敏感的經濟政策（例如決定利率）的要求、現代決策在經驗上的複雜性，以及將大量公民引入決策過程中的不現實性。在國家層次上的商議性民主，還會面臨文化上的障礙。在東亞社會，重視由有才智而且熱心公益的精英進行決策的政治傳統。但是期望商議性民主的理念能夠改善依據才能選出的政治精英的決策過程的觀點，並不是不現實的，制定憲法時可以對賢士院進行規定使之更適於商議。

59 賢士院的代表必然會有着一致的對共同的善的理解，當對共同的善的理解產生衝突時，代表將投票表決，決策將依據多數原則。

60 另一個重要的議題是規範賢士院與最高法院的關係。湯姆•金斯博格（Tom Ginsburg）提出，在有着儒家傳統的東亞地區，最高法院傾向順從於最高政治權威。Ginsburg, "Confucian Constitutionalism,?" *Law & Social Inquiry* 27, no. 2 (Fall 2002), 792. 而被期望在政治事務中表達更加清晰立場的賢士院，可以在此方面發揮更加活躍的作用。

61 英國政治體制的一個優點是，普通民眾可以對一個相對無力的國家元首寄予同情，同時對有着真正政治權力的首相持批評的態度（與美國的總統制相比，後者的國家元首也是國家最有權力的政策制訂者）。所以國家象徵性的元首可以從賢士院中挑選，或許可以是最年長的代表或者是在資格考試中獲得最高分數的代表。

62 值得思考的是，英國工業起飛的結果是在一六六〇至一七六〇年之間的經濟增長僅平均百分之一，到十九世紀中期提高到百分之三（從未比這更高過）。在此時期，邁克爾・曼（Michael Mann）指出諸如曼徹斯特這樣的高增長地區成為了「人間地獄」，這在恩格斯一八四四年的著作《英國工人階級狀況》（*The Condition of the Working Class*）中得到了形象的刻畫，而且「在另一個一百年的時間裏，大多數英國人幾乎沒有從經濟發展中獲益」。曼：「社會權力的來源：對歐洲與中國的巨大分歧的解釋」（北京大學講座，2004年9月21日）。由於高經濟增長率，工業化過程在東亞要快得多，但是對大多數人而言，短期代價相對也高（我想起了一個笑話，說是一九八〇年以來的經濟改革使中國人民獲益，只是除了工人、農民及女性之外）。人們會希望大多數東亞民眾從工業化中獲益，在時間上的遲滯也同樣會短一些。

63 根據調查數據，在中國（以及其他東亞國家）大多數公眾贊成民主是有缺陷的，但仍然比其他形式的政府要好。Russell J. Dalton and Doh Chull Shin, "Democratic Aspiration and Democratic Ideals: Citizen Orientation toward Democracy in East Asia," September 25, 2003, www.worldvaluessurvey.org/library/index.html (visited 19 May 2005). 然而，這次調查中給出的其他可選方案有限而且相當不吸引人（選項分別是「由專家——而非政府——根據他們認為什麼是對國家最好的進行決策」，「一個強有力的、不擔心議會或者選舉的領導人」，「由軍隊進行統治」，「一個民主的政治體制」）。如果受訪者被要求在民主政治同時經濟低增長與一黨的；非極權主義的統治同時經濟高增長之間；或者在由民主選舉產生的、沒受過多少教育的政治家進行治理；

與由根據才能選出的君子進行治理之間；或者在非民主的但有着穩定的社會秩序；與民主政治但是社會動亂之間進行選擇的話，我懷疑中國人對民主的支持會少一些。另一個調查顯示在東亞有百分之五十九的人傾向民主（www.globalbarometer.org），但是這裏給出的選項（例如專家治國）同樣不那麼吸引人。而且正如裴文睿（Peerenboom）所指出的那樣，甚至當東亞人傾向民主的時候，「與自由主義民主相比，他們更喜歡多數主義或者非自由主義的形式。差不多三分之二的韓國人贊同如下說法「如果我們有着正直的政治領導人，我們可以讓他們決定所有的事情」，百分之四十的人相信「政府應當決定哪些觀點可以在社會中進行討論」，而百分之四十七的人相信「如果人們有着過多的不同思考方式，社會會陷入混亂」。Randall Peerenboom, "Human Rights and Rules of Law," *Georgetown Journal of International Law*, 867 n.195 引用樸重明（Chongmin Park）與石度初（Doh Chull Shin）的調查數據。這樣的調查有更多的問題，比如很難估計偏好的強度及它們對行為的影響，很難區分信息充足與信息不充足的情況下的偏好，很難將道德與政治概念翻譯為其他語言。

64 馬克思的共產主義理想很容易被誤用，因為他對此說得太少。如果關於資本主義之後的社會不是只寫了含混的幾句話，共產主義的理想與實際存在的共產主義制度之間的差距會更加明顯，渴望權力的獨裁者會發現試圖證明他們大多數異乎尋常行為的合理性更加困難。

65 到二〇〇三年為止，民主沒有為俄羅斯帶來繁榮，而人們開始變得清醒，只有不超過百分之十的人繼續支持民主。結果是普京（Vladimir V. Putin）總統獲得了廣泛的支持，而他將俄羅斯帶回了專制的道路。理查德•派普（Richard Pipes）：「俄羅斯的民主：並不動人的畫面。」（*The New York Times*, June 3, 2003, B8）。在拉丁美洲可能會出現類似的情況：聯合國在二〇〇四年四月組織的對十八個拉美國家的一萬九千人的調查發現，與一個選舉產生的領導人相比，大多數人會選擇一個獨裁者，如果後者提供了經濟上的利益的話。Juan Forero, "Latin America Graft and

Poverty Trying Patience with Democracy," *The New York Times*, June 24, 2004, A1. 委內瑞拉並不那麼民主的領導人烏戈・查維斯（Hugo Chavez）總統所獲得的公眾支持，説明這些偏好同樣也影響了政治現實。

66 參見 www.china.org.cn/english/archiveen/27750.htm（2003 年 7 月 11 日瀏覽）。

67 參見 Guy S. Alitto, *The Last Confucian: Liang Shu-ming and the Chinese Dilemma of Modernity*, 2nd edn. (Berkeley: University of California Press, 1986).

68 Lowell Dittmer, "Chinese Leadership Succession to the Fourth Generation," in *China After Jiang*, ed. Gang Lin and Xiaobo Hu (Washington, D.C.: Woodrow Wilson Center Press, 2003), 15.

69 例如參見〈專家呼籲政協進行體制改革〉，《21 世紀環球報道》，2003 年 3 月 5 日。www.sina.com.cn/c/2003-03-05/1510934116.shtml（2005 年 5 月 23 日瀏覽）。

70 中國人民政治協商會議全國委員會辦公廳：《中國人民政治協商會議》（北京：外文出版社，2004），頁 181。

71 就連對中國的計劃生育政策持批評態度的人，也指出進行一些控制的必要性。例如，王豐認為中國的獨生子女政策的負面效果現在已經超過了它的正面效果，他提出採取兩個孩子的政策。Wang Feng, "Can China Afford to Continue Its One-Child Policy?" *Asia Pacific Issues: Analysis from the East-West Center*, no. 77 (March 2005), 1–12. 對性別選擇進行一些限制可能也是合理的——如果完全由農民來決定的話，他們很可能更願意要男孩子。

72 就限制居民遷徙權利的戶口制度的價值而言，在兩院之間可能有類似的差異：大多數的農村居民可能會贊成廢除這一體制，就算這會導致大量移民湧入城市，造成過度擁擠及社會動盪這樣不受歡迎的後果。

73 香港非民主的殖民政府以及不那麼民主的新加坡政府都對汽車消費進行了限制，並資助發展了出色的公共交通系統，將交通堵塞最小化，這使得兩個城市成為了節約能源的模範。我希望像北京這樣的城市也會跟着這麼做，但是這會與大多數人的意願作對，大多數人似乎渴望擁有汽車。

74 正如傑克•斯奈德（Jack Snyder）所説的那樣，「統計數據顯示新興的民主國家一般傾向於在貿易上變得更加保護化。雖然一些群體從增長的貿易中獲益，但是另一些可能會從中受損。如果外國競爭會使普通選民的短期利益受損，反對自由貿易的意見可能會增加。民族主義的政治家也許那時能夠依靠貿易保護主義的方案，或者甚至依靠帝國主義的擴張從而控制外國市場的方案來獲得支持。這可能是新興的民主國家所面臨的一個特殊的危險，在這些國家中，精英們能夠利用他們對媒體的壟斷，或決定議程的權力來決定選民所能獲得的信息與選項」。Jack Snyder, *From Voting to Violence: Democratization and Nationalist Conflict* (New York: W. W. Norton, 2000), 342–43.

第二部分：中國新儒家

第三章

走向仁愛和進步的儒家倫理學？

自從《中國新儒家》精裝版於二〇〇八年出版以來，儒家在中國的復興變得愈發強烈了。但是究竟如何解釋這個現象呢？是什麼因素使它引起這麼大的爭議？在中國和西方推動儒家的復興會遭遇到什麼挑戰呢？

一、儒家為什麼復興？

共產主義已經失去激勵中國人的能力，但取而代之的會是什麼？應該用什麼代替它呢？中國的政治統治顯然需要新的道德基礎，政府已經進一步接近正式擁抱儒學。二〇〇八年夏季奧運會突顯了儒家主題，在開幕禮上和發給外國記者的小冊子裏引用了《論語》中的名言，有意弱化中國的共產主義實驗。上海新建黨校（浦東幹部學院）的幹部自豪地對來訪者說，主樓是按儒家學者的書桌樣式設計建造的。在海外，政府通過建立類似於法國的法語聯盟或者德國的歌德學院的孔子學院，旨在宣傳中國語言和文化，象徵性地推動儒學傳播。

當然也有抵制。仍然受到毛澤東反對傳統的影響的老幹部，譴責那些在馬克思主義嚴密框架外推動其他意識形態的努力。但是四十多五十歲的年輕幹部傾向於支持這種努力，時間就在這些人的一邊。人們很容易忘記擁有七千六百多萬黨員的中國共產黨是龐大和多樣化的組織，黨本身更具有精英特徵，鼓勵學習好的學生入黨，愈來愈多提拔受到良好教育的幹部，這些都容易產生對儒家價值觀的更多同情。

但是儒家學說的復興不僅僅是政府推動的結果，學術界也表現出對儒學復興的濃厚興趣。心理學家進行的嚴格實驗顯示，中國人和美國人在認知思維上存在顯著差異，中國人更容易使用結合上下文的辯證方法解決問題。經濟學家試圖測量孝順父母等儒家觀念對經濟產生的影響；女權主義理論家把關懷倫理學和儒家強調作為道德説教的移情、差別對待、家庭觀相提並論；醫學倫理學家在討論以家庭為中心的醫療決策的重要性；企業倫理學領域的研究者則在考察儒家觀念對企業行為產生的影響。政治性民意調查顯示，對儒家價值觀的認可隨着現代化程度的提高而增強。社會學家研究了成千上萬受到儒家價值觀激發的教育實驗和社會生活實驗。

學界對儒家的新興趣也是受到對社會規範的擔憂的推動：許多具有批評思想的知識分子也轉向儒學，依此來思考處理中國當今社會和政治困境的方法。雖然並不完全排斥西化，但他們相信任何穩定的合法的政治安排至少需要部分建立在中國傳統政治理想的基礎上。研究國際關係的理論家求助於早期儒家思想家以獲得外交政策的洞察力；法學家尋求建立在傳統實踐基礎上並引起更少爭議的衝突解決模式；哲學家求助於儒家偉大思想家的社會和政治改革觀點；儒家教育家則通過給年輕人講授儒家經典，致力於長期的道德轉變。

這些政治和學術發展得到經濟因素的支持。中國是經濟不斷壯大的國家，隨着經濟力量的增強，文化上的自豪感油然而生。考慮到擁有儒學傳統的東亞在經濟上的成功，儒家思想不利於經濟發展的韋伯（Max Weber）式觀點開始受到廣泛質疑。和伊斯蘭教、印度教、佛教不同，儒學從來沒有對經濟現代化進行有組織的抵抗，重視教育及關懷子孫後代的價值觀將對經濟發展作出貢獻。隨着中國成為全球大國，現在輪到中國開始確認自己的文化傳統了。

不過，現代性也有不利的一面。它常常導致一種原子主義和心理上的焦慮。對於社會地位和物質資源的競爭變得愈來愈激烈，隨着社會責任感的衰落和其他世界觀的出現，社群主義生活方式和文明開始崩潰。即使那些成功者也開始詢問「現在該做什麼呢」？人們認識到賺錢不一定導致幸福。它只是獲得好生活的手段，但究竟什麼是好生活呢？僅僅是追求自己的利益嗎？至少在中國，許多人並不想被看作個人主義者。僅僅關注個人幸福的觀點似乎過於以自我為中心了。要真正自我感覺良好，我們也需要對他人好。儒家思想在此發揮作用了：傳統就是建立好生活在於盡到社會責任的假設基礎上。做個完整的人，就要承擔社會責任和政治承諾。總之，儒家道德能幫助填補常常伴隨現代化而來的道德真空。

簡而言之，這種政治、哲學經濟和心理趨勢的混合體幫助解釋了儒學在中國的復興。我預測這些趨勢可能繼續下去，未來的復興趨勢可能更強烈。但是因為儒學是豐富和多樣化的傳統，值得詢問的是復興的儒學屬哪個派別。

如果我們關心的是創造一種在中國背景下可行的可欲的政治理論，那就需要考慮當今中國人的真實想法。任何解釋都必須符合人們追求的基本理想，也應該推動改善這些理想。比方説，這些解釋應該建立在更廣泛的共同價值諸如關心弱勢群體的基礎上。這派儒學也應該反映中國知識分子認為是最迫切需要的問題，如國家對新的哲學基礎的需要。儒家解釋也需要證據支持，比如測試照顧上年紀的父母是培養同情心的重要機制（老吾老及人之老）的這個想法就很重要。

中國大陸儒學的復興是新近出現的事物，現在還很難證明哪個學派會脱穎而出。我自己更同情像蔣慶這樣的批判性知識分子，他提出了受到儒家學説啟發的政治改革建議，常常與現狀有重大差別。這些觀點在書中有所討論，筆者一直積極參加關於政治儒學的公共討論。但是，筆者坦率承認，要說服西方國家的知識分子明白儒家是能夠提供一條通向中國社會和政治改革進步的仁愛道路，是非常困難的，像爬山一樣。

二、既不民主也不專制

為什麼儒家復興常常讓西方人感到擔憂呢？自愛可能是一個原因。在二十世紀的大部分時間裏，中國自由主義者和馬克思主義者忙於全面批判自己的傳統，向西方尋求靈感。這或許讓西方人感到驕傲：「瞧，他們都想成為像我們這樣的人。」但是現在，當中國人對自己的文化傳統感到自豪，求助於自己的傳統來思考社會和政治改革時，他們的同情就少一些了。更多的理解和更開放的心態或許能處理這個問題。

另一個原因或許是儒家復興與伊斯蘭「原教旨主義」復興，以及其反西方傾向有關，或許人們還會想到美國狹隘的和缺乏寬容的基督教「原教旨主義」的復興。然而，儒家在中國的復興並不從根本上反對自由主義社會方式（除了主要在社會關係之外尋求好生活的極端個人主義的生活方式），它確實提出了有別於西方政治方式的其他選擇，這或許是擔憂的主要內容。不過我覺得這種擔心來自真正的錯誤：對西方式民主的支持的減少意味着對專制的支持的增加。在中國，用「民主」和「專制」的術語為辯論打包，會排斥吸引儒家政治改革者的其他可能性。

儒家改革者通常贊同中國有更多言論自由。他們質疑的是西方式競爭性選舉，作為挑選國家最有權力的領導者的制度這個意義上的民主。一人一票選舉制的明顯問題是平等終止於政治群體的邊界，邊界之外的那些人受到忽略。經過民主選舉出來的政治領袖把注意力集中在國民利益上是體制的要求，可以說他們就是要為選民所在的國家服務，而不是為生活在這個政治群體外的外國人服務。即使運作良好的民主國家，也往往把注意力集中在本國國民的利益上，而忽視外國人的利益。尤其像中國這樣的大國的政治領袖，其作出的決定會影響到世界其他地方（比如全球氣候變暖問題），他們作出重要決定的時候需要考慮世界其他地方的人的利益。

因此，儒家改革者提出的政治模式，旨在比西方民主更好地服務於受到政府決策影響的所有人的利益。這個理想不一定是人人平等的世界，儒家認識到人們關心的程度，會隨着從親人到陌生人的圈子向外推移而依次遞減，但是在這樣的世界裏，非選民的利益能夠得到比大多數以國家為中心的民主國家的嚴肅對待。實現全球政治理想的主要價值是賢能政治，也就是説人人在教育和參政方面具有平等的機會（有教無類），但領導崗位被分配給該群體中最有美德和最稱職的人。這裏的觀點是每個人都有潛力成為君子，但是在現實生活中，作出有效的和道德上可靠的政治判斷的能力是因人而異的，政治體制的一個重要任務是辨認出擁有超越常人能力的人。其中一個辦法就是給予年長者額外的投票權：儒學認為，一般來説，人的智慧是隨着年齡的增長而增加的，人們的生活經驗隨着經歷了不同的角色而變得深刻，比如成年的兒子關照年長的父母，特別能培養同感和謙遜的美德。而且，上年紀的人通常更少受到性慾望的困擾，而性慾望常常干擾人們作出可靠的判斷。因此如果年長者繼續追求自我修養，維持社會的網絡，他們或許應該獲得額外的政治權力。

另外一個建議，是成立由精英分子組成的政府機構（通儒院或賢士院），那裏的代表是經過自由和公正的競爭性考試機制而選拔出來的，該機構有義務維護經過民主選舉產生的政治決策者往往會忽視的人，比如外國人、子孫後代、祖先、少數民族等的利益（請注意它與美國最高法院這樣的司法機構的區別，這些機構是沒有立法權的，也沒有權力保護領土之外的非國民的利益）。通儒院或賢士院將平衡和補充經過民主選舉的院（庶民院或下議院），不管這個建議多麼不完善，它至少更好地接近了全球正義的理想。賢能政治的價值在東亞政治文本中是根深蒂固的，實現這種管理的政治建議，一般也不被看作怪異或者危險的思想。

明確反對考試是因為考試不能檢驗出孔子關心的種種美德：靈敏性、謙遜、仁愛等。從理想上看，這些也是現代世界政治決策者的品格。考試確實不能完美地檢測出這些美德，但是問題在於這些考試選拔出來的代表可能比民主選舉出來的代表更有美德。

有理由相信這些論述。布賴恩•卡普蘭（Bryan Caplan）在《理性選民的神話：我們為什麼選出笨蛋？民主的悖論與瘋狂》（*The Myth of the Rational Voter: Why Democracies Choose Bad Policies*）一書從廣泛的實證研究得出結論：選民往往是非理性的。他提出了舉行選民能力考試作為糾正辦法的建議。這樣的建議在美國被認真考慮的機會幾乎是零，因為那裏的憲法體制是固定在基本原則基礎上的，而且美國政治文化中的反精英主義根深蒂固。但是在中國，政治未來具有更多的開放性，以考試形式檢測能力有可能作為政治改革建議的考慮。考試將檢測基本的經濟學素養（以及國際關係方面的知識），也包括儒家經典的知識，不僅檢驗對它們的記憶而且檢驗對它們的解釋。有個被認可的假設，即學習經典確實能改善一個人的美德。但這不是故事的結尾，著名的儒家政治思想家蔣慶認為，考試能確定後續政治行動的框架和道德詞匯，對考試合格者還要進行實際表現的考核。

不管怎樣，沒有理由在建議實際開始實施前，在實現賢能政治的不同方式設定死板教條。中國是個龐大和多樣的國家，它是嘗試政治改革不同實驗的良好實驗室。自從鄧小平三十年前打開經濟改革的大門後，在各級政府中開展了形形色色的經濟改革實驗，中央政府採納了成功實驗的例子，並把它們推廣到全國實施。村級民主實驗已經進行了幾十年，最近已經有黨內民主的實驗和在深圳、貴陽等城市進行民主實驗的討論。為什麼不能嘗試賢能政治的制度實驗，看看效果如何呢？一旦我們更好地了解到基層政府中哪些實驗效果好，那麼，在全國範圍內嘗試時，風險可能就會小一些。

關於儒家是否應該定為國教的辯論在中國引起了更大的爭議。有些儒家沒有強烈的宗教觀點，就像包括孔子本人在內的早期儒家思想家，他們對形而上學承諾持開放態度，把主要注意力集中在現世生活的問題上。因此，在社會和政治生活上是儒家信徒，在精神生活上是佛教徒或者基督徒並非不可思議的現象。早期儒家並沒有企圖對人生苦難和死後來世等存在問題提供終極答案，它對宗教或許在這方面做得更好的觀點不置可否。

但是其他儒家改革者如蔣慶確實嚴肅對待作為擁有形而上學基礎的宗教的儒家，其隱含意義是應該存在國家支持的作為宗教的儒家。主要觀點是學校應該講授儒家思想，在國家的某種經濟支持下推動儒家思想在城鄉的傳播。部分原因是，培訓擁有儒家道德觀的未來領導者，能夠使他們在管理國家時具有更多道德關懷。正如蔣慶指出的，我們需要特別謹慎國家對儒家的使用（或濫用），但是儒家也可以利用國家的力量：如果未來統治者接受儒家經典的訓練，他們可能在管理國家時具用更多道德關懷。但他強調應該容忍其他宗教的存在，他把自己的理想與丹麥和英國模式進行對比，在那些國家，國家支持某個官方宗教，同時其他宗教和派別（不管是否外來的）也是被允許的，也能繁榮起來。他在他建議的國體院（歷史延續性）明確地留出了其他中國宗教如佛教和道教的政治代表的空間。

雖然如此，國家支持在儒家模式中比北歐模式更加鮮明，尤其是在教育和社會生活上儒家更加贊成國家支持。蔣慶還提出在比如四川地震這樣的天災之後，重新推行國家支持的儒家喪葬儀式（雖然他允許少數民族按照自己的葬禮埋葬親人的可能性）。「官方儒教」影響政策的另一個方式，是在父母去世後公務員能夠獲得帶薪奔喪假期，類似於韓國給予公務員的兩個月喪假。在某種程度上，儒家價值觀已經在影響國家政策了，比如成年子女死後，即使未留下遺囑，父母也有權得到子女在中國大陸、香港、台灣等留下的跨界遺產，雖然這些地方的政治制度和法律制度不同。讓儒教成為國教將讓這些政策成為公眾辯論的話題，或許能讓情況得到改善。如果「官方儒家」的這些建議在實施中能對其他宗教表現出寬容和尊重，確實值得認真考慮。皇權時代「官方儒教」的歷史，確實讓人們有理由警惕國家對儒家的濫用，但是它也存在一些激動人心的時刻。正如余英時注意到的，在十六世紀末期，利瑪竇非常震驚地發現中國的宗教氛圍是高度寬容的，儒家、佛家和道家似乎都擁有了同一個道（道路）的視野。

三、儒家的普及

我並沒有說自己是立場中立的儒家觀察家。在過去幾十年裏，我一直在為大眾媒體撰寫有關中國社會和政治的文章，主要集中在我認為在中國背景下具有政治前景，並在道德上具有合理性的儒家價值觀和實踐（有關我的專題評論和文章，請參閱我的網站 https://danielabell.com/zh）。在中國，我非常有幸地結識了能幹和高效的譯者吳萬偉，他是武漢科技大學的副教授，經常翻譯和發表我的文章。我們密切合作，並採取了下面的策略：首先，我們把文章寄給印刷媒體如《環球時報》，它是官方報紙《人民日報》的國際子報；並不令人奇怪的是，人家要求我刪掉敏感內容，我往往接受這種要求。我試圖遵循的原則是：如果僅僅是改變表達方式，讓批評顯得不那麼直截了當，沒問題，我改；如果刪掉不影響文章整體內容的一兩個次要的論證觀點，我會與之協商並作出妥協，通常是接受某些修改。如果是改變主要觀點或者批評問題，那我就撤回文章。

然後我們把文章寄給中文網站。毫無例外，我們總能夠找到至少一家中文網站願意不作任何改動地發表文章。我覺得奇怪，在報紙看來屬敏感內容的材料卻可以出現在網站上供人公開辯論。一方面，它顯示網絡在推動中國的政治辯論的範圍方面發揮重要的作用；另一方面，它顯示印刷媒體在中國仍然具有某些神聖的價值，也可能是印刷品隱含着得到官方認可的含義，因而影響力可能更大。

在西方，問題正好相反：發表嚴厲批評中國政府的評論文章相對容易，而試圖採取平衡態度、或者提出不熟悉的政治敍述的選擇就更難一些；在西方大報上發表一篇讚揚中國政府某個工作做得好的文章的機會就更小了。當然，這樣說或許過於簡單化了。雖然如此，在過去幾年裏我還是有幸發表了一些文章。我被邀請撰寫有關儒家復興的文章或評論，而且往往按計劃進行得非常順利。在其他情況下，我投出的評論文章被採用了，但更多的是遭到拒絕。人們很少知道為什麼西方報紙拒絕個人評論文章（除非作者與編輯有特殊關係），但是我懷疑，這常常是因為我的投稿往往被認為過於「親中國」了。和他們的中國同行不同，西方報紙的編輯很少因以政治原因為由退稿（有一個例外，我自己的例子，《亞洲華爾街日報》拒絕發表我的一篇評論，因為他們的政策主張是反對把性工作合法化）。

我承認在為保守派刊物寫文章時，我的好運氣不多，雖然我嘗試了幾次。我基於直覺的想法，是他們似乎迴避對中國缺乏敵意的政治評論文章。為中間派刊物如《紐約時報》（*The New York Times*）或者《新聞週刊》（*Newsweek*）寫文章時運氣好些（或者中間偏左的，這要看一個人的角度）。不過，我的大部分文章都發表在公開的左派刊物的網站上。既然如此，我也會遇到麻煩。一家主要的英國左派報紙拒絕了我一篇批評針對中國帝國主義態度的評論文章，它的中文譯稿後來被《環球時報》採用了，我為中國報刊向我提供的選擇機會感到高興。另外一次，我向一家西方報紙的編輯抱怨說他們的標題使我看起來像中國政府的辯護士，要求他們在未來改動標題時與我商量一下（中國報紙在這方面似乎更開放，願意與作者協商）。此後不久，這個編輯選擇了另一個令人誤解的標題和副標題，一氣之下，我在自己文章下面發了投訴的評論帖子。編輯刪除了我的評論（雖然評論應該是自由的），並威脅要到法院起訴我誹謗，他說如果我再這樣做，他就中斷我與這家報紙的合作關係。我吞下了我的自尊，試圖與之和解，但對此我仍然覺得不舒服。

我並不是想暗示在西方和中國的媒體大同小異，不是說雖然限制的內容不同，但結果是一樣。在中國來說，限制顯然是政治性的，使用得更普遍（學術刊物似乎比大眾媒體更開放一些：原則似乎是社會影響愈大，限制就愈多）。指名道姓地公開批評領導人，或者提出改變現狀的國家憲政改革的具體建議幾乎是不可能的。公開說幾乎人人皆知的真話，如「馬克思列寧主義作為統治哲學基本上已經死亡」也是不可能的。在西方，存在形形色色政治立場的眾多媒體管道，限制並非這麼直截了當地根據執政黨的標準來確定。顯然我希望中國媒體放鬆管治，在這方面像西方報刊一樣（或者像香港一樣，那裏基本上是自由和充滿活力的）。許多具有公共精神的中國記者也是這樣想的。他們常常為不能報道自己調查的東西而感到沮喪，他們為西方記者提供信息卻不能署名。但是在這裏我大概會失去多數西方記者的同情，我仍然認為用儒家思想來考慮媒體的作用是可行的。當二〇〇八年傷殘奧運會開幕的電視新聞上顯示胡錦濤主席和殘疾孩子一起唱歌的鏡頭時，我並不覺得這有什麼問題。相反，一位上了年紀的中國親屬與我一起觀看時，她顯然被看到的情景所感動。這樣的新聞片段能夠激發人們對殘疾人的更多同情。是的，它或許也增加了人們對胡的同情，但是我們應該同情實際上在做好事的政治家啊。

我心裏有什麼樣的模式嗎？自由市場媒體模式決不是理想，因為它常常轉變成企業利益的主宰，激發人們對刺激性新聞的興趣，把人們的注意力從真正的社會問題上轉移開。（海外一個記者朋友告訴我她關於殘奧會的報道常常被編輯砍掉，理由是這對提高報紙銷售量沒有好處）。管理機構敦促平衡態度的英國模式或許能提供更多信息和多樣的視角，但是在中國體現文化關懷的媒體管理也可以吸取道德教育的儒家傳統。是的，中國能夠有也應該有更加獨立的和批評性的媒體，它們能說出社會問題的真相，譴責政府的錯誤。但政府支持媒體的理由依然存在，使這些媒體不追求黨的利益而是呼喚得到廣泛支持的社會價值觀，比如關注弱勢群體的使命。該模式不必要、也不應該專制，因為它將允許私有媒體不受限制地經營（除了極端的暴力和色情外）。更具體地說，它或許意味着獨立的管理機構，根據媒體在推廣多樣性、高質量的節目和道德教育等目標上成功與否來決定是否資助公共媒體。這種價值觀將使中國模式非常獨特，西方人可能覺得充滿道德說教而且存在潛在的不公平，因為他們優先考慮的是個人自主性。但是確實存在一些即便不尊重但至少需要被容忍的差別，它們或許是值得辯護的。

四、中國之外？

儒家在豐富西方國家的政治價值觀和實踐的可能性如何呢？所有政治理論都應該留下相互豐富完善的可能性。在最好的時候，儒學表現出對其他傳統如法家、道家、佛教的開放態度，以至於人們很難在實踐上區分這些理論。但在遭遇西方政治理論時，儒學一直是學生而不是先生，值得提出的是，在什麼情況下西方自由派能發現它具有同樣吸引人的力量？其中一個條件是西方社會遭遇漫長的信心危機時。一個不得不承認的事實是，當自己的方式存在問題的時候，人們才更容易向他人學習；中國知識分子就是在傳統社會和政治生活崩潰後才開始向西方學習的。西方或許需要在類似的信心危機後，才能讓多數西方知識分子轉向儒學尋求希望和靈感。在最近全球金融危機之後召開關於「中國模式」的會議上，一個影響很大的西方記者開玩笑說「請給我們時間，我們只有幾個月的羞辱」。

但是，幫助儒學走向世界的重大障礙或許是理論和實踐的脱節；如果只是口頭說說，是沒有人願意聽的。從當前來看，前面的路依然漫長。媒體傾向於為黨服務，而不是為弱勢群體服務；政府求助於暴徒手段對付一些社會批評家。社會福利改革者仍然更多求助於歐洲而不是日本或者韓國。低層次改革激發的任何政治體制改革幾乎都看不到。年長者甚至沒有得到投票選舉高層決策者的權利，更不要説額外的權利了。旨在代表子孫後代或者外國人的利益的通儒院或賢士院只存在於儒家改革派的夢想裏。中國在宗教自由方面存在明顯的限制，國家給予更多的資金資助推動馬克思主義而不是學習儒家經典和復興儒家禮儀。簡而言之，儒家進步的人道價值觀需要轉變為實踐。一旦中國的國家行為符合儒家道德觀念，那就能產生自己的軟實力，並把它推廣到世界其他地方。

註釋

* 本章英文版原刊於 Daniel A. Bell, "Preface," *China's New Confucianism: Politics and Everyday Life in a Changing Society* (Princeton, N.J.: Princeton University Press, 2010)，已經由 Copyright Clearance Center, Inc. 轉介，獲得 Princeton University Press 授權重印。中文版原刊於 Daniel A. Bell（貝淡寧），吳萬偉譯：《中國新儒家》（上海：上海三聯書店，2010）。

1 Bryan Caplan, *The Myth of the Rational Voter: Why Democracies Choose Bbad Policies* (Princeton: Princeton University Press, 2007).

第四章

從共產主義到儒學
中國政治未來的文本變化

在美國，不管政治未來的好壞，她是由已經運行了二百多年的憲法所確定的，除非發生劇烈的變化如核戰爭或重大的恐怖襲擊，否則未來幾十年的政治制度不大可能發生重大改變。但是在中國則相反，政治的前景是開放的。根據中國共產黨的論述，現在的制度是「社會主義初級階段」，意味它是向更高級、更優越的社會主義階段前進的過渡期。[1] 在未來，經濟基礎，連同法律和政治上層建築都要發生變化。對於有獨立思想的知識分子來說，政治上受到嚴格控制、經濟上相對自由的現行制度，作為權宜之計的合理性是勉強可以接受的，因為在經濟發展的動盪時期需要保障社會秩序（許多人可能反駁這個主張）。但是，沒有人會認為現行的政治制度在經濟發展後還應該繼續維持下去。

可問題是經濟發展之後是什麼？在中國，討論這個問題會受到某種程度的限制，不僅因為政治控制，也因為人們普遍意識到解決經濟和社會問題是中國的當務之急。當然也存在對「烏托邦思想」的迴避，這是對毛澤東在大躍進和文化大革命時期徹底根除過去的災難性嘗試的反應，這完全可以理解。雖然如此，很少人會懷疑中國未來確實需要新型的、更有活力的政治模式。在私下討論中，存在一些預測的空間，筆者下面會討論某些可能性。

一、意識形態（馬克思主義）的終結

從官方看，卡爾•馬克思的哲學是執政的中國共產黨合法性的支柱，因此馬克思主義是思考中國政治未來的起點。中共確實不再強調階級鬥爭、對富人的仇恨、反對私有財產。實際上，現在資本家可以加入中國共產黨，司法制度正在逐漸改革，以便更接近資本主義國家的制度，但是這樣的發展或許反映了現在比毛澤東時代對馬克思理論的理解更完善了。只要認識到貧窮國家在發展道路上必須經過資本主義這個階段，中共就不需要拋棄對共產主義長期目標的承諾。

資產階級生產方式不只是把工人當作生產過程中的工具，把技術當作少數資本家擴大財富服務的工具，它確實還有重要的美德：比任何別的經濟制度都更好地解放了生產力。理由是資本家相互競爭、追求更多利潤，因此積極開發新的、效率更高的生產商品的手段，創造更多的物質財富。如果沒有了這些，社會主義就無法生存下去。如果在沒有發達的生產力（先進的技術和使用這些技術的知識），確保物質豐富的情況下實行共產主義，就無法長久保持。正如馬克思在《德意志意識形態》（*The German Ideology*）中指出，沒有「絕對必須的物質前提」，「物質匱乏成為普遍的現象，而匱乏一旦存在，爭奪必需品的鬥爭就會重新開始，從前的醜惡現象就會恢復」。這就是為什麼馬克思認為英國在印度的帝國主義行徑是合理的。是的，對於印度工人來說可能是剝削、是痛苦，但是它奠定了社會主義統治的基礎。中共為中國的發展模式辯護，鄧小平「致富光榮」的名言具有類似的邏輯根源。

在馬克思主義框架下，整個醜陋過程的道德意義在於把大部分人從繁重的勞動中解放出來。技術獲得高度發展，到了某個時刻——革命時刻，就要廢除私有財產，讓機器為人類美好生活工作，而不是為少數階級的利益服務。人們讓技術做必須的、又髒又累的工作來滿足物質需要，自己最終可以悠閒地釣魚、讀書、設計、創造藝術品等。不愉快的工作僅局限在維護機器、保持系統運行等工作上，但是這類「必須的領域」不會佔據工作日的大部分時間。

但中國什麼時候能實現共產主義呢？這個轉變如何進行呢？其中一種反應是現在討論這些問題是沒有用的，因為向共產主義的轉變肯定要發生。馬克思自己是個技術樂觀主義者（參閱《資本論》〔*Capital*〕第一卷工廠法案的討論），不管理論家會說什麼，技術進步將導致共產主義革命。[2] 但他的信仰是建立在現在遭到懷疑的經濟理論上面的，比如資本主義制度下利潤率下降和勞動價值等理論。從規範角度看，考慮能夠加快勞動過程、把工人痛苦減少到最小程度的政策是非常重要的。或許這就是為什麼馬克思本人感到有必要給工人講道理、鼓動他們為自己的事業奮鬥的原因。

中國政府通過「科學發展觀」的術語，好像正式認可馬克思對技術樂觀主義的解釋。但是最近擺上枱面的內容是在「科學發展」過程中關心如何把工人和農民的痛苦減到最低。二〇〇六年十月，中共中央全會二十五年來第一次專門研究社會問題。中國的政策制定者表明了經濟發展模式的轉型，從難以駕馭的瘋狂增長模式轉向更容易持續發展的、能夠推動社會和經濟平等、確保低收入和弱勢群體有更多就業機會、基本教育、起碼的醫療保健和社會保障的模式。政府在推動工人權利方面也更加積極，它強迫沃爾瑪（Walmart）在中國的分店接受國家控制的工會，制定法律取締血汗工廠（雖然法律的實施讓人懷疑），授予工會權力和廠方協商工人合同、安全保護、工作地點等。這些是從八十年代市場體制引入後第一次出現的情況。

儘管有官方文件，人們還是不清楚這些發展到底有多少是來自對共產主義的信仰。中央黨校的吳忠民肯定了官方承認社會公平正義的做法，認為社會資源應該根據貢獻大小來分配，而社會成員能夠「按勞分配」。中國讀者明白這裏指的是馬克思描述的「低級共產主義」，但是實際上，政府呼籲社會公正，好像除了承認某些資本主義國家已經採取的緩和資本主義過分罪惡的福利措施外，再沒有其他內容（最近許多中國官員考察了斯堪的納維亞國家〔Scandinavian welfare states〕，了解那裏的社會福利制度。這樣的福利制度得到官方媒體的稱讚）。[3] 從哲學角度看，對弱勢群體的承諾，可能建立在強調社會和經濟權利的社會民主理論上，[4] 政府應該首先考慮被剝奪了資源和重要人際關係的弱勢群體的儒家思想，或者優先考慮貧窮和低賤人需要的基督教價值上面。中共呼籲的社會福利沒有特別明顯的馬克思主義色彩。

「新左派」知識分子領袖如汪暉，一直在呼籲社會公平，意思是中國首要考慮的內容，應該是解決貧富之間的巨大差距、保障弱勢群體利益。不過人們可以預料，他們的觀點更多傾向於對現狀的批評。他們認為社會公平不可能在沒有巨大政治改革的情況下實現，比如工人和農民組織的更多自主權、允許表達利益要求的民主過程，以及揭露政府腐敗的媒體自由等。清華大學的崔之元或許是新左派中最激進的一位，主張經濟和政治民主。在一篇題目為〈自由社會主義與中國未來：小資產階級宣言〉的精彩文章中，他警告說中國進步力量不應該模仿西歐推行的社會民主措施；相反，崔主張勞資合作、根據年齡和家庭狀況在所有公民中進行社會分紅。[5] 只有這樣的革新才能實現讓中國的廣大工人和農民獲得權利的目標。

但是新左派沒有設問經濟發展後，當中國人中的大多數不再把時間都花在田野或者工廠勞作之後會發生什麼事。不管是官方的還是私人的討論，好像都只是限制在如何最好地保障工人和農民的利益上。似乎沒有人思考，以現在的技術發展水平，中國如何在資源極豐富的社會，把工人從不願做的工作中解放出來，或者什麼時候應該能實現這個理想。

那麼，人們為什麼不談論共產主義呢？對於學者來說，或許因為政治上的限制。由於馬克思主義被認為是政府合法性的依據，在中國它成為被最嚴格控制的政治文本。在培養中國政治精英的清華大學（國家主席胡錦濤畢業於該校），我的那些研究馬克思主義的同事也在進行馬克思理論方面的有趣和有價值的研究（和西方馬克思主義學者的工作相似），但是他們不願意把馬克思的理想和中國現在或未來的政治現實結合起來。有人告訴我明目張膽地談論這些，在政治上過分敏感了。

避免烏托邦理論的傾向，也解釋了為什麼缺少「高級共產主義階段」的理論研究。為了解更多的馬克思主義者對共產主義理論研究的著作，我參觀過中共中央編譯局，這是專門翻譯馬克思著作的馬克思主義研究機構。該機構得到政府充裕的資金支持，那裏的工作人員或許有更多研究和思考中國實現共產主義條件和機制的自由，但是我空手而歸。人家遞給我製作精美的《共產黨宣言》的譯文，談到如何處理當代中國經濟不平等問題時，他們好像對於我提出的中國未來共產主義中把工人從繁重勞作中解放出來的問題感到困惑不解。他們說我們應先解決當前問題，然後再考慮長遠問題。

人們或許擔心現在談論共產主義可能減少實現共產主義的可能性。一個與中國政治精英聯繫廣泛的美國商人告訴我，政府中的馬克思主義理論家，仍然計劃在未來實現高級的共產主義，但是他們不願意直白地說出來，因為共產主義可能需要沒收資產階級的財產。如果資本家意識到這一點，就可能認為他們的財產權是不穩定的，因而不願意像現在這樣進行能夠推動生產力發展所必須的投資。外國公司（或許有些著名的例外如耐克〔Nike〕公司）極力反對相對溫和的、提高工人權利的建議，並警告說他們將減少在中國建設工廠，這些事實說明擔心不完全是捕風捉影的。這些前瞻性的領導人或許還擔心當代的中國工人不願意為子孫後代的利益犧牲，如果工人被告知未來實行共產主義的計劃，他們可能不願意為實現那個目標而犧牲了。

但是我猜測，中國官員和學者不討論共產主義的主要原因，是很少有人真正相信馬克思主義能夠提供用來思考中國政治未來的指導原則。這個意識形態已經被極度濫用，導致聲名狼藉，在社會上已經失去幾乎所有的正當性。實際上，如果它與中共維持執政地位、維持社會秩序穩定的要求發生衝突的話，連共產黨政府也要擺脫馬克思主義理論的限制。

出於實踐上的目的，這是意識形態的終結。不是所有意識形態的終結，而是馬克思主義意識形態在中國的終結。[6] 中國的政治統治確實需要一個道德基礎，不過，可以肯定的是，它不是來自卡爾•馬克思。

二、儒學的復興

在中國，填補這個道德真空的是基督教派別、法輪功和民族主義的極端形式，[7] 但是政府認為這些替代品威脅到來之不易的經濟發展以及和平穩定的政治局面，所以鼓勵在中國最受敬重的政治傳統——儒學的復興。但是像多數意識形態一樣，儒學可能是一把雙刃劍。

胡錦濤主席在二〇〇五年二月說「孔子說過『和為貴』」。幾個月後，他指示中共黨的幹部要建設「和諧社會」。胡錦濤引用孔子的思想，說中國應該大力弘揚誠實、團結的美德，在人民和政府之間建立更加親密的關係。二〇〇七年三月，思想相對自由的總理温家寶談到傳統的時候就更加明確了「從孔夫子到孫中山，中華民族傳統文化有許多珍貴品，許多人民性和民主性的好東西。比如，強調仁愛，強調群體，強調和而不同，強調天下為公」。政治實踐也反映了這樣的價值觀：河南省的共產黨官員是根據他們是否孝敬父母，盡到家庭責任等儒家標準來考核的。在海外，政府通過建立孔子學院推廣儒學。這種中國語言和文化中心和法國的法語聯盟、德國的歌德學院類似（不過，到現在為止，重點都放在語言教學而不是推廣文化上）。第一所孔子學院成立於二〇〇四年，後來在三十六個國家成立了一百四十所孔子學院（截至二〇〇七年中期）。

對於政府來説，推廣儒學有幾個優勢。從國內來看，強調和諧社會意味着執政黨對所有階級的利益的關心。由於受到農村不滿情緒的威脅，根據官方統計數字，二〇〇五年全國共有八萬七千件暴力衝突事件，二〇〇六年元月到九月共有三十八萬五千農村人參與「群體性事件」，政府認識到它必須為承受中國發展最大負擔的人做更多的工作（中國有句笑話説發展讓全國人民都獲得了好處，就是農民、工人和婦女除外）。中國日益擴大的收入差距已經接近拉丁美洲的水平，面臨把國家分成不同階級的可能。換句話説，呼籲社會和諧意味間接地承認存在社會不和諧的情況。但是和毛澤東時代不同，衝突必須通過和平的方式解決，不能通過暴力的階級對抗的方式。從國際上説，呼籲和平和諧就意味着解除人們對中國崛起的恐懼。政府説經濟力量的增強並不會轉變為軍事上的冒險主義，和平解決衝突是正確的途徑。

儒學在廣大社會群眾中的反響如何呢？即使中共在執政的前三十年試圖把儒家傳統連根拔起，徹底消滅這個被認為妨礙進步的反動世界觀，這種努力看起來是個註定失敗的戰鬥。可以爭論的是，在人民群眾中紮根的馬克思主義的某些思想如物質生活水平提高的優先選擇、對其他世俗世界觀的厭惡反感等，恰恰是因為它們在更深層次的儒家思想根源上引起共鳴。中共的宣傳中不能深入人心的部分，比如在文革期間用對國家忠誠代替家庭紐帶的企圖等，之所以失敗正是因為它們和儒家思想和習慣的核心觀念發生了衝突。

馬克思主義標籤可能讓人產生誤解。毛的觀點「政治變化是通過人的道德轉變產生的」，與其說是來自馬克思主義的唯物主義，倒不如說是來自儒學。毛的「自我批評」來自儒家的觀點，首先要針對自己然後才能針對別人；統治者應該是道德君子的觀點也源於儒家學說。[8] 正如樹立勞動模範為其他人學習榜樣的做法，甚至像共產黨高級幹部把頭髮染成黑色的小事，也可以追溯到孟子「頒白者不負戴於道路矣」的觀點（《孟子‧梁惠王上》，第三條）。即使現在讓「白髮人」承擔過多的責任也是奇怪的，但在馬克思主義傳統中根本沒有頭髮顏色的問題。所以和傳統的決裂，決不像普遍宣傳的那樣「徹底」。

或許爭議比較小的是儒家價值觀仍然指導人們生活方式的主張，尤其是家庭倫理方面。比如對父母孝順仍然被廣泛認可和實行：很少人反對成年子女有撫養年邁父母的義務，在人們很小的時候就被灌輸了孝順的觀念。我兒子在上小學，他的成績是根據如何表現對父母的孝心來決定的。孝順的思想表現在各種社會場合，比如中國的肥皂劇，常常牽涉到與年邁父母的關係問題。武俠小說家金庸的暢銷書堅持如孝敬老人等儒家觀念。[9] 實際上，這意味着孩子長大成人後有義務照看父母，並花時間陪伴他們；在餐館裏看到大家庭聚餐並不是稀奇的事。[10] 即使罪犯也遵循孝道的要求，犯罪率在中國新年前總是迅速增加，因為孝順的子女要給父母送新年禮物。

以家庭為主的儒家倫理，還體現在建築設計上。在北京，外國人居住的樓房的大廳往往很大，但是公寓本身並不總是引人注目。相反，為同一階層的中國人建造的樓房的公共空間往往擁擠、狹小、黑暗、拒人於千里之外，但家庭生活的中心，即公寓裏面往往寬敞明亮、裝修精美。這樣的文化差異也影響人們在家庭之外的社會交往方式。比如在酒吧和俱樂部，西方人喜歡在開放的酒吧裏當眾喝酒，而中國人則以在有「家庭氣氛」的私人小房間裏和親密的朋友喝酒聊天為樂事。

許多知識分子已經開始轉用儒家思想來說明這樣的社會習俗，思考解決中國當前社會和政治困境的方法。最著名的人物是于丹，她寫了關於《論語》的指導書，銷量超過一千萬冊（包括六百萬盜版書）。她成為國人熟悉的明星，經常在電視上講授孔子思想在日常生活中的好處。于丹參觀中國的監獄，為犯人講解儒家價值觀。[11] 我的研究生和同事表達了對其著作學術價值的懷疑，如故意迴避爭議性問題，用歪曲歷史事實的簡單化，解釋說明自己的觀點等。但是，從社會學上講，這麼多人好像從儒學價值中獲得心理安慰是非常有意思的現象。

在過去十年左右，儒學經典的教育已經重新成為社會主流。儒學課程是大學校園中最受歡迎的（相反，馬克思主義如果不是作為必修課的話，很難吸引學生，許多大學已經削減了馬克思主義課程）。中等學校的課程大綱裏已經包括了經典內容的教學，而且還出現了數千所主要進行經典教學的實驗學校。按照北京大學哲學教授陳來的說法，超過一千萬的孩子在學習儒家經典，包括正規教育體制外的許多專門學習班。[12] 企業家開辦了研究經典的學校，中國一些知名大企業在灌輸儒家學說為基礎的文化訓練。中國最廣泛使用的執行教練體制，就是結合儒學價值和西方公司方法的結果（正如創立者黃綺華〔Eva Wong〕所說「儒學是我們的血液」）。當然這樣的努力是為了增加工人的忠誠度，提高經濟生產力。但是這些公司也強調公司責任和慈善活動（比如中國最大的乳品公司的老總牛根生已經發誓要把他所有的股份捐獻給慈善機構，目標是「推動中國的和諧社會」）。

在學術前沿，中國出現了研究儒學的會議和書籍的大爆發，發展速度之快讓最投入的儒家學者都趕不上，[13] 但是儒學的非官方解釋常常偏離政府的路線。儒學最有影響的學術著作或許是蔣慶的《政治儒學》（現在還沒有譯成英文）。蔣為儒學的基本價值觀辯護，認為它們適合現在和未來的中國。這本書是間接對政治現狀的挑戰，作者雖然忽略現狀，卻非常聰明地沒有剝奪其存在的價值。這也幫助解釋了為什麼該書花費了五年時間才得到出版許可。

蔣不能在書中討論政治機構上的意義，但是網絡提供了更多的言論空間。在網絡上被廣泛閱讀的一篇文章中，他指出政府黨校中的馬克思主義課程應該被儒家學說替換掉。[14] 蔣和其他儒家學說知識分子已經引起政府部門的注意，他甚至還與政府高級官員會面。

但是如果政府真的計劃採用儒家學說的話，僅僅換個標籤還不夠，政府還需要改變其運作方式。或許對政府最大的挑戰是孔子強調的精英政治，儒學認為政治領袖應該是社會中最有才華、最有公共服務精神的人。挑選領袖的過程應該是唯才是舉，也就是說最傑出的人才應該有平等的機會登上高位。從歷史上看，儒家精英政治是通過科舉考試實現的，已經有人建議當代中國要恢復和改進科舉考試。這樣一來，政府再次面臨明確的挑戰：以考試的客觀成績而不是對黨的忠誠度作為提拔政府官員的標準。[15]

三、對西方自由民主的挑戰？

儒學是否也對西方的自由民主形成了挑戰呢？有理由相信如果它們不是相互強化的話，應該是和諧相處的；許多理論家甚至認為它們是一致的（參看陳素芬〔Sor-Hoon Tan〕的《儒家民主》〔*Confucian Democracy*〕）。在政治實踐中，它們常常是和睦相處的，有人認為，當代中國歷史上各個不同民主運動的主要領導人都從儒學中吸收靈感。[16] 二十世紀初期影響深遠的人物如孫中山、康有為、梁啟超都接受了儒家思想教育，他們認為民主機構比如議會制度、選舉、權利平等是儒學的自然延伸。當代研究儒學的知識分子蔣慶把他的儒學理論與西方自由民主對比，認為儒學更適合中國。但是他的建議包含一些自由假設，比如宗教自由，他主張把儒教作為國家宗教，把這個制度和英國或瑞典的國教相比，並不禁止其他宗教。

即使官方消息也透露出把儒學和自由民主思想融合的可能性。二〇〇六年十月十二日，或許是中國思想界的旗手報紙《南方周末》發表了關於「和諧社會」意義的社論。它引用了《論語》中「君子和而不同」的思想，然後把「和諧」這個詞拆開解釋，有「禾」

入「口」是為「和」，意思是個人和社會安全，人「皆」能「言」謂之「諧」，意思是民主和言論自由。社論接着説福利國家要求民主和法治作為支持的框架。

儒學強調精英管理，由社會中最有才華、最有公共服務意識的人管理，這可能和民主相衝突，但是一直有把兩個嚮往的東西結合起來的建議。在台灣出版題為《生命信仰與王道政治》的書中，蔣慶提出了三院制議會的有趣建議，由代表人心民意的「庶民院」，競爭性考試選拔的儒學精英的「通儒院」和被委託傳承文化延續任務的精英的「國體院」三部分組成。最後一個建議——精英來自歷代名人和社會賢達的後裔——就像建議重新給英國議會上院中的世襲貴族更多的席位，成功的機會幾乎為零。但是立法機構兩院制，一個由自由和公平的競爭性選舉產生的民主領袖組成，一個由自由和公平的競爭性考試產生的精英領袖組成，這種可能性更吻合儒家精英管理和現代民主管理的承諾。

但是哪個機構應該有優先權呢？情況開始變得複雜起來。在地方層次上，辯論的各方都承認領袖應該通過民主選舉產生。中國政府在一九八八年就引進村民直接選舉來維持社會秩序和限制幹部腐敗，此後村民直接選舉的做法在中國大約七十萬村莊中普及，佔國家十三億人口中的百分之七十五。當然，這種選舉不是沒有問題的。一直有人擔心決策的質量和究竟在多大程度上地方選舉真正能成功約束地方幹部和有錢人、精英的權力。政府已經支持地方層次上的審議民主試驗作為回應。[17] 這樣的實驗是民主教育的過程，並從過程中獲得更公平的結果。一旦民主在地方層次上制度化了，就可以進一步提高到城鎮、城市、和省的層次。

但是在全國層次上，用民主選舉的形式產生領袖就爭議很大了。辯論和投票水電費和重新安置農民是一回事，因為當地居民最了解具體情況，能夠判斷密切影響自己日常生活的選擇。但是讓選民對實際上非常複雜的議題，比如解決跨省衝突，或者評價在經濟增長和保護子孫後代的環境等與其生活關係不怎麼密切的棘手問題上作出獲得全面信息後的判斷，就是另一回事了。如何讓人們對生死攸關的事做決定呢？譬如是否打仗，或者如何最好地遏制惡性傳染疾病等。在國家層次上的決策方面，人們不僅希望代表的公平性和地方團結，而且希望商議者有能力處理大量的信息以及對不同類別的人的利益的敏感性，包括國家政策可能影響到的外國人和子孫後代等的利益。

把撬動中國國家的槓桿給予八億個受過初級教育的農民，其前景不僅讓政府感到猶豫，在中國大陸大學裏教書的學者很少（包括那些自稱「自由主義者」）贊同在下個十年左右，在全國範圍內實現民主（在朋友之間喝酒的飯桌上的討論是完全自由的）。著名的知識分子俞可平給他最近的書起名為《民主是個好東西》，但是它最主要的文章指出「我們的政治民主建設必須緊密結合歷史，文化和傳統以及中國當前的國情」（頁5）。實際上，這意味着選舉可一直推廣到選舉全國人大代表，但是只能從共產黨挑選的候選人中產生。當代中國知識分子中，即使那些批評政府缺乏民主承諾的人，也背叛了當選政治人物很難調和的原則的某些假設。中國政法大學蔡定劍寫了一篇題為〈為民主辯護！對當代反民主理論的反應〉的文章（漢語），這篇論文對中國民主化辯論很重要，在學術上和政治上都很有貢獻。蔡強烈駁斥反對在中國實行民主的最常見說法，如它對多數人有利、破壞穩定和經濟發展、導致腐敗等。但是，為了支持人民的「素質」[18]不會破壞民主前景的觀點，他引用新加坡創始人李光耀的觀點，新加坡的中國移民（大部分出身貧窮、沒有受過教育）已經成功建立一個美好的法治社會。新加坡華人能夠做到的事情，大陸華人也能做到，不管是法治還是民主。但是新加坡的「法治」依賴控制日常生活詳細方面的合法懲罰：正如笑話所說的，新加坡是個「好」（罰款）的城市。新加坡在像中國當前的生活水平和教育程度時，與民主國家也相差甚遠（同樣的情況發生在台灣和韓國）。雖然也有選舉，但新加坡式的民主意味着人民行動黨的絕對控制，對於反對派來說，政治家的嚴厲懲罰是從遭受公開羞辱到徹底失敗到流亡海外。更讓人擔心的是，李光耀自己或許是選賢舉能的精英管理的最著名辯護者，[19] 其觀點有讓人懷疑的優生學理論支持。李認為教育是不夠的，總有少數人天生具有優越的智慧（比如自己的兒子，現任新加坡總理李顯龍，以及控制經濟重要槓桿的其他家族成員），他們應該成為社會的領袖。統治者自己來決定誰是「最聰明的、最優秀的人才」。溫和一點說，該觀點決不是民主支持者應該認可的模式。[20]

所以在可以預見的將來，中國不會出現國家層次上的民主管理。最有可能得到資格實行「政治改革」的政府官員和知識分子精英支持的建議是，成立根據考試選拔組成的強大立法機構，它在機制上凌駕於民主選舉機構之上。

這個建議可能獲得更多的支持，如果它具有下面的特徵：

一、「賢士院」的議員通過挑選（考試）可以有七到八年的任期，如果腐敗，嚴厲懲處；

二、考試檢測儒家經典、經濟學基本知識、世界歷史、外語；考試由獨立的學術機構隨機從中國的大學中選擇命題者，在考試過程中他們與社會其他人隔離；[21]

三、賢士院採取任何決定前都有相當程度的商議，多數辯論在電視直播或者在網絡上傳遞給公眾；

四、庶民院的主要功能是把人民（相對來說不了解信息的）的傾向和意見傳達給賢士院。在省級、市級、城鎮、村莊各層次，主要的決策者通過競爭性選舉的手段來選擇，認真討論後作出決策；

五、媒體自由基本上可以保證，人們有很多機會提出反對意見，表達對國家代表的不滿。

你覺得牽強嗎？這比假設中國轉向西方式自由民主的可能性更大（因為這兩個情形都假設了一黨統治的終結），它還解決了人們對中國民主轉型的主要擔憂：民主可能導致政府由缺乏教育的人統治。[22] 隨着更多中國人接受教育，民主價值和實踐的深入人心，庶民院可以被賦予和賢士院同等的地位。強大的庶民院在適當的時候可能傾向於廢除賢士院，或者如果它能幫助鞏固民主體制的話，至少把它貶低為顧問或者象徵性的機構。[23] 但是當民主過程面臨失控的威脅時，有可能出現享有更持久權力的賢士院。在二〇〇六年十月清華大學的討論會上，比較政治學家亞當•普沃斯基（Adam Przeworski）注意到非黨派的機構在解決衝突中發揮着非常重要的作用，一旦黨派政治人物無法達成非暴力政治決策的共識，中國背景下的賢士院可以發揮作用，就像泰國國王在特殊情況下進行干預一樣。

可能有人擔心強大的賢士院體制會像美國的憲法制度變成牢固得像化石一樣的機構，一旦成型就很難作出改變。但是如果運作良好，不變又有什麼關係呢？議員可以長久辯論，支持優先考慮貧困者需要的政策。他們考慮政策可能影響到的所有人的利益，包括外國人和子孫後代的利益。為了國家的長遠發展，他們傾向於推行能夠把工人從艱苦的勞作中解放出來的經濟發展，試圖限制新技術可能對環境造成的影響。[24] 如果大多數中國人滿足於強大的精英統治呢？僅僅因為這個制度和我們的民主管理理想不一致，我們就應該抱怨嗎？我們是否應該允許這個即使不比西方自由民主更優越，至少在道德上合法的政體存在的可能性呢？

註釋

* 本章英文版原刊於 Daniel A. Bell, "From Communism to Confucianism: Changing Discourses on China's Political Future," *China's New Confucianism: Politics and Everyday life in a Changing Society* (Princeton, N.J.: Princeton University Press, 2010)，已經由 Copyright Clearance Center, Inc. 轉介，獲得 Princeton University Press 授權重印。中文版原刊於 Daniel A. Bell（貝淡寧），吳萬偉譯：《中國新儒家》（上海：上海三聯書店，2010）。

1 中國領導人認為的暫時性的階段比其他人心中想的要長（可以回想一下前總理周恩來的著名笑話——有人問他對法國大革命的看法，他回答説：「現在評價還為時過早。」）。二〇〇七年二月，温家寶總理説：「我們還遠沒有擺脱社會主義初級階段，我們必須堅持這個階段的基本發展路線至少一百年的時間。」

2 馬克思急急忙忙寫作和出版《資本論》，是因為他認為共產主義革命將在他有生之年實現，他擔心他的理論還沒有出版革命就出現了。

3 在我看來，試圖模仿斯堪的納維亞福利國家（Scandinavian welfare states）的熱情似乎放錯了位置，中國在歷史、人口、經濟發展水平、自然資源等方面與這些國家的差別，使得兩者的對比非常困難。在傳統和經濟發展軌跡上與中國相似的東亞國家，如日本、韓國的福利國家的經驗或許有更多的借鑒意義，但是民族自豪感和過去歷史衝突的記憶，常常起阻礙的作用。在最近由中國著名的自由派知識分子組織的社會正義研討會上，參加者的注意力似乎完全集中在如何學習斯堪的納維亞福利國家。

4 當然，多數社會民主理論如果不是優先考慮民權和政治權利至少也為其辯護，這是不同的。中國共產黨的目標是確保弱勢群體的利益，同時確保對媒體自由的嚴格控制，以及限制參與政治過程的自由。

5 崔的觀點產生了政治上的影響。在一九九四年，他寫文章鼓吹勞資合作的股份合作制（shareholding-cooperative system, SCS）。政府中的一個領導幹部看到這篇文章，決定在中國農村推廣這樣的制度。一黨專政的中央決策體制有很多的弊端，但是其中一個優勢是如果高層決策者被説服的話，實施激進的（但是可以辯護的）思想比較容易。

6 我想指出美國著名社會學家丹尼爾•貝爾（Daniel Bell）（與本文作者同名，沒有親屬關係）提出的意識形態終結的觀點一直被廣泛地誤解。他在一九六〇年出版、影響深遠的著作 *The End of*

Ideology（《意識形態的終結》）的主要觀點是，馬克思主義作為意識形態在美國已經被耗盡，不是所有標準的意識形態已經或者應該被技術官僚決策的非意識形態承諾取代。

7 正如彼得•海斯•格里斯（Peter Hays Gries）注意到的，許多中國知識分子呼籲國家處理民族主義的極端形式（而不是把國家本身作為問題的一部分）。

8 是的，在現實和理想之間存在巨大的差異，腐敗在北京的政府官員中非常猖獗，政府用車常常開得就像瘋子一般，就好像他們根本不用遵守別人都必須遵守的交通規則。但是在一個重要的方面，政府官員被迫擔任道德表率的角色，比如獨生子女政策在七千萬黨員中被嚴格執行，但是對於非黨員，尤其是農村地區就相對寬鬆一些。

9 參見 Nicolas Zufferey, "Du Confucius au romancier *Jin Yong*," in *La Pensée en Chine aujourd'hui*, ed. Anne Cheng (Paris: Folio, 2007). 北京有些中學已經把反對儒學的作家如魯迅的作品換成了金庸的作品。

10 當然這樣的行為並不僅僅是中國人獨有的，但是有其他一些差別。到美國留學時，同學告訴我她非常震驚地發現，房東一家人在餐館吃飯時，上年紀的父母還要和成年的孩子單獨付帳。這在中國是絕對不道德的。

11 儒學在監獄中使用並不是罕見的情況。吉林省長春北郊監獄有個「儒學教室」，並會在牢房的閉路電視中播放孔子語錄。監獄管教楊明昌說「給監犯講解傳統文化有助於塑造他們的美德，改善他們的行為」。

12 比如在北京，我「要求」兒子參加了一個專門講解中國經典的私立學校的周末學習班。老師是清華法學院畢業生，性格溫和，耐心細緻，常常提問，並幫助解釋其中的含義。為什麼背誦這些篇章呢？背後的思想是讓學生能牢記君子行為的故事和相關的道德內涵，用不同的方式體現在人生的不同階段。

13 有趣的是，有些學術會議和網站按照西方基督教傳統，建議將孔子的生日作為紀元的開始。

14 北京中央黨校現在開始講授儒家經典，轉向這樣的使命不僅傳播馬克思主義而且宣傳中國傳統文化。這樣的變化成為官方政策，體現在共產黨辦的「社會主義學院」（中央社會主義學院），旨在培訓海外中國人、台灣人、香港人和「友好的外國人」，現在已經改為「中國文化學院」，在官方文獻中兩個名字都可以使用。

15 公務員考試在中國復興，成千人競爭高級職務。這些考試大部分是根據成績錄取的（意思是分數高的人被錄取），但是它們測驗政治意識形態的方式，是獎勵保持一致性而非政治能力。關係更密切的問題是，被錄用者從理論上是實施政策的人，而非制訂政策的人（和從前的科舉考試不同，當時中舉的人是被派到各地擔任擁有政治權力的職位的）。最近黨內的升遷更多看能力水平的因素，但是政治升遷仍然局限在黨員內部，那些爬上高位的人至少部分是因為（如果不是主要原因）他們戰勝對手的手腕，以及避免採取不受歡迎的立場（不是那種被旨在獎勵能力和公共服務意識的體制評價的品質）。中共的改革派成員好像更喜歡黨內民主選舉領袖（和越南的政治改革類似），而不是強調在黨內更多的精英管理。

16 參見 *Confucianism for the Modern World*, ed. Daniel A. Bell and Hahm Chaibong (Cambridge; New York: Cambridge University, 2003). 在東亞國家中受儒家思想影響最大的國家韓國，儒家知識分子在推動民主的運動中發揮了關鍵的作用，最終導致在韓國建立民主選舉的制度。

17 參見 *The Search for Deliberative Democracy in China*, ed. Ethan Leib and He Baogang (New York: Palgrave Macmillan, 2006).

18 在中國人中，評價人的質量（素質）是很常見的。它不僅僅是受教育的精英瞧不起民眾的問題。北京紫蘇庭（Purple Haze）飯店（我是合夥人之一）的民工服務員抱怨顧客的質量不高，他們大喊大叫，缺乏尊重別人的素質。

19 李聲稱是受到儒學的薰陶，但是他受到法律的訓練，而不是儒家哲學和儒家經典的薰陶。毫不奇怪的是，他實行的政治制度更多吸取了中國法家而不是儒家的思想。在新加坡嚴重倚賴恐懼和嚴厲的懲罰實現社會控制，與強調道德示範和非正式規範及禮儀的儒家理想相去甚遠（法律懲罰是作為最後的手段，而不是首先採取的措施）。如果李光耀受到儒家經典的訓練，很難想像他會對政治對手報復和缺乏人性。

20 我不是想說為新加坡的民主過程的限制性合理化。李光耀的優點之一是他明目張膽地為新加坡政權辯護，不受政治正確的西方觀念的限制。我在拙著 *East Meets West* 中曾評價他的觀點。

21 非常重要的高考（大學入學考試）的命題人在考試過程中是被隔離的，不允許與外界聯繫，以防洩露答案。不管當代中國的腐敗現象有多嚴重，高考考試過程相對來說是乾淨的。

22 這樣的擔心在中國的知識分子精英中非常普遍，在其他背景下也不是不存在的。喬治・梅森大學（George Mason University）經濟學家布賴恩・卡普蘭（Bryan Caplan）寫了一本書名具有挑釁性的書 *The Myth of the Rational Voter: Why Democracies Choose Bad Policies*。卡普蘭認為「選民比無知更糟糕，總之，他們是非理性的，投票也是非理性的」。（頁 2）他贊同對選民能力的考試，或者給予「經濟知識更多的人或者團體額外的投票權」。（頁 197）該書受到廣泛討論，參閱格里・巴斯（Gary Bass）《紐約時報雜誌》（*New York Times Magazine*），二〇〇七年五月二十七日。但是他的建議在美國環境下被採用的機會幾乎為零，而在中國被接受的可能性肯定更大些。

23 國家的象徵性領袖，或許是精英院的年紀最大者，或可以從精英院中選舉產生。受儒家思想影響的台灣和韓國的問題，就是過多的忠誠被放在當選的領袖身上，民眾期待他們表現出儒家道德領袖的品德來。領導人因此被給予強大的執行權威，導致權力濫用、腐敗和任人唯親。因此，幻滅自然會很快出現，產生民眾的反彈，領袖最終身敗名裂。參看裴文睿（Randall Peerenboom）給人印象深刻的專著《中國現代化》（*China Modernizes*）。如果象徵性領導人從賢士院選出，人們對於民選領袖就不會有那麼多道德表率的期望，可能更理性評價民選領袖，民主制度本身也將更加穩定。

24 在發人深省的記錄片《絕望真相》（*An Inconvenient Truth*）中，前副總統戈爾（Albert Gore）注意到他已經反覆強調全球變暖的危險幾十年，他表現出美國民主選舉出來的決策者對這個問題缺乏興趣的挫折感。中國再過一些年可能成為最大的温室氣體排放者（根據新的分擔額，如果從總體和人均分擔額計算的話，美國仍然遠遠超過中國），採取措施限制排放應該是任何一個看到這個記錄片的人都清楚的選擇。問題是，誰更可能實施限制中國温室氣體排放的法律呢？是貧窮的農民選出來的政治領袖，還是賢士院的代表呢？這些民選領袖首先和最主要關心的肯定是短期經濟利益（這是可以理解的）。

第五章

戰爭、和平和中國的軟實力

二〇〇六年末，中國中央電視台播放了十二集紀錄片《大國崛起》。這個系列片是根據一群傑出的中國歷史學家的研究成果而創作的，這些學者還向中央政治局簡要介紹了他們的研究成果。或許更讓人吃驚的是，該系列引人注目地公允平衡，或許類似於人們在「國家地理頻道」上看到的內容。它描述了九個國家成為大國的原因，如果說中間有什麼立場的話，似乎應該是「親西方」的立場。該節目很明顯地暗示英國和美國是調查的九個國家中，僅有可以持續維持大國地位的國家。如德國和日本在第二次世界大戰中表現出來的武力侵略，應該是不惜一切代價要避免的。在現代世界，競爭是通過企業和革新而不是武力；文化上的成功是通過它對人類和科學上作出的貢獻來衡量的。紀錄片為競爭和文化繁榮作出貢獻的自由民主開列了讓人熟悉的清單：法治（該系列片顯示了美國如何保護知識產權）、開放的社會（觀點可以迅速傳播到廣大公民）、以及允許有秩序地轉移權力和制約政治權力濫用的政治體制。

該系列片引起了廣泛的公眾辯論，包括一些知識分子的反應。他們認為模仿西方模式對於中國發揮「軟實力」，也就是說要贏得外國人心靈和思想的價值觀和實踐是不夠的。這樣的軟實力在很大程度上是建立在當地文化資源上的，食品、繪畫、醫藥、武術等形式的中國文化，已經傳播和豐富了其他社會（幾個世紀前，中國的技術傳播和豐富了其他社會），但是中國的政治價值並沒有成功地向外傳播。在上世紀六〇年代，中國政府推動以農民為基礎的革命和階級鬥爭，激發了全球各地的毛主義者的熱情。但是這樣的觀點現在被廣泛拋棄了，尤其是在中國內部。美國被認為是自由和民主的化身，人們深入研究中國文化後或許同樣可以發現這樣的價值，但是很難相信中國將取代美國，成為這些價值的守護者（我並不認為美國在履行義務時做得很好）。那麼，中國應該向外傳播的應該是什麼樣的價值呢？當代中國知識分子康曉光已經指出中國軟實力應該建立在中國最有影響的政治傳統——儒家文化上。[1] 但是什麼儒學價值應該構成中國軟實力的核心呢？康的觀點顯得有點模糊不清，我們有必要詳細探討一下這個問題。

一、從國家主權到全球和諧

人們常常指責儒家為極權主義、民族主義辯護，但是真正的罪魁禍首應該是中國另外一個重要的政治傳統——法家。像韓非（公元前 280–233 年）這樣的法家，特別瞧不起強調寬容和道德管理的儒學思想家。韓非不否認在社會和諧物質豐富的黃金時代，仁政有存在的價值，但是在他那個時代——戰國時代——這樣的政策將造成災難。儒家天真地從過去社會的偶然性特徵中，吸取不適當的教訓。韓非認為通過嚴格的法律和懲罰手段加強國家的力量才是需要做的事情，他一再強調道德考慮不應該起阻礙作用。

不足為奇的是，這樣的觀點在戰爭和動盪年代往往得到特別廣泛的傳播。秦朝的殘暴國君吸取韓非的建議，征服和控制了整個中國，成為秦朝的第一個皇帝——秦始皇。日本在西方大國要求下被迫對外開放後，明治維新（1868–1890）統治者拋棄儒家價值、強調法家的「富國強兵」和「賞罰分明」等主張。法家的觀點也出現在二十世紀的中國，在西方列強奴役下的「屈辱的世紀」（十九世紀中期到二十世紀中期）後，中國的領袖吸取法家的觀點增強國家的力量，建造保護自己免受外來干涉和平定國內動亂的強大力量。

這個背景幫助解釋了中國人強調國家主權的原因。當中國政府對國際上人權團體的批評作出回應時，總是說外國人不得干預中國的內部事務，西方觀察家傾向於把這樣的反應，當作對人權要求沉默不語的幌子。或許在一定程度上是對的，但這只是一葉障目，不見泰山的觀點。他們確實存在真正的擔憂，這種擔憂來自如殖民主義和帝國主義的歷史記憶，如果開放中國讓外國人干涉將打開潘多拉的盒子，讓中國陷入內戰、貧窮和動盪的深淵。這不僅是專制統治者的觀點，我聽到過許多中國知識分子都表達了類似的觀點。

但是這樣的心態隨着時間的推移在慢慢消退。顯然中國比以前更強大了，不必過分擔心外國入侵了。成為大國的現實和責任意識，逐漸使癡迷於國家主權顯得不合時宜了，在國際關係中「各行其道」的主張也沒有任何意義。隨着中國經濟融合到全球市場中，它已經有力量影響世界各地的經濟體（反過來也是如此）。在美國，「中國製造」的標籤已經成為讓人焦慮的根源：父母擔心含鉛的玩具，食客擔心不衞生的食物，甚至寵物的主人都擔心消費了有毒的中國產品。廉價的中國商品的湧入，已經在威脅墨西哥的生產商，贊比亞的零售商對來自中國店主的競爭煩躁不安。中國經濟增長對環境造成的後果，如溫室氣體排放、酸雨、沙塵暴；以及飄揚在日本和韓國、洛杉磯上空的粉塵污染等，威脅到世界其他地方。中國被指責造成達爾富爾屠殺，因為它向蘇丹出售武器，給這個國家的金庫輸送大量的石油收入。中國還被指責討好津巴布韋和緬甸的殘忍的、不受歡迎的獨裁者。如果中國影響世界其他地方，它怎能要求世界其他地方不准干涉中國的內部事務呢？

面對這樣的焦慮，中國開始在國際事務中扮演更加負責任、更加合作的角色。中國顯示出如鄰居友好，一起解決長期以來的領土糾紛的意願。按照泰勒•特里夫（Taylor Travel）的研究，中國「經常使用合作的手段處理領土糾紛，表現出比許多人描述的更加複雜的模式，在這些糾紛的解決中作出了相當程度上的讓步，得到的往往不足爭議領土的一半」。[2] 來自中國在經濟上的壓力，對成功打擊東南亞金三角毒品的鬥爭（鴉片生產已經轉移到阿富汗），發揮了重要作用。政府公佈了應對氣候變化的計劃，部分可能是安撫外國人。中國在緩和北朝鮮核危機方面扮演了關鍵的角色，還勸說蘇丹政府允許聯合國和非洲同盟混合維持和平部隊部署在達爾富爾。[3] 中國終止了對津巴布韋的發展援助，支持聯合國安理會對暴力鎮壓和平示威者的緬甸統治者的譴責。中國已經派出四千人的士兵和警察參與十四次聯合國維持和平的行動，比聯合國安理會其他四個成員國的人數都多。[4] 在中國向外國提供的緊急援助中，最大的一筆是它為印尼附近海嘯的受災國家提供的八千三百萬美元的援助。中國甚至還向富國提供經濟上的幫助，在美國南部遭遇卡特里娜颶風襲擊後，中國政府給美國提供了五百一十萬美元的援助。

當然，這樣的努力常常達不到人們對中國政府的期待。但是政府應該做的到底是什麼呢？什麼樣的道德原則應該成為中國的外交政策、中國處理與世界其他國家關係的指導原則呢？法家不能提供任何的指導，因為它鼓吹對其他國家的不擇手段的漠視。但是儒家有充分的資源可以提供，這些議題在中國的知識分子中間引起熱烈的爭論。問題不僅僅是能為國家政策提供道德指導，而且還為揭露現實和理想之間不可避免的鴻溝的社會批評家提供道德資源。正如美國的外交政策批評家揭露美國締造者的民主理想和美國政府現實的作為之間的巨大差距一樣，中國的批評家也可以用孔子的理想來評價他們的政府在和其他國家的交往方面的實際作為。

儒家不僅沒有為狹隘的民族主義辯護，反而轉向烏托邦世界主義的另外一個極端。儒家經典中最受吹捧的篇章之一是對「大同」的描述，即大和諧時代。該描述選自在漢朝（公元前二〇六年至公元二二〇年）時期完成的《禮記》。「大同」理想傳統上被認為是代表孔子的社會秩序的最高理想，指的是黃金時代（世界被所有人共同分享，「天下為公」）：

> 大道之行也，天下為公。選賢與能，講信修睦，故人不獨親其親，不獨子其子，使老有所終，壯有所用，幼有所長，矜寡孤獨廢疾者，皆有所養。男有分，女有歸。貨，惡其棄於地也，不必藏於己；力，惡其不出於身也，不必為己。是故，謀閉而不興，盜竊亂賊而不作，故外户而不閉，是謂大同。[5]
>
> 語譯：當大道實行的時候，天下是屬於公眾的。選拔道德高尚的人，推舉有才能的人擔任官員，人們講求信用，調整人與人的關係，和睦融洽地生活。因此人們不只敬愛自己的父母，不只疼愛自己的子女。使老年人得到照顧直到生

命的盡頭，青壯年人充分施展其才能，少年兒童在成長中得到養育，老而無妻者、老而無夫者、少而無父者、老而無子者，都得到救濟，男人有活幹，女人有灶台，他們不願意看到物品白白浪費掉，但是他們不會藏起來據為己有。力氣，人們恨它不從自己身上使出來，但不一定是為了自己。因此所有的邪惡陰謀都被阻止，盜竊和叛亂都不會出現，人們外出可以不用鎖門。這就是高度太平團結的局面。

這個理想在早期的現代中國有特殊的重要性。儒家改革者康有為常常被認為是他那個時代的保守派（他贊同恢復帝制），他寫了一本關於大同世界的書，但要到他去世七年後的一九三五年才出版。他把世界的發展分為三個階段：「未開化的時期」、中間階段（小康，或者類似於資本主義民主）[6]和大同，也稱為太平世（全球和平）。康描述的理想社會由擺脫了具體附屬物的人組成，其中所有的物品被共同分享：「現在要有國家、家庭、自我就是讓個人維持自私的空間。因此，不僅國家應該被廢除，不再有國與國之間的強弱爭鬥，家庭被取消，不再有人與人之間的愛和嗜好的不平等，最後自私本身也要消除，商品和服務不再用作私人目的。唯一真正的方法就是世界被大眾分享（天下為公）。」[7] 十九世紀末二十世紀初的新舊交替時期，許多中國領袖都同意康的理想。比如孫中山接受康的建議把「東西學校」改名為「大同學校」（「天下為公」的格言現在就刻在孫中山的墓碑上）。一九一七年，年輕的毛澤東寫信給他的朋友黎錦熙說「大同是我們的目標」（正如人們預料的，他上台後就拋棄了這樣的觀點）。即使康有為更加傾向自由而不是平等的學生梁啟超（1873–1927）也認為「中國人從來沒有把全國政府看作最高形式的社會組織。他們的政治思想一直是以全人類為考慮，世界和平是最終目標，家庭和國家是世界和平（天下）完善過程中的過渡階段。」[8]

這樣的理想在當今的辯論中又浮上枱面。中國社會科學院的學者趙汀陽寫文章，為天下理想一直在知識分子圈子裏被廣泛爭論的現象辯護。按趙的說法，中國有潛力成為「對世界負責的大國，一個不同於世界歷史上其他帝國的大國。從理論上說，為世界負責，而不僅僅是為自己的國家負責是中國哲學的視角；從現實上考慮，是一種嶄新的可能性，也就是說把天下作為政治和經濟利益分析的更好單位，從天下的角度理解世界。這個理想是用『世界』作為思考單位分析問題，超越西方的民族國家的思考模式，把對世界負責作為自己的責任，創造一個新的世界觀和新的世界機構。」[9]

但是現在出現了轉向。在二十世紀初期，超越以國家為核心的國際體系的理想世界的夢想或許更多歸功於中國和西方列強對比後相對虛弱的地位。恢復中國文化傳統上的榮耀，在心理上比較吸引人的方式是，簡單地希望國家競爭的世界消失。現在中國似乎肯定無疑要成為大國，即便不是最大的大國，中國人的國家應該被看作是向全世界傳播世界價值的載體。當然，世界可能不這麼願意接受：以儒家的天下理想為指導的全球範圍政治機構裏，其他文化和道德體系隱含性地被貶低到二流的地位，但這並不否認趙的建議有可取之處。中國追求世界和平的願望當然是好的，而且也是讓人期待的。趙的實際建議中有些內容比如自由移民的理想也是值得推行的，[10] 但是天下理想必須為文化多樣性留下空間。[11] 至少，否認社會和政治機構（不同種類的國家）的道德合法性差異的可能性是錯誤的。作為現實問題，人們很難想像，一個全球的統治者或者政治機構能夠在不同的文化和世界觀的世界裏獲得政治上的合法性。那些關心推廣中國軟實力的人，如果不是去鼓吹創立受儒家原則啟發的世界政治機構，幾乎不怎麼遮掩地暗示中國要在這些機構中發揮領導作用，卻並不用具體例子說明議程，[12] 而是指出，儒家在和其他文化和道德體系譬如佛教和自由主義等在交流中經常表現出來的謙恭、寬容和學習他人的意願等重要美德，效果或許會更好。

但是世界理想的更深層問題是這個理想本身。它建立在人可以擺脱具體的附屬物的烏托邦假設的基礎上，共同體的感情超過任何「自私」的紐帶。這樣的觀點或許對於小團體是更合適的，但是在十三億人口、文化多樣、仍然相當貧窮的（年人均收入只有二千美元左右）大國，很難想像人們如何培養這樣強烈的共同體意識。[13] 如果超越國界進入世界領域，康的大同理想和趙的天下理想似乎就更難以置信了。「共用一個模式」（to all his own）」在國際關係中與「各行其道」（to each his own）一樣行不通。存在競爭性的國家利益是顯而易見的，像其他國家一樣，中國也要與人競爭，以便獲得資源和外國投資。即使中國富強了，仍然存在文化榮耀的競爭，有時候這種競爭還是零和遊戲。中國的新孔子學院目標是推動海外的漢語學習，卻導致法國政治家擔心他們的語言失去全球性的吸引力。而且奧林匹克金牌的競爭永遠存在。[14] 這些追求中有些或許是不合法的，但是任何國際關係原則都需要為合法的國家利益留下存在的空間。

或許更讓人驚訝的是，世界主義的理想和儒家的關鍵價值觀是明顯不一致的。[15] 不管有自知之明的「儒家」的鼓吹者怎麼説，這個理想更多地歸功於外國傳入的傳統如基督教、佛教和馬克思主義。《禮記》中的另外一章《大學》幫助我們解釋大同理想。《大學》（後來被宋朝大學者朱熹（1130–1200）確定為儒家四大經典之一）的開頭是著名的段落：

（天下）致知在格物。物格而後知至，知至而後意誠，意誠而後心正，心正而後身修，身修而後家齊，家齊而後國治，國治而後天下平。

語譯：豐富知識的途徑在於窮究事物的道理。窮究事物的道理，然後才有知識。有了知識，然後才能意念精誠；意念精誠，然後才能思想端正；思想端正，然後才能修身，自身修養好，然後才能治家；能治好家，然後才能治國；能治好國，然後才能使天下太平。

儒教從個人和家庭開始的道德順序，其中一個重要目標是使國家有秩序，因而在全世界推廣和平。理想的目標是全球和平、和諧的政治秩序。但是《大學》中沒有一處提出和陌生人的關係應該和親人的紐帶同樣強烈（更不要説康有為廢除家庭的觀點了）。儒家的觀點是親情紐帶應該從親密的人延伸到其他人，強度逐漸減弱。如果親人和陌生人的紐帶發生衝突，親情常常要優先考慮。[16] 把家人團結起來的家庭責任，比把公民團結起來的公民責任更大，而把公民團結起來的公民責任，比把全世界的人團結起來的責任更大等。正如陳祖為（Joseph Chan）説：「儒家觀點認為一個人對親人表現出比對陌生人更多的關心是自然的、正確的，讓人至少接受某種程度上的領土邊界，分配更多的資源給予團體內成員而不是外來者。」[17] 但是，《大學》提醒我們它不應該到此為止。尋求把關心盡可能地推廣到外來者也是自然的、正確的。[18] 實際上，儒家的大同理想意味着推動國際和平的外交政策，同時留下空間，讓合法的國家自我利益有時候超越世界主義理想。中國政府特別關心比如在其他國家的中國工人的命運不一定就是錯誤的，[19] 甚至在幫助外國工人的時候獲得更多利益，是一舉多得的好事。但是中國也應該表現出對外國人的某些關心，在任何可能的地方共同商討解決全球問題的辦法，這就是在國家主權和烏托邦世界主義理想之間的「黃金分割」（中庸之道）。如果中國的外交政策以大同世界理想為基礎，同時為文化差異和合法國家利益留出空間，它將對中國非常有利，或許也有助於提高中國在海外的軟實力。[20]

一個國家的海外道德義務的本質和程度究竟如何，仍然存在許多複雜的問題，不過我想集中討論國際關係中最基本的問題：中國究竟在什麼情況下才應該使用戰爭手段解決問題？讓人驚訝的是，儒家傳統仍然指導中國人思考在道德上合理使用國家暴力，這種思考對於現代世界仍然有寶貴的價值。

二、為了和平的戰爭

在美國領導下的對伊拉克侵略戰爭的初期，中國互聯網上充斥着對古代儒家思想家的引用。[21]明永泉的觀點是典型的：孟子說「以德行仁者王，以力假仁者霸」。讓我們先看看「霸道」。根據孟子的說法，假借仁義的名義，以武力攻打別人的就是霸道，這種戰爭就是不義戰爭。當然，古今大部分的帝王、政客都很聰明，他們不會隨便拋棄道德的外衣而作戰，以免師出無名，招人口實。現今最好的例子就是美國前總統布殊攻打伊拉克的戰爭了。他以伊拉克擁有大殺傷力武器和與恐怖分子勾結為由，達到掠奪伊拉克石油資源，鞏固在中東的戰略地位之實。這便是「以力假仁」的最好例子。布殊是當今名副其實的霸主。[22]

侵略成性的「霸王」和熱愛和平的「真王」的區別，最初是由二千多年前的孟子提出來，而且仍然是中國知識分子在評價外交政策時常常使用的道德語言，尤其是涉及道德上合理的戰爭行為（用當前的說法是「正義戰爭」）。但是孟子對於戰爭與和平到底說了些什麼呢？把他的思想用在當今完全不同的政治世界裏能說得通嗎？為什麼不簡單地使用人權這樣的語言呢？讓我們探討一下這些問題。

在理想的世界「天下」，也就是全球和平的時代，沒有戰爭，和平主義是唯一公正的道德立場。如果沒有人為領土而戰，那麼，正如孟子所說「戰爭有什麼必要呢？」（焉用戰）（〈盡心下〉，第四條）但是孟子寫作的時候是在戰國時代（公元前500–221年），一個在城牆環繞的小國間殘酷爭奪領土優勢的時代，他也提出了在這樣的背景下切實可行的道德認可的原則，這應該不是什麼讓人驚訝的事情。[23] 孟子認為統治者沒有義務推動全世界的和平統一（〈梁惠王上〉，第六條、〈公孫丑下〉，第十二條）。理想的情況是，統治者應該依賴不威脅別人的手段實現這個目標。「獲得天下是有方法的：獲得百姓擁護，便獲得天下。獲得百姓擁護是有方法的：獲得了他們的心，便能獲得百姓。」（得天下有道：得其民，斯得天下矣。得其民有道：得其心，斯得民矣。）（〈離婁上〉，第九條）因此，他批評那些僅僅是為了擴大疆土和經濟掠奪而發動血腥戰爭的統治者。孟子看來是毫無畏懼的，他去見梁惠王，譴責他「過分喜好戰爭」（〈梁惠王上〉，第三條）。孟子認為侵略戰爭甚至不能導致短期的勝利，它們對於所有參加者都是災難，包括征服者的親人。孟子說：「梁惠王真是不仁啊！仁人把對待他所喜愛者的恩惠擴充到他所不愛的對象上，不仁者卻把對待他所不愛者的禍害擴充到他所喜愛者的身上。」公孫丑問道：「這話是什麼意思呢？」孟子回答說：「梁惠王因為爭奪土地的緣故，驅使他所不仁愛的百姓去作戰，使他們骨肉糜爛。

大敗了，又預備再戰，怕不能取勝，便驅使他所親愛的子弟去死戰，這便叫做把加給所不愛者的禍害擴充到所喜愛的人。」（孟子曰：「不仁哉，梁惠王也！仁者以其所愛及其所不愛。不仁者，以其所不愛及其所愛。」公孫丑問曰：「何謂也？」「梁惠王以土地之故，糜爛其民而戰之，大敗；將復之，恐不能勝，故驅其所愛子弟以殉之，是之謂以其所不愛及其所愛也。」）（〈盡心下〉，第一條；還可參閱〈梁惠王上〉第七條。）

總而言之，非正義戰爭就是為了和平和人道之外的目的而發動的戰爭。但問題是世界上充滿了殘暴的人，包括一些竊取了國家權利的人——「不仁而得國者，有之」（〈盡心下〉，第十三條），我們不可能用道德勸說他們下台。面對這種暴君，道德上切實可行的做法是什麼呢？

孟子沒有提供對只知道使用武力解決問題的暴君的非暴力抵抗方法。在國內政策上，孟子提出著名的觀點，贊成誅殺獨夫（〈梁惠王下〉，第八條）。為了防止外來暴君的進攻獲得國內的和平，孟子建議在邊界修築防禦工事：「古代設立關卡，是打算抵禦殘暴；今天設立關卡，卻是打算實行殘暴。」（〈盡心下〉第八條：「古之為關也，將以禦暴；今之為關也，將以為暴。」還可參閱〈告子下〉，第九條）所以，第一種正義戰爭大概相當於現代意義上的自我防禦。比如，一個小國在能幹的賢良君主統治下，追求和平和國人幸福，如果這個國家受到非正義的、霸王的進攻，那麼，國王就可以正當地動員人民進行軍事行動：

> 滕文公問曰：「滕，小國也，間於齊、楚。事齊乎？事楚乎？」孟子對曰：「是謀非吾所能也。無已，則有一焉：鑿斯池也，築斯城也，與民守之。效死而民弗去，則是可為也。」（〈梁惠王下〉第十三條）
>
> 語譯：滕文公問道：「滕國是一個弱小的國家，夾在齊國和楚國之間。我應該服事齊國呢，還是服事楚國呢？」孟子回答說：「這個問題不是我能謀劃解決的。如果你一定要談談，那我可以提供一個行動建議：把護城河挖好，把城牆築好，同老百姓並肩捍衛它們。如果百姓寧肯獻出生命也不離開你，那就有辦法了。」

這個段落表明人民的支持是戰爭取得勝利的關鍵（參閱〈公孫丑下〉第一條）。它還說明人民只有在願意的時候才能被動員起來戰鬥，隱含的意思是強征不願意的人入伍是不會有效果的（或者在道德上是不可行的）。

第二種正義戰爭大概相當於現代的人道主義干預——孟子把這樣的戰爭貼上「懲罰性遠征」的標籤，目的是帶來全球和平和人道管理，但必須滿足一定的條件。首先，「征服者」必須是試圖解放被暴君壓迫的人民：「如今燕國君主虐待百姓，你去征伐他，那裏的百姓認為你將把他們從『水深火熱』（暴君統治下）中拯救出來。」（〈梁惠王下〉第十一條：「今燕虐其民，王往而征之，民以為將拯己於水火之中也。」）孟子認為邪惡的統治者是不會自動下台的，要解放人民就要殺掉暴君。「他誅殺那些暴虐的國君，以慰那些被殘害的百姓，正好像及時雨降下，老百姓歡呼雀躍。」（〈梁惠王下〉第十一條：「誅其君而弔其民，若時雨降，民大悅。」）第二，人們必須用具體的方式表現出他們歡迎征服者的事實（〈盡心下〉第四條、〈梁惠王下〉第十及十一條、〈滕文公下〉第五條）。但是，這種歡迎必須是持久的、而不是短暫的。真正的挑戰是在經過了最初的熱情後，人們維持對侵略者的支持。「人們用筐盛着吃的，用壺盛着喝的，來迎接你的軍隊（執行遠征任務）。而你卻殺害他們的父兄，擄掠他們的子弟，焚毀他們的宗廟，搬走他們的器皿，這怎麼可以呢？」（〈梁惠王下〉，第十一條：「簞食壺漿以迎王師。若殺其父兄，係累其子弟，毀其宗廟，遷其重器，如之何其可也？」）第三，遠征必須是至少有潛在的賢良君主發動的。人們或許認為孟子專門談論有些有缺陷的國王只是因為他相信這些人具有培養美德的潛力，或者至少他們有足夠的智慧接受切實可行的、道德上可稱道的建議。第四，正義的遠征必須具有獲得世界支持的道德主張。「《尚書》上說：『商湯第一次征討，是從葛國開始的』。天下人都相信他。因此，他向東方進軍，西方國家的百姓便不高興；向南方進軍，北方國家的百姓便不高興，都說：『為什麼把我們放到後面呢？』」（〈梁惠王下〉第十一條：「《書》曰：『湯一征，自葛始。』天下信之。東面而征，西夷怨；南面而征，北狄怨。」）

不用說，古代世界和我們現代世界相距甚遠，人們要從中吸取對當代社會的隱含意義應該非常小心。但是倪樂雄認為戰國時代和當今國際關係體系存在五個共同的特徵：一、沒有超越國家的真正的社會權威；二、更高級的社會權威只是形式上的，不是內容上的（戰國時代的周天子，當今的美國）；三、民族國家利益是在衝突中戰勝其他考慮的最高原則；四、國際關係中的主要原則是「叢林法則」；五、普遍的道德原則被用來作為實現國家利益的幌子。[24] 所以儒家關於正義非正義戰爭的觀點，被拿來探討當今主權國家在「無政府」的全球體系問題，並不足為奇。

這不僅是理論上的探討。正如前文指出的，孟子的觀點被用來作為當今中國社會批評家反對征服戰爭的論點，它們也被作為判斷正義戰爭的標準。比如，龔剛運用侵略戰爭和正義的遠征之間的區別來區分最近的波斯灣戰爭：

第一次海灣戰爭可以說是聯合國授權下的「義戰」，帶有「諸侯有罪，天子討而正之」的色彩，因此也可以說是「上伐下」式的垂直衝突，在這次戰爭中，美國扮演的是以力「行」仁的角色，王霸之氣兼備。但第二次海灣戰爭就不同了，由於未得聯合國授權，美英發動的這場戰爭只能說是實力懸殊的敵國之間的平行衝突，在這次戰爭中，美國扮演的是以力「假」仁的角色，也就是以推動中東民主進程為名維護其地緣政治利益、國家安全利益和經濟利益，十足一副全球霸主的嘴臉。[25]

雖然如此，人們可能要問，為什麼不使用現代的人權語言進行判斷呢？區分正義和非正義戰爭的西方最有影響的理論家邁克爾•沃爾澤（Michael Walzer）明確指出，人權是戰爭時期道德的基礎。「個人的權利（生命和自由）是我們作出關於戰爭的最重要判斷。」[26]這裏的「我們」顯然不包括中國知識分子和政策制訂者。在中國背景下，當人權語言被用來為海外軍事干預辯護的時候，已經因為其在國際領域的錯誤使用給玷污了。[27]考慮到西方列強殖民擴張的歷史，以及現在進行的經濟資源和地緣政治利益的爭奪，人權語言常常被看作是旨在合理化剝削和政權更迭政策的意識形態宣傳而已。有人可能反對，但是我認為即使以人權名義進行的軍事干預是合理的，比如以科索沃阿爾巴尼亞人的名義的北約戰爭，它要消除中國人對這個軍事干預背後的真正動機產生的懷疑，如果不是根本不可能的話，也是困難的。[28]

這就解釋了為什麼孟子的正義和非正義戰爭理論在中國背景下討論的現實理由，最終起關鍵作用的是人權實踐而不是人權理論。只要人們得到免於折磨、屠殺、饑餓、以及其他迫害的保護，政府就沒有必要擔心特別的政治和哲學合理性。也就是說，國家和其他集體組織應該盡最大努力尊重我們基本的人性，但是這樣的實踐是否得到人權道德的支持是第二位的。如果根據孟子理論作出的戰爭判斷是正義的，而又和基於戰爭時期人權基礎上的道德理論得出的判斷是一樣，為什麼不能在中國的背景下使用這個理論呢？

儘管如此，孟子理論並不總是和基於人權的理論得出的結論是一致的。但是這或許有利於孟子理論。在孟子看來，政府不能在人們還沒有吃飽的時候去尋求和平（〈梁惠王上〉第七條）。因此，政府的首要責任是滿足人們生存的基本需要。推而廣之，政府做的最糟糕的事情——用現在的話說就是對人權的最嚴重侵犯，即故意剝奪人們的基本生存條件（殺戮、在人們忍饑挨餓、發生瘟疫的時期無所作為等）。一個採取這樣行動的君主在儒家看來，無疑是壓迫人民的暴君，征伐這種暴君是正當的（假設遠征所需要的其他條件也滿足的話）。相反，對於現代西方人權捍衛者所謂的侵犯民權和政治權利，比如系統性地剝奪言論自由或者以維護社會秩序的名義對異議人士的鐵腕鎮壓等，並不會被認為是多麼嚴重的罪惡，以至於非得需要外國勢力進行人道主義干預。

這種強調的重點或許影響當今世界關於正義和非正義戰爭的判斷。對於西方人權捍衛者來說，薩達姆•侯塞因（Saddam Hussein）毫無疑問是個壓迫人民的暴君，因為他系統地犯下踐踏人權和政治權利的罪行。邁克爾•伊格那蒂夫（Michael Ignatieff）和托馬斯•弗里德曼（Thomas Friedman）等鼓吹人道主義干預的自由派捍衛者支持攻打伊拉克，在很大程度上就是基於這樣的理由。在他們看來，入侵伊拉克可以實現伊拉克的民主化，為中東其他地方樹立學習的政治榜樣（現在的伊拉克已經成為地球上的地獄的同義詞，這個夢想暫時被扔到一邊了）。但是對於儒家來說，只要伊拉克人民沒有被故意剝奪生存的基本條件，這種干預就是非正義的。

但是在有些情況下，儒家或許比人道主義干預的自由派捍衛者更可能支持人道主義干預。在故意造成饑荒的情況下，比如阿富汗政府在一九九六年完全封鎖喀布爾的道路，儒家正義戰爭的理論家就主張外國干預（假設外國干預的其他條件也滿足的時候）。相反，諸如國際特赦組織（Amnesty International）自由派人權機構則譴責槍殺和折磨受害者的人權侵犯行為，而把人為的造成數千人餓死的饑荒看作背景。[29] 同樣地，假如北朝鮮政府故意推動造成千百萬人餓死的政策屬實的話，儒家將強調外國應該對北朝鮮進行干預，而不是干預像伊拉克這樣的國家。[30]

有必要問一下這些在現實中的重要性有多大。即使儒家觀點指導中國知識分子的判斷，這些判斷真正能影響中國的政治實踐嗎？關於正義戰爭的儒家理論或許就像美國背景下基於人權的道德理論一樣沒有效果。(或許更糟糕的是，如果社會缺乏自由的媒體，或者傳播批評意見的其他公共論壇的形式，中國的儒家批評家傾向於保留對外國霸權的批評)。比如，如果台灣宣佈正式獨立，針對台灣的戰爭顯然就不滿足儒家正義的遠征標準。只要台灣政府不屠殺人民或者讓其忍饑挨餓，就只能通過道德力量讓台灣回歸中國軌道。[31] 但是顯然儒家的反對不大可能讓中國政府在這個原則問題上讓步。所以儒家對於正義戰爭的理論到底意義何在呢？

歷史的視角或許能提供一些解釋。中國帝國的一個特徵是即使在技術上它有能力這麼做的時候，也不會像西方帝國列強那樣大規模擴張。相反，中國建立了進貢體系，「中央王國」居於中心，外圍是「邊緣」國家。在這樣的體制下，附屬國的國王或者其代表必須到中國朝拜，在形式上承認附庸的地位。作為回報，中國保證其安全並提供經濟上的利益，同時使用道德力量傳播儒家規範，確保傳統生活方式。不用說，實踐中常常偏離這個理想。儘管如此，孔孟之道確實幫助穩定了進貢體系，遏制了嗜血的軍閥和貪婪的商人的過分行動。這對於未來或許有教育意義。因為中國再次確立自己作為重要的全球大國，有經濟和軍事能力成為地區性（甚至全球性）霸主後，它就需要被現實政治之外的東西所制約。正如在歷史上起到的作用一樣，儒家關於正義和非正義戰爭的理論比其他任何文本都具有更大的潛在作用，限制中國在海外的帝國冒險行動。儒家道德將讓中國領導人在和被控犯下大規模屠殺平民罪行的外國政府如蘇丹採取合作行動時，三思而後行。從更積極的意義上說，中國將有力量和責任在鄰國開展征伐行動（比如，如果東亞國家開始採取盧旺達形式的大屠殺的話）。在這樣的情況下，儒家學說可以提供道德指南，中國政府不必等到國際壓力到來時再被動地作出反應。

儒家理論還可以對國家最高權力層下面的人產生影響，尤其是在戰爭爆發後。伊拉克阿布•格萊布（Abu Ghraib）虐囚醜聞提醒人們戰爭期間「非官方」罪惡行動的發生，士兵在沒有上級指揮官明確授權的情況下私自行動。當然，這些士兵可能從上級得到隱含性的暗示，確定了輕蔑對待保護囚犯生活的調子。在這裏，儒家強調政治和軍事領導人道德和品質的觀點就特別具有現實意義。在帝國時代的中國，從事戰爭的人應該用仁愛的觀點指導戰爭，指揮官應該是道德品質和軍事專長等方面的楷模。強調指揮官道德品質的一個重要原因，是他們為普通士兵樹立道德榜樣，他們的道德力量向下級蔓延。正如孔子所說：「君子的道德好比風，小人的道德好比草。草被風吹，一定順風倒。」（《論語•顏淵》第十九條：「君子之德風，小人之德草，草上之風，必偃。」）。如果目標是讓士兵敏於道德，領導人就不應該僅僅關心勝利所必須的實際技能，正如克勞塞維茨的將軍觀點（Clausewitz's idea）。

簡單來說，談論孟子的正義戰爭理論有兩個主要原因。首先，是心理原因。如果人們對於正義戰爭理論的目標大致相同，即禁止侵略戰爭、合理化自衛戰爭和人道主義干預，那麼，人們應該運用該理論對付在心理上最迫切需要的人。在中國背景下，孟子的理論很有可能產生巨大的影響力。這裏用來比較的對象不僅是包括人權理論，還包括中國其他思想家比如墨子，他也提出了在功能上類似於正義戰爭的現代觀點。孟子通常被當代中國人認為是「好人」，所以我們沒有必要修改或者為他的理論的某些方面道歉。

第二，是哲學上的原因。爭論涉及到孟子理論的普遍合理性。和其他理論相比，孟子理論有幾個優勢：比如強調物質上的幸福生活，沒有強調宗教或者種族方面的戰爭理由。所以，應該在中國以及世界其他地方的軍事院校中大力講授孟子的理論。

批評性知識分子應該使用孟子的觀點評價當今世界戰爭的正義性。當然，沒有理由把孟子理論（或者任何其他的理論）作為該話題的最終裁決者。比如，孟子理論的其中一個漏洞就是缺乏對於戰爭法規（*jus in bello*）的詳細描述。除了反對大規模屠殺平民（〈盡心下〉第三條）外，孟子沒有從他關於正義戰爭或者戰爭的正義行動等觀點中得出明確的結論或者意義。這裏，荀子關於戰爭中正義行動的觀點，以及當代理論家的一些觀點可以用來補充孟子理論。

孟子理論能夠被看作中國對世界的軟實力的一部分麼？要實現這個目標，該理論就要保持其生命力，儒家社會批評家應該把批評的彈藥對準中國（不僅僅是美國），這樣的批評才更容易得到世人的認真對待。而且這個理論應該被看作能夠影響中國外交政策的指導原則。一旦中國在海外按道德行事，它就可以向世界其他地方提出和推廣這個理論。否則，沒有人願意聽的。儒家道德觀也應該被看作是國內政策的指導原則。

但即便如此，也不能保證中國的外交政策逐漸表達儒家的道德觀念。這在很大程度上還要看世界其他地方的行動，其中美國肩負特別的責任。只要它維持全球軍事主宰的地位，在中國鄰近設有軍事基地，宣稱對於本應該屬於共同領域的地方（比如外層空間）擁有專有權，中國就不大可能完全（或者主要地）在國際領域中單純依靠軟實力競爭。在這樣的背景下，中國的崛起就不可能完全是和平的。只有更加平衡的世界——沒有任何一個國家有軍事實力在全世界輿論都反對的情況下一意孤行——才能實現儒家道德的傳播。當然，這也是態度問題。只要中國的影響被看作具有惡毒的、競爭性的本質，除非它服從於美國的價值觀和實踐，否則中國就很難作出強權政治之外的反應。但是中國的政治開放，將讓中國模式對美國人或者尋求讓中國民主化但是還沒有成功的力量有更大的吸引力。不過，人們沒有理由期待中國在和其他國家交往的時候，願意或者應該擁有在道德和政治上同樣的優先考慮的議題體系。如果不是尊重，至少應該容忍在有些領域存在道德差異的合理空間。

註釋

* 本章英文版原刊於 Daniel A. Bell, "War, Peace, and China's Soft Power," *China's New Confucianism: Politics and Everyday life in a Changing Society* (Princeton, N.J.: Princeton University Press, 2010)，已經由 Copyright Clearance Center, Inc. 轉介，獲得 Princeton University Press 授權重印。中文版原刊於 Daniel A. Bell（貝淡寧），吳萬偉譯：《中國新儒家》（上海：上海三聯書店，2010）。

1 康曉光：〈中國軟力量建設與儒家文化復興的關係〉，www.tech.cn/data/detail.php?id=12170（2007 年 7 月 3 日瀏覽）。

2 Tayor Travel, "Regime Insecurity and International Cooperation: Explaining China's Compromises in Territorial Disputes," *International Security* 2, no. 30 (fall 2005): 46.

3 Erica Downs, "The Fact and Fiction of Energy Relations," *China Security* 3, no. 3 (summer 2007): 60–61.

4 Gill Bates and Huang Yanzhong, "Sources and Limits of China's 'Soft Power,'" *Survival* 4, no. 2 (2006): 22.

5 《禮記》禮運大同篇。英文翻譯選自 *Sources of Chinese Tradition*, ed. Wm. Theodore de Bary and Irene Bloom, 2nd edn. (New York : Columbia University Press, 1999), 343.

6 有趣的是，中國政府把現在經濟發展階段作為努力邁向「小康社會」的過渡。

7 引自石平化：〈政治文本中的中國烏托邦主義：對比日本和前蘇聯的社會改革〉（1898–2000），http://new.china-review.com/article.asp?id=16705（2007 年 6 月 27 日瀏覽）。

8 引自 Joseph Chan, "Territorial Boundaries and Confucianism," in *Confucian Political Ethics*, ed. Daniel A. Bell (Princeton: Princeton University Press, 2008), 67.

9 英文翻譯，請參閱 http://new.china-review.com/article.asp?id=17048（2007 年 6 月 27 日瀏覽）。

10 但是請注意，中國是少數還存在領土邊界的國家之一。澳門和香港的邊界在功能上等同於國際邊界，而戶口（家庭登記制度）對於勞動力流動的限制比歐盟內工人流動的限制更多。我並沒有暗示這種限制一定是不合法的，這樣做的主要原因是中國內部財富分配的巨大差異這個事實，富裕地區擔心貧窮移民的大量湧入。但是天下的理想提醒我們這些措施是臨時性的，是解決困難的權宜之計，是未如人意的，這些壁壘應該愈早消除愈好。

11 二十世紀儒家學者牟宗三（1909–1995）對這種擔心的反應是拒絕中國文化的優越地位，但是他走向另外一個極端，相信人們不值得尊重文化的多樣性。其他文化或許值得尊重，但是在沒有經過認真研究和理解其他文化之前，就認為它們值得同樣的尊重是教條觀點。牟宗三對於跨文化對比的研究，說明儒學可能在起作用，他聲稱孟子辨認出來的人類四個基本倫理本能（禮義廉恥）對所有人都是一樣的。但是其具體模式和表達方式，會隨着文化的不同而不同。參見 Joseph Chan, "Territorial Boundaries and Confucianism," 79。比如，一個虔誠的穆斯林婦女就不大可能把她的道德承諾看作儒家主張的變體而已。

12 我並沒有暗示儒家學者在這方面是獨一無二的意思，如果有的話，先知性的衝動——認為國家能夠和應該體現向海外傳播的觀點——在美國政治文本中是根深蒂固的觀念，而不僅是宗教的狂熱。屬自由派的《紐約時報》（*New York Times*）專欄作家托馬斯•弗里德曼（Thomas L. Friedman），認為美國人「需要找到重新融合國內，重新連結海外的方法，恢復美國在全球秩序中的應有地位，即世界進步、希望和理想的燈塔。參見 "The Power of Green," *New York Times Magazine*, April 15, 2007.

13 在歷史上或許有短暫的、心情愉快的時刻（比如革命後不久），這樣的感情或許得到廣泛傳播，但以消除自我利益和物質需求為前提的政權是很難維持的。

14 中國知識分子也在辯論漢語是否能夠和應該成為更加全球性的語言，在奧運會期間國人是否應該花費更多精力對來訪的外國人講授和推廣漢語，而不是向他們說英語。參見《南方周末》，2007年8月16日，E31版。

15 更準確地說，它和早期（最初的）儒家基本價值是不一致的。新儒家受到道教和佛教的重大影響，這改變了儒家的核心價值觀或者讓它出現了問題。參閱 Philip J. Ivanhoe, *Ethics in the Confucian Tradition* (Indianapolis, IN: Hackett Publishing Company, Inc., 2002).

16 孔子有個著名的（臭名昭著的）主張，那就是對上年紀的父母的照顧可以合理地掩蓋父親的罪行。葉公語孔子曰：「吾黨有直躬者，其父攘羊，而子證之。」孔子曰：「吾黨之直者異於是：父為子隱，子為父隱，直在其中矣。」）（《論語‧子路》第十八條）（語譯：葉公告訴孔子：「在我的鄉黨中有一個正直的人，父親偷了一隻羊，兒子便告發。」孔子說：「在我的國家，正直的人和這人不一樣。父親替兒子隱瞞，兒子替父親隱瞞。正直就在於此。」）無可置疑的是，法家韓非反對孔子認為家庭義務超越其他義務的觀點，認為這是和成功的戰爭不相容的。《韓非子》編造了一個故事，講述孔子獎賞一個戰場上的逃兵，因為他要照料上年紀的父親，裏面的寓意是「對父親孝順的兒子對於他的君主來說，是個背信棄義的臣民。忠孝不能兩全是中國歷史上經常出現的主題。一次在吃晚飯的時候，我兒子對家人說我浪費了一些食物，我半開玩笑地說，按照儒家的觀點兒子應該替父親隱瞞錯誤，我的岳父、一個革命老幹部（參加三大戰役的老英雄）回答說：孔子的觀點是「錯誤的」。因為牢記孝順老人的美德，我忍住為孔子辯解的衝動。

17 Joseph Chan, "Territorial Boundaries and Confucianism," 81.

18 一般情況下，關心他人的動機是出於相互熟悉以及個人交往。各種形式的全球化有助於延伸我們的關心。一七五九年亞當‧斯密（Adam Smith）的作品曾提到「歐洲一充滿仁愛之心的人」聽到「中華帝國遭遇地震，那裏所有居民突然之間被吞噬了」的消息後，照樣可以酣然入睡；但與此對比，「可能落在自己頭上的哪怕最瑣屑的災難也會讓他坐臥不安。如果他知道明天即將失掉一個小指頭，今晚可能就睡不着覺；但是如果他從來沒有看到他們，即使在同胞被殺的時候，他也能酣然入睡。對他來説，造成巨大傷亡的破壞和自己微不足道的不幸相比，不過是沒有具體內容的有趣新聞。因此，為了避免自己微不足道的不幸，一個有仁愛之心的人願意犧牲千百萬同胞的性命，如果他從來沒有見過他們的話？」（*The Theory of Moral Sentiments*，第三部第三章）斯密的觀點「我們總是更多受到我們所關心的事情的深刻影響」或許是正確的，但是很難想像當代西方思想家提出這樣的例子，正是因為「歐洲人」的道德敏感性已經因為和中國人交往的大幅度增加獲得擴展。斯密在寫到中國人的時候，似乎他們生活在另外一個星球上，因為很少歐洲人和中國人之間培養了個人感情，但是現在顯然就不同了（在此我鄭重聲明，我非常願意犧牲我的小指頭來拯救中國人，即使僅僅因為我也被斯密想像中地震吞噬掉）。

19 中華全國總工會正和羅馬尼亞的主要工會機構合作，保護中國工人在他國的合法權益參見 Mirel Bran, "Peking Organise la Defense des Travailleurs Chinois en Roumanie," *Le Monde*, June 21, 2007.

20 可以爭論的是，烏托邦世界主義言論可能對外國人更有吸引力，人們並沒有期待外國人同情中國在國際關係中有追求國家利益的合法要求的觀點。但是國際關係中存在競爭的現實將很快顯示中國的虛偽性，如果它用世界主義言論為自己的外交政策辯護的話，結果可能比中國偶爾訴諸國家利益更糟糕。美國在海外受到厭惡的部分原因，就是在於它訴諸所謂的普世價值如民主和自由，但同時不願意公開承認其行動常常被自私的國家利益所確定。

21 該段選自拙著 *Beyond Liberal Democracy*，第二章。

22 明永泉：〈有沒有正義的戰爭？〉，議論儒家（王霸之辯），www.arts.cuhk.hk/~hkshp（2003年10月11日瀏覽）。

23 孟子確實説過，通過道德力量征服世界的聖王遲遲沒有出現，但是他注意到這樣的國王，每五百年一個循環便會出現，但很少持續超過一兩代人（「五百年必有王者興」，《孟子•公孫丑下》，第十三條）。按照孟子自己的理論，領土邊界劃定的國家競爭的非理想世界，佔據人類歷史大概百分之九十的時間。同時請注意孟子的歷史循環觀點和康有為提出的不斷進步的線性發展觀點的差異。

24 倪樂雄：〈中國古代軍事文化觀念對世界和平的意義〉，《軍事史研究》，2001年第2期。該文的英文版請參閱 *Confucian Political Ethics*, ed. Daniel A. Bell, ch. 10.

25 龔剛：〈誰是全球倫理的帶刀侍衛？」，《南風窗》，2003年9月，www.nfcmag.com/news/newsdisp.php3?NewsId=296&mod=（2003年11月10日瀏覽）。

26 Michael Walzer, *Just and Unjust War: A Moral Agreement with Historical Illustrations*, 3rd edn. (New York: Basic Books, 2000), 54.

27 但是作為國內政策問題，不論是政權的批評家還是官方政府圈子，則多採用人權語言。

28 當然，轟炸中國駐貝爾格萊德（Belgrade）大使館（按照美國政府的説法是誤炸）在中國人眼裏是實實在在的證明，我個人在香港感受到這種反應，這是我真正感受到自己是外來者的一次經歷。雖然我的中國朋友和家人平時很少對中國大陸有好感，但當我認為對塞爾維亞（Serbia）的戰爭即使在轟炸後仍然是正義時，馬上遭到眾人圍攻。我很快認識到為了維護和親人的和諧融洽的關係，應該保留自己的看法。

29 大赦國際把其使命擴展到包括經濟和社會權利，但對這次事件的反應，則明顯有點本末倒置。參閱拙著 *Beyond Liberal Democracy*, 94.

30 考慮到可能的平民傷亡，儒家批評家或許強調其他的反對手段，比如警告或者針對為饑荒負責的北朝鮮領袖的斬首行動。

31 但是台灣在防衛大陸的進攻時是正義的嗎？在儒家看來，判斷的標準在於台灣領導人的道德品質、台灣領導人得到大眾支持的程度、以及其他手段比如投降（如果中國軍隊入侵後迅速撤回，中國政府很快恢復現狀，不那麼糟糕）或者流亡等可能後果（孟子認為仁愛的統治者面對必然的失敗時，離開他的國家而不願意國民生靈塗炭，最終追隨他走的人好像趕集一樣。（「從之者如歸市」《孟子・梁惠王下》，第十五條）。

第六章

平等社會中的等級禮儀

東亞社會最讓人困惑的特徵之一，是他們既有嚴格的等級差別又強烈地追求平等，他們把等級禮儀融合在日常社會生活的方方面面。在東亞等級社會最森嚴的日本和韓國，不同社會等級的人，見面和道別的禮儀是受到鞠躬方式制約的，社會地位不同，鞠躬的方式也就不同。社會地位低的人對上級鞠躬時，腰要彎得更低些，反過來也如此。在韓國，好朋友之間似乎也更客氣些，不管在什麼場合，比如大學的兩個同事在後半夜喝酒時，即使沒有其他人在場也相互稱對方「某某教授」。

但是韓國和日本的財富分配和工業化世界的多數國家相比，相對來說則更平等些。同樣的社會，怎麼能同時強調社會不平等和經濟平等呢？一個可能性是，東亞社會優先考慮的價值觀與西方不同，西方社會強調社會平等而不是物質上的平等。一般美國人從來沒想過對上年紀的人鞠躬，但是似乎不會因為美國人收入的總體上不平等而心煩意亂。相反，東亞人對於經濟上的不平等感受非常強烈，對社會等級差異反而淡漠。當然，中國共產主義者試圖消除社會差異，在文革期間所有中國人都稱呼對方為「同志」。但是在近三十年裏，傳統的等級差別像復仇似地殺回來了。

不管怎樣，我想提出不同的觀點：東亞人並非只關心經濟不平等，對社會不平等不那麼在意。我的觀點是社會不平等實際上有助於經濟平等。在這個意義上，社會不平等是積極的因素，是值得捍衛的價值觀。我不想顯得過於書呆子氣，不過我的這個在直覺上顯得矛盾的結論，是在閱讀了古代儒家思想家荀子（公元前 310–219 年）的著作後得出的。在本章中，我將首先解釋荀子關於禮的哲學，然後顯示等級禮儀在當今的東亞社會是如何促進經濟平等的，最後提出對於中國政治改革的啟示，討論荀子的等級禮儀主張是否具有普遍合理性的問題。

一、荀子論禮

荀子被普遍認為是儒學的三個創始人之一（連同孔子、孟子）。他一直遭到玷污，是因為據說他對儒學的最大對手法家產生了影響，但是他的觀點對於東亞社會政治現實的塑造的影響力比其他任何觀點都大。他的著作相對來說更清晰、更系統化，他故意迴避了關於人性和社會的烏托邦假設。實際上，他最初的假設就是「人性惡」（〈性惡〉第一條）。人天生就有慾望，慾望不能得到滿足，就不得不尋求滿足，這種尋求如果沒有限度，就會發生爭鬥，一發生爭鬥就會造成社會混亂，一有混亂就會陷入困境。（〈禮論〉第一條：「人生而有欲，欲而不得，則不能無求。求而無度量分界，則不能不爭。爭則亂，亂則窮。」）在他所處的戰國時代，荀子認為自然慾望已經失去控制，「現在人的本性惡，一定要等到君師和法制教化之後才能端正，一定要得到禮儀的薰陶後才能治理。現在人們沒有君師和法制，就會偏邪而不端正，沒有禮儀就會違背禮法制度而不能治理。」（〈性惡〉第二條：「今人之性惡，必將待師法然後正，得禮義而後治，今人無師法，則偏險而不正；無禮義，則悖亂而不治。」）

幸運的是，這不是故事的結尾。人可以通過「有意識地努力而變得善良」（〈性惡〉第一條）。人能學會控制天生的慾望，享受和平合作的社會的種種好處，轉變的關鍵在於禮（〈性惡〉第三條）。通過學習和參與禮儀，人們能學會調節自己的慾望，在個人的實際慾望和社會能夠提供的物質財富之間找到更好的結合點，使財物和慾望兩者相互制約而長久保持協調，出現社會和平和物質幸福的結果。（〈禮論〉第一條：「以養人之欲，給人之求。使欲必不窮乎物，物必不屈於欲。兩者相持而長。」）禮儀提供的親密關係，不僅僅是建立在親屬關係上，而且讓人們獲得友好合作的社會利益。那麼，禮到底是什麼呢？荀子對於禮的描述有下面的一些特徵：

禮是社會實踐（對應個人行為）

關於禮，荀子舉出的例子包括音樂表演、結婚儀式、村莊的祭酒儀式（〈樂論〉第十條）等。他非常詳細地討論了對待死者的做法——葬禮和悼念儀式（〈禮論〉第十至二十二條）。請注意該儀式涉及生者和死者，生者要為死者擦洗身體，為死者梳頭（〈禮論〉第二十三條）。因此，「社會」這個詞不僅僅是活着的人的相互交流，而且應該被延伸到生者和死者之間的交流。

禮建立在傳統上（對應新發明的社會習俗）

在荀子看來，「禮有三個根源：天地是生命的根源，祖先是共性的根源，統治者和教師是秩序的根源。」（〈禮論〉第五條：「禮有三本：天地者，生之本也；先祖者，類之本也；君師者，治之本也。」）從前的聖賢君主有意識地推行和促進禮儀來限制人的慾望，確立社會秩序：「先王憎恨混亂的局面，所以制定禮儀以區分等級差別，從而調節人們的慾望，滿足人們的要求。使人們的慾望一定不要因為財物不足而得不到滿足，使財物也一定不要因為人們的慾望太大而被用盡，是財物和慾望兩者相互制約從而長久保持協調。這就是禮的起源。」（〈禮論〉第一條：「先王惡其亂也，故制禮義以分之，以養人之欲，給人之求。使欲必不窮於物，物必不屈於欲。兩者相持而長，是禮之所起也。」）把禮的社會根源和從前的聖賢君主結合起來，荀子給禮賦予了傳統的權威，增加了人們關心和遵從禮儀的可能性。

禮涉及感情和行為

正如荀子說的「禮達到最完備的程度，就能把感情和禮儀兩方面都充分完善地表達出來。」（〈禮論〉第十二條：「故至備，情文俱盡。」）禮的要點在於馴服我們的動物本能。[1] 如果人們只是注重外表的形式，沒有感情投入其中，禮就不大可能改造他們的本性。禮需要投入，需要激發感情上的反應，所以它對於禮儀的參與者在當時和以後都產生影響。沒有任何感情的「空洞的儀式」不是荀子所指的禮。

禮儀的細節隨着環境的變化而有所不同

正如荀子所說，「禮是用財物作為行禮的費用，用貴和賤的不同裝飾體現禮的文飾，用多和少作為禮的差異，以恰當運用隆重和簡省的禮儀為要領。……所以君子對大禮要隆重，對小禮要簡省，對中等的禮要適中」。（〈禮論〉第十六條：「禮者，以財物為用，以貴賤為文，以多少為異，以隆殺為要。……故君子上致其隆，下盡其殺，而中處其中。」）。認識到禮用來陶冶人的慾望的主要功能的聰明人，能夠根據具體情況調整禮儀的細節，讓禮儀實現它的作用。正如上文指出的，要想禮儀發揮作用，就必須涉及感情的表達。三年的服喪，是根據哀情的輕重而制定的喪禮的規定，是為了表示極大的哀傷悲痛。（〈禮論〉第二十五條：「三年之喪，稱情而立文，所以為至痛極也。」）悼念的確切時間應該根據涉及的感情的本質和背景進行修改。比如，荀子提到因為犯罪而受到制裁的人埋葬之後，他的親屬就回復到平時的狀態，就好像沒有死人一樣。（〈禮論〉第十七條：「刑餘罪人之喪……已葬埋，若無喪者而止。」）在其他地方，荀子注意到殯殮時間最短不少於五十天，部分是為了那些從遠方歸來奔喪的人能見死者最後一面。（〈禮論〉第十八條：「故殯……速不損五十日，是何也？曰：遠者可以至矣。」）在當今時代，隨着旅行時間的大幅度縮減，荀子可能同意現實條件的變化意味着死者下葬前的停留時間也應該縮短。

但是荀子認為設置一些不能由個人選擇的隨意性限制也是非常重要的。他注意到確定一個結束的時間非常重要，這樣日常生活才能夠重新開始。「三年的服喪，二十五個月就可以完了，但是哀傷悲痛沒有盡頭，思念之情沒有忘懷，然後按照禮的規定脱掉了喪服。難道不是因為送別死者總得有個盡頭，除喪後恢復往常生活有一定限度嗎？」（〈禮論〉第二十五條：「三年之喪，二十五月而畢，哀痛未盡，思慕未忘，然而禮以是斷之者，豈不以送死有已，復生有節也哉！」）隱含的意義是這樣的限制是必要的，也是隨意性的。為了能夠恢復日常生活，這個限制必須被看作外部強制而非個人意願。所以儀式不應該過分頻繁地變動，或者沒有理由地更動，否則就可能被看作完全是由個人選擇所確定了。

禮儀因人而異（對應人人平等的實踐）

正如荀子所説「君子既得到禮的調養，又喜愛禮的區別。什麼叫作區別呢？答：尊貴和卑賤有等級，年長和年幼有差別，貧窮和富貴、位卑和位尊都各得其所。」（〈禮論〉第三條：「君子既得其養，又好其別。曷謂別？曰：貴賤有等，長幼有差，貧富輕重皆有稱者也。」）禮儀涉及到共同社會實踐中不同權力的人，待遇也就不同。正如我們看到的，這樣的實踐對於產生共同體意識，確立權勢者關照軟弱和貧窮者的利益的感情是必不可少的。

禮儀是沒有威脅性的（對應法律的懲罰）

荀子對比了三種社會：通過道德禮樂管理的社會；通過嚴厲的刑罰和監督管理的社會；通過胡作非為的瘋狂管理的社會（〈彊國〉第二條：「威有三：有道德之威者，有暴察之威者，有狂妄之威者。」）它們是按人們渴望的程度依次排列的。第一種依賴禮儀和音樂獲得社會秩序。不用刑罰，人們就願意聽從統治者的指導，君主的威勢就能流行天下（〈彊國〉第二條）。荀子是實用主義者，他認識到刑罰和法律威懾在非理想的環境中是必要的，但是如果可能的話，最好還是依靠不帶威脅性的禮儀引導人們的認同和參與。那些廢除禮的人，實際上是除去標誌。所以人們迷惑，陷入禍亂憂患之中，這就是刑罰繁多的原因。（〈大略〉第十二條：「今廢禮者，是棄表也。故民迷惑而陷禍患，此刑罰之所以繁也。」）人們可能會說，在社會中禮儀和刑罰使用之間存在負相關關係。[2]

禮儀得到社會認可（對應社會不認可的行為，如黑幫團夥中的歃血為盟）

荀子沒有明確說明這個條件，但是他提出的儀式都來自日常社會生活，似乎是具有社會合法性。至少，它們是不會受到法律禁止的，不會讓參加者產生恐懼意識。

像其他儒家思想家一樣，荀子希望勸說政治領袖接受他的觀點，因為他們有最大的權力，按照期望的方式改造社會。在理想社會，聰明和仁慈的君主應該實施這樣的禮儀，整個社會就變得和諧、平靜和繁榮。但是非理想社會又如何呢？荀子對環境的敏感是出了名的，他提出在不同背景下應該採取的不同建議。問題在於如果君主也需要道德上的轉變，怎樣說服君主接受禮儀呢？為了這個目的，荀子訴諸他們的自我利益。[3] 但問題是有權勢者從「非文明」社會中獲益最大，強者可以用殘暴的力量剝削弱者，必須說服有權勢者可以從似乎是限制其慾望的社會體系中獲得更大利益。因此，荀子〈禮論〉的大部分篇幅就是要說服政治領袖在社會上推廣禮儀符合其自身利益。他說，禮是國家力量的根源（〈議兵〉第七條），適當的音樂能夠增強軍事力量（〈樂論〉第五條）。人們期待多數君主應該能接受這樣的建議。

但是禮儀並不僅僅讓統治者受益。馬克思主義者和自由民主人士都譴責等級禮儀，因為它們似乎旨在讓封建社會的統治階級受益，對於當今時代是不合適的。但是這是對荀子意圖的錯誤理解。在荀子看來，等級禮儀對於在「自然狀態下」處於最底層的弱者和窮人也是有益處的：沒有禮儀，慾望就無止境，會導致對抗、混亂和貧窮（〈禮論〉第一條）。當然，暴君本人不會受到無限使用權力的體制的重大打擊。混亂和貧窮的最大受害者肯定是弱者和窮人。荀子說，在一個沒有禮儀文明的社會，「強者就要危害和掠奪弱者，人多的就要欺負和侵擾人少的。」（〈性惡〉第十二條：「則夫彊者害弱而奪之，眾者暴寡而譁之。」）[4] 而實行禮儀意味着「對貧賤的人要給予恩惠。」（〈大略〉第十六條：「賤者惠焉。」）但是荀子為什麼要強調禮儀涉及不同權力的人呢？

在有些制度下等級不同的人老死不相往來（比如印度的種姓制度）：有錢有勢者做自己的事，無錢無勢者也是如此。和這樣的制度相比，容納地位不同的人參加的等級禮儀似乎更有吸引力。通常情況下，人們不是在等級禮儀和平等禮儀之間進行選擇，而是在強者弱者共同參與的禮儀和只有強者或只有弱者參加的禮儀之間的選擇。[5] 荀子贊成前者。比如，村莊的祭酒儀式受到稱讚是因為年輕人和老年人都可以從酒杯中品嚐一口酒，「知道人們能夠尊敬長者，而且不遺漏一個人」。（〈樂論〉第十條：「焉知其能弟長而無遺也。」）

諸如人人都參加的孩子滿月、婚姻、葬禮等儀式，具有吸納窮人和邊緣人作為社會共同體成員參與集體活動和風俗的作用。[6]

在荀子看來，連被閹割的罪犯也有權參加葬禮（〈禮論〉第十七條）。[7] 強者因而認識到弱者是團體的一部分，他們更有可能為弱者做點事情（或者至少，避免實施最糟糕的掠奪）。所以荀子花費大量的篇幅討論如何正確對待死者決不是巧合的。顯而易見的理由是，死者是最不能夠保護自己利益的人，[8] 他們是弱者中的最弱者。因此有權力者——那些活着的人——要通過某種儀式的訓練，以便學會尊重死者。荀子詳細指出了裝飾屍體的需要，因為「如果屍體不裝飾，它就變得很恐怖，如果它很恐怖，人們就感覺不到悲哀了」。（〈禮論〉第十九條：「不飾則惡，惡則不哀。」）他還指出每次裝飾了屍體後，都要把它往遠處挪一點，因為「如果距死者近了，就會產生輕視的感覺，而輕視就會產生厭煩，厭煩就會產生怠慢，怠慢就不顯出恭敬了」。（〈禮論〉第十九條：「尒則翫，翫則厭，厭則忘，忘則不敬。」）（悼念死者的禮儀應該漸漸淡化，以便讓生者順利返回日常生活，同時把悼念中養成的尊重和責任意識的感情擴展到現實世界需要幫助的人。「從入殮到殯葬的過程中，死者放的地方愈移愈遠，使人保持對它的恭敬，日子久了內心的哀痛逐漸平復，這對活着的人有好處。」（〈禮論〉第十九條：「動而遠，所以遂敬也；久而平，所以優生也。」）

在我看來，荀子著作的真正（道德）價值在於，他顯示禮儀比法律和語言上的告誡，更能推動最有可能遭受「整體戰爭」（war of all against all）之害的人的利益。荀子哲學的聰明之處，在於他提出很了一個機制，這個機制還可以用來為那些最有可能從「整體戰爭」中受益的人服務。[9]

二、當代東亞社會中的禮儀

所以現在我們就可以回答文章開頭提出的問題了。為什麼東亞社會既有社會不平等的特徵又有經濟平等（相對於經濟發展水平相當高的多數其他國家）的特徵？在多數（如果不是全部）社會，有錢有勢者往往渴望高人一等，動員他們做相反的事無疑是個很大的挑戰。在美國這種平等的社會裏，表達優越感的典型做法是炫耀財富。但是在體現社會等級差別的非正式禮儀所控制的社會裏，權勢者不需要依靠炫耀物質財富就可以表現他們的優越感。[10] 如果禮儀是強者和弱者參與共同的活動，強者可能因而覺得和弱者同屬一個整體，也就不大可能採取比如物質財富這樣的支配手段。最起碼在炫耀過多的財富時，他們可能感到內疚，因而反對政府推動財富平等措施的可能性就更小（比如在日本採取的高額遺產稅。）[11]

或許不幸的是，中國大陸、香港和新加坡的有些等級禮儀，已經被體現平等的西方式握手替代了。但是，平等禮儀主要出現在同一階級的成員之間，強者不大可能養成關懷弱勢群體利益的感情和品質。[12] 強者很可能在物質生活上和其他人分割開來，強者和弱者之間建立共同體意識就更加困難了。

窮人和弱者的利益不得不主要通過威脅性的措施來獲得，正如依靠嚴厲懲罰違規者來重新分配財富的稅收政策，但是有錢有勢者往往想方設法逃稅漏稅，而且在中國這樣的大國，實施這樣的法律往往面臨很大困難（有錢人的逃稅行為是當今中國最普遍和最難根治的社會醜惡現象）。但是非正式的禮儀，在促進中國人的共同體意識方面，仍然能發揮重要作用。比如，東亞社會普遍存在的禮物贈送禮儀，其中的禮物是根據接受者社會地位不同而發生變化的。對於客人的迎來送往也比多數西方社會要複雜得多。離去的客人被主人一直送到分手的地方是很常見的現象，而且主人要等到客人徹底從視野內消失才會離開。[13]

我在下文將討論在中國和當今其他東亞社會中廣泛實行的三種等級禮儀，這些禮儀都起到保護在「自然狀態」下最不幸群體利益的作用。如果沒有這些禮儀，有權有勢者很可能放任自己、聽從本能慾望的召喚。如果存在這些禮儀，而且它們能發揮應有的作用，在現代社會推廣這樣的禮儀就具有更大的現實可行性。這些禮儀並不一定被荀子特別討論過，但是它們可以用來說明他的觀點，即等級禮儀可以讓不同等級的群體間的交往更加文明，否則，人性中醜惡的一面將暴露無遺，讓弱者和窮人更容易受到傷害。

不過，請讀者注意我的主要觀點是，顯示等級差別的規範性的禮儀反而能夠產生平等的後果。當然，我的主要觀點是受到荀子的啟發，排除了荀子中不支持這個主要觀點（或者與這個觀點矛盾）的部分。比如，荀子的主要目標似乎是通過禮儀限制政治領袖的慾望。但是在當今社會，發揮權力的人決不僅僅是政治領袖：社會主義者已經顯示資產階級組織對工人施加權力，無政府主義者顯示官僚機構對公民施加權力，女性主義者顯示男人對女人施加權力，傅柯（Foucault）顯示醫院、監獄和其他社會機構對個人施加權力等。我的建議是，在權力實施的社會生活的各個方面，等級禮儀都能夠限制強者的慾望，保護弱者的利益。

而且，荀子認為禮儀是從前的聖賢君主最早實施的觀點，在現代背景下似乎也經不起推敲。或許荀子本人並不真的贊同這個觀點，他這樣説只是出於政治目的：在他看來，通過把禮儀的起源和歷史上的聖賢君主結合起來，人們聽從他描述的禮儀的可能性就更大。換句話説，如果人們認為這樣的禮儀是人們隨意創造出來的，或者可以隨意創造或者改變，或者被毛病眾多的當今政治領袖創造，禮儀可能受到不斷的質疑，其效果可能大打折扣。如果君主被看作是像你我一樣的人故意編造出來的產物，他就失掉了從前的神秘色彩。禮儀也同樣如此的。如果一個機構具有神秘的歷史背景，就更有可能贏得人們的擁護。

幸運的是，在當今社會，禮儀不需要被看作來自先王就可以贏得支持。真正重要的是禮儀本身被看作是神聖的，部分因為傳統的權威。禮儀還應該被看作體現自古以來人們普遍尊重的價值觀、有助於實現所有人共同利益的東西。這個共同利益僅僅通過理性未必就能完全實現，如果具有神秘色彩同時又是人類幸福生活不可缺少的重要組成部分，它或許更容易得到尊重。正如安靖如（Stephen Angle）（引自 Paul Woodruff）所説，「保存一定的神聖性（敬畏）對於我們沒有能力完全實現的完美理想是非常重要的，從而讓它有一層神秘的光環」（未發表論文）。人們應該懷着崇敬的心情實施禮儀，使得本來屬於不同團體的參加者產生歸屬感和共同體意識。[14] 作為這個過程的副產品，強者就有更強烈的動機來維護社會中的弱勢群體的利益。那些感受讓人敬畏的禮儀，體驗禮儀表現出來的共同理想的人，往往培養出親密團結的感情，比如強者更有可能關懷弱者，這或許是參加禮儀的額外收穫。總之，如果禮儀被籠罩在神秘的歷史光環下，人們在不完全理解禮儀及其所表達的理想的情況下對它崇敬和膜拜，參加者就更容易產生共同體意識，其中就包括強者開始更關心弱者的利益。

讓我們現在轉向具體的例子：它們似乎都是小事情，但是正如荀子所說，「禮，只要稍微偏離一點，就會造成極大的混亂」。（〈大略〉第四十條：「所失微而其為亂大者，禮也。」）

師生關係

在儒家傳統下的東亞社會，老師擁有相對高的社會地位。[15]老師不僅受到受教育階層的尊重，而且受到包括社會底層在內的社會和經濟各階層的尊重。[16]難怪師生關係的特點是等級森嚴（相對於西方社會來說），即使在大學裏也如此。學生即使有也很少直接用名字稱呼老師，這種尊重和敬意剛開始讓習慣於人人平等觀念的西方人感到困窘和尷尬。[17]比如，在喝酒的時候（或許是荀子描述的村莊祭酒儀式的現代版），學生往往要先敬教授，等教授喝完之後，才開始喝酒，即使兩人都已經喝了不少了。這樣的儀式旨在顯示對求學理想承諾的尊重（用西方的術語就是追求真理），以及對於終生求學者的尊重。但是這種等級安排對於學生也是有利的，因為老師不僅僅是為學生提供學習的基本框架、最有效地傳授知識，還會關心學生的心理健康和道德發展。[18] 教授和研究生的關係是多方面的，如果老師只關心學生的就業前景而忽略了學生的精神和道德發展，那是道德上的重大缺失。[19] 老師的這些義務（如果和西方社會比較），讓他們承受了額外的壓力[20]，他或她也應當成為學生的道德榜樣，在生活的非學術性方面獲得學生的尊重。[21]

吃飯的時候

在動物世界，強壯的動物往往吃第一口，即使像獅子這樣的群居動物也很少為群體中的弱小者留下什麼食物。當獅子開始捕食時，最凶殘的動物首先吃，其他動物只能吃剩下的殘渣。在食物短缺的時候，老弱病殘往往首先餓死。

人類的飲食禮儀旨在保護弱小成員的利益。在許多社會，弱者依靠健康的家庭成員為他們準備食物，餵他們吃以便活下來。不幸的是，在饑荒的時候，仁慈的衝動往往受到打擊，先餓死的往往是老人和孩子。但是強者——在這裏指健康的成年人——更可能被預先安排好照顧弱小者，他們已經習慣於日常生活中克制旺盛的食欲。在東亞社會，吃飯是集體活動。[22] 禮儀要求家庭的弱小成員得到相當的份額，這麼說吧，共同的飯菜放在桌子中央，健康的成年人往往不願意第一個開口吃飯，最後一個吃完離開。他們應該克制自己的食欲讓其他人先享受（中國的「讓」字最好地體現了餐桌禮儀）。[23] 典型的情況是，老人應該先動手，小孩子應該推遲吃飯，不能先到公共飯碗裏拿東西吃。這個做法一方面是尊重孝道，另一方面也是訓練孩子學會謙讓。在當代社會，這個做法可能被打破了（因為獨生子女家庭的「小皇帝」症狀），但是許多家庭仍然批評孩子在吃飯時的「自私」行為。[24]

老闆員工關係

在日本，公司老闆往往和普通工人一起出席一些聯誼活動，比如唱公司歌曲，在集體餐廳吃飯，或者一起出去度假等。無可疑置的是，他們常常表現出對工人的感情，更容易在經濟困難時期留住工人（因而解釋了在日本普遍存在的終身僱傭的事實，和其他工業化國家對比的話就非常明顯），強者弱者都參加的共同的禮儀再次幫助保護了弱者的利益。

在中國，一些高知名度的公司在採取「日本式」的工作場所禮儀。[25] 但是最糟糕的工人是民工。經濟發展的一大特徵，就是大量國內流動人口的出現，他們主要是來自貧窮地方的農民，這些農民由農村到城市，是為了尋找更好的工作機會和更高的收入。中國的「流動人口」有一億兩千萬，他們受到戶口（家庭登記制度）的合法歧視，被剝奪了醫療保健、教育、工作和居住等各種權利。而且他們往往受到城市居民的嘲笑，被懷疑從事各種犯罪活動。

許多學者企圖尋找改善民工合法地位的途徑，但是他們忽略了通過老闆和工人共同參與禮儀的方法，即使不能改變物質條件，或許能夠改善民工社會地位。在北京，經常可以看到餐飲業的職工被集體訓話，強迫進行早操、唱集體歌曲或者高呼公司口號等。這些儀式往往在眾目睽睽之下，在餐廳前的人行道上進行。這些儀式旨在表達對公司利益的承諾，或者更廣泛地說是為了國家進步的理想（訓話的內容有時候包括愛國主義內容）。

有些看似軍事化的嚴格等級差異的禮儀，也可能有利於維護工人的利益。經理或老闆參與共同的儀式——鍛煉、唱歌、有時候和工人開玩笑——往往能表現出對工人利益的關心，如果沒有這些形式，這樣的感情也許就沒有了。經理或老闆或許是出於激發工人對於公司的忠誠來組織這些活動，但是這些共同的儀式，也可以培養經理或老闆對工人的真感情。[26] 這樣的儀式還可能帶動下班後的會餐、唱歌或者集體度假活動等。

總而言之，不同的禮儀可以保護不同的弱勢群體的利益。集體吃飯的禮儀保護老人的利益，尊重老師的禮儀保護學生的利益，早上鍛煉和集體唱歌的禮儀保護職工的利益。當然，對於禮儀的這種描述有點過於簡單化了。一方面，上述禮儀描述過分樂觀，有些禮儀並不總是如此理想。比如，民工參加的鍛煉如果以過分嚴厲的方式進行，沒有善意和幽默就可能讓工人感到疏遠和隔膜。有些儀式即使達到預期的效果，也往往導致意料之外的糟糕社會後果。比如，以家庭為中心的吃飯儀式，可能導致過分的家庭主義，造成人們對於非家庭成員合法利益的不夠重視等。

另一方面，我的描述也沒有充分強調禮儀的積極功能。某些禮儀能夠給不止一個弱勢群體帶來利益。比如民工給家鄉的親戚朋友送錢是很常見的，而且某些儀式能夠培養一些有利於生活其他方面的習慣等。比如吃飯時養成的謙恭和禮讓，能夠使孩子長大後對於老年人的利益更加敏感。

接下來就需要考慮如何最大限度地發揮禮儀的積極影響的方法，即最大程度地既保護弱勢群體的利益又減少可能產生的不良影響。下面就探討一些可能性。

三、在當代中國復興等級禮儀

正如荀子指出的，禮是處理政事的指導原則，處理政事不遵循禮，政事便不能實行。（〈大略〉第二十三條：「禮者，政之輓也；為政不以禮，政不行矣。」）。所以改革的最明顯起點，應該是建立一個政府機構，其具體任務就是推動幫助弱勢群體的禮儀的形成。[27] 它的困難在於確保禮儀產生關愛弱勢群體利益的感情，這種感情不僅體現在禮儀本身，而且延伸到生活的其他方面。我的假設是涉及社會強者和弱者互動的禮儀產生這種感情的可能性最大。按照荀子的說法，不堅持平等對待是重要的，因為不平等對待也可能（很可能）產生對弱者的關心。我還想假設這種禮儀愈能控制日常的社會交往，就愈能產生貧富共存的共同體意識、產生關心弱勢群體利益的感情，而且能把這樣的感情延伸到生活的其他方面。如果這個假說是正確的——它需要進一步的實證研究的支持——那麼這個機構就有大力推廣這種儀式的任務。

該機構的一個重要任務是創造不同社會群體相互交往的社會條件。在社會平等的美國，不同經濟階層的人很大程度上生活在單獨的社區內，富人和窮人之間很少來往，結果他們沒有形成關心對方利益和處理經濟不平等問題的動機。相反，在社會不平等的日本，窮人和富人、生活區和商業區沒有地理上的明顯區分，不同階層的人在日常生活中經常來往，參與共同的禮儀（社會等級不同），所以富人往往關心窮人的利益。在中國，貧富差距的日益擴大被看作國家最緊迫的問題之一，這個機構可以借鑒日本在都市規劃方面的經驗幫助解決這個問題。比如，它可以為不同收入階層混合居住的房屋項目提供税收減免等優惠，這樣的社區提供了貧富交流的公共空間。

該機構還有權力推動一些在社會可接受的某些儀式的法律規定，這樣做的指導思想是如果政府不插手，反而更容易獲得社會認可。比如，如果民工在法律範圍內行動，恐懼的因素可能阻止工人和老闆共同社區的出現，更不要説把同情的紐帶延伸到生活的其他方面了。但是儒家推廣禮儀的途徑並不主要依賴嚴厲的懲罰手段。《論語》中最著名的段落是「如果用政令來治理他們，用刑罰來整頓他們，人們只求避免罪罰，卻沒有廉恥心。如果用道德來治理他們，用禮來整頓他們，人民就有廉恥心，而且誠意向善」。（《論語・為政》第三條：「道之以政，齊之以刑，民免而無恥。道之以德，齊之以禮，有恥且格。」）在我們這個討論的上下文裏，它意味着對於刑罰的害怕並不足以培養共同體意識和感情。如果人們從事某種儀式只是因為被迫這麼做，該儀式就成為空虛的形式，並不存在對於弱者的真誠關心。人們參與禮儀應該是出於自願的，而不是被迫的。

所以，最好想出能推動旨在幫助弱勢群體的禮儀，而這種儀式應是非威脅性的手段和方式。比如，如果電視台播放表現禮儀的正面典型，比如讓家人中最弱者先吃的餐桌禮儀，或者老闆民工共同參與的公司活動等，該機構可以為電視節目提供補貼。該機構還可以為禮儀的模範提供獎勵，比如獎勵讓殘疾人先過馬路的汽車司機。野心更大的做法或許是，努力設計一個機制，把這些禮儀產生出來的感情延伸到社會生活的其他方面，就像荀子對於葬禮儀式的描述般，旨在培養人們尊重的情感、牢記個人在日常生活中的責任的做法一樣。

總之，公共政策有重要的作用，尤其是非直接的、非威脅性的作用。儘管如此，我們必須承認禮儀的力量依靠強者關心弱者利益的道德轉型，而政府轉變動機的嘗試（即使是非直接的嘗試），未如人意的歷史讓人不得不謹慎看待。所以禮儀的培養大部分要來自學校

（比如老師強調禮儀，並為學生樹立好的榜樣）、家庭（父母鼓勵孩子讓老人先吃）、公民社會（比如，知識分子講解禮儀給人們帶來的好處）以及主要依賴勸說而不是強制威脅的其他社會團體。

四、東亞之外？

在本章結束的時候，我想為禮儀的普遍性辯護，想必荀子本人肯定相信禮儀的普遍性吧。實際上，即便我錯誤地解釋了荀子真正相信的觀點或者他試圖要説明的觀點，禮儀的合理性仍然是存在的。作為研究思想的歷史學家，我希望自己的解釋是正確的，但是從當今規範的視角來看，真正重要的地方在於我從閱讀荀子中得出來的禮儀積極功能是否切實可行、是否應該在當代社會中發揮應有的作用。如果答案是肯定的，就值得大力推廣禮儀。

有一些證據顯示禮儀轉變價值的普遍合理性。比如，體育競賽的禮儀能夠讓攻擊性的本能文明化，變成得到社會認可的動機。正如孔子所説「君子沒有什麼可以爭鬥的事情，如果有所爭，一定是比射箭吧。射箭前要相互作揖，然後登堂；射箭完畢後走下堂來，相互敬酒。及即使在競爭中，他們也是君子」。（《論語・八佾》第七條：「君子無所爭，必也射乎！揖讓而升，下而飲。其爭也君子。」）我們的任務不是要消除競爭的慾望（這樣做即便沒有反作用，至少也是徒勞的），而是要通過各種儀式讓體育活動更文明，就像相撲運動員的儀式或者比賽後運動員握手的儀式一樣，都讓參與者產生一種社會團結的意識和對弱者的關心。

團隊競爭或許更適合完成這個任務。通過參加一個團隊，隊員認識到社會協作的價值。在非精英水平的比賽中，團隊裏可能包括水平不高的隊員，因而推動對弱者關心的美德，培養建立能容納弱者的社會機構的需要。[28] 在職業運動員的高水平比賽中，運動員和觀眾能夠學習良好運動員素質的價值，觀眾學會尊重失敗者，為失敗者吶喊歡呼，這同樣有助於對弱者的關心。

雖然如此，為禮儀辯護的觀點在沒有儒家遺產的社會中，是不大可能被認真看待的。一方面，很難把關鍵的術語如「禮」和「讓」翻譯成說英語者感到有吸引力的詞。我曾經把「禮」翻譯成「儀式，老規矩」（ritual），但是這個詞在英語中往往有負面的含義，聽起來好像一個人在為過時的、機械的、缺乏創造性的做法辯護一樣。其他常見的翻譯如「禮節、慣例」（rites）和「程序得當」（ritual propriety）也好不了多少。「讓」的典型翻譯是「推遲」（defer）、「妥協」（concede）、「屈服」（yield）、讓步（give in），也似乎像來自君主時代或者等級森嚴時代的老掉牙的概念。[29]

或許更讓人擔心的是，推廣禮儀的工程，在傾向於以法律手段來解決關心弱勢群體利益的文化中，可能顯得格格不入。西方政治理論從霍布斯（Hobbes）到羅爾斯（Rawls）的整個社會契約傳統，都依靠威脅性的法律來保障弱者的利益，並以此作為主要機制。在當代西方社會中，以權利為基礎的福利國家制度，也主要依靠法律體制為弱者提供保護。

難怪，中國的一些以西方觀念為基礎的人權團體，首先責怪政府沒有堅持依法治國，他們假設的前提是，西方法律將幫助弱者贏得利益。我沒有否認隨着依法治國的逐步完善，國家政治會逐步好轉（尤其是當法治之外的選擇，是腐化政治博弈過程，為有錢有勢者利益服務）。但是過分強調法制可能讓改革者忽略禮儀的力量，更別提這種法家的解決辦法可能進一步破壞強者關心弱者利益的共同體意識。如果從更積極的角度看，因為禮儀已經深深紮根於東亞社會的哲學思想和社會實踐中，我們相信社會改革者能夠而且應該更加關心和注意禮儀在中國和其他地方的積極功能並非無稽之談。

註釋

* 本章英文版原刊於 Daniel A. Bell, "Hierarchical Rituals for Egalitarian Societies," *China's New Confucianism: Politics and Everyday life in a Changing Society* (Princeton, N.J.: Princeton University Press, 2010)，已經由 Copyright Clearance Center, Inc. 轉介，獲得 Princeton University Press 授權重印。中文版原刊於 Daniel A. Bell（貝淡寧），吳萬偉譯：《中國新儒家》（上海：上海三聯書店，2010）。

1 儒家（和其他）思想家常常鼓吹比如禮儀這樣讓人渴望的社會實踐，他們聲稱這些是人類獨有的特徵，是人禽之辨。動物確實有認知上的局限性：比如牠們不能理解和過去聯繫起來的傳統禮儀，或者禮儀能夠讓我們的慾望文明化等觀點。但是和人類一起生活的動物也可以對某些禮儀中表現出來的感情表現出敏感性。在為父親守靈的時候，我姐姐的兩條狗表現出完全不同的行為。一條叫凱撒（Caesar）的狗似乎感受到了悲傷，在守靈期間躲在角落，到了用餐的時候幾乎沒有力氣吃東西。另一條叫泡泡（Bubbles）的狗好像無法控制地興奮，舔前來悼念者的手，不停地吃這吃那。我到現在還不能原諒這條狗。

2 這裏並不是否認禮儀不能得到非正式制裁的支持，比如家庭和社區的壓力。但是如果人們參加某個儀式只是因為擔心受到制裁的話（沒有感情的投入，或者對禮儀隱含的理想的敬畏），這就不算是荀子所說的禮儀。

3 有些篇章似乎顯示荀子也訴諸君主的良好品德（僅此而已）：比如，他說真正的國王應該關心「五種失去能力的群體」，意思是聾子、啞巴、瘸子、斷手或者侏儒（〈王制〉第一條）。但是在接下來的一段（〈王制〉第二條），荀子訴諸君王的自我利益需要，他注意到這樣的政策將有助於君王的聲譽日益顯赫，天下的人都敬仰羨慕，他的號令必行，有禁必止。（也可參閱〈王制〉

第四條，這裏荀子注意到救濟窮人等政策，會讓人覺得政府是可靠的、安全的，最終讓君王享有榮耀的名聲。）而且，荀子對於持非正統觀點者應該採取的措施是「聖王出現，應該先殺這樣的人，然後鎮壓盜賊。盜賊還能夠轉變，這些奸人是不可能轉變的」（〈非相〉第十一條：「聖王起，所以先誅也，然後盜賊次之。盜賊得變，此不得變也。」）顯示荀子認為道德改變的能力有真正的局限性。在不是那麼賢良的君主看來，荀子的觀點似乎是他們首先是出於自我利益的動機接受禮儀的建議。

4 荀子接着說：「人多的就要欺負和侵擾人少的。」（〈性惡〉第十二條：「眾者暴寡而譁之」）顯然，要少數富人生活在禮儀之邦也符合他們的利益。

5 荀子自己沒有考慮社會平等的可能性，因為他認為等級社會是集體經濟活動所必不可少的。正如羅斯文（Henry Rosemont, Jr.）所說：「沒有等級差別的社會，就沒有集體努力，沒有集體努力，就沒有社會，沒有社會，就沒有正義。」（"State and Society in the Xunzi," in *Virtue, Nature, and Moral Agency in the Xunzi*, ed. T. C. Kline III and Philip J. Ivanhoe [Indianapolis, Ind.: Hackett Pub., 2000], 9）集體經濟努力或許在某些領域（比如電腦軟件設計）不再需要等級安排，但是荀子集體經濟努力需要等級社會的觀點，只要仍有大量的人要在田野和工廠勞作的話，則仍然是真實的。

6 正如伊佩霞（Patricia Buckley Ebrey）所說：「儒家文本和建立其上的禮儀不是簡單地傳達社會差別。在另外一個層次上，它們通過人們參與禮儀形成共同體來克服這些差別。」和早期現代歐洲不同，伊佩霞認為「隨着時間的推移，在表現家庭禮儀時的階級差別，似乎是縮小了而不是擴大了。（*Confucianism and Family Rituals in Contemporary China* [Princeton: Princeton University Press, 1991], 228.）

7 被閹割的罪犯的葬禮和其他人的葬禮相比應該是簡單的、低調的，以便顯示罪犯可恥的生活（〈禮論〉第十條）（第十條好像不是講這些內容）。如果這樣的葬禮和荀子的對手法家的追隨者建議的葬禮對比，對犯罪者本人，甚至連同其家人的折磨和無情處死，荀子的建議較人道的特色就非常明顯了。

8 死者確實有利益，比如，我不想死後屍體被扔在日光下被狗和昆蟲吃掉。爭論死者可能保護自己的利益，是因為他們有可能影響活人的世界（通過鬼魂等手段），但是荀子更願意拒絕對活人世界的超自然解釋。

9 更準確地說，君主只是從狹隘的自我利益出發時，禮儀剛開始似乎只是對君主有利，但是如果禮儀發揮了應有的作用，它們就可能把君主的意識朝向眾人的利益轉變。也就是說，君主開始更關心參加禮儀的人，包括弱者和窮人，這樣一來，禮儀實際上就開始為君主新的、道德上的利益服務了。

10 正如艾文賀（P. J. Ivanhoe）注意到的，另一區別，是西方人對於「名聲」的着迷。名聲是任何人都可以獲得的東西，因為它和內容沒有多大關係；一個人可以因為任何東西而出名。禮儀傾向於減弱名聲的重要性，因為把個人的中心轉移了，更多放在與他有關係的人群上。在禮儀之邦有名的人是根據美德贏得的，因為這些人往往能夠推動共同的利益。（引自和作者的電子郵件）

11 我不是想說只有等級禮儀才能幫助解釋日本、韓國這樣的東亞國家，財富相對平等分配。毫無疑問，其他因素如經濟政策、國際因素、以及諸如工作狂和儲蓄的習性等價值也是很關鍵的。我的觀點是禮儀在推動強者接受旨在推動經濟平等的措施比如高稅收等方面，發揮了重要（雖然很難量化）的作用。等級禮儀還可能幫助解釋「民族同質性」（ethnic homogeneity），據説是相對平等的東亞社會的特徵。「民族同質性」不是天生的範疇，它是主觀的感受，必須通過歷史過程來創造，參加能夠產生共同體意識的等級禮儀，或許幫助解釋了為什麼日本和韓國人覺得他們是「種族」共同體的一部分。

12 我沒有否認平等的禮儀如握手也發生在不同階級的成員之間，但是在這樣的情況下，這往往呈現等級特徵：地位高的人往往主動伸手，握手的時候用力更大些。在東亞社會，地位低的人往往低頭表示對地位高者地位的承認。

13 相反，西方主人典型的情況是客人還沒有從視野中消失就轉身離開了。一旦出租車門關上，西方主人就回去做自己的事了。我的法裔加拿大母親就是這樣，儘管我感到受傷，但我不能怪她遵從還沒有產生質疑的西方模式。提出另外的方式的可能性不是很有效，因為她對自己的做法非常固執（她在到訪中國的時候，堅持親吻我朋友的面頰，因為這是法國人的方式）。在這樣的情況下，我學會了不批評母親的做法，以便維護和諧的家庭關係、遵循孝道。

14 音樂也能增加尊敬的感情，因此在禮儀過程中產生共同體的感情。人們或許再加上一句，喝酒也能增加感情，這就幫助解釋了為什麼祝酒的儀式在其他社會也非常普遍。在比較正式的中國餐桌上，主人或者地位最高的人，往往要一桌一桌地給每個參加宴會的客人祝酒。

15 有趣的是，老師的社會地位似乎和他們的階級地位沒有關係。在中國，教師的平均工資和其他行業相比是非常低的。事實上，我要說教師相對低的收入幫助提高了教師的社會地位。他們被看作聰明人，主動選擇這個行業至少部分為了其他的回報。在香港，大學教授的工資很高，但是他們的社會地位沒有大陸教授高。我在香港和北京都教過書，出租車司機的不同反應就足以說明這個差別了。在香港，典型的反應是我很幸運，找到一個待遇豐厚的職業，但是在北京，似乎包含了對我從事的工作發自內心的尊敬，而當我半開玩笑地說「我在教學生們沒有用處」的哲學時，這種尊敬似乎又增加了幾分。

16 我拜訪過北京郊區民工的家，以及我岳父在中國貧窮地方的親屬。我感到驚訝的是，他們都會在光禿禿的牆壁上，張貼的孩子的獎狀。

17 我的第一份工作是新加坡國立大學。我當時只比學生大幾歲，所以鼓勵他們稱呼我的名字「丹尼爾」，但是從來沒有人這麼叫過。因為感到非常惱火，有一次我批評連續稱我「貝爾博士」的學生，告訴他不要這麼客氣，應該叫我的名字。他馬上説：「是的，先生。」後來我只好習慣於「貝爾博士。」（譯者註：作者名字的音譯是「丹尼爾•貝爾」，「貝淡寧」是其中文名。）

18 在我讀研究生的牛津大學，學術導師和道德導師是有分工的。理論上，學術導師應該負責學術上的事情，道德導師應該負責道德和感情上的事情（實際上，學術導師往往處理其他事情，道德導師往往被認為沒有多大作用）。但是這樣的分工在東亞國家大學裏是不可思議的。

19 老師對學生道德發展的責任，在清朝的法規中是明確規定了的：夏洛特•伊克斯（Charlotte Ikels）注意到在極端的情況下，如學生謀殺父母，老師就要承受體罰。（Charlotte Ikels, *Filial Piety: Practice and Discourse in Contemporary East Asia* [Stanford: Stanford University Press, 2004], 5）

20 在中國，部分責任或壓力是政治上的。二〇〇五年四月，北京出現的反日抗議遊行即將失去控制，清華的教授被告知要對學生講（私下，班主任），請他們克制不要參加更進一步的抗議了。

21 師生之間建立感情聯繫的重要性也影響到小學的教育實踐。常見的情況是，同樣的老師教同一班級連續幾年（我兒子在清華附小上學三年了，一直是同樣的老師，一直到他們畢業分散到不同的初中去為止。最後一天家長被邀請參加畢業禮，那個依依不捨的道別場面非常感人）。

22 中國集體吃飯的習俗可以追溯到北宋時期（《南方周末》，2006年3月9日）。在此之前，個人都是以「西方」的模式獨自吃飯。不管這個變化的具體解釋是什麼，它有助於吃飯時的和諧關係，對於整個社會的和諧也是有幫助的。

23 道德約束人的惡劣本性，道德來自人們有意識地遵循禮儀和承擔責任的觀點的背景下，荀子注意到「人餓了，看見了長輩而不敢先吃飯，是為了表示謙讓」（今人見長而不敢先食者，將有所讓也）（〈性惡〉第六條）。假定荀子是在描述他那個時代的普遍做法，我們可以推斷吃飯的時候「禮讓就餐」早於同時就餐。或許集體同時就餐的做法，進一步方便了「禮讓就餐」。

24 在過去，有錢人家的孩子和大人分開吃飯是很常見的。如果這不能有效地教育孩子尊敬長輩的話，這樣的做法應該受到批評。如果禮儀涉及社會中的不同群體，只有在產生對弱者的關懷時，它才是有效的。

25 比如，長沙的遠大中央空調公司僱有一千八百名員工，員工在公司一起生活、工作和吃飯。整個工人隊伍參加集體合唱，許多人演奏樂器（James Fallows, "Mr. Zhang Builds His Dream Town," *Atlantic Monthly*, March 2007）。

26 比如在北京的「紫蘇庭」飯店，老闆或經理為飯店裏年輕的女招待設計服裝（我是這個飯店的小股東之一，但是我不參與飯店的管理，可以作為研究者觀察）。

27 清朝建立了禮部，但是它的具體功能是處理附屬邦國間的關係，而不是籠統地幫助弱者。雖然如此，它仍然對於弱者有積極的影響。我們可以猜想中國的帝國主義沒有典型地捲入歐洲模式的對當地人的野蠻屠殺和蔑視，部分因為這些附屬國在名義上是歸順中國的，因此建立了某種共同體意識，讓中國的權力擁有者不大可能虐待附屬國脆弱的臣民。我不打算否認其他因素如技術上的限制，也防止了中國君主的壓迫。

28 我仍然記得童年時代的糟糕經歷，當隊長根據所謂的能力依次挑選隊員時，我總是最後被挑選的。在中國兒童中，隊員的挑選往往是通過隨機性的程序進行的。

29 西方人或許需要在東亞國家親身經歷一下才能真正認識到「讓」的社會用途。幾年前，我回憶起和妻子為選擇到哪家餐館吃飯而爭吵，我的韓國研究生在我耳邊悄聲説「讓」，我明白了，我讓她選擇，結果那個晚上一切進展順利。

第七章

僱主該如何對待保姆？

十年前，一個好朋友到香港探望我，這個朋友現在是美國一著名大學的倫理研究中心的主任，得知我家僱了一個住在家裏幫忙照看小孩、做家務的保姆後，似乎感到很吃驚。他剛剛從另外一個城市轉到香港，因為要在我們家呆幾天，我就告訴他把髒衣服放到洗衣房筐子裏，讓保姆幫他洗。但我的朋友拒絕了，說他要自己洗。我當時沒有反駁，在喝了幾杯後，我再提這件事，他就同意了。[1]

我感到納悶，他為什麼要反對呢？在香港，專業人士家裏僱用外國保姆（政治正確的術語）幹活是很常見的現象。這些人來為自己和家人賺錢，他們合同中的待遇比其他國家如新加坡好多了，他們的利益受到非政府組織和自己國家政府的保護（尤其是菲律賓）。他們願意的時候可以自由回家。在香港，沒有人會對僱用外國保姆的正義問題猶豫不決（辯論主要集中在工作條款上），但這種做法似乎觸動了西方自由主義者的敏感神經。或許家庭裏請保姆破壞了家庭作為慈愛和温馨場所的形象；或者這讓人想起貴族時代的主僕關係；也許這裏面也存在一種虛偽的因素。在西方國家，家務勞動往往是非正式的，或者非法的移民在做，他們沒有合同在手，沒有政治上的承認和法律上的保護，但是自詡為正宗自由主義者的人很少願意承認他們僱用了移民保姆，更不要說公開為他們的行為辯護了。

如果嚴肅地看待，不需要花很長時間就能明白，這樣的態度對於保姆本人可能產生危害。比如我的朋友自己洗衣服，而且顯示他比我家保姆洗得還好會怎麼樣？她的感覺會如何呢？她可能覺得「丟臉」，或者甚至覺得自己的飯碗可能保不住了。當然，我不是要說現在的狀況是十全十美的，恰恰相反，狀況可以而且應該得到改善。但是我們需要思考以有利於保姆本人的方式改變現狀。是的，確實有些方法同時也能對僱用保姆的人有利。兩個群體之間顯然存在利益上的緊張關係，但是任何一個切實可行的政策，都可能建立在很大程度上的共同利益之上，它不僅僅是弄清適當的法律和政策的問題。在家庭內部出現的僱主和保姆的很多互動是遠離國家窺探的眼睛的，家庭內部的非正式規範，對於保姆的福利能產生很大的影響。但是，要想在關於移民和家務勞動的學術文獻中尋找包含道德因素的對待保姆的建議，很可能徒勞無功，人們好像認為連間接提到這種可能性都是不道德的。

所以就讓我以這個話題作為開頭吧。是的，我承認，作為僱主，我這麼做是想讓自己覺得好受些。庸俗的馬克思主義者可能認為我的敘述是基於階級立場而不屑一顧，但是馬克思本人樹立了可以超越階級立場的典範，他得到資本家恩格斯的工廠的物質幫助，寫了歷史上最強大的批評資本主義的著作。[2] 當然，我的綿薄之力無法和馬克思的天才相提並論，但是我仍然希望讀者願意聽我提出自己的論證。在我看來，儒家傳統提供了思考僱主和保姆之間關係的道德資源，我試圖要說明這些內容。需要指出的是，我的觀點也得益於對香港和北京的保姆的採訪，和我參加總部在香港、代表外國保姆利益的非政府組織的志願者的工作。[3]

一、個人的也是政治的

儒家倫理的基本假設是，道德生活只有在特殊的個人關係環境下才可能實現。對於大部分人來說，最重要的關係就是家庭。正是通過對家庭成員盡自己的責任，我們才能學到實踐道德的能力。愛護兒童的觀念在其他文化中同樣存在，但是儒家特別強調的是孝順的美德，也就是要照顧上年紀的父母。而且，孝順不僅僅是提供物質享受的問題。正如孔子所說的，「最重要的是態度。有事情，讓晚輩效勞，有酒菜食物，讓年長的人先吃，僅僅這樣竟可以認為是孝嗎？」(〈為政〉第八條：「有事，弟子服其勞；有酒食，先生饌。曾是以為孝乎？」)(我們應該充滿愛地服侍父母。孔子還說我們和家人之間的相互關係，會影響到整個社會(和同一時期的希臘思想家正好相反，在他們看來幸福生活在家庭之外)，

「君子從根本上努力，根本確立了，仁道就會產生。孝順爹娘，敬愛兄長，這就是做人的根本。」（〈學而〉第二條：「君子務本，本立而道生，孝弟也者，其為仁之本與！」）換句話說，如果家庭和諧，建立和諧的社會就容易多了。

這些儒家觀點仍然指導當今東亞社會的思想觀念和實踐。在日本和韓國，關照需要幫助的家庭成員，孩子、老人、病人、殘疾人等一般都是由成年女性完成的。結婚後，一般都期待妻子能辭去工作專門照料家庭。但是在中國社會（尤其是都市裏），男女關係相對平等（如果與日本和韓國相比的話），婦女常常外出工作。那麼，誰來照料需要照顧的家庭成員呢？可想而知的是，日託中心和養老院相對來說發展不足，即使在富裕的中國城市也如此。人們擔心承擔照料老人任務的陌生人不能表現出正確的「態度」，因此不願意把孩子或者老人送到國家（或者私人開辦）的機構中去。最好還是自己做，如果實在不能做，一般是請人到家裏提供更加個人化的照顧。所以有條件的家庭就僱用保姆幫助自己盡照料的義務。在中國大陸的城市裏，中上層的家庭常常僱用來自貧窮地方的保姆，在香港，他們聘用來自菲律賓或者印尼或者相對貧窮的其他東南亞國家的外國保姆。

人們不容易從其他因素如政治決定和經濟考慮之外清理出文化解釋。比如，更喜歡外國保姆的部分理由，可能是在香港缺少高質量的日託中心（另一方面，即使在政治上更加開放、經濟上更加繁榮的東亞社會，公眾缺乏對日託中心的需要也是讓人印象深刻的，對於日託中心的文化偏見可能是缺乏這種需要的原因）。儒家價值的作用或許更加明顯地體現在人們在家庭中相互交往的方式上。據一項研究成果顯示，香港的西方人僱主對待保姆的方式往往和中國人僱主不同。菲律賓女傭往往更滿意西方人僱主，因為他們給予她們更大的個人空間，更容易平等地對待她們。對於西方人僱主來說，尊重或許更加重要。[4]

但是，光有尊重可能還不夠。也就是說，最好的僱主（只是很少一部分）對待保姆比較尊重。他們還把她們當作家庭的重要成員，這些僱主中的大部分是中國人；同一項研究提供了中國僱主對待保姆像對待家人的很好的例子。菲律賓女傭對待僱主的父母非常好，因為她被看作親生女兒一般。僱主和保姆之間的家庭紐帶建立在相互關心和照顧的基礎上，而不僅僅是平等和尊重。他們一起看電視，相互開玩笑，僱主對保姆在菲律賓的家人表現出真誠的關心。我對保姆的採訪也得到了類似的反應。一個保姆稱讚她從前的新加坡主人稱呼她的時候用家人之間的那種親切的口氣，周末全家出去度假的時候也帶上她。另外一個保姆成為她的僱主家兒子的教母，她們一起上教堂禮拜，她在菲律賓的家人常常到香港拜訪僱主的家。她還希望她僱主的家人在她返回菲律賓後去看望她。

當然，西方僱主也會把保姆當作家人，但是這很少見。香港研究發現，西方人僱主作為團體和中國人僱主相比更加單一性。我自己採訪的對象説西方人僱主往往尊重保姆，傾向於平等對待她，但是典型的情況是決不超越這個界限（一個重要的原因是移民並不指望呆很長時間，因此與保姆之間並沒有建立像家庭成員一樣的親密關係）。對保姆友好意味着支付比最低工資更多的工資，給保姆更多的自由時間，但是感情因素不是那麼明顯。這種保持距離的做法有些好處。保姆被看作家庭成員的觀點，可能被用來當作給保姆增加額外負擔的藉口，比如請她在公共假日幹活。這或許能解釋為什麼香港有些保姆拒絕稱呼僱主的名字，即使讓她們這麼叫，她們也總是稱呼「先生」或者「太太」。

當然，感覺到被當作家庭的寶貴成員、感受到愛和信任往往勝過其中的弊端。這裏仍然很難直接追溯文化的影響，但是認為儒家倫理使得這種把保姆當作家庭成員對待的形式成為可能不是沒有道理的，或者至少可以這樣説，一旦產生了這個形式，更容易紮下根來。在儒家學説裏，家人和外人之間的區別是非常嚴格的，但是家庭概念相對來説是很靈活的，像對待家人一樣的關心和愛護可以被延伸擴展到其他人。孟子明確地要求我們「尊敬自己的老人，推廣到尊敬別的老人；愛護自己的幼兒，推廣到愛護別人的幼兒」。（〈梁惠王上〉第七條：「老吾老，以及人之老；幼吾幼，以及人之幼。」）延伸這種關係的機制是把家庭成員一樣的稱呼和規範應用在非家庭成員身上。這種做法體現在漢語中，比如好朋友或者校友往往以兄弟姐妹相稱，畢業的輔導員常稱呼學生為弟弟妹妹。[5] 在最好的情況下，僱主和保姆之間也用家庭一樣的語言稱呼對方。

但是為什麼「最好的情況」在中國家庭中不是很常見呢？有時候，可能因為語言和文化不同的緣故，和說另外一種語言的保姆建立家庭成員一樣的親密關係是困難的。在香港，許多說廣東話的家庭，並不能很熟練地和說英語的菲律賓女傭用英語交流。不錯，僱主用來發佈命令的英語是足夠了，但是親密關係往往發生在人們能夠相互開玩笑的時候，這就需要更高的語言能力。那麼，僱主為什麼不僱傭說漢語的保姆呢？在富裕的香港，很少有人願意做這樣的工作。更讓人吃驚的是，僱用大陸來的保姆是非法的。政府擔心這樣的保姆更容易融入當地社會，因此逾期不歸、非法滯留時不容易發現。但是如果政策目標是增加把家庭一樣的規範延伸到保姆上的可能性，那麼政府可能會考慮修訂這樣的政策。

在中國大陸，因為共同的語言和文化，保姆被看作家庭成員看待就更常見。但是理想和現實之間還是存在很大的差距。主要的問題是，城市居民往往瞧不起來自鄉下的受教育程度低的保姆。這裏，政府同樣可以幫助糾正這個問題，比如播放旨在提高人們公平對待保姆意識的電視節目；比如，可以考慮在往往能吸引大約五億人觀看的春節除夕晚會中播放此類電視節目。這個節目包括唱歌、用幽默方式傳達道德寓意的小品、相聲等（比如二〇〇五年的一個小品塑造了民工抱怨工資不能按時發放，觀眾報以熱烈的掌聲表示對他的同情）。在未來的節目中，描述在僱主和保姆之間建立家庭般關係，不虐待保姆的重要性的小品可能會出現（比如，描述僱主和保姆在吃飯時開玩笑的小品）。

但是，歸根結柢，這樣的態度決於僱主自己的意願。「強制實施」關懷的整個觀點可能是奏效的，但必須發自內心，否則會被認為是不真誠的，不可能在增強親密關係中非常有效。怎樣說服僱主對保姆表現出更多的關心呢？從自我利益的考慮應該是最明顯的：如果保姆感受到關心和愛護，她就可能提供更高質量的服務（用孔子的術語，她將用適當的「態度」履行自己的職責）[6]，呼籲僱主善良、關心他人也是有價值的：把家庭規範延伸到保姆身上能改善保姆的生活。但是，即便僱主有正確的動機，把家庭規範延伸到保姆身上也還需要更積極的努力。它可以通過共同的禮儀來實現，比如一起吃飯。僱主可以邀請保姆和家人一起吃飯。保姆一開始可能拒絕，但是如果希望保姆最終融入這個家庭，僱主就應該堅持。在吃飯時間一起聊天，不必感到太拘束。按儒家的精神，僱主也可以用鼓勵一起唱歌的方式培養親密關係。剛開始也可能會覺得不自然，但漸漸地雙方都會喜歡這樣的。如果僱主和保姆能夠一起開心地唱卡拉OK，我們就有信心家庭規範已經形成了。

自由主義者或許擔心關心和權利之間的較量關係。正如布里吉特•安德森（Bridget Anderson）所説的，「從移民角度看，困難在於這種友好和感激的關係為保護權利留下非常有限的空間」。[7] 正如在以慈愛和關懷為基準的家庭裏，提出權利問題似乎是讓人討厭的（常常不必要的），同樣的，尋求推動感情紐帶的僱主，可能反對在僱主和保姆之間建立家庭關係的情況下提出權利問題，因而造成保姆可能受到剝削和虐待的後果。實際上，僱主往往錯誤地使用家庭和諧的言論反對對保姆有利的立法。考慮一下一九一〇年長崎的三菱造船廠的主任反對增強工人權利的工廠法律的言論：

> 自古以來，日本就擁有嚴格建立在犧牲和奉獻精神基礎上的主僕關係的美好傳統，這個傳統在世界其他地方並不常見。即使現在交通發達，權利意識增強，市場擴展，工業社會規模擴大，這種主僕關係仍然牢固地存在。它不是西方國家所認為的缺陷，而是我們家庭體系的根源，只要這個體系存在，它將繼續存在。因為有這樣的關係，僱主愛僱員，僱員尊重主人。既然不存在罪惡，我們就覺得沒有必要工廠立法。我們不能同意可能破壞主僕關係優良傳統的東西，反對可能嚴重破壞我們的工業和平的內容。[8]

人們懷疑工人可能不同意這樣的觀點，我們對這種言論應該保持警惕。僱主如果有良心的話，應該試圖從僱員的角度思考問題，做一些僱員真正關心的事情，比如支付比最低工資高些的工資，給予他們自由的時間，不管對家庭紐帶的發展產生什麼樣的影響。有時候甚至需要無視僱員基於關心來推動密切關係的願望。如果我要從自己作為僱主的經驗中得出任何結論時，就需要特別小心，我非常清楚這樣做「感覺」並不好，不過還是讓我講一個例子說明我的意思。有一次，我請我們在北京保姆的兒子幫我修理電腦。他下班後過來，最終解決了問題，我還沒有來得及給他錢，他就離開了。第二天，我要把這個費用交給他母親，但是她拒絕了，還解釋說西方人和中國人不一樣，西方人希望把任何東西都市場化，但是中國人更看重以關心和感情為基礎的關係。我立刻的本能是為西方文明辯護，但是我忍住了這個衝動。相反，我告訴這個保姆，如果她不代兒子接受這筆錢，我就不好意思再請他幫忙了。[9]

雖然如此，對人們濫用家庭成員關係的擔心，不應該破壞僱主和保姆之間建立家庭式親密關係的願望，尤其是僱主和保姆在家庭內部的親密交流。顯然，如果僱主關心愛護保姆，對於保姆當然是好事，這不僅是僱主的觀點。接受採訪的北京保姆特別指出「被當作家庭成員看待」非常重要，也是她們的渴望。而且，那種認為家庭式親密關係和合法權利保護之間總是存在此消彼漲的觀點是錯誤的。在有些情況下，權利保護實際上能推動親密關係的建立。在中國大陸的城市裏（和香港不同），外來的保姆往往是在沒有簽合同的情況下工作。香港式的合同對於保姆是有利的，在這樣的合同裏，最低工資、健康保障、工作事故保險等都有統一的標準。人們沒有特別注意到的情況是，這種合同還能幫助推動家人般親密關係紐帶的形成。通過明確規定較長時間的聘用期限（比如兩年、三年），保姆更願意留在同一個僱主家裏，因而增加僱主和保姆之間建立家庭成員般親密關係的可能性。另一方面，在如今非正式的工作模式下，對保姆來說一個很大的好處就是她們可以輕易地跳槽，無需忍受有虐待傾向的僱主（相反，在香港的外國保姆要尋找新僱主的話，只有兩個星期的時間，這就意味着要避免被驅逐出境的命運，就只好忍受不良的僱主折磨了）。所以，合同應該保留某種形式的退路，但是也不至於到了僱主和保姆用家庭方式處理微小糾紛的願望也沒有的地步。當然，這樣的合同也需要結合避免保姆遭受虐待的措施，比如嚴厲懲處那些對保姆體罰和性騷擾的僱主。

但是我們確實需要認識到，過多強調權利可能破壞僱主和保姆之間的親密關係。自由主義者似乎認為，在政治上（法律上），旨在推動平等、尊重和公平對待的權利總應該比建立親密關係的願望更重要。不過，儒家感覺到了兩者之間的緊張關係。[10] 有時候親密關係比權利更重要。比如，我的一個香港受訪者讚美她的新加坡僱主總是為她提供洗髮水或者其他化妝品，這些似乎雞毛蒜皮的小事讓她們印象深刻，正是因為這不是法律上的義務，才鞏固了僱主和保姆間的信任關係。如果僱主提供化妝品是寫在合同上的義務，就不會對相互關係產生同樣有利的效果了。

引起爭議更大的問題是，這樣的考慮還涉及是否應該在合同上寫明工作時間。在香港，僱主和保姆之間的合同不明確最高工作時限，讓保姆一天工作十六個小時也不算違法。乍一看，這似乎在道德上是讓人懷疑的。但是，不確定最高工作時限的一個原因是在家庭這樣的「私密」空間是很難具體落實，一旦出現糾紛也很難裁定。另外一個原因對我們的目的更重要。一方面，僱主可以主動把工作時間限制在「合理」水平上，比如八個小時，中間有休息，這可能會產生鞏固雙方關係的效果。另一方面，保姆可以主動工作超過雙方協定的時間，同樣能產生加深家庭般信任和關懷的效果。最終，經濟活動和家庭責任的界限可能變得模糊起來，僱主和保姆之間關於工作的協商過程，變得更像家庭成員家務分工那樣的非正式約定。換句話説，它讓「儒家」的家庭規範和實踐延伸到保姆身上成為可能。如果正式合同明確、詳細地規定保姆在家庭中的權利和義務的話，是不大可能出現這樣的結果的。

自由派人士或許回答説，不確定最高工作時限的建議仍然是有利於僱主的，他最終控制着權力的槓桿。為什麼僱主有權力決定是否剝削保姆呢？從保姆的角度看，擁有在明確的最高工作時間標準內工作的權利似乎是更有利的，如果需要的話，可以求助於法律。如果保姆想改善和僱主的關係，她可以放棄這個權利，僱主會感激的。不幸的是，這在實際上不大可能發生。一旦權利正式確定下來，人們就有強烈的傾向要充分使用，甚至拿來對付那些「好」僱主，雖然根本不需要這麼做。而且，這個權利很難具體落實的事實或許會導致無休止的衝突，從而令家庭親密關係的氛圍惡化。

我的主要觀點——自由派理論家忽略或者批評的是，應該認真對待把家庭關係延伸到保姆身上的儒家觀點，不僅要體現在政策層面上而且還要體現在我們作為僱主對待保姆的實際行動上。理想的狀況是立法者和僱主應該把公正和關心結合起來考慮。當然，有時候不能兩全其美。法律權利應該保護保姆的根本利益，比如確保避免遭受虐待和性侵犯的權利等。但是如果約束權利並沒有導致出現嚴重的非正義，也沒有幫助推動親密關係形成，那麼，我們就應該優先考慮親密關係。在需要作出困難的選擇時，人們往往因為立場不同得出不同的結論。自由派個人主義者或許更願意站在正義一邊，但是儒家可能傾向於贊同有利於家庭和諧和信任的規範和實踐。

二、有差別的公民身份的經濟利益

我可能錯過了真正的問題，外來勞工的整個體制是建立在公民身份的不平等這個實質非正義基礎上的。比如，在香港，外國保姆根本不可能具有成為香港公民的機會，不管他們在這裏工作了多長時間。在自由派理論家的眼裏，這種二等公民的結構性安排——對於某個居民團體的永久性不平等權利，是對基本自由民主原則的侵犯，是不能被允許的，不管具體的背景如何。正如威爾•吉姆利卡（Will Kymlicka）指出的，「它正好違犯了讓長期居住的居民有權成為公民的自由民主思想」。[11] 沒有哪個體面的政府會在這個原則上妥協。[12]

或許有人反對，在中國大陸有更加糟糕的非正義事件，因為民工在自己的國家內被剝奪了平等權利！中國的「流動人口」大約有一億二千萬，主要是來到城市尋找更好的機會和更高收入的貧困地區的農村居民，他們受到戶口（家庭登記制度）的限制，無法成為正式市民。國家通過戶口來控制向城市移民的規模，使那些出生在農村的人更難在城市建立永久的家。戶口成為因出生地不同而形成的政治上的限制，是世代相傳的，那些來自農村的移民到了城市就必須申報暫住證，申請工作許可證。出生在城市的正式居民被給予一些特權和利益，而移民僅僅因為以前生活在農村而被排除在這些利益之外，不管他們在城市裏實際上生活了多少年。換句話説，從自由民主的角度看，戶口體制在功能上等同於把一群人貶低為二等公民的種姓制度，僅僅因為這群人不幸出生在農村。

這裏有必要問一下，到底是什麼東西促成了這個看起來明顯不公平的體制。回答這個問題的一個方法，是預測戶口體制下社會和經濟發展的可能後果。我們設想一下如果西藏取消了戶口體制後會出現什麼樣的後果。對於中國的漢族人來説，西藏是最遙遠的、最不受歡迎的、最充滿敵意的一部分。「為了鼓勵西藏的經濟發展，北京特別允許西藏不受一個人必須在特定的永久居住地做生意的基本原則的約束。結果，在西藏的城市，尤其是首府拉薩充斥着來自中國其他省份的漢族人，即所謂的「流動人口」。[13] 吳銘指出在人們嚮往的地方（從漢族人的角度看），比如北京和上海，如果取消戶口制度可能出現的後果：

如果取消都市户口，不僅造成技術和城市人員管理上的困難，而且會出現來自農村的大量勞工的湧入，這會造成許多的「城市病」，尤其是東南沿海發達地區的城市。或許我們會說這些城市裏已經有大量的民工存在，並沒有許多的「城市病」啊。那是因為城市户口體制還沒有取消的緣故。民工沒有固定的住所，他們的生活就像候鳥一樣。如果沒有户口體制，他們就會成群結隊而來，如果能在城市立足，就會把家庭搬過來居住在城市邊緣，那就會產生大量貧困人口。拉丁美洲的都市化就是這種局面的最好例子。[14]

換句話説，戶口體制防止了其他發展中國家比如巴西、墨西哥、印度和印尼等大城市出現的大量貧民窟的現象。都市地區經濟發展的好處是顯而易見的：社會穩定、犯罪率低，以及吸引外來投資的穩定環境。

吳銘認為戶口制度對國家的不發達地區同樣有利。中國西部欠發達地區的中小城市更容易留住人才，以幫助發展本地區的經濟（如果沒有戶口體制，人才可能湧向北京或者上海等）。人們或許還補充説相對富裕的東部沿海地區經濟投資的利益能最終重新分配給發展中的貧窮地區（中國政府最近已經宣佈投入資金加強西部的基礎設施建設）。

我們有理由懷疑這些觀點的實證基礎，[15]但是，即便這些觀點確實有證據支撐，自由派仍然想取消戶口體制，因為公民平等是當今自由理論的所有價值存在的基礎。即使不平等的權利有助於推動經濟發展，這個體制在根本上也是不公正的，必須被廢除。這裏我們面臨根本價值觀的衝突，這不僅因為中國共產黨說政府應該首先考慮生存權而不是平等的公民權和政治權。孔子本人就非常明確地指出政府的首要義務是為人民提供基本的生存條件，只有那時才應該教育他們（《論語•子路》第九條：「曰：『既富矣，又何加焉？』曰：『教之。』」）。同樣地，孟子認為政府必須首先提供人們的基本生存條件，這樣他們就不至於走上道德的歧途。「如果沒有固定的產業，便因此沒有堅定的信念。沒有堅定的信念，就會放縱越軌、胡作非為，沒有什麼事幹不出來。」（〈孟子•梁惠王上〉第七條：「若民則無恆產，因無恆心。苟無恆心，放辟邪侈，無不為已。」）。在西方，理論家只是到了十八世紀才開始意識到國家消除貧困的責任，[16]但是這樣的關心早就影響着中國人的思維和實踐了。為了讓人們富裕，可以犧牲某些權利的觀點在中國並不沒有引起非常強烈的爭議。如果存在自由民主理論的衝突，那主要存在於自由民主理論內部。至少，自由派應該小心謹慎，別對中國人指手畫腳，要求什麼「普遍」正義。

但是權利不平等的體制的特徵應該引起儒家的特別關注：民工常常被迫和家人分開的事實。在中國大陸，民工如果把孩子帶到城市來需要支付額外的費用，因而常常把孩子留在家鄉。官方報紙《中國日報》（2007年1月29日）報道超過兩千萬的中國兒童在父母離開家外出打工後和祖父母或者其他親屬一起生活（通常的情況是，父母在中國新年的時候回家一次）。在香港，外國移民對家庭生活的影響甚至更糟。外籍保姆不能帶家人一同前來，只能單身過來，把配偶和孩子留在老家。

有必要問一下為什麼要實施這種不人道的法律。主要原因是接受勞工的地區不願意讓貧窮的民工永久定居下來，他們認為把平等權利延伸到民工的家庭將鼓勵他們永久定居的傾向。這樣的觀點在可以預見的未來不大可能發生改變。比如，許多香港人就擔心海外貧窮移民的大量湧入。香港已經是亞洲最擁擠的區域之一，香港人最不願意看到的事情就是外來民工和家庭的大量湧入（即使大陸人也很難把家人弄到香港來，雖然在技術上説大陸、香港是同一個國家）。有必要問一下如果自由派理論家成功説服香港政府改變其政策，那會發生什麼樣的事。幾乎可以肯定的是，外來勞工受傷害。由於人民的壓力，香港政府將禁止新保姆進入香港，因而剝奪貧窮外國人的工作機會。目前香港外國保姆的最新數量（2007年3月12日）是232,780人，這些人也將被驅逐出境。許多保姆將被迫踏上飛機，呼天搶地，痛哭流涕，被送回菲律賓或者其他輸出國。香港許多習慣於依賴保姆的小孩可能一連幾個晚上哭鬧，無法入睡。

最後，從香港寄出的匯款將乾涸，全球的貧困將進一步加劇。[17] 人們對這樣的局面會如何反應呢？在過去一個世紀裏，西方自由派人士已經發現家庭紐帶對幸福生活的價值（作為對比，家庭紐帶作為儒家中心議題已經有幾千前的歷史），他們試圖使用基本人權的語言來獲得這個價值。比如，約瑟夫•卡倫斯（Joseph Carens）寫到「拒絕給予人們和家人一起生活的權利超過三個月是殘忍的，超過一年就是缺乏道德的不公正的暴行」。[18] 這樣的基本人權勝過所有其他考慮。即使民工項目能最好地減少全球貧困，[19] 自由理論家也不能在這個原則面前屈服。但是對於儒家來說，關鍵是要在不同價值間尋求平衡。一方面，政府有義務減少貧困，如果需要，它願意考慮限制某些權利以便達到這個目標。另一方面，政府也有責任保護和推動家庭價值。但是請注意，儒家的家庭價值觀是不同的。在西方自由派看來，家庭的典型是指核心家庭，也就是配偶和孩子。因而被剝奪了這種關係，就等於徹底剝奪了家庭紐帶。而對於儒家來說，家庭概念是寬泛的，它能夠而且應該延伸到其他人。最明顯的是，家庭成員包括上年紀的祖父母，同時還可以吸收「新」的家庭成員，曾經的家庭規範和標籤也可以延伸到這些新成員身上。因此，推動僱主和保姆之間建立家庭式的紐帶就具有重要意義。在很大程度上，這樣的紐帶能夠減輕民工由於和家人分別而產生的孤獨感。

我並不想說這樣的紐帶能夠取代外籍勞工和家人的親情紐帶（或者中國大陸的民工的農村地區的家人之間的親情）。比如，孟子明確地警告說，不要把家庭規範的延伸和墨子關心所有人的公平的主張混淆起來。對於孟子來說，一個人愛他兄弟家的兒子比愛他鄰居家的新生嬰兒更甚是自然的、合理的（〈滕文公上〉第五條）。墨子讓我們做的，把鄰居的父親當作親生父親對待，等於否認父親的存在（〈滕文公下〉第十四條）。所以把家庭式規範延伸到別人不能總是起到作用。親密的家庭成員有無法替代的特殊價值。因此，必須制定法律允許民工在長時間工作後回家與親人團聚，至少一年回家一次。

在香港，僱主被迫支付這種探親費用，其實僱主可以做得更多，比如提供每年探親兩次的費用。在中國大陸，許多僱主也許還沒有條件支付保姆回家的費用，而那些有能力的人應該這樣做（這裏不需要提供直接的幫助，可以採取在假期期間發獎金的方式）。

在本章結束時，我想強調在不那麼理想的世界裏，我們有能力作出一些艱難的選擇。儘管這些交易和犧牲是可以容忍的，但決不值得讚美。當然，理想的情況是人人都能平等和體面地生活，不需要背井離鄉、遠離親人外出謀生。從長遠來看，我們可能會看到樂觀的前景，到那時，經濟因素將不再影響人們的行為。我們徹底解決全球貧困問題，沒有人需要作為移民到異國他鄉去工作。但是，即使如此，不同的文化傳統仍然影響需要關照的家庭成員的不同贍養方式，比如照顧老人的問題。在西方自由社會，人們期待「照料」老人的主要任務，將由養老院或者家裏僱用的保姆來完成（往往在最低工資以下的工作）。[20] 但是在儒家傳統社會裏，照顧上年紀父母的思想受到正確「態度」（特別的愛）的指導，意味着家人要承擔大部分的照料任務。[21] 或許國家能為親人在家裏照料老人提供更多的資源。同樣重要的是，我們希望性別關係更加平等，在成年的兒子和女兒之間更加平等地分配照顧老人的任務。[22]

註釋

* 本章英文版原刊於 Daniel A. Bell, "How Should Employers Treat Domestic Workers?" *China's New Confucianism: Politics and Everyday life in a Changing Society* (Princeton, N.J.: Princeton University Press, 2010)，已經由 Copyright Clearance Center, Inc. 轉介，獲得 Princeton University Press 授權重印。中文版原刊於 Daniel A. Bell（貝淡寧），吳萬偉譯：《中國新儒家》（上海：上海三聯書店，2010）。

1 幾年前，同一個朋友到北京看望我。我的夫人是一家國際律師事務所的律師，由於她不會開車，於是我們讓司機到機場接這位朋友。我告訴這個朋友，司機是我們的朋友，我不是想說我在撒謊（實際上，這並不是謊言，我們確實和司機的關係非常好），但是如果我承認我們現在既有保姆又有司機的話，我擔心這位學術界朋友可能提出反對意見（或者取笑我的左派立場和我的「資產階級」生活方式之間的所謂差距）。

2 但是，馬克思並沒有寫關於家務勞動的政治。或許他的生活中最不光彩的事件，就是他和自己家的保姆之間的私情了，兩人還生了一個孩子（恩格斯把這個孩子抱走了，因而避免了家庭醜聞），這或許解釋了為什麼馬克思不願意談論這個話題。

3 這章選自拙著 *Beyond Liberal Democracy*, ch. 11.

4 Tak Kin Cheung and Bong Ho Mok, "How Filipina Maid are Treated in Hong Kong—A Comparison between Chinese and Western Employers," *Social Justice Research* 2, no. 2, 1998.

5 家庭式標籤延伸到外人還可以體現在非常罕見的情形下：在中國電視上，一個專門解救被綁架者的資深警官描述他外柔內剛式的辦案方法：他與綁架者交談，通過稱他「兄弟」和他套近乎，而且綁架者往往最終溫和起來，放棄抵抗。奇怪的是，在美國背景下，家庭式標籤也延伸到外人，比如在女子監獄。與男子監獄不同，女性囚犯不是形成匪幫，而是組成「家庭」，上年紀的人充當「祖母」，中年婦女做「母親」，年輕女性為「孩子」。

6 我用女性代詞指代保姆，是因為她們多數是女性。在中國大陸，也有一些男性保姆，尤其是從事照料殘疾人和老人的工作。原因是這類工作通常是繁重的體力勞動（比如幫病人洗澡），男性更有能力應付。

7 Anderson Bridget, "A Very Private Business," *Centre on Migration, Policy and Society*, Working Paper, No. 28 (2006): 19.

8 引自 Frank Upham, "The Japanese Experience with 'Harmony' and Law,"，作者保存的論文。

9 她仍然拒絕接這個錢，我確實又請她兒子幫忙了。我再次給錢（兩次的費用），他在一番推辭之後還是收下了。

10 我不是暗示自由派的實際生活和他們的理論吻合。比如，我上文提到的自由派朋友日常生活，都是非常舒服滋潤的。

11 Will Kymlicka, *Contemporary Political Philosophy* (Oxford: Oxford University Press, 2002) 359.

12 這樣嚴格的為道德原則辯護或許在自由派政治理論家中非常普遍。左翼傾向的經濟學家和政治積極分子常常更願意扭曲原則，承認衝突的價值觀之間的交換妥協。比如，布殊政府的移民工人項目建議——在我看來，就是該政府的少數有道理的建議之一——得到左翼政客如特德‧肯尼迪（Ted Kennedy）的支持。該建議遭到反對，最終被擔心給予非法移民「赦免」地位的保守派力量所擊敗。

13 Baogang He, "Minority Rights with Chinese Characteristics," in *Multiculturalism in Asia*, ed. Will Kymlicka and He Baogang (Oxford: Oxford University Press, 2005), 64.

14 引自吳銘：〈中國戶籍制度暫時不能取消〉，《新西部》，2001年26期。

15 參閱 Xia Xianliang and Wang Yingxi, "The Theoretical Analysis of China's Hukou System," *Urban Studies*, no. 4 (2002): 15–23.

16 關於西方傳統的有趣描述，參閱薩繆爾‧弗萊夏克（Samuel Fleischacker）：《分配正義簡史》（譯者註：該書中文版由南京譯林出版社於二〇一〇年出版）。弗萊夏克（Fleischacker）認為，亞當‧斯密（Adam Smith）是第一個認真考慮國家應有責任消除貧困的學者。（其他理論家如亞里士多德和馬基雅維里反對貧富之間的巨大差距是因為他們看重政治穩定，不是因為他們反對貧困本身，基督教普遍傾向私人慈善作為處理貧困問題的方法）。

17 外來勞工匯款的經濟利益是巨大的。正如聯合國秘書長潘基文（Ban Ki-moon）說：「去年由移民往家鄉匯款的金額為一千三百一十億（英鎊），是全部國際援助的三倍多。在有些國家，三分之一的家庭依靠這些匯款擺脫貧困。在發展中國家，匯款被用來支持醫療保健，教育和草根性的企業。」（*The Guardian*, July 10, 2007）.

18 Joseph Carens, "Live-In Domestics, Seasonal Workers, Foreign Students, and Others Hard to Locate on the Map of Democracy," unpublish thesis.

19 經濟學家蘭特•普瑞徹特（Lant Pritchett）認為巨大的客居工人項目——工人可以呆三到五年，不能成為公民——讓千百萬世界最貧窮國家的人，在最富裕的國家工作是最能戰勝全球貧困的方法。普瑞徹特認為多數接受這些勞工的國家不允許他們把家人帶來，他認為全球發展的好處超過了付出的代價。作為回答，傑弗里•薩克斯（Jeffrey Sachs）說：「讓他單獨前來，讓千百萬的男人和家人分開，生活在臨時的條件下，很難對於我們要建立的世界有幫助的作用。（引自 Jason DeParle, "Should We Globalize Labor Too?" *New York Times Magazine*, June 10, 2007.）如果是為了減輕全球貧困必須做出這樣的選擇呢？

20 參閱 Eileen Boris and Jennifer Klein, "Old Folks at Home," *Dissent*, fall 2007.

21 有趣的是，這個道德觀似乎仍然指導亞洲移民到其他社會的實踐。按照《紐約時報》在二〇〇一年八月十一日的說法，在美國，幫助照料父母、岳父母或者其他親屬，或者提供經濟支持的白人的比例是20%，而美國黑人的比例是28%，拉美裔美國人的比例是34%，亞裔美國人的比例是42%。那些提供最多照料的人也往往最感到內疚，覺得他們做得還不夠。幾乎四分之三的亞裔美國人說他們應該多為父母做點什麼，而這個比例在拉美裔美國人是三分之二，美國黑人是二分之一稍多，白人則不足一半。

22 未來成年兒子更多參與照料父母的任務恐怕是必須的，因為中國獨生子女政策將讓請人到家裏照料父母的工作變得更加困難。

第八章

論作為儒家

為什麼儒家一定老邁、嚴肅和保守呢？

一家英文刊物的編輯曾約我寫一篇〈論作為中國人〉的文章，作為身份認同系列的一部分。我笑了：「對不起，我寫不出來。」為什麼呢？因為明顯的相貌差異，中國小孩指着我說「外國人」並不是希罕的事情。[1] 而且我現在還沒有中國公民的身份，語言也是一個問題。說漢語的本族語者用不了多長時間就會注意到我不是他們中的一員。我們不要忘記身份認同在一定程度上是依賴於別人的看法的，而且在很大程度上如此。或許不幸的是，即使我想把自己看作中國人，卻很少有中國人把我看作中國人。最後，我並不真把自己當作中國人，雖然為了更好地適應周圍的環境，我有時候希望在行為方式上更「中國」一些，但從內心深處來說，我明白這樣的努力是徒勞的。

雖然如此，我們的交談很融洽，而且幾杯酒下肚後，我變得很興奮，有點不想拒絕他的要求了。猶豫一番之後，我提出了另外一個想法：寫一篇「論作為儒家」的文章如何？首先，孔子本人也是老師，這正是我現在從事的職業。儒學主要是倫理哲學，判斷你是否成為儒家的主要標準，是看你能否認同儒家傳統的中心價值觀，而不看你的種族和語言是什麼。既然韓國是東亞「最儒家化」的社會，美國還存在一個「波士頓儒學」流派，為什麼就不能出現一個生活在北京的加拿大儒家信徒呢？而且我一直自封為儒家學說的傳播者，對於外部世界來說，我的文章或許不是非常不可信的。

或許更重要的是，我同情儒學。一方面，儒學是支持我從前已經存在的許多倫理信念的倫理哲學，幸福生活應該包含豐富的家庭紐帶，親密的朋友關係，道德義務從親人開始逐步延伸到陌生人，我們應該為自己的社會以及整個世界的美好做貢獻等。我喜歡早期儒學對於形而上學觀念的模糊承諾，這或許符合多元化宗教信仰的要求。孔子認為教育者和立法者應該依賴道德力量而不是法律懲罰的觀點尤其有吸引力。同樣有吸引力的是，他認為政府的首要責任是為保障窮人的美好生活。我也喜歡《孟子》海外人道主義干預應該具有合理性的觀點，當然其出發點是減輕人民的物質痛苦，而不是推廣民主。另外，有些女性主義學者重新解釋儒學，揭示儒學與當今性別平等的思想並不矛盾也讓我感到欣慰。

另一方面，我的儒學信仰似乎也挑戰了從前的一些道德觀念。[2] 我學習儒學不僅僅是尋找能夠為我已經相信的觀念來辯護的彈藥，而且也獲得了新的和更好的觀點。通過閱讀《荀子》，我了解到等級禮儀的道德價值，它們有助於實現物質財富上的平等。所以，當下級向上司鞠躬時我不再皺眉頭了。我也了解到唱歌有助於社會和諧，因而對卡拉OK有了比從前更多的理解。我認識到批評性思考的局限性，不會再盲目地鼓勵學生對還沒有完全看透的文章發表批評的想法。我學會了質疑現代西方價值觀中一人一票形式的民主管理這個最神聖的觀念。我現在認為通過考試選擇領袖的方法，可能更容易保證國家管理的質量。坦率說，這是在我接觸儒學之前讓我感到不安的論點。總之，儒學不僅銜接了我從前擁有的倫理信念，而且留下了道德改進的很大空間。這難道不是我認同儒學的充分理由嗎？難道不是我寫作為儒家意味着什麼的文章的理由嗎？

在說服了自己之後，我向夫人（中國人）彙報了答應別人寫一篇〈論作為儒家〉文章的事。她笑了，正如編輯讓我寫〈論作為中國人〉時我發笑一樣，其中隱含的意思是這個任務太荒謬、太可笑了。可是，我問，為什麼笑呢？她上下打量我一番說「好了，你怎麼是儒家？」然後就轉到別的話題上去了。我感到納悶，她為什麼這麼不屑一顧呢？是因為我沒有按儒家信徒的方式生活嗎？因為我不夠嚴肅嗎？還是因為我不夠保守呢？讓我試圖一一回答這些反對意見。如果我成功了，那就說明我就有資格寫這樣的文章。或許我無法說服我的夫人，但我希望讀者願意聽聽我的論述。

一、儒學作為生活方式

自由主義主要是政治哲學而不是包括一切的倫理哲學。[3] 自由主義的目標不是試圖提供如何生活的詳細指南，而是為社會基本框架的政治原則進行辯護。在私人生活裏，只要尊重了別人的基本人權，人們可以做任何想做的事情。因而，自由主義思想家根本不用過分擔心用自己鼓吹的理論作為自己生活指南的要求。[4] 比如，他們可能為其他人性解放的權利辯護，雖然自己可能過着非常保守的家庭生活。或者他們為女人墮胎權辯護，雖然自己從來不會夢想要去墮胎。即使政治家也應該享有更多的自由空間，在上班之外的時間有權做自己喜歡的事。雖然有人可能反對，至少人們認為克林頓的政治表現應該和他的私生活分開評價。這種「政治的」和「個人的」生活的分離不一定造成太多的問題，因為自由主義哲學本身就預留了不受國家干涉的多樣化私人生活的廣闊空間。自由主義的政治原則不應該因為這些原則的辯護者本人的生活方式而遭到破壞。

儒家學説就不同了。信徒永遠面臨要求説到做到、知行合一的壓力。光閱讀和寫作儒家哲學是不夠的，儒家信徒還應該按照儒學價值觀來生活，來身體力行。也就是説，他或者她必須樹立做一個正人君子的生活目標，要成為他人學習的榜樣。那麼，這意味着什麼呢？從最低限度來説，它意味着成為顧家的好人。如果我不孝順父母，不管教孩子，那我就沒有盡到自己的職責。不管我的文章寫得多麼漂亮，如果有人發現在我自己的生活和理論上的信仰之間存在實質性的差距的話，我的可信度就喪失殆盡。如果一個儒家哲學家的個人生活和儒家價值觀存在明顯的差距的話，就再也沒有人願意接受他的理論。

但是我認為夫人發笑不是因為她認為我作為家庭成員不合格。不錯，我有很多的毛病，確實有很大的改善空間，但是我還不至於已經不可救藥了。[5] 我覺得她發笑是因為儒家哲學家典型特徵的一些俗套形象。多數人認為儒家應該是上年紀的老者，不苟言笑，莊重嚴肅，在政治上表現積極，通常和保守派結盟。在這些方面，我可能不夠「儒家」。但是，這些俗套的形象或許是對儒學作為生活方式到底應該要求做到什麼的普遍存在的誤解。如果真是這樣的話，我就真有寫這種文章的理由了。所以，還是讓我繼續往下說吧。

二、道德品質隨着年齡的增長而提高嗎？

《論語》中被引用最廣泛的名言是孔子對自己生活的簡要描述：「我十五歲立志學習；三十歲，確定自己的立場；四十歲，不受迷惑；五十歲，了解天命；六十歲，一聽別人言語，便可以領會精神，分辨是非；到了七十歲，便能隨心所欲，言行不越出規矩。」（〈為政〉第四條：「吾十有五而志於學，三十而立，四十而不惑，五十而知天命，六十而耳順，七十而從心所欲，不踰矩。」）

在當今中國，這句名言在一定程度上被曲解了，比如人們理解為孔子說三十歲的人應該在事業上有所成就。不管這樣的解釋有什麼合理性，有一點是無須爭論的：那就是孔子在追溯自己的道德發展過程。隨着年齡的增長，他在道德上更加成熟，他進行道德判斷的能力不斷提高。從道德上說，他的行為逐步得到改善。在別的地方，孔子把道德成長表述為更加普遍化的過程：比如，在四十歲的時候，一個人應該具有足夠的能力贏得別人的喜歡，否則他或者她真是無可救藥了。（〈陽貨〉第二十六條：「年四十而見惡焉，其終也已。」）[6] 但是孔子認為道德隨着年齡的增長而提高的理由是什麼呢？[7] 不幸的是，文章本身沒有說清楚，不過我們可以考慮其中的一些可能性。

道德判斷能力隨着年齡而增長的最明顯理由，是道德能夠因為受教育程度的提高而提高。學習是永不停息的獲取知識的過程：正如孔子所說「每天學習了解自己所沒有的知識技能，每月不忘記自己已經掌握的知識技能，可以說是好學了。」（〈子張〉第五條：「日知其所亡，月無忘其所能，可謂好學也已矣。」）從道德的角度看，我們需要學習，了解別人的思想和觀點以便得到改善自己生活的想法。我們書讀得愈多，想法就愈多。因為閱讀和學習是個花費時間的過程，年長的人讀書學習的時間就更多，改善自己生活的時間也更多。[8] 因此，年長者儲存進行更好的道德判斷所需的大量知識的可能性也就更大。

年長者因為擔任不同角色和見識多樣生活的人生閱歷，更容易提高道德判斷的能力，這同樣重要，甚至比知識的獲得更重要。儒學是以行動為基礎的倫理哲學，一個人通過參加不同的儀式而學習，擔任的角色不同，肩上的責任就不一樣，生活閱歷愈豐富，在具體情景下改善道德判斷能力的可能性就愈大。一方面，人們在具體角色的實踐中經驗不斷豐富：比如關心自我提高的老師能從自己的教學錯誤中吸取教訓而改進教學水平，更好地指導不同類型的學生，使用不同的教學材料。另一方面，人們從新角色中學習，而有些角色只能在長大後才能承擔。在做中學的關鍵是孝道，關心上年紀的父母。正如孔子所說「孝順爹娘，敬愛兄長，這是做人的根本。」（〈學而〉第二條：「孝弟也者，其為仁之本與！」）。但是年輕人很少有實踐孝道的機會：父母照顧孩子，而不是孩子照顧父母。隨着年齡的增長，父母可能更需要得到照顧，所以通常情況下，是成人才真正嚴肅地實踐孝道。照料父母的孝道還可以延伸到父母去世以後，不管是照料屍體（正如荀子所說的）的意義上，還是通過新儒家所辯護的各種祭祀祖先的儀式。這至少意味着年輕人不大可能擁有足夠的生活閱歷讓仁——愛護別人關心別人得到發展。

相信年長者道德判斷能力強的另外一個原因，是他們受到性欲困擾的可能性更小一些。[9] 在七十歲的時候，孔子注意到他可以隨心所欲，意思是說他想做的事和他應該做的事之間出現衝突的可能性更小了。孔子為什麼這麼説呢？在《論語》的其他地方，孔子感到絕望地説他「吾未見好德如好色者也」。（〈論語・衛靈公〉第十三條）。這裏，孔子是對學生發出這樣的感慨，對老人他大概不會這麼説吧。也就是説性欲隨着年齡的增長而減弱，性的慾望和行善的慾望之間發生衝突的可能性就變小了（最起碼，年長者可能不會浪費太多的時間考慮性的問題）。所以道德判斷隨着年齡而改善的一個原因，是上年紀的人一般不再經受像年輕人那樣的性欲和行善慾望之間的強烈衝突。[10] 這裏並不是説老人的性需要應該徹底消除，而是説他們更容易把它控制在道德約束的範圍內（和青春期的男性相比的話）。[11]

所以請讓我回到正題。我並不是在信馬游韁、想到什麼説什麼，只是要説明我有資格寫「論作為儒家」的文章而已。如上所述，作為儒家不僅僅是研究儒家經典的問題，我的生活也應該反映出我信奉的儒學觀點。有很好的理由相信，只有那些超過了70歲的老人才可以現身説法，宣揚儒家觀念，而我目前似乎還沒有這樣的資格。但是，我覺得這不應該是完全肯定完全否定的問題。當我向一個學識非常淵博的同事談到我在寫一篇〈論作為儒家〉（"On Being Confucian"）的文章時，他建議題目最好改為「論成為儒家的過程」（"On Becoming Confucian"）。我猜想他試圖要説明的觀點是自我改善的追求是永不停息的，總有更好的人或者更好的觀點值得我們學習，不存在「終點」或者「儒家目的地」的問題。或許這就是為什麼孔子自己也說他還不是君子（〈述而〉第三十三條）。他甚至沒有提到成為聖賢君子的可能性。[12] 換句話說，沒有人能真正體現儒家的觀念。有些人可能比其他人更好些，但是在人的一生中真正成為「儒家」是根本不可能的。在當今世界，這個任務就更加讓人灰心喪氣：有太多的書要閱讀，太多的角色要經歷，太多的文化要學習。所以即使老人也不能被認為真正有資格寫「論作為儒家」的文章了。

我們還是不要搞文字遊戲了。客觀存在的事實是，老人仍然比年輕人更有條件實施道德判斷。用儒家術語，他們經歷了足夠多的角色，閱讀了足夠多的書可以做出不受性欲扭曲的正確判斷。那麼以我的年齡是否有資格寫這樣的文章呢？坦率地說，我雖然已經四十三歲了，可仍然常常感到困惑。或許因為從孔子時代以來人均壽命在提高，因而人生各階段也相應延長的緣故吧。我已經擔任過不同的家庭角色，包括照料上年紀的父母，我也讀了一定數量的書，從理論上說，我已經越過了需要警惕性欲無法控制大爆發的階段。[13] 所以，或許儒家觀點和我實際生活之間的差距不至於如此巨大，到了我連寫「論作為儒家」的文章的資格都沒有的地步吧。

三、開玩笑有什麼錯？

儒家信徒還有另外一個形象：他們是讓人厭煩的、不苟言笑的道德説教者。在這個意義上，要讓我寫「作為儒家意味着什麼」會很困難。在我看來，一個沒有幽默和笑聲的生活很難有存在下去的價值。不過，或許這個俗套形象是錯誤的。至少有一些很好的理由認為開玩笑和為儒家觀念辯護並不矛盾。而且，還有積極的理由認為幽默對儒家的一些主要觀念發揮了積極作用呢。

儒家看重以信任和關愛為特徵的親人間的密切關係，幽默在親人之間往往最能起作用。一個中國朋友曾經告訴我，如果我的妻子不再和我開玩笑了，我就該擔心夫妻關係是否出了問題。就我的理解，他的意思是親人之間相互開玩笑是因為相互關心對方。開玩笑和逗弄還有助於親密紐帶背後的信任關係的鞏固。和同事之間的關係，常常在開始能夠相互開玩笑的時候發生轉變，也就是從此後，同事關係就變成了朋友關係。有必要問一下為什麼關係親密的人願意相互開玩笑呢？其中一個原因是他們在乎相互的提高，用玩笑的方式提出批評意見，效果往往更好。當孔子告訴學生他「還沒有見過喜歡美德像喜歡美色一樣的人」的時候，他或許是在開玩笑，旨在提醒學生在自我完善的追求中防止感官刺激的誘惑。孔子用開玩笑的方式而不是一本正經地宣佈他們應該遵循的道德真理，學生也更容易接受規勸，真正作出改變。孔子這樣做，還可能是在邀請學生溫和地開玩笑和學生隱含的批評，創造一個隨和、寬鬆的學習環境，從而有助於自我改善。[14]

幽默還可以被間接用來作為社會批評的工具。比如，薩沙•拜倫•科恩（Sacha Baron Cohen）假扮成阿里格（Ali G.）和波拉特（Borat），和沒有提防的人交談時，使用粗俗的「政治不正確」的幽默作為暴露種族主義者和性別歧視者思想的方法。[15] 如果科恩幽默中沒有隱含政治評論，我們這些有進步政治思想的文化人，可能就不會覺得他的玩笑有什麼可笑之處。[16] 科恩幽默的最終目的，是暴露當今社會中的種族主義和性別歧視思想，讓社會變得更美好。雖然我不敢肯定，但科恩很可能寧願生活在沒有種族和性別歧視的世界裏，即使這意味着他的幽默被看作多餘的東西。

但是用這樣的方式為幽默辯護似乎過於「嚴肅」了。幽默難道僅僅是因為作為自我和社會改善的工具才受到尊重嗎？有時候我們喜歡玩笑，根本就沒有考慮其中的道德內容（雖然我現在還一時想不出現成的例子）。如果孔子只是因為道德目的而看重幽默的話，這似乎是狹隘的幽默觀，但可能不是孔子自己的觀點。我們可以把幽默和音樂拿來對比一下。孔子喜歡音樂，不僅因為它的道德影響（有助於和諧關係的形成），而且也因為它有助於讓人快樂開心。[17]想想孔子自己在聽了《韶》樂的反應——「盡美矣，又盡善矣」（〈八佾〉第二十五條）、聞《韶》，三月不知肉味，曰：『不圖為樂之至於斯也。』」（〈述而〉第十四條）孔子在說明音樂讓他快樂，而且快樂的程度如此強烈，他根本就不需要其他形式的快樂源泉，比如吃肉。[18]這同樣可以用來說玩笑：它讓我們快樂，這就夠了，不需要更多的證明。

那麼，儒家是怎麼獲得嚴肅和缺乏幽默的名聲的呢？我猜想，其中一個原因是孔子最著名的追隨者如孟子和荀子似乎是道德上認真的人，在他們的著作裏沒有一丁點兒的幽默或者自我貶損的成分。不過他們這麼做或許有很好的理由，孟子和荀子生活在戰國時期，那是最血腥的動盪時代，在充斥着罪惡的時代開玩笑是不合適的（人們不可能在自殺式炸彈襲擊不久後馬上開玩笑）。[19]更顯而易見的道理是，我不應該和敵人甚至不應該和陌生人開玩笑，因為不存在把玩笑作為批評功能所需要的信任基礎。孔子自己似乎也認識到幽默的局限性：

子之武城，聞弦歌之聲。夫子莞爾而笑，曰「割雞焉用牛刀？」子游對曰：「昔者偃也聞諸夫子曰：『君子學道則愛人，小人學到則易使也。』」子曰：「二三子！偃之言是也。前言戲之耳。」

語譯：孔子到了武城，聽到了彈琴唱歌的聲音。孔子微笑着說：「殺雞何必用宰牛的刀？」（治理這個地方，用得着教育嗎？）子游回答說：「以前我聽老師說過君子學習道，就會愛別人，老百姓學習道，就容易聽指揮。孔子便向學生們說：「你們幾位聽着，他說得非常正確，我剛才不過是同他開玩笑罷了。」（〈陽貨〉第四條）

這一篇很難理解。這個玩笑本身並不覺得特別好笑，一方面，或許像許多笑話一樣，「你得自己去體會」。按照阿瑟•威利（Arthur Waley）的說法，孔子的意思是給這個小鎮上的人講授音樂就像「把珍珠投給豬」。這個笑話有點歹毒，孔子在暗示這個偏遠小鎮上的居民在文化上太落後了，根本不能欣賞優美的音樂，也不可能因此心靈得到陶冶。子游認識到了殘酷性，引用老師的話來反駁，我們需要愛別人，甚至包括文化上落後的人。孔子意識到這只是一個玩笑，但是他似乎後悔開這樣的玩笑了。如果玩笑不是建立在親密紐帶基礎上，它可能就被看作是侮辱，這樣的玩笑還是不開為好。

所以請讓我修改一下我剛才「沒有幽默和笑聲的生活很難有存在的價值」的說法。在面對真正罪惡的時候，幽默是不合時宜的。在這樣的背景下，道德任務是改善社會以便讓人們在相互信任和關愛的基礎上更和平、更開明和更有教養。一旦社會跨越了這個最低的門檻，幽默就可以在鞏固感情紐帶方面發揮更重要的作用，推動社會進步，增強人們的幸福和快樂。不過，就算到了這個時候，幽默、尤其是嘲笑型的玩笑也只是在關係親密的人之間效果最好。因此，我的結論應該改為儒家能夠而且應該開玩笑，但是他們應該對上下文場合（語境）非常敏感。不能僅僅因為我講了不得體的笑話，就剝奪我寫這篇文章的資格。

四、儒學和政治參與

儒家的另外一個俗套形象，是他們在政治上是保守派。我喜歡把自己看作政治上傾向進步的人士，也就是「左派」，這是否意味着我不能成為儒家呢？這裏，俗套形象可能又錯了。如果保守派意味着支持維護政治現狀，那麼有很多的證據說明儒家不是保守派。孔子、孟子、荀子都是激進的現狀批評家。儒學一旦成為中國帝制時代的官方意識形態後，儒家學者中確實出現了更多的現狀擁護者。但是也有很多相反的例子。正如狄百瑞（Wm. Theodore de Bary）在他的《中國的自由派傳統》（*The Liberal Tradition in China*）一書中指出的，審查體制的建立促使儒家學者批評政府，雖然有些人因此付出了生命的代價。有些儒家學者用自己的文章激烈抨擊現狀，十七世紀的學者黃宗羲是有名的例子。他在著作《等待黎明：一個王公的計劃》的開頭就提出了對當時政府的激烈批評：「在古代，人民被認為是主人，統治者被認為是僕人，統治者一輩子都在為人民服務。現在統治者是主人，人民是僕人，和平和幸福無處可尋的根源就在於統治者。」[20] 黃的批評在二五〇年左右時間裏在知識分子中間秘密流傳，直到清朝後期帝國處於風雨飄搖的時候才大白於天下。

或許「保守」的意思是儒家喜歡往回看以尋求靈感，比如在政治理想方面，他們對西周時代津津樂道，而不是展望未來。這種對於先前黃金時代的推崇或許更多是語言上的，而不是真實意思的表達。很少有歷史資料顯示古代周朝的現實情況到底如何。社會批評家借用過去的理想而不提出自己的觀點，可能僅僅是因為如果改革的呼籲得到了「先賢」認可的話，當權者就更容易接受。最起碼，社會批評家必須認識到他們在運用自己的想像力填補歷史鴻溝。他們怎麼能不知道自己在做什麼呢？

不過，儒家確實有一個意識被沒有爭議地認為是保守思想，那就是在一定程度上，他們確實從歷史中尋找靈感。這裏隱含的思想是，我們應該學習以前的大思想家、賢良君主，從他們那裏獲得道德靈感。這是道德學習的更有效方法，不能完全靠自己創造。正如荀子説的「我曾經整天苦思冥想，卻沒有片刻時間的學習所獲得的東西多。我曾經踮起腳尖向遠處張望，但是不如登上高台看得寬廣」。（吾嘗終日而思矣，不如須臾之所學也；吾嘗跂而望矣，不如登高之博見也。）（〈勸學〉第四條或參閱《論語•衞靈公》第三十一條：「吾嘗終日不食，終夜不寢，以思，無益，不如學也。」）作為倫理實踐，它意味着打開過去為現在提供道德教訓的可能性。作為政治實踐，它意味着必須根據、至少部分根據從前的實踐和傳統進行改革。相反的做法——徹底砸爛舊思想——在毛主席的文化大革命期間得到傳播。結果當然是一場災難。正如孔子警告的，「思而不學則殆」。（〈為政〉第十五條）所以，如果保守派意味着厭惡脱離歷史背景的烏托邦政治工程的話，儒家確實是保守派，但是誰能反對這樣的保守派呢？

在我看來，關鍵的問題不在於儒家是否應該被看作「保守派」。如果可能，問題應該是正好相反：儒家是否有道德義務成為社會和政治批評家？考慮到政治現實和理想的政府價值及形式之間不可避免的差距，儒家確實有義務參與當今時代的政治辯論，以便改善現實。

十八世紀儒家思想家章學誠認為即使在周朝黃金時代衰落以後，歷史作為永不停息的循環重複出現，每個時代都有不同的思想傾向被過分強調，在道德上有擔當和承諾的個人面臨的任務，就應該是抗拒這種佔主導地位思想的霸道行徑，以便維持一定程度的平衡。[21] 因此，按照章的説法，儒家將永遠是，而且應該永遠是社會批評家。

孔子本人的觀點或許更細緻入微。一方面，我們有道德義務處理社會和政治問題：「我們無法和飛禽走獸合群共處，難道我不是這個世界上的人嗎？如果不和人打交道，又能和什麼打交道呢？如果天下太平，我就不會嘗試改變它了。」（〈微子〉第六條：「鳥獸不可與同群；吾非斯人之徒與而誰與？天下有道，丘不與易也。」）但是如果時代確實糟糕透頂，根本就沒有改良的希望，那就有合法的理由從政治事務中抽身隱退，直到情況改善為止。孔子稱讚了君子蘧伯玉政治清明就出來坐官，政治黑暗就把志向本領收藏起來。（〈衛靈公〉第七條：「邦有道，則仕；邦無道，則可卷而懷之。」）人們可以想像在文化大革命期間，儒家可能選擇放逐而不是勸説施虐狂的紅衛兵團體。但是對於在一個社會批評家不必擔心被人打死的非動亂社會中，該怎麼做呢？儒家需要扮演重要的政治角色嗎？

在一定程度上，這要看一個人處在人生的哪個階段了。如果他處於學習的階段，專心學習似乎是有道理的。只有「學習時有多餘精力的人應該出來為國家服務。」（〈子張〉第十三條：「學而優則仕。」）而且，孔子本人沒有持政治是直接參與國家代表和機構的狹隘政治觀點。積極地和家庭成員交流也是政治上的貢獻，這是因為不僅在家庭內，而且在社會上為別人樹立了學習的榜樣。[22]

有人問孔子：「你為什麼不參政？」孔子回答說：「《尚書》上說，『孝啊。只要孝順父母，友愛兄弟，就能擴展到政治上。』這就是參政啊，為什麼一定要做官才算參政呢？」（〈為政〉第二十一條：「子奚不為政？子曰：『《書》云：「孝乎惟孝，友于兄弟，施於有政。」是亦為政，奚其為政？』」）

實際上，家庭義務是幸福生活的前提，它們有時候應該優先於對公眾的責任。正如孔子非常著名（或者臭名昭著）的對於年邁父母的照料甚至可以違反法律的話，「葉公告訴孔子說：『我的家鄉中有個正直的人，父親偷了人家的羊，他便去告發。』孔子說：『我們那裏正直的人和你們不同：父親替兒子隱瞞，兒子替父親隱瞞。正直就在這裏面。』」（〈子路〉第十八條：「葉公語孔子曰：『吾黨有直躬者，其父攘羊，而子證之。』孔子曰：『吾黨之直者異於是：父為子隱，子為父隱，直在其中矣。』」）[23] 另一方面，一個人的公共責任也可能限制其家庭義務的實現。比如，孔子注意到他不能為死去的兒子提供外棺，「我不能賣掉車子步行來為他買外棺。因為我也曾當過大夫，是不可以步行的。」（〈先進〉第八條）：「吾不徒行以為之椁。以吾從大夫之後，不可徒行也。」）關鍵的問題是在家庭和社會責任之間尋求平衡，適當的平衡還要看具體的情況而定。

不管怎樣，儒家應該考慮其生活方式的社會和政治含義似乎是清楚無疑的。或許我能夠為社會進步做貢獻的最好方法就是和學生交流，幫助他們提高自己。但是我不僅需要意識到這個目標，而且需要思考實現該目標的適當方式。如果我的教學結果是學生繼續為罪惡的統治者服務，那我就需要重新評價我的行為了。[24] 這樣的問題不僅僅局限於從事教書育人行業的老師。如果醫療行業的從業者把主要的精力都用在為有錢人進行美容手術，把所有收入都花在奢侈品消費上，那他就不應該被看作「儒家」，無論他對於儒家經典的造詣有多高。

我想得出的結論是，儒家不一定是政治上的保守派，也不一定在政治上特別積極，不管是去當官還是批評政府。但是儒家需要意識到家庭責任的重要性，並積極參與到改善社會的進步事業中，同時儘量把兩種責任的衝突減到最低。我或許沒有達到這個理想境界，雖然可能有人反對，但是，作為家庭成員和試圖規範性地思考當今社會和政治爭議的政治理論課老師，我要寫「論作為儒家」這篇文章不是一點資格都沒有。

五、儒家和中國人特徵

我想回到儒家是否需要成為中國人的問題。或許情況不像我前文提到的那麼開門見山。儒家像自由主義者和基督徒一樣，常常懷有把自己的價值觀傳播到世界各地的理想，他們確實反對那些認為其價值學說，只能局限在某個特定種族或者文化背景裏的假設。這一點不可否認，但同樣真實的情況是，雖然儒家學說已經傳播到中國之外的國家如韓國和日本，具有西方文化背景的有些哲學家也擁抱儒家學說，但是儒學與漢語密切相關。儒家傳統的大部分文獻是用中文寫的，因此儒家學說的大部分信徒都有閱讀漢語文章的能力。早期的儒家經典已經翻譯成其他語言，但是即使最傑出的翻譯家比如安樂哲（Roger Ames）都認為對於經典的深入探索，要求你具備閱讀中文的能力。儒家的一些關鍵術語比如「仁、誠、天、道、心、禮、讓」等，幾乎是不可能在完整傳遞原文意思的情況下翻譯成外語的。

我花費了幾年的時間學習古漢語，但是我的漢語知識還是不夠。我集中精力學習能讓我接觸早期經典的古漢語，我也閱讀了不少當代思想家用現代漢語寫的儒學著作。但是，我只閱讀了帝制時代的中國儒家學者撰寫的數以千記的原創著作，或者評論性著作中很少一部分文獻。其中一個重要的障礙，是古漢語在不同時期有不同的表現形式，我在閱讀文章的同時還需要不斷提高語言水平。這是我在未來二十年到三十年計劃要做的事情。

這有什麼關係嗎？當然，因為我在寫「論作為儒家」的文章，而大部分儒家哲學家撰寫的關於儒家傳統的著作我還都沒有讀過，更不要說全部了。或許我的有些觀點，前輩的思想家早就說過，而且表達得更好。或者可以這樣說，傳統是如此豐富多彩，試圖思考「儒家價值」根本就是行不通的。[25] 我懷疑第一個假設可能是正確的第二個假設可能是錯誤的，但是目前，我還沒有資格評價任何假設。

所以我需要向讀者道歉。畢竟，我夫人是對的。我不應該寫這篇文章。我怎麼能還不知道其他人對於這個傳統都說了些什麼的時候，寫這篇儒家意味着什麼的文章呢？或許，再過三十年，我就有資格這麼說。所以懇請讀者忽略我已經寫下的東西。我現在開始覺得答應寫這篇文章是不負責任的，不，應該說是非常草率的決定。我得趕緊回到需要閱讀的書中，趕緊提高我的儒學水平才是。啊，差點忘了，我還要學懂優雅地唱歌。

註釋

* 本章英文版原刊於 Daniel A. Bell, "On Being Confucian: Why Confucians Needn't Be Old, Serious, and Conservative," *China's New Confucianism: Politics and Everyday life in a Changing Society* (Princeton, N.J.: Princeton University Press, 2010)，已經由 Copyright Clearance Center, Inc. 轉介，獲得 Princeton University Press 授權重印。中文版原刊於 Daniel A. Bell（貝淡寧），吳萬偉譯：《中國新儒家》（上海：上海三聯書店，2010）。

1 我住在北京的西北部，那裏住的外國人很少，因此小孩子見到我很吃驚。當他們說「外國人」的時候，我就扭頭問「在哪兒？」不過這似乎只會引起孩子家長的笑聲。顯然父母會繼續給感到困惑的孩子解釋，「真相」到底是怎麼回事？

2 在這個意義上，我從儒家學到了比從西方社群主義那裏學到更多的東西。我被社群主義吸引，主要是因為當今「社群主義」思想家的論點似乎解釋了我先前的道德信念，但是我對社群主義的支持並沒有實質上改變我的「價值觀體系」或者「生活方式」（可以爭議的是，社群主義是被用來提出道德承諾而不是挑戰承諾，但是一旦提出了這些承諾，比如承諾積極參加政治活動，也應該有力量改善人的生活方式）。

3 自由主義作為政治哲學是受諸如洛克（Locke）、穆勒（Mill）、羅爾斯（Rawls）等思想家的啟發，不應該和（美國民主黨中的左翼支持者）或者（法國自由市場的右翼辯護者）當今普遍使用的「自由主義」這個詞混淆。

4 他們也不需要擔心個人的生活經歷對政治觀點產生的影響。讓我講講或許是二十世紀最偉大的自由派哲學家約翰•羅爾斯的故事。有人委託他寫一篇文章，討論美國是否應該對日本使用原子彈。他提出的觀點是不應該，但是他漏掉了一個關鍵的事實：他本人是原子彈投下後，前往進行災害調查的第一批美國兵中的一員。

5 我和中國岳父母一起生活了很多年，我的西方朋友偶爾稱讚我這種行為，雖然他們意識到自己做不到這點。當然，我們生活中也有摩擦，但我總試圖提醒自己孝順的美德，盡可能尊重岳父母的願望。一旦我沒有做到這一點，夫人就提醒我理論上的孝道承諾和個人實際生活上的差距，我就試圖改變自己的行為。不過坦率地說，差距仍然相當大。比如，當岳母開始在家裏拉二胡時我提出反對，因為它影響我學習（很難描述剛學習拉二胡的人拉出來的聲音是多麼難聽；或許在我的經歷中最接近的聲音可能是偶爾聽到的豬的尖叫了，我在西安野生動物園中聽到的豬被老虎獅子撕吃了時發出的尖叫）。經過反思後，我想出了更好的解決辦法（更孝順），就是為岳母請一位二胡老師，提高其演奏水平。她同意了，但是擔心要花很多錢（我沒有告訴她真相）。這似乎有點效果，不過偶爾我仍然要掙扎着不做鬼臉（說句公道話，岳母現在是房門緊閉，在自己房間內練習）。

6 從道德的角度看，為什麼討人喜歡是重要的呢？因為建立在信任基礎上的親密關係的紐帶才讓相互批評和自我提高成為可能（參閱論幽默一節）。那些讓人厭惡的人不能夠得到人們的信任，因而要提高自己就更加困難。

7 亞里士多德的觀點有個有趣的對比。在《政治學》（*Politics*）中，亞里士多德說「思考需要智慧的成熟」，他提出的勞動分工是年輕人從事軍事事務，成熟的人思考公共利益和正義的問題（*Politics VII*, ch. IX, 1329a）。和孔子不同的是，他還認為過了一定年齡後，道德判斷的能力開始下降（*Politics II*, ch. IX, 1270a）上年紀的人應該從事公開的禮拜儀式的服務工作，在《修辭學》（*Rhetoric*）中，老人被描述為多疑、自私、貪婪、怯懦、玩世不恭、過分自戀、只關心有用的東西而不是高貴的東西，沒有羞恥心、愛發牢騷。（*Rhetoric II*, part XIII）或許有人認為亞里士多德的目的只是要人們警惕老人可能存在的性格缺陷，類似於孔子提出的渴望成為君子的人，應該防止老年過分貪婪傾向的觀點。（及其老也，血氣既衰，戒之在得）（〈季氏〉第七條）但是亞里士多德明確指出他的論述是描述性的（在本篇的最後他說「這就是老年人的性格特徵」），他繼續說中年人是最好的，因為中年人同時擁有年輕人和老人的優點，減少了兩種人的缺點（*Rhetoric II*, part XIV）。而且，亞里士多德這樣描述的背後還有政治目的：他試圖給予中年人額外的權力份額。有趣的是，新加坡資深政治家李光耀提出了關於年齡和公民身份的「亞里士多德觀點」，支持給予年齡在三十五歲到六十歲的人（成家立業的）更多投票權的投票體制，因為中年人最有責任心，而年輕人太動搖不定，老年人更容易用自私的方式投票，對在職工作者和未來一代不利（《海峽時報》，1994年7月30日）。上年紀的李光耀提出這樣的觀點的時候或許是在破壞自己的權威性（就像作為亞歷山大的老師的老年亞里士多德），但是他可能回答說有些人比如他自己這樣的偉人能夠超越這些普遍傾向。對於外人而言，李的兒子當總理，李的家庭成員控制新加坡經濟要害部門的事實，讓人懷疑李對老人自私性格的描述是否來自於切身體會。

8 比如數學這類非道德學科，人們常常說最好的工作往往是年輕人幹出來的。因為年輕人的思想創造性最強烈，受到傳統方式束縛的可能性最小。君子的任務與其說是創造性倒不如說是要了解別人對於道德已經說了些什麼。即使少數旨在創造道德新觀念的哲學家，也往往需要先了解其他人對於該話題的論述。正如道德哲學家羅莎琳德・赫斯特豪斯（Rosalind Hursthouse）指出的，「有年輕的數學家天才，但是沒有或者少有年輕的道德天才」。參閱 Rosalind Hursthouse, "Virtue Theory and Abortion," in *Virtue Ethics*, ed. Roger Crisp and Michael Slote, Oxford, New York: Oxford University Press, 224。

9 年輕人受到性衝動「約束」存在明顯的進化論理由：它增加了物種繁殖的可能性。但是從進化論的角度看，一旦人們過了性高峰後，這種特徵比如移情和憐憫可能更好。按同樣的邏輯，史丹福大學的勞拉・卡斯坦森（Laura Carstensen）和卡里納・羅肯豪夫（Corinna E. Lockenhoff）根據最近的實驗結果已提出進化論理由的解釋：隨着年齡的增長人們愈來愈聰明（在發揮控制自己感情的能力的意義上，依賴更複雜和更細微的感情的意義上），「老年人強調感情紐帶和親屬關係能夠增加未來的孩子和孫子（和他們的基因）的生存能力」。參閱 Stephen S. Hall, "The Older-and-Wiser Hypothesis," *New York Times Magazine*, May 6, 2007。

10 同樣的，其他慾望也可能造成傷害，比如飆車刺激的慾望。汽車保險公司懲罰年輕人不是因為他們對於年輕人有偏見，而是因為數據顯示他們更容易出事故，而這些事故很多是因為野蠻開車造成的。在我的家鄉魁北克（Quebec），十六歲的年輕人可以拿到駕駛執照，當我回頭看看從前飆車的行為，能活到現在我真的感到很慶幸。所以我贊成獲得駕照的最低年輕應該是十八歲。

11 在西方社會，性常常被看作幸福生活的重要組成部分，似乎很少有人勸戒人們根除或者控制性衝動，相反，大眾媒體往往稱讚那些試圖對抗看來自然的性衝動衰落趨勢的人（我們常常聽到報道說某某老人能夠繼續「健康」的「正常」的性生活，似乎這是好事一樣）。我們為什麼要鼓勵老人性生活，為什麼要讓他們因為性生活失敗而心情沮喪呢？鼓勵他們過道德的生活、避免為感官快樂的慾望擔憂不是很好嗎？

12 聖人在道德上比君子更優越，因為聖人不僅僅能改變人類世界而且能改變宇宙（參閱《中庸》的末尾）。

13 孔子注意到君子需要在年輕的時候警戒性欲，中年的時候警戒爭強好勝，老年的時候警戒貪婪保守。（〈季氏〉第七條：「君子有三戒：少之時，血氣未定，戒之在色；及其壯也，血氣方剛，戒之在得；及其老也，血氣既衰，戒之在得。」）該篇可以被理解為暗示年輕人（中年人）也可以成為君子，但是孔子真正想說的可能是成為君子的過程可以從年輕時就開始了，在人生的不同階段需要警戒的自然傾向不同而已。

14 參閱克里斯托弗•哈布斯邁耶（Christopher Harbsmeier）非常有意思的文章「孔子笑了：《論語》中的幽默」（Christopher Harbsmeier, "Confucius Ridens: Humor in The Analects," *Harvard Journal of Asiatic Studies* [June 1990], 131-61）。總體上看，他的觀點是有說服力的，但是當他說孔

子不是「道德推銷員」的時候就有點過分了。在我看來，孔子關心道德推廣，但是他認為在聰明多樣的學生中創造一個隨和、親切的環境是自我改善的最好的手段（因為在親密關係的人中間開開玩笑既可以批評人又不至於傷了和氣）。我並沒有打算說這個動機實際上導致孔子日常生活的行為模式，幽默的傾向不一定有這麼明確的工具性。它或許只是性格特徵的自然流露而已，孔子天生有開玩笑、隨和、親切的脾性，自我修養提高是副產品而不是根本目的。換句話說，比較嚴肅、傳教士般冷峻的人要表現幽默和親切就很困難了，如果他們本性並非如此的話。

15 科恩（Cohen）的「快樂」人物被用來揭露時尚界的道德真空。

16 我在十二歲的時候看過科恩的影碟，有時候需要弄清楚裏面的政治含義後才能避免誤解。這些影碟還可以用來作為教育的工具：比如我兒子就不理解安樂死（euthanasia）的玩笑，扮演阿里格（Ali G）的科恩故意誤解為「亞洲青年」（youth in Asia），因為他不熟悉在別人幫助下死亡的概念，這是解釋其中爭議的很好機會。

17 亞里士多德更加清楚地指出音樂的好處之一是「愉悅」心靈的力量，因此，「我們或許可以得出結論，音樂給予我們的快樂是孩子們需要接受音樂教育的理由之一」（*Politics VIII*, ch. V, 1339b）。像孔子一樣，他也稱讚音樂對道德培養方面的貢獻。不同之處在於亞里士多德主要關心音樂在改善個人心靈方面的貢獻，而不是它對團體和諧的貢獻。結果，亞里士多德更多寫的是個人和某些特別工具之間的關係，而不是群體音樂表演的關係。

18 即使在平常都非常嚴肅的孟子也說音樂的內容是從中產生的快樂（同一個「樂」字既可以指快樂也可以指音樂，在古漢語和現代漢語裏都是如此）。當快樂不能被抑制的時候，聽眾開始「不由自主地手舞足蹈」（〈離婁上〉第二十七條）。正如他指責齊宣王不能與民同樂，孟子補充說與民同樂就更快樂了。（〈梁惠王下〉第一條）另可參閱註釋5。這裏，關於幽默也可以做個比較：如果和別人一起欣賞幽默得到的快樂更大些，尤其是我們關心的人（人們甚至可以再強烈些：

幽默本質上是群體性的，認為有人喜歡給自己講笑話，不願意和別人一起分享的觀點是非常錯誤的。在這個意義上幽默比音樂更有社會性，個人欣賞音樂並不顯得這麼荒唐）。

19 我添加了「不久後」是因為以色列朋友告訴我有些以色列人確實講了關於自殺式炸彈襲擊的「黑色笑話」，或許是作為對付生活在這樣的爆炸威脅面前的焦慮的方法。但是從道德上說，在爆炸後講這樣的笑話確實非常糟糕。這種笑話人們可能明白是怎麼回事（比如：「你今天臉色不好啊」），比如在昆丁•塔倫蒂諾（Quentin Tarantino）的電影裏表現的那樣，但是現實中講這種笑話的人道德上肯定有毛病。

20 Hunag Zongxi（黃宗羲）, *Waiting for the Dawn: A Plan for the Prince*, Wm. Theodore de Bary ed.（New York: Columbia University Press, 1993), 92.

21 參閱 Philip J. Ivanhoe, "Lessons from the Past: Zhang Xuecheng and the Ethical Dimensions of History"，未發表手稿。

22 關於《論語》中讓人感到困惑的一篇（〈先進〉第二十六條）其中孔子似乎贊同悠閒的生活而不是社會責任，應該被看作隱含這樣的意義：隨和親切的社會交往是社會和諧的基礎，國家要用道德力量統治，而不是高壓強制。

23 該篇或許不像聽起來那麼有爭議，或許不過是說家庭成員不應該被迫相互控告，這和西方式保護配偶不能相互作證的豁免權沒有多大的區別（雖然儒家願意把這個豁免權延伸到成年的孩子和年邁的父母之間的關係上）。

24 關於統治者「瘋狂」的程度或許存在爭議。在元朝的時候（蒙古人統治），儒家兩個名人選擇了不同的道路：許衡選擇與當局合作，希望能幫助宣揚儒家的方式，而劉因從政治上隱退，理由是如果學者接受蒙古主人的話，儒家學說就無法發揚光大了。如今，仍然存在類似的辯論，

25

有些儒家學者比如余英時認為中國共產黨已經罪惡滔天、不可救藥了，因而拒絕與它有任何的瓜葛（比如拒絕訪問大陸）。另外的人，比如蔣慶如果受到邀請的話，則給統治者建議。我個人站在後者的立場上。我的觀點是在文革期間選擇退出或許是有道理的，但是從那以後，情況已經有了很大的改善。如果我的學生選擇為黨工作希望從內部進行改革，我並不反對。

或許我從《論語》中摘出來的引言脱離了上下文，我的理解或許是完全錯誤的。但是我缺乏足夠的歷史知識，因而無法評價這樣的説法。

第九章

《論語》的去政治化

在中國，于丹的《〈論語〉心得》（北京：中華書局，2006年）（編者註：下文所引頁碼皆為《〈論語〉心得》）已經成為出版界轟動一時的事件。從最新的統計來看，該書在中國的銷售量已經突破一千萬冊（包括六百萬盜版書）。世界其他地方也在關注這個現象：主要的報紙和其他媒體形式開始談論于丹現象。諸如《經濟學家》（*The Economist*）雜誌上的「孔子回來了」之類標題非常典型。在此之前，在中國出版的書引起如此關注的，可能是毛澤東的「紅寶書」吧。如果說毛的書的問題在於把日常生活過分政治化，那麼，于丹的書的問題則正好相反。

一、為什麼這麼受歡迎？

有必要問一下為什麼于丹的書這麼受歡迎？實際上這本書很薄，其中大量引用《論語》原文，接着是現代漢語譯文，這類工作以前做過很多次了，為什麼于丹的著作這麼與眾不同呢？當然，其中一個原因是于丹的書開始於她在中央電視台的講座。她在黃金時間向億萬觀眾講解《論語》。由此可見，她是得到官方媒體支持的，但是這不能作為主要原因。在很多情況下，花四十分鐘左右聽教授闡述理論或者經典哲學著作是非常乏味的，人們不會期待聽眾有這麼熱烈的反應。

所以，于丹走紅的重要原因在於于丹本人。她顯然非常聰明，從我個人來説，我當然佩服她對漢語經典的嫻熟，好像已經將經典爛熟於心了。她的女性角色也是重要因素。男尊女卑似乎是儒家理論與實踐的標誌性特徵之一，人們甚至可以説「父權制」是儒家學説的致命弱點。有些現代理論家試圖説明儒教可以在不改變其主要價值觀的情況下，接受男女平等的現代思想，但是反駁儒教將父權制合法化的觀點的最好辦法，或許是讓一位典雅的女性知識分子表明她在認真研究儒教，于丹正好充當了這個角色。當然，這仍然無法解釋她為什麼受到不關心理論問題的普通民眾的歡迎。我猜測她的性格魅力在起作用。她表現出迷人的魅力和道德熱忱，也就是古代的儒家所謂的「德」或者「道德力量」，她顯然相信自己在講的內容。對於西方觀察家來説，最接近的情況就是，宗教狂熱者充滿激情和使命感要闡述《聖經》對當代人生活的意義。當然，公平地説，于丹和他們有很大的不同。不像煽動性的狂熱分子，她沒有用永久毀滅來恐嚇那些持反對意見的人。她兼收並蓄、旁徵博引，顯示了開放的心態，這是宗教宣傳家很少具備的素質。她在書中廣泛涉獵了其他宗教和哲學家，如道教、《聖經》、黑格爾（Hegel）等。在美國背景下，就好像美國佈道家葛培理牧師（Billy Graham）在做彌撒的時候引用佛教、伊斯蘭教、儒教和馬克思主義思想一樣，于丹並沒有把儒教作為宗教來辯護。她避免了形而上學觀點，也沒有明確反對把儒教作為倫理和政治哲學和其他宗教和睦相處的可能性。這是我覺得儒教吸引人的地方（這和把儒教看作需要形而上學基礎來和佛教和基督教抗衡的觀點正好相反），從這個意義上，讓于丹更強大些吧。

于丹的書出版也恰逢其時。我們知道，中國是個經濟蓬勃發展的大國，隨着經濟的復興，人們的文化自豪感應運而生。如果考慮到受儒教影響的東亞國家在經濟上的成功，儒教不利於經濟發展的韋伯式觀點愈來愈受到廣泛的懷疑。和伊斯蘭教、印度教和佛教不同，儒教從來沒發起反對現代化的大規模行動。現在隨着中國成為世界大國，輪到中國肯定自己的文化遺產了。于丹的書正好做了這個工作，讓人們對中國的傳統感到自豪，同時顯示中國傳統文化和現代生活的要求是和諧一致的。

但是現代性也有不好的一面。隨着經濟上的進步，人們的期望也愈來愈高。一個曾蹲過監獄的朋友說連監獄的管教幹部都夢想着開公司，賺大錢。我的朋友為這些管教感到遺憾，因為他們中的很多人肯定是要失望的。在城市，即使你從名牌大學畢業，找到好工作也愈來愈難，對社會地位和物質財富的競爭肯定愈來愈激烈。在個人期望和社會現實的這種巨大反差面前，我們能做些什麼呢？其中一個方法就是縮小期望值，這正是于丹提出的忠告。不要過分擔心你的汽車、房子和職業，不要在乎別人怎麼看你，最重要的是你的內心。只要你有信心和對自我價值的強烈認同，你就會感到幸福，幸福不在於外在的世界。

但是事情並沒有到此為止。現代性的另外一方面是人們愈來愈原子化，愈來愈講究個性，社會責任感和關心別人的願望在減弱。但是至少在中國，多數人並不想被人看作只關心自己；只關注個人生活美好顯得太自我為中心了。我們要想真正自我感覺良好，就需要對別人好。這裏，于丹也提供了讓人感到舒坦的觀點。重要的是，這不需要多大的努力，我們所要做的只是關注於自身的幸福。如果我們做到了這一點，別人也能從中獲益，整個世界也變得更加美好。所以在我看來，于丹成功的真正秘訣在於信息的內容。她診斷出現代中國的抑鬱不適，告訴人們解決這些問題的簡單方法，只是需要一點內省。她還激發了人們成為好人的慾望，如果我幸福，別人也會幸福的。

二、歪曲《論語》？

于丹的書成為一些儒學專家猛烈批評的靶子。我的一些學術界同行對她的著作不屑一顧，其中主要的指控是她把《論語》簡單化了。比如在談論語言和行動的關係時，于丹的結論是「所以一個真君子，總是先把事情做到，然後再去説」（頁63–64）。論語中有些語句或許有這樣的解釋，比如「先行其言而後從之」（〈為政〉第十三條），但是顯然肯定不是每句話都先由行動開道。如果那樣的話，組織討論會就很困難了，也無法給別人講述未來的行動計劃。這難道是孔子表達的意思嗎？

不過，我們沒必要太學究氣。于丹在這兒講的是大家對這句話的通俗理解，即我們應腳踏實地，不應自吹自擂。[1] 于丹的聽眾是大眾，不是專家，從更積極的角度來看，我們應該認為，專家和普及者是有分工的，這種分工對雙方都有利。我們沒有理由期望于丹能在電視節目中細緻入微地、有分寸地、獨到地解釋學術成果，或者深刻地評論傳統。普及者可以從專家的見解中學習或者結合專家的觀點，專家也可以從向當代世界展示經典價值的嘗試中學習一些東西。我們——指講授和研究經典的人——應該感激于丹的貢獻。她顯示我們的工作能夠而且應該給學術圈外的人提供幫助。這樣一來，質疑我們工作的價值就更加困難了。

對于丹更嚴重的指控是指她歪曲論語。如果她誤讀或者誤譯了論語，我們就需要擔心了，這意味着她在利用中國最有影響的思想家的權威地位傳播自己的思想。如果是有意這麼做的話，我們要質疑她的學術品格，如果不是有意的，我們要質疑她的學術水平。但是就我所知，並不存在明顯的誤譯。[2] 至多有些引起爭議的詮釋，比如于丹說「我們每一個人都可以成為一個真君子」（頁66），是她弱化了論語的精英主義思想。[3] 的確，每個人都有同等的機會成為君子（〈衞靈公〉第三十九條：「有教無類」），但是相信孔子認為人人都可以成為君子有點太牽強了。實際上，正好相反，他認為少數君子能夠而且應該統治大眾（比如〈顏淵〉第十九條、〈憲問〉第四十二條）。孔子顯然相信有些人比如宰予有無法克服的道德缺陷（〈公冶長〉第十條）。他還認為普通大眾有思想上的局限性：「民可使由之，不可使知之。」（〈泰伯〉第九條）也不是每個人的動機都一樣，孔子說他只教導那些迫切願意學習的人（〈述而〉第七條）。于丹沒有提到這些段落，或許是因為這樣的觀點不適合她心目中的讀者。但是她或許已經大大歪曲了孔子最初的觀點。[4]

這有什麼關係呢？孔子是在經濟發展水平低下的時候寫的這些東西，他的觀點也許反映了他那個時代的特徵。或許他根本沒有想到在當今社會，大部分人都可以受到體面的教育，不必在田野中勞作，追求內心幸福，因此于丹更加平等的思想或許更適合現代社會。如果真是如此，她應該更加明確地指出她是在改變孔子的思想（如果不是顛覆的話），而不是簡單的闡釋。

或許更嚴重的是，于丹的觀點並不像乍一看那麼吸引人。按她更加平等的思想，如果我們關注自己的內心，培養內在信心的話，都可以成為君子。如何做到這點呢？她呼籲我們不要把物質財富作為生活的目標，限制對這些東西的慾望。到現在為止，這個觀點還沒有多大爭議。我想像不到有任何哲學家或者神學家會反對這些主張。那麼，究竟該怎麼辦呢？通過什麼樣的機制培養內在的幸福呢？任何企圖尋找現實指導的人註定要失望。她有些建議是自相矛盾的，比如她說擁有正確工作態度的人不應該做超過自己份內的工作（頁42），以及君子不應該集中所有精力在工作目標上（頁64），這兩種態度共存於一身非易事。除此之外，獲得內心幸福的方法仍然是神秘的。于丹沒有談到比如祈禱和打坐等任何別的傳統模式。更讓人吃驚的是，她弱化了儒教機制的重要性。顯然對孔子來說，終身學習是自我修養提高的必要和重要手段。《論語》中提到「默而識之，學而不厭，誨人不倦，何有於我哉？」（〈述而〉第二條），或者「日知其所亡，月無忘其所能，可謂好學也已矣。」（〈子張〉第五條）。在書的最後一章，于丹深入地探討了孔子自己人生階段及成長過程的名言：「吾十有五而志於學，三十而立，四十而不惑，五十而知天命，六十而耳順，七十而從心所欲，不逾矩。」（〈為政〉第四條）。她闡述了學習對孔子早年生活的重要性，但是把孔子付出的努力最小化了。對於孔子來說，學習是永不停息的知識積累過程，她為什麼沒有提到這一點呢？這裏我再次猜想這個觀點和她的人人平等，可以不費力氣獲得啟蒙的願望是不相容的。在孔子看來，只有少數人有足夠的動機和智慧投入到不斷的學習中去。他的話在現在看來仍然是現實的。畢竟，孔子自己也否認自己已經是個君子了。「躬行君子，則吾未之有得。」（〈述而〉第三十三條）[5] 如果于丹清楚表達這個觀點，將會失掉部分讀者。但是她能提供什麼作為替代呢？除了讓人瞥一眼內心外，並沒有提出提高自我修養的任何其他方法。

更讓人吃驚的是，她弱化了實踐的重要性。在于丹看來，內在的生活是關鍵，適當的勇氣可以克服缺乏專業技能的局限性，正如劍術新手僅僅通過當茶師時掌握的心理素質就可以打敗武士（頁30–33）。但是儒教是以行動為基礎的倫理學：人們通過參加不同的儀式來學習，學習射箭和音樂等不同的技能，完成不同角色應該承擔的責任。在實踐中學習的一個關鍵就是孝道，對父母長輩的關照。正如孔子所説的「孝弟也者，其為仁之本與！」（〈學而〉第二條）換句話説，如果不能實踐孝道，他就不可能成為道德完美的人。這樣的話，就排除了許多人：在當今中國，往往是上年紀的父母關照孫子孫女而不是成年的孩子照顧年邁的父母，至少在父母非常老邁之前。[6] 這裏，如果于丹明確表達孔子孝道的觀點將會再次失掉許多的讀者。可她提出的替代方法又是什麼呢？端正心態是不錯，可我們如何做到呢？

于丹提出的相對來説比較具體的建議，似乎與孔子的觀點並不一致。比如，她講了一個故事，隱含的寓意是我們應該幫助離我們最近的人，應該毫不遲疑馬上就做（頁17）。但是這更接近基督教《聖經》的思想，撒瑪利亞人幫助素不相識的陌生人。在孔子看來，我們做什麼取決於我們擔任的角色，以及與我們交往的人。我對父親比對陌生人有更多的義務（于丹也沒談及「父為子隱，子為父隱」的著名故事。〈子路〉第十八條）。我們應該反思不同的義務，而不是不顧後果地投入行動。于丹的説法也與孔子為別人樹立典範的個人性格不一致。比如她引用孔子的學生子遊勸説我們應該避免與人太過親密，包括我們的朋友（頁39–40、42）。但是子遊不惜犧牲人間温暖也要強調正規禮儀的觀點是很有名的，這未必是孔子的主張。孔子自己如果不是充滿激情的話，至少是感情深厚的。他聽到優美的旋律就忍不住唱起來（〈述而〉第三十二條），也為最得意的門生顏回去世而傷心難過（〈先進〉第九條）。這對於受儒家思想薰陶、以講義氣而自豪的山東人來說，有什麼奇怪的呢？于丹不必因為過分親密的社會交往的喪失而「浪費感情」（頁38）的觀點，可能主要來自莊子，莊子似乎對自己妻子的去世非常冷漠（《莊子•外篇•至樂》）。按照莊子的觀點，最好「隨遇而安」，用冷靜和穩定的方式屈服於命運而不是釋放過度的感情。公平地說，于丹確實在書中幾次明確提到莊子，所以她並沒有掩蓋其對論語的解釋帶有道家色彩。在現代社會提倡道家的應對方式，也不一定是錯誤的。人有三教九流、形形色色，背景和性格都不一樣，喜好自然不同。有人從高朋滿座的暢飲高歌中得到極大的快樂，有人從自我犧牲中得到快樂，也有人從對朋友不打任何折扣的忠誠中（即使這樣的行為可能不完全是理性的）得到快樂。當然不排除有人更傾向於于丹似乎提倡的淡漠的，疏遠的自我認識。這也無妨。但是于丹著作的最大問題是受道教思想驅使下努力把儒教思想去政治化。

三、《論語》的去政治化

孔子是激進的社會批評家。他對當時統治者的評價很低，「『今之從政者何如？』子曰：『噫！鬥筲之人，何足算也？』」（〈子路〉第二十條），從一個國家輾轉到另一個國家，希望找到願意接受他的治國思想的明君。值得注意的是，他提供的是政治批評：孔子的目標不僅僅是培養個人品格，而是鼓勵那些擁有統治權威的人，採用有效的和仁愛的方式管理國家。我們知道，孔子沒有實現他的政治抱負，被迫以教書為生。但是孔子不僅僅限於教書，他仍繼續批評政治當局，指出現實和理想的差距，用仁政的觀點奠定未來政治改革者誕生的基礎。

當然，儒教一旦成為官方正統思想後就變得保守了。孔子思想蘊含的批評精神不只是膚淺的、一筆帶過的，勇敢的儒家思想家如黃宗羲就是對政治現狀的激烈批評家，他們中有些人甚至付上了生命的代價。對於十八世紀的儒家思想家章學誠來說，儒家思想家不管具體情況如何，都應該永遠是社會批評家：他認為歷史作為永不停息的時代變遷在不斷重演，不同的思想傾向被過分強化，追求道德完美的個人的任務，就是抗拒主導性時尚的過分氾濫，以便保持平衡。遺憾的是，于丹沒有討論這樣的觀點。她的書的突出特徵就是將論語去政治化。

當于丹討論政治篇章時，其中的政治內容被省略了。比如在子貢問政的著名段落中，孔子回答說有充足糧食，充兄軍備，人民對統治者就有信心了（〈顏淵〉第七條：「足食，足兵，民心之矣。」）。接着孔子被問如何把這些按重要性排順序，他說充足的武器在最後，人民的信心最重要。于丹把這個段落解釋為國家應該關注人們的幸福而不是GDP的規模（頁10）。但是我們怎麼判斷人們是否幸福，是否對政府有信心呢？于丹暗示這是個人內心的感受，而不是政府為人民做的任何事情。為了說明她的觀點，她指出顏回在貧窮環境中也很幸福的例子（頁11）。但是顏回對於于丹來說是個非常糟糕的例子。一方面，他沒有把幸福作為追求目標，他追求的是道，要成為好人，要讓世界變得更美好。這個信念和承諾給予他力量，生活在貧困中同時不沮喪、不失去對道德的追求，個人幸福不是他追求的目標，不過是副產品而已。于丹也沒有提到顏回是孔子特別出色的學生（孔子說他自己也比不上顏回。〈公冶長〉第九條）。顏回在艱難環境中或許需要堅忍不拔的意志，才能成為好人（幸福作為副產品），但是多數人沒有這樣的英雄主義。孔子不大可能想像普通大眾能夠在沒有充分資源的情況下，獲得幸福或者能按道德行動的可能性。[7] 不然他怎麼會說政府的首要責任是為人們提供基本生活需要，只有在滿足基本需求後才去教育他們（〈子路〉第九條）？所以獲得人們信心的關鍵條件，是為他們提供基本生存需要。一旦信任存在，在特殊情況下（比如戰爭）剝奪他們的食物才是合理的或者可行的。但是首先要讓他們幸福！

當然，我不想作出不公平的評價。于丹很可能同意政府有義務確保人們獲得基本的生活需要。她所批評的只是對GNP增長的盲目崇拜，表示除了金錢之外，還有別的東西對人們幸福很重要。但是本篇是在探討人民與政府的關係，她能夠而且應該更多談論政府應該如何贏得人們的信任。這是一個值得深究的問題，尤其是在經濟狀況開始惡化的時候。這裏于丹本來應該提到孔子強調激勵大眾道德正直的領袖的重要性（比如〈顏淵〉第十九條），或許還可以添加一點對於當今中國官員腐敗猖獗的批評。或者她還可以建議採取比如科舉考試或者民主選舉等其他獲得政治合法性的手段。但是如果這樣做，她可能遇到政治麻煩，或者至少很難想像她能夠在黃金時段在電視台談論這樣的論點。結果，付出的代價是她背叛了孔子的政治理想。

她在其他一些篇章也隱去了批評性內涵。于丹提到君子應該關心更大的善，而不僅僅是自己的家庭或者親友的善。這當然很好。但是她接着說這個觀點變成了儒家思想「天下興亡，匹夫有責」（頁57）。這句話連任何一個中學生都知道其中的「天下」和「國家」幾乎是可以互換的。不管用哪個詞，都表示普通人應該關心國家，為它的富強作貢獻。但是于丹沒有提到這句話來自十七世紀儒家社會批評家顧炎武，他的思想中有更多叛逆的思想。顧炎武明確區分了國家的滅亡和天下的滅亡，指出普通人的義務是針對天下的，而維護國家或者朝代長治久安的責任是統治者和官員關心的問題。[8]

于丹討論了「和而不同」這句名言，強調在人際交往中寬容和尊重差異的重要性（頁60–61）。這固然不錯，但于丹把這個思想瑣碎化了。她說作為晚宴的好主人意味着照顧到每個客人，而不是熟悉的一幫朋友（頁60）。其實「和而不同」是有政治含義的。「和」與「同」的對比來自《左傳》，很明顯指的是統治者應該在謀士中廣泛吸納不同政治觀點。當代社會批評家被吸引，拿這個說法敦促政府寬容不同意見，而不是向全體民眾強行灌輸單一的官方意識形態。當然，于丹沒有討論這樣的觀點。

或許于丹這麼做並非因為政治上的謹慎所驅使。我猜想她對道教的熱愛可能也扭曲了她對《論語》的闡釋。在《論語》中有一個看似困惑的篇章，也許是整本書中最長的一篇，或許是「沒有政治性（或者反政治性）」的解釋。一點都不讓人吃驚的是，于丹花費了幾頁的篇幅談論這一篇。她全文引用和翻譯了這一段話，孔子和他的四個學生坐在一起，問他們各自的理想（〈先進〉第二十六條）。第一個學生子路説他想管理有一千輛兵車的國家，他將打敗外國軍隊，戰勝國內災荒，三年之內讓民眾有勇氣，懂得大道理。孔子撇嘴笑笑表示懷疑。冉有較謙虛些，接着説要治理更小點的國家，讓民眾富足，至於修明禮樂就要等待賢德君子了。公西華説得更謙虛，他僅能夠做一個小小的司儀。看來讓人困惑的地方是曾晳的回答，以及孔子對他的回答的反應。曾晳説他要和朋友一起洗澡後，一邊唱歌吟詩，一邊回家。孔子的反應是贊許性的「吾與點也」。正如人們所預料到的，于丹認為這篇意味着自己的態度比對政治的承諾更重要（頁90）。她求助於朱熹（十二世紀新儒家影響最大的思想家）的權威（在書中唯一一次求助他的權威）説曾晳的理想比較起來似乎渺小，但是實際上比別人的更優越，是因為曾晳目標是培養內在的態度和自我修養的提高，而不是具體的計劃（頁91）。後來，她再次討論曾晳的理想，使用道家的語言指出欣賞大自然的重要性（頁93）。還提到了莊子的思想「獨與天地精神」解釋孔子對曾晳理想的讚賞（頁99）。

但是如果該篇僅僅是關於追求個人幸福，或者與大自然和諧相處，天人合一，那是非常奇怪了。這樣的觀點與書中強調社會關係和政治承諾的重要性的觀點是怎麼聯繫起來的呢？[9]在我看來，該篇是關於政治承諾的，但是孔子強調政治承諾的手段不單單是管理國家。考慮一下該篇的末尾，孔子和曾皙對話時解釋他對冉有和公西華的反應。孔子說，他們仍然在思考社會和政治承諾的重要形式，即使他們沒有談及國家權力之類的重量級字眼（于丹對孔子就這個問題進一步討論無法作出解釋，如果她的解釋正確，論語的那段話應該在曾皙闡述其理想之後而告結束才對，沒有必要再寫下去了）。那麼曾皙的理想又如何呢？如果放在《論語》的其他篇章的背景下，其意思就清楚了。孔子指出與關係密切的人的非正式社會交往以及對歌吟唱的重要性，這是支持社會和諧的信任紐帶所不可缺少的東西。曾皙描述與朋友一起吟詩唱樂有助於形成社會信任（也即社會資本，如果借用當代社會科學的用語），這是和諧社會存在的基礎。孔子贊同這種活動，是因為它是在道德上可行的更高層次的政治活動的基礎和必要的條件。子路認為僅僅通過個人性格和正確政策來作出改變就能管理國家，但是他忽略了能夠讓那些政策有效實施的社會信任的必要性，難怪孔子最不贊成他的理想。如果我們用這樣的解釋來分析曾皙的理想（以及孔子對這個理想的反應），整篇文章的意義就更加明確了：政治承諾不僅體現在管理國家的大理念，而且體現在親朋密友間的非正式交往的小準則上。而且，在某種意義上，後者更重要。

當然，我們可以針對不同的闡釋進行爭論，這正是學術界的任務。但是有必要關心一下于丹努力把論語去政治化的政治原因。她的闡釋並非如表面顯示的那樣與政治毫無干係。通過告訴人們不應該抱怨太多，[10] 首要關注內心的幸福，弱化社會和政治承諾的重要性，忽略儒家思想的批評性傳統，于丹實際上轉移了真正造成人們痛苦的經濟和政治條件，以及導致人們生活巨大改善所需要的種種集體的解決辦法。[11] 實際上，她倡導安於現狀，其觀點是保守的、支持保持現狀的。孔子在天之靈一定十分不安。

註釋

* 本章英文版原刊於 Daniel A. Bell, "Appendices—Part 1: Depoliticizing the Analects," *China's New Confucianism: Politics and Everyday life in a Changing Society* (Princeton, N.J.: Princeton University Press, 2010)，已經由 Copyright Clearance Center, Inc. 轉介，獲得 Princeton University Press 授權重印。中文版原刊於 Daniel A. Bell（貝淡寧），吳萬偉譯：《中國新儒家》（上海：上海三聯書店，2010）。

1 這個觀點在下文中進行了修改，當于丹注意到現代社會中有才幹的人，如果鋒芒太露的話，事業上可能會面臨障礙。（《〈論語〉心得》，頁72）

2 有人批評她為了弱化《論語》中的歧視女性的部分而誤譯部分篇章，但是這些錯誤集中在公開出版的演講中。在她賣得最火的版本中，她根本就沒有提到孔子對於女性的觀點。在包含《論語》的完整翻譯和解釋的版本中，她是這樣解釋把女人比作小人的名言的（〈陽貨〉第二十五條）：這一章表明孔子輕視婦女的思想，這是儒家一貫的思想主張，後來則演變為「男尊女卑」、「夫為妻綱」的男權主義。這裏，顯然沒有美化孔子思想的意思。

3 該書比較靠前的一個短篇（《〈論語〉心得》，頁48–49）確實提到「精英」對社會進步的特殊責任（但是做了修正），指出首先要提高自身修養（修身養性、做好自我，就是起點）。

4 當然，于丹不是第一個這樣做的闡釋者。她把孔子稱為「聖人」的觀點被新儒家普遍接受。王陽明的追隨者不僅聲稱每個人都應該成為聖賢君子，而且認為每個人已經成為賢人了，只不過多數人沒有真正理解和認識到自己的真正本質罷了。朱熹也相信我們最初的本質是純潔無邪的，每個人都有成為聖賢君子的潛力。

5 沒有上下文的支持，于丹把孔子作為聖人（《〈論語〉心得》，頁6），這比君子的地位更高。公平地說，她也不是第一個提出這個觀點的人。關於其他的觀點，如孔子不是聖人，請參閱李零對論語中「喪家狗」一詞的學術解釋。

6 當然也有人辯解，讓年邁的父母感到有所作為，幫助照顧孫子女、子孫幾世同堂，也是孝道的表現。但是于丹似乎迴避了那些呼籲我們要認真履行對別人的道德義務的觀點。

7 孟子明確指出普通人如果沒有可靠的生存條件，便會走上放肆、乖僻、奸邪、淫侈之路。「無恆產而有恆心者，惟士為能。若民，則無恆產，因為恆心。苟無恆心，放辟邪侈，無不為已。」（〈梁惠王上〉第七條）。

8 參閱普林斯頓大學湯姆·巴特萊特（Tom Bartlett）和耶魯大學魯樂漢（John Delury）的博士論文。

9 當然，創造性的解釋不能沒有限度。把孔子解釋為去政治化的、個人主義思想和自由自在的生活方式的倡導者，就像把《聖經》解釋為否認上帝存在一樣荒謬。

10 非常奇怪的是，于丹利用西方自由傳統的概念說明這個觀點，她說女人一個人說話的時候無形中剝奪了其他人選擇話題的權利（《〈論語〉心得》，頁78），我必須承認從來沒有聽說過有人為這樣的權利辯護。

11 比如，如果我缺乏工作機會，我應該反思自己的失敗（《〈論語〉心得》，頁80），而不是思考社會和經濟結構和財產所有權模式。

第十章

蔣慶的「政治儒學」

我很榮幸能有機會評論蔣慶教授的著作。蔣的政治儒學是自從中華人民共和國成立以來最系統和最詳盡的著作。在當今中國背景下，提出這樣的觀點需要很大的勇氣。我贊同他的觀點：如果要獲得長久的政治合法性的話，政治轉型就必須從現有的文化資源中吸取力量。[1] 就中國來說，它意味着從政治影響最大的「政治儒學」的中國傳統中吸取營養。而且，蔣為這個傳統提供了新的解釋，以便適用於中國的未來。這個傳統為社會改革和政治改革提供了比較具體的概念，提出了既不同於當今政治現狀也不同於西方式自由民主的新方案。在本文中，我將討論蔣慶這個紮根於中國傳統的政治設想。首先説明蔣運用的方法以及他對政治設想合理性的辯護，然後評價其具體建議。我的觀點是，蔣的設想前景遠大，但需要做些修改以便更好地適應中國的社會和政治環境。

一、復興公羊傳統

蔣的最終目標是提出政治觀點來處理中國當前的政治合法性危機。當今的政治體制從長遠來看是不穩定的，因為它過多地依賴威脅強制，不能贏得民心。在經濟發展高度不穩定的時期，伴隨經濟自由的嚴格政治控制在短期內、在保障社會秩序方面是必要的，這或許是當今體制存在的唯一理由。但是該體制缺乏合法性，需要一個能夠維持長期穩定的新體制來替代。因此，我們需要受到中國傳統文化啟發的社會實踐和政治機構的具體建議，以便最有效地克服政治正當性危機。蔣認為這樣的觀點最有可能出自公羊派儒家傳統。公羊傳統和漢朝學者董仲舒（公元前一七九至公元前一〇四年）密切相關，此人成功地把儒家思想提升成為國家的官方意識形態。多個世紀後，該傳統又被儒家改革派康有為（1858–1927）復興，因為他看到了公羊派的反極權主義思想。這兩個觀點都是蔣慶著作的組成部分。蔣對比了公羊派傳統和着重強調自我修身的「心性儒學」傳統。「心性儒學」造就了中國歷史上信仰佛教的儒家思想家，以及在政治動盪時期渴望宣揚儒學的二十世紀思想家。蔣認為雖然這兩個傳統都是必要的，但是現在最迫切的政治任務是復興公羊派傳統，因為它為我們思考當今中國社會和政治機構改革提供了的更多的啟迪。受「心性儒學」傳統影響的當代學者，在考慮社會和政治制度的時候，傾向於尋找西方式的自由民主模式。[2]按照蔣的說法，這條道路將導致中國文化的毀滅，無助於解決政治合法性的危機。所以，我們應該從公羊派傳統中尋求對付當前危機的方法。

在他的《政治儒學》中，蔣沒有深入討論具體政治建議。我猜想主要是出於政治上的考慮：為了能在中國大陸出版此書，蔣不能討論明顯偏離當前政治現狀的觀點。不過，在那本未在大陸出版的《生命信仰與王道政治——儒家文化的現代價值》（台北：養正堂文化事業股份有限公司，2004）（本章下文所列頁碼均指此書）中，[3]他確實討論了政治體制的替代方案。此書大部分內容是蔣教授的長篇訪談紀要，訪談內容是政治制度的當代價值問題（我曾在郵箱中收到一份電子版）。

蔣認為現在的政治體制從長遠看缺乏穩定這個觀點並非激進觀點，中國共產黨自己也間接地提出過。按照中國共產黨目前的說法，現有體制是「社會主義初級階段」，意思是它處在向社會主義的更高、更優越階段邁進的過渡期。經濟基礎連同其法律和政治上層建築在未來是要發生變化的。蔣和政府分歧的地方，在於他拒絕馬克思主義意識形態在中國未來發揮任何實質性作用。他沒有明確指出這點，顯然也是出於政治限制的考慮。但是他拒絕了把馬克思主義意識形態作為中國下階段政治發展的指導思想的可能性。主要的原因或許是馬克思主義是外來意識形態，從長遠看無法作為政治正當性的基礎。馬克思主義的理想或許和儒家政治價值有巧合的地方，實際上，蔣認為這兩個傳統在很多地方是共同的，但是正當性的主要來源必須來自中國文化資源。在眾多的中國傳統中，公羊派傳統最適合構想政治制度。復興的新形式公羊派應該作為中國未來政治體制的思想基礎。

人們或許會問為什麼政治改革的觀點只能來自中國傳統思想呢？我覺得蔣沒有很好地回答這個問題。比如，心性儒學能提供的思想資源或許比蔣所認為的更多。蔣批評心性傳統是因為該傳統假設社會和政治變化主要來自統治者的心性轉變（頁225）。但是代表那個傳統的學者，很少真正持有這個觀點。朱熹提出、並試圖實施的在社區層次上進行的社會和政治制度改革的許多觀點並非唯一（主要）依靠皇帝心性的變化。對於20世紀的儒家學者和政治活動家如梁漱溟來說，同樣如此。《孟子》中有些篇章似乎暗示統治者的道德力量足以改變世界，但是孟子也指出諸如井田制之類社會政治改革並不是僅靠統治者美德而產生的。

同樣，我們也沒有任何特別的理由，必須局限在儒家傳統範圍內。如果法家、道家、墨家或者中國其他傳統可能為我們思考穩定合法的政治制度提供資源的話，再拒絕這樣的可能性就顯得死板教條了。即使「外國」的傳統，一旦紮根於中國的土壤，就可能帶有中國特色，或許能夠為我們提供改革的思路。比如，在一篇流傳甚廣的文章中，新左派思想家甘陽提出了「儒家社會主義」的觀點作為思考中國未來政治意識形態的方法。[4]他認為中國歷史上有三大傳統，儒家傳統、一九四九至一九七九年毛澤東的平等思想、以及改革開放以後出現的自由市場觀點。文中讓人驚訝的地方在於，甘陽承認復興儒家學說在政治上的重要性（多數新左派因為一九一九年五四運動積極分子的成見而傾向於貶學：它鼓勵人們對統治者的盲目順從，它表現出嚴格的家長制作風，和現代科學完全不相容的等）。甘陽沒有太多討論儒學內容，但是像蔣慶一樣，他求助於公羊派傳統。不過，儒學只是其理想的來源之一，並非唯一來源。在一定程度上，儒家是適應現代世界的，但需要借鑒左派平等的價值觀。從公羊傳統中，我們或許可以找到類似觀點，但是為什麼不能使用具有社會團結、物質平等等豐富內涵的社會主義傳統呢？我同意甘陽的觀點，未來可能是把儒家學說和社會主義思想結合起來的「儒家左派」的某種形式。不管我們如何命名這個復興的傳統，它肯定需要紮根於傳統中國文化資源，讓中國人看到其合法性的基礎。但它不一定是排斥其他內容的儒家壟斷，當然更不可能是公羊派儒家的專利。儒學可以通過結合社會主義而變得更加豐富，反過來也如此。

二、三種合法性的政治含義

不管怎麼說，蔣慶提出的實際政治建議並不依賴其批評心性儒家傳統是否合理，甚至也不依賴於他對兩個儒家傳統的區別是否合理。如果建議的目標是解決中國當前的政治合法性危機，那麼，關鍵的問題在於他提出的政治制度是否能達到這個目標。所以讓我們回到蔣對公羊傳統的實際表述，尤其是由此而來的政治含義。該傳統的特點是王道政治，而王道政治的主要內容是政治權力的三種合法性（頁156–157）。第一種合法性是「天」，它指超越神聖的合法性；第二種合法性是「地」，它指來自歷史文化的合法性；第三種合法性是「人」，它指人心民意的合法性，來自人們對政治權力的認可，從而願意服從統治者。（頁157）最後一種合法性對於西方讀者來說是耳熟能詳的，似乎類似於政府的合法性來源於民眾支持的民主觀念，但是蔣一再警告民主來源的合法性不應該優越於另外兩種合法性。按照公羊傳統，一種政治體制只有在這三種合法性得到適當平衡的情況下才是合法的，其中任何一種合法性都沒有凌駕於其他合法性之上的優越性（頁157–158、167）。

民意合法性不應該佔居優越地位的一個理由是民主實踐中的多數派可能偏愛那些危害其他人利益的政策，這個其他人包括兒童、祖先、子孫後代和動物等，這些人沒有辦法行使自己的政治權利。比如，蔣注意到布殊政府沒有批准關於全球變暖的京都議定書，部分原因是當代的美國選民認為這樣做不符合他們的利益（頁162）。因此，決策者需要受到在道德上更高尚的力量的監督制衡，這種力量能夠兼顧政策涉及到的包括子孫後代在內的所有人的利益。[5]

民意合法性不應該佔居優越地位的另外一個理由是，沒有歷史根基，就不能長久穩定。在西方社會，民意合法性的長久穩定是因為民主有悠久的歷史傳統，即使在困難時期，人們也堅持這個制度。而且，如果民主價值受到威脅，他們會像第二次世界大戰那樣奮起捍衛民主制度。但是在非西方社會，民主缺乏歷史根源，當民主不能滿足自己利益的時候，人們可能就拋棄這個制度。如果民主導致經濟衰退，政治動盪（至少，如果被看作對這些糟糕的後果負責），那麼，「人民」或許就選擇非民主形式的政府，比如法西斯主義（頁168）。

所以僅僅通過尋求人民的支持獲得合法性是不夠的。一個完全合法的政府應該在一定程度上得到民意支持來獲得合法性，同時它也受到另外兩種合法性監督制衡，一個是兼顧政策涉及到的所有人利益的決策者的合法性，一個是歷史延續性的合法性。從長遠看，只有這種平衡的政府才是合法的。

蔣慶的三種合法性的制度化建議與其說是來自經典文獻，倒不如說是來自他的政治想像。這種創造性是必要的，因為復興傳統的具有道德合理性的任何嘗試都會提出新觀點和新主張。求助於過去的權威來為自己的建議辯護或許有很好的政治理由，比如，若這些主張被看作先賢的思想，就比較容易得到認真對待。幸運的是，蔣並非簡單地重複先人的觀點，他在認真思考在中國當前背景下如何把他的三種合法性政道變為治道。

在過去，三種合法性治道所採取的是君主制的形式，伴隨着地方的、教育的和宗教的制度（頁169）。而在現代中國，舊體制已經崩潰，歷史背景已經改變，有必要創立新體制來適應新要求。具體來說，蔣慶提出三種合法性應該採取三院制國會的形式，每個院代表一種合法性。通儒院代表超越神聖的合法性，庶民院代表人心民意的合法性，國體院代表歷史延續性的合法性。每個院的領袖和代表的具體選舉方法非常複雜。通儒院的議員來源有兩個途徑，一是國家通儒學院和民間儒家機構推舉，一是根據政治經驗以及《四書》、《五經》知識和訓練的考試結果而選拔錄用。庶民院的議員根據功能選區按選舉規則與程序產生。國體院的議員應該是宗教界的代表，包括道教、佛教、回教、喇嘛教、基督教，以及歷代聖賢和歷史文化名人的後代，包括孔子本人的後代（頁170）。

平衡的關鍵在於任何一院都沒有凌駕於其他院的權力。這和西方民主國家中眾議院有最終權力不同，也和伊朗的憲法監護委員會擁有最終權力不同（頁165）。每個院的權力基本相同，具體地說，它意味着除非得到三院的支持，否則不能通過任何一條法律，也不能實施任何一個政策。該體制中的任何一部分（或多部分）都不應該操縱其他部分。這樣一來，三種合法性相互制衡，王道政治就可以實現。

三、三院制國會建議的評價

評價蔣慶的建議的關鍵是，它能否處理中國當前的政治合法性危機，能否提供一個長治久安的政治替代方案。用蔣的話說，關鍵的問題是能否獲得理應獲得的三種合法性。現在很難回答這個問題，因為蔣提出的政治制度並非來自現有的政治制度。雖然蔣為公羊派傳統辯護的部分原因，是他關心真實的歷史經驗而非形而上學思辨（《政治儒學》，頁32），但蔣慶的政治建議，除了受到「聖賢」書的道德觀念的啟發以外，似乎與歷史沒有多大關係。如果蔣更關心歷史延續性的話，他本來應該指出在中國歷史上存在的似乎有一定程度合法性的政治機構，或者更理想的情況是，指出當代中國的政治制度與其建議類似，然後建議如何修改這些制度，來增強其合法性。或者他本來應該從社會科學研究成果中，提出證據顯示其政治制度建議比其他制度的合法性更強。在中國背景下，他本來能夠提出現有社會團體會支持的建議，因為這樣的建議符合他們的利益和理想。但是蔣慶沒有這麼做，他似乎很悲觀，覺得自己的建議不大可能在當代中國實施。他把希望寄託在知識界同仁身上，希望用建議中的優點打動他們（頁225–26）。如果我們從中國革命中學到什麼教訓的話，那就是中國人的大部分，也就是農民階級，必須認識到政治變革是符合他們利益的。不幸的是，蔣沒有試圖提出這樣的論證。

當然，農民階級可能支持庶民院，因為它可能被看作在政治過程中代表他們利益的方式。在這個意義上，更容易滿足政治權力得到人民支持的合法性的要求。但是蔣説庶民院的成員由功能選區的代表所組成，意味着不同的行業和社會團體投票支持議會中自己的代表。這似乎再次説明其建議並非來自中國大陸的歷史經驗（也不是來自神聖來源），所以我們需要從別的角度來評價功能選區獲得人民支持的可能性（以便滿足政治權力來自民意支持的合法性標準的要求）。

「功能界別選區」的觀點可以追溯到黑格爾的由公司和社會團體組成的下院建議（在《法哲學原理》〔*Elements of a Philosophy of Right*〕中提出）。用黑格爾的話說，他擔心，個人如果不組成任何團體或者組織，就是「原始的，非理性的，野蠻的，可怕的」（第 303 節，還可參閱第 308 節）。在黑格爾看來，個人只有通過加入自願性協會和社區團體才會看重共同的利益，培養一定程度上的政治能力。其中隱含的政治意義，就是下院應該由協會和專業的同業公會組成（上院由地主貴族組成）。

在現代世界，最接近黑格爾理想的就是香港的立法會了。在一九八五年，英國殖民政府決定對其中有些席位實施選舉的方式，讓香港人看來立法會代表香港民意有更多的權威性。但是港英政府詆毀根據普選權進行直選的主張，認為那樣做會導致政治動亂。所以政府決定大量的席位根據各種利益團體為基礎的功能選區進行分配，這個體制仍然延續下來，其中大部分的席位分配給了企業團體和專業協會。問題是這成為香港政治體制中最缺乏合法性的部分。大部分的功能選區代表被認為是為了社會中最富裕的、和享受最大特權的少數人的狹隘利益服務。關於如何在不同的投票區域之間劃線成為無休止爭吵的根源。一次又一次的調查顯示，大部分的香港市民更喜歡用直選代替這個體制。但是蔣卻建議在三院中本來應該最民主的院實施功能選區的做法。香港經驗告訴我們，如果下院有希望獲得來自人民支持的政治權力的合法性，它就必須實現充分的民主，即其中的議員應該是根據一人一票的原則選舉出來。

在其他兩院中獲得另外兩種合法性面臨更大的挑戰。問題是很難檢驗超越神聖的合法性和歷史延續的合法性的有效性。檢驗政治制度合法性的唯一真正的標準，是在該政治制度管理下的民眾是否支持它。從最低程度上說，意味着民眾不起來造反；從最高程度上說，意味着民眾願意用不同形式為該制度犧牲，比如納稅，參與政治過程，在外敵威脅面前願意為國犧牲等。

問題是支持限制自己政治權力的制度違背了多數人的利益。在理論上，我同意蔣的觀點，即限制多數人的權力有一定的合理性。如果多數人投票支持壓迫少數民族，或者無視環境惡化的後果，犧牲子孫後代的利益加快經濟發展，或者支持給予處於弱勢的外來者巨大成本的政策（比如富裕國家的農業補貼危害了貧窮國家的農民的利益），或者支持針對其他國家的血腥的戰爭，那麼這多數派應該受到限制。問題是我們如何說服多數人相信他們的權力應該受到限制呢？蔣認識到真正的政治合法性不能建立在武力和強制威脅的基礎上，所以在一定程度上，通儒院和國體院這種限制「人民」政治權力的政治機構也需要得到人民的支持。但在什麼樣的條件下人們願意這樣做呢？

中國大陸的改革經驗，以及經濟上成功的東亞國家的經驗所支持的最明顯的答案是，國家政治合法性的重要檢驗標準，是看能否有效地實施為民謀利的政策，即能否提供多數人關心的利益。第一個也是最重要的是，為民眾提供財富、就業、教育機會、體面的醫療保健等物質基礎的經濟增長。如果非民主國家能夠促進經濟發展，就有相當程度上的政治合法性。從最壞處說，這能消除暴亂，從最好處說，能讓有些人為非民主模式辯護，認為該制度在道德上優越於民主制度，正如李光耀稱讚有些國家雖然不怎麼民主，但是獲得經濟發展和社會秩序等好處，而有些民主國家（如菲律賓）似乎正好相反。

所以讓我們回到蔣慶的三院制國會。它能否提高政治效率、經濟持續增長、同時將經濟增長的不良後果比如經濟不平等和環境惡化減到最低呢？蔣的論證——代表三種政治合法性的三院必須平衡，任何一個院都沒有凌駕於其他兩院的權力，也就是說任何法案都必須獲得三院的一致通過才能成為法律。這裏人們不禁要產生疑問，如果三院發生衝突怎麼辦？如果庶民院贊同毫無顧忌的經濟增長，而通儒院支持為了保護子孫後代的環境幸福而採取的代價高昂的對付全球變暖的措施，怎麼辦？如果國體院贊同大規模修復孔子故鄉曲阜的工程，而庶民院更願意用這些錢為貧困地區建造醫院，怎麼辦呢？這樣的衝突肯定會出現的，蔣卻沒有提供處理這些矛盾的任何機制。可能的結果是政治上的死胡同，政府無法實施現實政治世界中政治合法性所依賴的可能推動經濟發展的政策。如果政府不能提供種種好處，人民將無法忍受兩個非民主機構對民主過程的限制，政府將面臨取消或者至少削弱它們權力的巨大壓力。

總之，需要一個憲法框架指導處理三院之間的衝突。但是不管這個框架是什麼，擁有決策權的三院似乎不大可能有效地一起行使職權。[6]爭吵不休和隨之而來的政治癱瘓的危險確實太大了。所以非民主合法性的政治需要——能夠為多數人提供利益的高效率的決策，似乎要求簡化蔣的建議。

在我看來，簡化其建議的最有前途的方法，是放棄國體院的計劃。一方面，按照蔣自己的邏輯，它是臨時性的政治安排。他注意到民主更多紮根於西方國家，所以來自歷史延續性的合法性可以通過民主機構來獲得（頁164–165）。但是蔣的建議有重要的民主成分——庶民院，如果它在中國未來的政治中制度化後，民主將最終在中國紮下根來，保護歷史延續性的機構就沒有存在的必要了。[7]

而且，國體院的實際政治功能還可以通過其他方式實現。蔣説這個機構的任務主要是處理諸如國家宗教、語言和領土等問題（頁170），但是這些事情連同其變化機制，均可以由其他兩院認真考慮後在憲法中提出。或許最重要的是，人們懷疑國體院的合法性能否被大眾認可。按照蔣的說法，這個院至少有一部分是由從前的偉人或者文化權威的後裔組成。但是要說服當代中國人這些人僅僅因為血脈的關係就可以獲得額外的政治權力是很難的。不管這種建議的合理性從前有多大，經過中國革命平等觀念的洗禮後，肯定已經大大減弱。在我看來，這樣的建議完全是不切實際的空想，簡直和恢復英國上院的世襲貴族制一樣荒唐。

我覺得中國文化中根深蒂固的觀念是精英統治，政治社會中最有才華的、最具有公共精神的成員應該統治或者至少應該得到額外的政治權力。那些有充足的才幹和美德，在公開選拔考試中勝出的人應該有額外的政治權力。隱含的思想是，每個人都應該得到受教育的同等機會，用孔子的話說「有教無類」（《論語・衛靈公》第三十九條）。當然，這個觀念在帝制時代通過科舉考試的方式制度化了。[8] 蔣的通儒院中的代表至少部分是通過考試儒家經典知識而選拔出來的，這或許能得到很多人的支持，尤其是考慮到當代中國儒家教育復興的興趣。而且，復興的公務員考試制度也是維持歷史延續性的一個方法，所以通儒院可以同時獲得兩種合法性：來自超越神聖的合法性和來自歷史延續性的合法性。

關於通儒院還可以提出一些問題：首先，人們可能誤解合法性的來源是「超越神聖的」。孔子本人就沒有把自己看作聖人。而且，當今中國很少有人像伊斯蘭對待《可蘭經》

（*Koran*）那樣把經典看作真主話語的「聖經」。[9] 嘗試把經典提升為《聖經》的努力，在當今中國不大可能成功。就像君主制一旦失去了魔力後，再要「重新賦予魔力」非常困難一樣，已經失去了神聖性的經典要再成為「聖經」也是非常困難的。更重要的是，就算把使用的文章看作「聖經」，又有多大關係呢？從教育目的來看，真正重要的是文章，能夠提供獲得幸福生活的道德指南。從政治目的來看，真正重要的是文章，為通儒院的代表提供指導，意味着接受經典訓練的人，更可能關照庶民院所忽略的那些人的利益：子孫後代、少數民族、弱勢群體、外國人、動物，也就是所有受到國家政策影響，但是可能被民主的多數所忽略的群體。在我看來，經典的好處在於它能教授人們君子應該展現出來的種種美德，比如移情、互惠、謙恭、作為通才來思考的能力。這樣的美德也應該在政治領袖身上體現出來，這些人受委託關照所有受到國家政策影響的人的利益，這也就是為什麼決策者必須學習經典的理由。理想的情況是，復興的科舉考試，也能檢測現代決策者所需要的其他能力和美德，比如經濟學、科學和世界歷史的基本知識，以及外語的基本能力。需要回答的問題還有很多，比如怎樣公正無私地批閱考試成績，如何過濾那些聰明的、缺乏道德（或不道德）的考生，如何確保少數族群的代表，如果通儒院的決策和庶民院的決策發生衝突，哪個應該得到優先考慮等。不過我應該在此擱置這些問題。[10]

我懷疑蔣可能認為他的建議已經被淡化到沒有足夠儒家色彩的程度了，如果國家和制度上不支持儒學，尤其是他所闡釋的儒學。要克服當代中國的道德真空和伴隨而來的政治合法性的危機，光有這些建議是不夠的。因此，我想以評價蔣把儒教定為國教的建議結束本文。蔣非常謹慎地把自己和專制主義觀點區別開來，他認為國家對於儒教的支持應該轉化為對於孔子教育機構的資源支持，而不是限制其他宗教的存在。[11] 他把自己的建議與英國和瑞典的國教相比，在這些國家，國教之外的其他宗教能夠也確實在蓬勃發展，並不擔心受到迫害。雖然如此，把儒教定為國教的建議，在中國大陸知識分子圈子裏仍然是極其惹人反感的，即使對於那些同情儒家學說的思想家也是如此。比如，秦暉說「研究儒學、弘揚儒學很好，但是把儒學立為國學，好像認為反儒就是異端邪說一樣，這我是堅決反對的」。[12] 主要的問題是能否相信中國政府在弘揚儒家學說的時候並不反對其他宗教。帝制時代的中國歷史在這方面似乎提供了一些希望。多數情況下，國家以官方名義支持儒家，同時容忍其他的宗教或其他主張，比如佛教和道教（最嚴重的佛教迫害實際上是由支持道教，相信他們是老子傳人的皇帝實施的）。至少可以這樣說，一九四九年以後的中國歷史讓人信心不足。或許在將來，中國會表現出對官方意識形態反對者的寬容。目前，我們應該非常謹慎地看待在中國實施官方宗教的建議。

四、後記（二〇〇七年九月）

我寫這章是要參加二〇〇七年六月舉行的蔣慶思想研討會。蔣很友好地對包括我在內的所有論文做了詳細的評論。上個月在另一個會議上，我見到了蔣慶本人。讓我首先描述一下個人的印象。蔣的道德正直能激勵其他富有創新精神的中國思想家，不管他們是否同意他的觀點。他明確提出了替代政治現狀的方案，並為之辯護，似乎不擔心可能的後果。他本人似乎認識到他的主張或許需要很多年才能獲得實質性的政治影響（他說至少需要二十年）。同時，他放棄了正式的學術職務，在熱心儒學的企業家支持下，在偏遠的貴州創建了書院（儒家學院）。書院仿照宋朝和明朝的模式，建在中國的偏遠地區，以便儘量減少政治干預的可能性。其目標是培養一批熟悉儒家經典的朋友和學者團體，播撒政治儒學的種子。他們早上讀經，下午討論，晚上一起唱歌。[13] 北京大學一哲學教授告訴我，參加者對於晚上的活動印象深刻。蔣的聲音深沉、悦耳，我可以想像蔣確實能打動人。[14]

蔣慶的批評家認為他是反西方的「儒家極端主義者」，從表面上看似乎很有道理。蔣穿的是明朝儒家知識分子的傳統服裝，和人打招呼的時候常常用拱手抱拳而不是西方式的握手。但是和我打招呼的時候，他和我握手。我們分別的時候，我試圖用十指交錯抱拳還禮，但是我把「錯誤的」手放在上面，他笑了，說沒有必要擔心這樣的事情。這種善意、愉快和開放的心態也體現在他對我的文章的反饋上。他不反對西方模式，但它為什麼一定要在中國佔統治地位呢？在個人生活方面，為什麼西服被認為是「普遍的」，是唯一可以接受的服裝形式呢？在政治上，為什麼儒家思想不能作為政治制度的指南呢？他所反對的是盲目地反對儒家政治傳統的傾向，這正是二十世紀許多中國知識分子採用的方式（不管是自由派還是馬克思主義者）。

他是否走向另外一個極端了呢？在我看來沒有。他認為儒學應該構成道德和政治框架，要在這個框架內學習其他優秀傳統。這有什麼不對呢？它和西方自由派只能在自由民主的框架內對其他傳統開放相比並沒有更多的教條。從直覺上看，他在回應中說通儒院應該優先於更民主的庶民院；理想的情況當然是各院在政策上達成一致。但是如果出現衝突，通儒院應該具有針對庶民院決定的否決權。

但是庶民院會不會在政治過程中遭遇被邊緣化的危險呢？蔣提議限制通儒院的權力，即通儒院在每五年中只能使用三次否決權。但我擔心這樣能否達到蔣的通儒院優越地位的目標。庶民院可能在前一兩年裏迫使通儒院在相對渺小的事情上行使否決權，結果在後來更重要的問題上通儒院就沒有辦法阻擋了。如果和有些西方國家憲法中確定政治機構優先權的複雜方式相比，這個建議簡單、有趣，雖然可能有人反對。

至於國體院，蔣承認這是他的政治建議中引起最大爭議的部分，但是他堅持説旨在保護漢語和其他文化遺產的政治機構是必不可少的。雖然我仍然心存疑慮，但這個全面反映儒家世界觀的三院制建議，確實有一些引人入勝的地方。人們或許可以想像變化的情況：比如一個負責祖先利益的機構，一個負責當代人利益的機構，一個負責子孫後代利益的機構等。或許關鍵的問題不是合法性而是穩定性。從歷史和「上天的神聖」等獲得合法性到底意味着什麼，我仍然感到困惑不解，不過非常清楚的是，非民主的政治機構是不可能長久穩定的，除非獲得人民的支持。在評論中，蔣認為「限制人民權力的通儒院和國體院不需要獲得人民的同意，因為要人民同意限制他們權力的安排是不可能的」。但這似乎過於悲觀了。即使在自由民主框架下的國家裏，也有限制人民政治權利的機構，而且這樣的機構往往得到廣泛的尊重。比如在美國，最高法院、武裝部隊和聯邦儲蓄銀行等的官員都是通過任命而非選舉產生的，但是在歷次調查美國人哪些機構最受到尊重的時候，這些機構都名列前茅。在中國背景下，因為王道統治的傳統和人們對教育的尊重，限制人民權利的政治機構或許更容易獲得人民支持。顯然，我們渴望這樣的支持。正如中國歷史顯示的，「人民」將反抗缺乏民意支持的政治制度。或許這就是為什麼孔子本人主張政府的最重要任務就是獲得人民的「信任」。（〈顏淵〉第七條：「民無信不立。」）

蔣還注意到另外一個問題：那就是很難在理性上說服普通人接受他們無法理解的嚴重問題。因而，他建議忽略沒有受到教育的群眾。或許他低估了普通人的政治智慧，高估了知識分子的智慧。[15] 人的政治能力有大有小，並不是每個人都有同樣的能力做出合理的、符合道德的政治判斷，在這一點上，蔣當然是正確的，但是這種能力並非總是和受教育程度或者其他評價標準呈正比。因此，有必要向剛開始不大願意接受合理的政治主張的民眾講解其必要性。但對於那些主要受到狹隘的自我利益和感情關懷所驅使的大部分民眾，政府該怎麼辦呢？為了政治體制的穩定，仍然有必要獲得他們一定程度的支持。因此，讓人民參與政治、讓他們感到自己是體制內成員的政治實踐和社會儀式是必不可少的。雖然有人可能反對，選舉的真正魅力就在於它似乎給予了人民權力，實際上什麼也沒有。精英選拔考試對所有人開放，就讓人們感到是體制內的組成部分，當然也存在其他的可能性。不管怎樣，如何說服傾向自私和依靠感情而不是理性進行政治判斷的民眾，接受旨在給予精英額外權力的政治機構的價值是個重要問題，不應該隱藏起來。蔣需要贏得人民的心，還要贏得人民的思想。

註釋

* 本章英文版原刊於 Daniel A. Bell, "Appendices—Part 2: Jiang Qing's Political Confucianism," *China's New Confucianism: Politics and Everyday life in a Changing Society* (Princeton, N.J.: Princeton University Press, 2010)，已經由 Copyright Clearance Center, Inc. 轉介，獲得 Princeton University Press 授權重印。中文版原刊於 Daniel A. Bell（貝淡寧），吳萬偉譯：《中國新儒家》（上海：上海三聯書店，2010）。

1 蔣慶：《政治儒學：當代儒學的轉向，特質與發展》（北京：生活，讀書，新知三聯書店，2003年），頁 39。很遺憾，該書還沒有翻譯成英文。

2 蔣還提出了其他支持公羊派傳統的理由，參見《政治儒學》，頁 28–39。

3 本章所引頁碼皆為《生命信仰》。

4 參閱甘陽的文章（中文），見 www.wyzxwyzx.com/Article/Class17/200704/17083.html（2007 年 9 月 11 日瀏覽）。

5 人們或許補充説，道德高尚的決策者需要考慮民選政府常常不公正地忽視少數族群的利益，比如在保護少數民族語言的合法利益等。

6 在美國政府三權分離，但是至少在理論上司法權是用來解釋法律的，並不參與政治決策。蔣沒有提到司法，但是很難想像任何一個現代社會能夠在沒有司法部門的情況下有效運作。所以如果我們添加司法部門，就意味着在他的政府機構裏有四個院。

7 在西方國家，剛開始實行民主的時候（邏輯上），它並非根深蒂固的，但是最終獲得了人民的支持。人們可以想像中國也會經歷這樣的歷史過程。

8 「公務員考試」的翻譯可能產生誤解，因為被挑選的人是要實施政治權力的人，而不僅僅是實施別人的決定。

9 參閱 Stephen C. Angle, "Confucianism Is Not Islam: Epistemological Dimensions of Traditions' Engagement with Human Rights,"（未發表手稿）。

10 筆者受黃宗羲觀點啟發，曾提出過賢士院的類似建議，請參閱拙著 *Beyond Liberal Democracy*, ch. 6 及 *East Meets West*, ch. 5.

11 參閱蔣慶用電子郵件發給我的文章：〈關於重建中國儒教的構想〉。

12 參閱秦暉：〈儒家的命運〉，見 www.southcn.com/nflr/llzhuanti/lndjt/wqhg/200704020641.htm（2007年9月11日瀏覽）。

13 請注意馬克思在《德意志意識形態》（*German Ideology*）中對相對個人化的共產主義者生活方式的描述：「上午打獵，下午捕魚，傍晚養牛，晚飯後從事批判。」

14 我見過不只一個人，包括受到良好教育的人，認為蔣慶是幾百年才會出現的一個現代聖人。

15 我對漢語和中國文化的研究，在很大程度上得益於同司機的交談。她在業餘時間喜歡看書，對於中國歷史的深入了解讓我印象深刻，我真希望有一天達到她的水平。

第三部分：城市的精神

第十一章

儒家與民族主義能否相容？

一、儒家民族主義的可能性

二〇一〇年一月，電影《孔子》高調亮相，在片尾，孔子回到故鄉魯國。導演試圖告訴我們：孔子真正在意的是對故里的愛國主義式依附。但在《論語》中根本找不到這樣的思想。相反，孔子說：「士而懷居，不足以為士矣。」（《論語‧憲問》第二條）君子追求德性生活，至於在何處達成這樣的生活，並不重要。孔子本人周遊列國的經歷，也說明他會服務於最能實現德治的政治共同體。

對於孔子政治思想的此類扭曲，在中國很常見。儒家名言「天下興亡，匹夫有責」是絕大多數高中學生耳熟能詳的，人們往往把「天下」等同於「國家」，並認為這句話表達了這樣的觀念：貧民百姓應該服務和關心國家的福祉。但是，顧炎武的原本表述卻有着顛覆性的含義：他認為亡國和亡天下不同，貧民百姓的義務指向天下，確保國家或王朝政體則是君王需要關切的。

如何來理解這樣的扭曲？許多人據此論證儒家與民族主義是不相容的。一些批評家試圖論證，儒家倫理不相容於對一個有着領土邊界的國家之特殊承諾，即使該承諾由精英持有，而關注地方事務的人民群眾對「國家」毫無意識。一種觀點是，儒家倫理捍衛的承諾，是指向家而不指向政治實體的，因此不相容於對國的特殊承諾。另一種觀點則相反：儒家倫理捍衛的天下理想是沒有領地邊界的政治秩序，因此不相容於只向着確定的民族國家之內人民的承諾。讓我們依次討論這些看法。

「家與國」或「從家到國」

相比對國或政治共同體之類的「抽象」實體的承諾，儒家更看重親屬關係的呵護和承諾。但是，無需把「國」視為一個流行於時空之上的超越本質。國是社會建構，它把處在多種多樣的文化、語言、經濟和政治的關係中的人相系在一起，並且是具有歷史偶然性的產物，這一事實並不讓儒家感到憂慮。孔子本人承諾於某種超越的善道，並以此評價歷史。但他認為，除了努力改善日常生活這一途徑，其他任何方式都不能讓「道」在這個世界實現或使之彰顯。

不過，問題依然存在，儒家的「家庭論」似乎可以理解為缺乏對政治共同體的關懷。在二十世紀初，孫中山就抱怨中國社會「一片散沙」，梁啟超則更為直接地指責儒家注重家庭而缺乏對國族的承諾。不過，把承諾於家與承諾於國視為非此即彼的選擇顯然是錯誤的。事實上，儒家倫理很明確地指出，人的充分發展要求那些超出家的承諾。按孟子所言：「老吾老，以及人之老；幼吾幼，以及人之幼。」（《孟子•梁惠王上》第七條）在實踐中，並非每個人都能發展出把愛和關心延及家外的動機和能力，但對君子卻有更高要求。這也是為什麼孔子說，君子「修己以安百姓」。

孔子信奉等差之愛，因此，隨着從家庭延伸到國族，義務也就減弱，倘若家庭義務和國族義務之間衝突，前者優先。孔子本人就有「子為父隱」之說。但民族主義並不要求對國家的承諾超過其他義務。如果按照下述兩點來定義民族主義：一，服務於一個有着領地邊界的國家的志向；二，對生活在該國的人民的特殊承諾，那麼，它就相容於儒家的優先承諾家庭的觀點。當承諾於家和承諾於國之間有衝突時，儒家認為前者優先的看法並非就是錯的。甚至一些西方國家也承認家庭的神聖性而不論公共之善的代價有多高：比如，不能強迫夫妻在法庭上相互對證。

在絕大多數情況下，家庭支持和鼓勵其成員在社會生活中關心他人，包括對政治共同體的承諾。家庭是最初、最重要的「育德學校」。孔子在《論語》第一章中說「其為人也孝弟，而好犯上者，鮮矣。」（《論語•學而》第二條）反過來說，那些沒有家庭紐帶的人，一般也發展不出關懷他者的倫理，並將因此缺乏公共精神（家庭四分五裂的社會常常犯罪率高、社會無序和缺乏公共精神）。在此意義上，梁啟超和孫中山對於中國社會的家庭觀念的作用可能過於悲觀。理論上，儒家對於家庭義務的關切並非不相容於對國族的關切，而在實踐中，承諾家庭常常對培育民族主義有益。

「國與天下」或「從國到天下」

列文森（Joseph Levinson）在《儒教中國及其現代命運》（*Confucian China and Its Modern Fate*）中有個著名說法：十九世紀末和二十世紀初標誌着中國士人的身份認同轉型，即從對文化觀念的認同（文化論）轉向對民族國家的認同。中華帝國本質上是依儒家來定義的文化認同。皇帝統治天下的天命預設了君臨整個世界天下。中國的疆界並不被視為是永久劃定的。然而，隨着西方列強的軍事打擊，儒家作為一種世界觀的文化優勢信心被粉碎了，中國開始視自己為萬邦中的一邦：在競爭性的國際世界，弱國需要從經濟上和軍事上來增強。對國的關切也就取代了儒家的天下信仰。

早期儒家思想家細緻區分了天下理想和承諾於特定領地之國的次佳現實。春秋戰國時代，列國為了領地優勢而無情競爭，是根本不談理想的政治世界，因此，早期儒者試圖提供可實踐的、具有道德用意的指引。「公羊三世說」有明確說法：不同時期需要不同類型的君和國。在亂世，周圍族裔難以德治，就有必要確保國家力量，並在不同文化發展水平的人民之間明確區分和劃定邊界。孟子也明確認為，若受到大國威脅，小國君王可以正當地使用武力並保衛領土邊界。

儘管在亂世，天下理想可以放鬆到容忍民族主義，但這並不等於認同作為一種道德理想的民族主義。我們還需要論證，儒家倫理留有承諾特定領地、特定人群的民族主義提供道德支持的餘地。牟宗三認為，「仁」這樣的儒家價值觀必須在具體的民族國家語境中得以實現，而且，若以為只用「天下」就能把人的生活和價值概念化，那將是錯誤的：「道德實踐過程中，道德理性的實現，在可能擴展到天下之前，必須經由家、國的肯定。」像「天下」這樣的較高層次的單元，只有當其在與家、國這樣的較低層次單元的互動中出現時，才有意義，如果跳過民族國家而簡單地在天下層面運作，在政治上或許是錯誤的。

事實上，儒家倫理致力於更強有力的主張，即承諾於國與承諾於天下有衝突時，承諾於國應該具有優先性。《大學》開篇即言：「物格而後知至；知至而後意誠；意誠而後心正；心正而後身修；身修而後家齊；家齊而後國治；國治而後天下平。」正如我們應該把感情紐帶擴展到家庭之外，我們也同樣應該把感情紐帶擴展到國外，只是關切程度會弱一點。所以，儒家不必把民族主義視為政治上必要的妥協，是偏離理想世界的次佳選擇。同樣地，民族主義也不僅僅是通往「天下」政治的必要機制。至少，對特定政治共同體的特殊承諾是差等之愛的邏輯所要求的，當然，這一承諾也應該（以減弱的程度）擴展到外人。

概括而言，儒家倫理確實允許這樣的可能性：向着生活在有領地邊界之國的人民的承諾。這樣的承諾不是統領性的，家庭建制是個跳板，儘管家在家國衝突下具有優先性。而承諾天下並不能把對國的承諾擱置一旁，若承諾於國與承諾於天下有衝突，承諾國具有優先性。就此而言，調和儒家與民族主義是可能的。那麼，這種調和是不是可欲的呢？

二、論儒家民族主義之可欲性

民族主義吸引人的一個關鍵因素是它似乎滿足了人們對共同體歸屬的深層需要，而國家是滿足這種歸屬感需要的關鍵機制。不過，形形色色的民族主義，有些在道德上令人厭惡，如二十世紀三十和四十年代德國的納粹主義。更為自由的民族主義形式，則試圖在歸屬感的需要與自律、寬容這樣的價值觀之間作出調和。可以説，美國和印度的民族主義主流形式有着自由特色。儒家形式的民族主義，對儒家價值觀的承諾和對體現這些價值觀的民族國家的志向既不是基於種族的，也不是自由的，儘管它與自由的民族主義多有共同之處。

儒家民族主義與種族民族主義

早期儒家認識到，春秋戰國時代存在各不相同的列國，但儒者基於文化發展水平來加以區分，這意味着，他們信奉的是儒家文化，而不是種族或地域。「中國」一詞指的是受制於儒家文化的文化實體，原則上向任何人敞開，不分種族，只要他們分享儒家的規範。那些不分享儒家文化的人們則被視為「蠻夷」，但原則上每個人都可以被「文」所「化」。

在帝國創立後，把「仁」傳播到整個世界的理想，受到更為嚴肅的對待。但從一開始就存在的問題是，並非每個人都準備服從官方欽定的儒教。為了克服不一定贊同的現實，即化外之民並不特別傾向於被同化或放棄自身的文化，朝貢體制才得以建立。在朝貢體制下，分封國君或其代表必須到中國向宗主國獻貢，拜倒在皇帝面前，儀式性地承認帝王的宗主地位。中國則確保其安全，提供經濟上的好處，同時又運用「道德力」來傳播儒家規範，並允許其傳統的生活方式和實踐得以存續。毋庸置疑，這種做法常常偏離理想。比如，明朝對抗蒙古人的策略就是運用純粹暴力來解決衝突，安全價值被置於較高地位。在元清兩代，漢人對外部入侵者的妖魔化幾乎難以遏制。然而，我們還是可以認為，相比歐洲人的帝國主義，朝貢體系較少公然的種族主義和種族中心論。再者，韓國、日本和越南最終都被「儒化」，部分原因是儒家規範的「道德力」，就連滿族清朝的征服者本身也被儒家規範所同化。

到了十九世紀後期，朝貢體制被打破，中國本身也被西方列強侵略，中央王國之幻象被粉碎，中國思想家終於認識到，他們的國家只不過是萬邦中的一員，事實上比西方和日本都要弱。作為回應，民族國家開始成為政治關切的單元。如今，中國的儒家知識分子不再使用種族範疇。梅約翰（John Makeham）觀察到，「文化民族主義」與國族聯繫在一起的特殊文化，構成國民身份認同的基礎，在當代中國的儒家話語中獲得不同取向的參與者的支持。但是，中國的（重新）儒家化意味着以承諾於儒家價值觀為中心的國民身份認同的建構，並不消除這樣的可能性，即非中國人（不是漢族或不是中國公民）就不能是儒家信奉者。梅約翰還注意到，杜維明走得更遠。杜維明認為，儒家在中國獲得成功提倡之前，必須在中國之外的地方紮根：「儒家在二十世紀餘下的歲月裏是否具有活力，將主要取決於它是否能夠通過紐約、巴黎、東京等地充分地返回中國。儒家必須面對美國文化、歐洲文化和東亞文化的挑戰，並進而在這些文化中播撒種子和紮根。」蔣慶則認為，儒家價值觀不能與核心西方價值觀相容，但他也拒絕種族主義的和種族形式的民族主義。被接納入「儒家之國」的唯一相關準則是承諾儒家價值觀。

總之，儒家民族主義承諾於儒家價值觀，並立志建立一個表達這些價值觀的民族國家是與種族主義形式的民族主義根本不同的。儘管實踐常常偏離理想，但可以把理想作為批判視界去考量實踐。

儒家民族主義與自由民族主義

自由民族主義是這樣的觀念：承諾於特殊的國族共同體可以與自由價值觀相結合。歸屬於特定的國並感覺到與其他國民有着特殊聯結，這無疑是好事，但是，政治共同體必須保護言論自由、宗教寬容和選擇政治領袖等平等權利。

儒家價值觀與自由主義即使不同，但也經常導致同樣的政治意義，以至於承諾儒家價值觀的民族國家會更像承諾於自由價值觀的民族國家。也許，最廣泛引用的句子來自《論語》中孔子說的「君子和而不同」。「和」與「同」的對比源出《左傳》，指的是這樣的思想：君王應該以開放心胸面對其幕僚中的不同政治觀點（參見《左傳•昭公二十年》）。孔子本人為政治言論辯護的理由是，指出錯誤政策是必要的（《論語•子路》第十五條：「如其善而莫之違也，不亦善乎？如不善而莫之違也，不幾乎一言而喪邦乎？」）。孟子則更認為，批評君王之錯是卿之義務（《孟子•萬章下》第九條：「君有過則諫；反覆之而不聽，則去」）。在中國歷史上，政治建言的權利通過御史台或督察院而制度化，士大夫負有批評政府錯誤政策的重任。當代中國的社會批評家也援引「和」「同」之異來要求政府寬容不同觀點，不希望看到一種主導性國家意識形態強加給所有民眾。而某些政治儒學家雖說拒絕自由民主的某些方面，但也明確要求言論自由。

當代自由派也許會回應說，像言論自由這樣的公民權利，不僅具有工具性效力，而且還表達了「個體」之道德地位的觀念。相比之下，儒家的道德自律指向追求善我沒有從事不道德行為的道德權利，比如不孝敬父母。不過，正如陳祖為所認為的，儒家關於不道德行為的觀點，並不導致這樣的結論：不道德行為應該在法律上禁止：「儒家並不主張施用法律的強制力來培育美德或防止人們沉溺於道德敗壞的生活。孔子思考過，法律懲罰並不能改變人心或靈魂……美德之養成，乃是通過教育和禮儀。」換句話說，即便自由派和儒家為言論自由提供不同層面的辯護，但他們在實踐意義上還是會達成一致。

另一個關鍵的自由價值是宗教寬容。可以證明，對此價值的不同辯護也不導致實質上不同的政治結論。認真的儒者試圖引導由儒家價值觀啟發的人生，我們生來具有同等的道德潛能（據孟子），但符合儒家價值觀生活的人就比其他人在道德上優越。也因此，儒家肯定了相比其他倫理和宗教傳統的一種優越感，這在自由主義者眼裏是個問題。

但儒家也有使得它與其他傳統相區別的自由特點。如前面已提及的，普世主義的儒家向所有種族敞開大門，這點類似於基督教和佛教。另外，儒家對其他形式的宗教相對寬容，並不要求儒家信奉者棄絕其他信仰。對一個華人或韓國人來說，像「儒—道—釋」或「基督徒—儒者」這樣的串聯宗教身份並不少見。這並不否認，一旦有衝突，儒者會聲張他們的文化優越性，但從歷史上看，儒教對其他信仰一直是相對寬容的（這並不否認，歷史上也有不寬容的低潮時期，比如，唐朝時對佛教的迫害，以及明朝對其他宗教的逼迫）。

概而言之，如果儒家民族主義者的觀念得以實現，所導向的社會也許會更像自由民族主義者所喜歡的開放社會。除了這些共同點，也有一些關鍵差異，這些差異將影響到儒教國家的內外政策。

選舉制民主明顯的缺點就是，民主選舉的政治領袖主要把注意力放在國內民眾：他們要服務的，是選民的共同體，而不是生活在該政治共同體之外的外國人。再者，那些運轉良好的民主國家傾向於把焦點放在國民的利益，而不是外國人的利益上。另一個問題是，沒有人代表受政府影響的子孫後代的利益，民主選舉的政客首先要忠於選民。在新加坡那樣的小國，我們沒必要憂慮。但在中國、印度和美國這樣的大國，政治領袖所作的決定常常會影響到世界其他地方的人民與其子孫後代，他們需要考慮被他們的政策所影響的那些人的利益。

第一次世界大戰後，梁啟超就認為，政治統治者不應該只是強大和繁榮自己的國家，他們還應該關心整個世界的命運。梁啟超明確批評西方民族主義過於狹隘，他認為西方應該學習傳統中國的天下思想，把關切擴展到國家之外。當代儒家也已提出實現此理想的提案。對於確保當前一代國民的利益來說，民主機制或許是重要的，因此，儒家一般也支持某種形式的民主。但是，僅僅民主還不夠。

為了實現受政府政策影響的非選民之代表的理想，儒家倡導政治上的任人唯賢的價值：在教育和行政上的機會平等，把政府職位分配給共同體中最有德性和最有資格的成員。人人皆能成聖賢，但在實際生活中，作出稱職的、道德上站得住腳的政治判斷的能力是因人而異的，而政治體制的重要任務，是識別出那些能力在平均水平之上的人。因此，一些儒家學者提出賢士院的提議：部分通過現代化的競爭性考試來選擇賢士。賢士可能承擔起這樣的重任，去商議並服務於一般被民主選舉的議會所忽視的利益（外國人、子孫後代、古人和少數族群）。

儒家或許也準備考慮平等公民權的其他修正措施，只要這些修正更可能實現蘊含儒家理想的國家。一個觀點是給年長者增加額外的選票：儒家假定，當人生歷練老道，愈老就愈有智慧。因此，如果年長者繼續努力於自我改善和保持人際網絡，他們也許應該被賦予額外的政治權力。

按照儒家理想，其他有所區別的公民資格也可以得到辯護。從自由民主的視界來看，戶口制度在功能上等同於種姓制度，標誌出二等公民群體僅僅因為他們不幸生為農民。這在根本上是不公正的。但該體制的捍衛者則認為，這一體制防止了棚戶區和貧民窟的出現，這終究使得中國的不發達地區的城鎮受益，因為這樣更容易留住人才。另一個論點是，相對富裕城市穩定有序的發展，最終能夠有利於對發展貧窮地區的再分配。有很多理由來質疑這種主張的經驗基礎，即使它們都是正確的，自由民族主義者也會要求取消戶口制度，因為在當代自由理論中，平等公民權是所有價值之母。而如果平等公民權事實上有助於消除貧困，儒家民族主義則會容忍這樣的安排。

正如儒家民族主義者在有關國內的平等公民權的問題上不太固執一樣，他們還願意嘗試有別於國際間平等主權這一自由理想的取徑。當代國際關係理論家閻學通就援引先秦思想家（包括儒家但不限於儒家）來論證層級性國際體系，這既是更為現實的，在道德上也是更可取的。他以此對中國在國際關係中的作用引出教訓，「中國不應該採納美國當前的行動方式，口頭上說所有國家是平等的，但在實踐上總是看到一個主導性國際地位」。相反，中國應該公開承認，在一個層級性世界，美國是個主導力量，但這種主導還意味着，它有額外的責任。通過強調與弱國的互惠，中國應該嘗試贏得這些弱國的支持，允許在他們的贊同下應用有區別的國際規範。例如，在東盟和中國的 10+1 合作上，「中國被要求在東盟國家實施農業貿易零關稅規範之前先行實施該規範。這一不平等規範使得 10+1 經濟合作比日本與東盟之間的合作發展得更快。日本提出的與東盟間平等關稅的要求使得它與東盟的經濟合作進展放緩，落後於中國與東盟的合作進展」。從儒家民族主義者的視界來看，只要受這類政策影響的國家和其他國家都獲得益處，國家之間的這種不平等安排是可以得到辯護的。

總之，自由民族主義和儒家民族主義都捍衛確保基本人身自由的開放社會理想，但對公民間平等政治權利的重要性和國際體系中的國家間平等權利的重要性，兩者存有差異。如果有區別的或層級性政治安排能更好地確保「天下」這樣的儒家價值觀，那麼，在那些有志於表達儒家價值觀的國家的儒者眼裏，這類非民主的安排是可以得到辯護的。

儒家民族主義與法家民族主義

儒家民族主義在道德上是可予以辯護的，但流行的民族主義形式則是更為思想封閉的和怨恨性的。從知識上說，與其把流行的民族主義歸咎於儒家，不如把它歸咎於中國式法家這種極權主義的政治哲學，強調思想和行動的統一，靠嚴厲懲罰來統治，國家權力的建立根本不顧道德。流行的民族主義作為一種情感乃是基於深植的受害感，源於鴉片戰爭後西方國家和日本的入侵。北京大學也有教授認為，現代歷史上中國遭受羞辱的經歷，已經成為數代中國人強國富國的力量源泉。可以認為，政治統治者相當程度上應該對這種怨恨性民族主義的成長負有責任，該種教育幾乎太成功了，現在，精英的道德主義的儒家修辭，和大眾層面的狹隘民族主義之間已經呈現很大裂縫。《中國可以說「不」》的法家民族主義者，根本不顧道德上的岌岌可危，出版此類圖書，銷量高達數百萬冊。在中國，倡導「法家民族主義」的市場驅動型媒體在商業上最為成功。已經有學者注意到，外交政策上的儒家修辭，儘管享有廣義的學術支撐，卻依然只是精英話語，有待普羅大眾認同。世界的其他地方只能希望，儒家民族主義贏得中國人民的心靈。

註釋

* 本章英文版原刊於 Daniel A. Bell, "Reconciling Confucianism and Nationalism," *Journal of Chinese Philosophy* 41, no. 1–2 (March–June 2005), 33–54，已獲 Wiley 授權出版。中文版原刊於貝淡寧，徐志躍譯：《文化縱橫》，2011 年 6 月。

第十二章

城市與身份認同

我是誰？何種社會關係構成了我的身份？它們又是如何塑造我的社會責任呢？在二十世紀，國家是政治身份的主要來源和實施集體自決權的場所。一個愛國者會為自己的國家感到驕傲，因為它表達了一種體現其歷史、政治和制度的特別的生活方式。但是，國家提供這種獨特性意識的難度愈來愈大，因為國家在根據自己的價值觀和善的觀點制訂政策時自主性更小，還必須符合市場的要求，遵守國際條約（除非像北朝鮮或者不丹那樣與世隔絕）。

到了二十一世紀，已經有很多著作談論全球身份和世界主義。由於移民、勞工和資本的自由流動，互聯網和新社交媒體的出現，風俗習慣的交流，愈來愈多人感受到一種世界大同的情感。這種趨勢的極端表現是「達沃斯人」（Davos Man），他們已經超越了對任何國家的忠誠，把自己視為「世界公民」（或更負面的看法是把世界看作發財的場所）。但是「達沃斯人」有多大普遍性呢？結果發現即使在達沃斯，很少人認為自己完全是「世界公民」。《城市的精神》（*The Spirit of Cities: Why the Identity of a City Matters in a Global Age*）曾經在二〇一二年世界經濟論壇的年會上展出，引起相互競爭的城市支持者的激烈辯論：約翰內斯堡對好望角，華盛頓對紐約等。城市似乎也能塑造現代人的身份認同，感受獨特性的慾望似乎是根深蒂固的人性。因為民族感情的淡漠，尋找補充品或替代品的最好場所，或許就下降為城市而不是上升為世界。

城市能提供替代身份嗎？能提供一種獨特性意識和特別的政治身份嗎？今天，超過一半的世界人口居住在城裏，這和一八〇〇年的不足百分之三形成鮮明對比。意料之中的是，城市已經成為重要的研究領域。大部分城市理論往往集中在令都市生活不同於農村或小城鎮的方面，如城市促進經濟發展降低人均碳排放量，是創造性和革新的中心等。「漂亮的」或「理想的」城市將試圖根據成功法則，將這些優勢最大化。論證都市生活的普遍優勢的理論很重要，但是論述讓一個城市不同於其他城市，以及從規範性角度討論城市身份認同的重要性的理論卻很少，所以我們覺得需要嘗試這項開拓性的工作。顯而易見，令城市居民特別驕傲的不僅是他們生活在城市的事實，與鄉村生活相比，都市更令人嚮往；自己的城市與其他城市不同的事實也令他們特別自豪。我們把這種自豪感稱為愛城主義。這種「愛城主義」源自認識到自己的城市很特別。如果一個城市只是表現出全球化的同質性，人們很難為它感到自豪，正如住在麥當勞附近的人很難為它自豪一樣。共同體意識就像對個人自由的追求是紮根於人性深處的東西，往往需要附着在表達某種特別性或所謂的

「氣質」或「精神」上面。所以我們究了許多城市，認定《城市的精神》將討論到的城市確實都有一種氣質。

當然，我們承認這個論證的任務十分艱巨。從前的社會批評家論述過大城市生活中的個人的孤獨與異化，與農村和小城鎮完全不同。正如馬克•吐溫（Mark Twain）在一八六七年所寫：「每天沿着同一條看不到盡頭的街道走上好幾英里，用胳膊肘撥開前面的人，穿過熙熙攘攘的人群，卻看不到一張熟悉的臉。」城市生活在很多方面或許令人嚮往，但源於獨特性的共同體意識似乎並不屬此列。如果現代城市有什麼共同點的話，可能是對最新潮的高科技玩意兒的高度個人化的追求。伴隨着看似不可阻擋的資本主義力量，都市化的潮流具有把眾多本地文化改造成為單一消費主義文化的巨大威力。

但是現代城市中出現了不同形式的共同體。愈來愈多人感受到愈來愈強烈的世界主義，但是他們也渴望體驗獨特性。我們認為城市提供了一個把世界主義和紮根於特別性的共同體意識結合起來的機會。的確，我們看到市民常常為其城市和城市代表的價值觀感到自豪，他們試圖塑造獨特的城市文化和生活方式。耶路撒冷人竭力推動其宗教身份，蒙特利爾人則竭力推動其語言身份等。「我愛紐約」的口號成為現代歷史上最成功的營銷口號決不是巧合。世界各地的城市都在複製這個口號，中國的首都常常能看到襯衫上用英文寫的

「我愛北京」。人們很容易變得玩世不恭，會說所有這一切都是錢鬧的，但這個口號確實觸動了真感情。人們真的愛自己的城市。紐約的城市精神是以個人主義聞名，但是它的共同體意識和都市自豪感在九一一之類危機時刻就充分體現了出來。「愛城主義」產生於紐約與美國其他地方不同的意識；紐約人常常說他們愛這個城市甚於愛這個國家。其他美國城市則竭力表現出與紐約人的不同。拉姆•伊曼紐爾（Rahm Emanuel）在二〇一一年當選芝加哥市長時，對芝加哥市民發表講話說：「我們與紐約人不同。」紐約為成為移民的理想之都而自豪，芝加哥則對自己作為最少居民外遷的美國大城市而驕傲：在芝加哥出生或移民芝加哥的人就一輩子生活在這裏了。所以，我們看到表現出獨特身份與氣質的城市，往往產生最強烈的城市自豪感。

城市能證實具有地方特色的共同體意識的觀點或許遭遇中國的挑戰。這個國家經歷了人類歷史上最迅速和最具破壞性的都市化進程：從一九八二年到二〇一一年，城市人口佔總人口的比例從 20.6% 一下子猛增到 51.3%。這種趨勢在未來可能繼續加快；到二〇二五年，中國將擁有十五個平均人口達兩千五百萬的特大城市。中國城市陷入千篇一律的單調乏味中，似乎抹去了讓人類社會生活如此寶貴和有趣的多樣性。中國城市先經歷了三十年蘇聯式現代化，隨後又經過了三十年美國式現代化。從建築學的角度看，這兩個或許是最糟糕的世界。

但是，中國城市的相似外表掩蓋了人性中根深蒂固的對獨特性和共同體的追求。在中國，對建立在獨特性基礎上的共同體的追求具有特殊的緊迫性，因為對傳統農村依戀感的削弱和快速城市化時代，令人普遍感到灌輸新的社會責任感的需要。如果人們認同自己的城市——如果他們感覺到城市表達了一種獨特的身份認同，就愈有可能如此，他們就愈有可能有一種社會責任感來關心和友好對待本城的市民同胞。自本章出版（已經被翻譯成中文，在中國引起共鳴）以來，中國幾個城市已經確認在探索明顯雷同的建築風格背後的獨特精神，這個觀點是推動建立在獨特性基礎上的共同體意識，是促進責任感的關鍵。北京經過精心醞釀和市民投票確定了北京精神，這種發現將影響到都市規劃和文化遺產的保護。「愛國、包容、創新、厚德」的口號張貼在北京的主幹道上。上海明顯與之相反，它提醒我們愛城主義常常是在與表達對立價值觀的城市的對比中進行定義的。貝淡寧在北京和上海教書，經常有人問他更喜歡哪個城市。甚至在他回答問題之前，北京的朋友就說他或她是多麼喜愛北京，討厭上海；而在上海，則正好相反。顯然，兩個城市表達了不同的社會和政治價值觀，它們體現在街道佈局、不同經濟活動方式、對外來者的開放程度、甚至出租車司機的侃談上。中國的其他城市也不是像外表那樣的千篇一律。小城市在特定產品上下功夫，而更大的城市則利用教育潛力和文化吸引力。不管這些政治工程的源頭是什麼，「城市公民」常常為所在城市的成就而自豪。

簡而言之，《城市的精神》的寫作主要出於一種樂觀的信念，即城市能夠把全球的開放性和建立在獨特性基礎上的共同體意識結合起來。我們認為城市作為身份認同的場所還有其他優勢。最重要的是，在城市層次上追求獨特性不大可能演變為深刻的仇恨和戰爭。實際上，愛城主義能夠遏制過分氾濫的民族主義。除了像新加坡這樣的城市國家之外，城市一般沒有軍隊，所以城市自豪感不大可能採取危險的形式。因此，獨特性的共同體需要應該通過城市來滿足。

雖然首都居民的民族主義情緒確實更強烈些，但同樣真實的是在危機時刻如受到外國支持的恐怖分子大襲擊時，人們往往能圍繞一面旗幟聚集起來。我們在世界幾座城市的訪談顯示，大部分「城市居民」擁有自己的身份認同，無需延伸到整個國家。但這並不否認民族主義的正當性，比如中華民族的強烈共同體意識幫助推動人們努力在東部沿海和貧困的西部之間重新分配財富和資源。但是不受更強大的愛城主義制約的民族主義更可能採取危險的形式，正如民族主義煽動者更容易得到家庭親情淡漠、沒有結婚的年輕人的支持一樣。簡而言之，我們並非主張愛城主義能夠和應該替代民族主義成為政治身份的來源（雖然未來可能如此），而是認為把地方自豪感和對世界的開放性結合起來的愛城主義，為人們提供了温和民族主義者的心理基礎。

確認城市精神的另一個理由，是擁有獨特精神的城市能實現在國家層面上難以實現的令人嚮往的政治目標。讓美國或中國的政客來認真實施應對氣候變革的計劃，可能需要等待很長時間，但是像庫里提巴（Curitiba，巴西）、舊金山（美國）和杭州（中國）這樣為自己的環保精神感到自豪的城市，在環境保護方面可以做得遠遠超過國家標準。自封為「世界首都」的紐約市，根據其抱負之城的精神有效地開展其自己的外交政策。市長彭博（Bloomberg）已經實施他自己的氣候外交，通過直接邀請世界數百位市長來集中討論都市領袖如何共享政策倡議和技術來減少碳排放，規避以國家為基礎的高峰會。現在，城市能夠測量自己取得了多大的成功：在二〇一〇年里約熱內盧召開的世界都市論壇宣稱，世界城市現在有一個共同的方法計算其行政區內產生的温室氣體數量。這並非否認以國家為基礎的合作，和預算龐大得令城市根本負擔不起的國際環境工程，但姊妹城市之間的合作能夠確定和支持這樣的努力。

推動城市精神還有很好的經濟理由。開發出一種清晰身份的城市能夠幫助復興凋敝的經濟。一個漂亮的博物館把西班牙的畢爾包（Bilbao）從一個衰落的工業城市變成了藝術世界的聖地麥加（說句題外話，請注意我們使用都市隱喻表達政治理想）。在中國，喜歡文化的遊客蜂擁參觀曲阜，因為他們想看看儒家鼻祖孔子的家鄉。在城市層次上的可行模式可以向全國推廣。中國不怎麼被人所知的特徵，是它給予城市相當程度的財政和立法自主權（不像美國和印度的城市，很多權力在州政府手裏），城市之間的競爭是中國經濟充滿活力的主要原因之一。第一個經濟特區城市深圳，就是從一九七九年的一個小漁村變成了當今擁有千萬人口的繁榮的大都市。隨後，從廣州到上海等很多城市也走上了市場經濟改革的道路。大連和天津競相吸引世界經濟論壇前往舉辦「冬季達沃斯」年會（最後決定輪流在這兩個城市舉辦），兩個城市都改善了基礎設施建設，為當地居民帶來好處。像成都和重慶等特大城市競相承諾於實現社會正義；成都的成功是靠全面的長期的努力推動的，離不開基層的協商、參與和清晰的財產權設計。相反，重慶則一直依靠國家權力和轉移百萬人來實現類似目標。如果成都的「温和」模式在降低收入差距方面證明更加有效，它就可以為國家其他地方樹立一個榜樣，正如深圳樹立的市場經濟改革模式一樣。

作為政治理論家，我們希望一個城市的精神也能激勵具有世界意義的社會和政治理論。正如雅典和斯巴達模式的競爭為柏拉圖和亞里士多德的政治理論提供了思想素材，而中國社會和政治思想最具有創造性的階段，出現在思想蓬勃發展的戰國時代的城市中。約翰•洛克（John Locke）論寬容的信就是受到他在十七世紀歐洲最開放和最寬容的城市阿姆斯特丹逗留的直接啟發。當然並非巧合的是查爾斯•泰勒（Charles Taylor）的多元文化主義和語言權利的理論來自蒙特利爾，那裏的居民不可避免地必須在這個城市微妙的語言政治航道中穿行。

當然，城市應該確認一種精神的觀點建立在城市有精神的假設基礎之上。因此，我們才會討論城市的獨特精神。我們讀了很多書，試圖提出具有歷史內涵的解釋，但是我們認識到這個途徑的局限性，因為我們主要採用了定性研究方法。個人體驗很重要：如果一個人在一個城市生活比較長的時間，他或她可能清楚認識到這個城市的精神或者「氣質和習慣」。我們安排了與不同城市的居民訪談，對象包括不同階層、不同族群和不同性別的人。我們試圖發現他們是否提出共同的主張（如耶路撒冷的宗教、蒙特利爾的語言、北京的國家政治），他們對此會說些什麼。我們採用了閒逛的方式：隨意的散步、與陌生人聊天能夠塑造和提煉城市精神的假設，尤其是那些並非依靠我們的親身經歷而了解的城市。我們的散步是受到沃爾特•本雅明（Walter Benjamin）的巴黎拱廊街計劃（Arcades of Paris）的啟發，該計劃在巴黎的不同地區系統推行了很長時間，目標就是收集當地居民講述的故事，繪製一幅更全面的城市精神的圖畫。

讓我們簡單回應一下別人對我們研究途徑的常見批評。有批評家認為我們的方法是印象式的，過於主觀了，需要更明顯的定量研究方法。我們的確承認定量研究很有幫助，確實使用民意調查而且尊重調查數據，但問題在於大部分調查對比的是國家而不是城市。因此，我們在城市國家新加坡一章中更多使用了調查數據。在「特別行政區」香港一章中也使用了數據，因為香港常常被研究者當作與中國其他地方不同的獨立實體。未來，我們當然希望社會科學家能夠進行更多以城市為基礎的研究，研究結果可能對我們的假設提出挑戰。

其他批評往往來自相反的方向。一方面，有人指責我們扼要闡述了城市的「獨特」精神，但實際上，城市非常複雜、多樣而且在不斷變化，遠非一個價值或者一套價值可以涵蓋。我們確實認識到這個假設或許對城市的核心更明顯，比如若與居住在遠城區的紐約人相比，抱負之城的精神對曼哈頓人的生活方式或許更重要。我們也同意城市精神可能隨着時間的推移而有所變化，我們的歷史途徑就是要顯示變化發生的方式。我們應該更明確地指出，精神與其説是一套價值觀的承諾，倒不如説是對一種主張的承諾。就「你在羅馬就按照羅馬人的習慣去做事」的責任而言，這意味着在羅馬，你就要用羅馬人使用的術語來論證。因此，在耶路撒冷，人們爭論宗教；在蒙特利爾，人們爭論語言。我們作為關心規範性議題的政治理論家要做的就是加入這些討論。在《城市的精神》的每一章，我們都試圖提供該城市的精神應該是什麼的在道德上説得通的解釋。我們是在心中想着精神是什麼，和對這種精神進行的道德上説得通的解釋應該是什麼的情況下，討論故事和印象的。比如，耶路撒冷一章的要點不是提出乏味宗教之爭的觀點，相反，艾維納主張對宗教作出一種溫和的、強調精神的、尊重人而非物的解釋。雖然對宗教的這種描述體現在耶路撒冷許多居民的生活方式中，但艾維納承認要戰勝教條式的和制度化的宗教仍然是艱巨的任務。蒙特利爾一章更樂觀一些，這是因為貝淡甯認為道德上説得通的反思語言價值的方式已經慢慢成為主流思維和生活方式。但結果證明，這種論點仍有爭議。蒙特利爾一章就因為法語報紙的一個著名記者引用我們的論證安慰那些試圖復興語言戰爭的人而引起軒然大波。不過，該論點不僅是描述性的也具有規範性。簡而言之，我們試圖在《城市的精神》的每一章中提出對某種精神的特別解釋，一個能夠在道德上説得通的解釋，並幫助帶來城市的變化。

另一方面，我們被指控為偽裝起來的道德相對主義者。除了非常稀薄的基本人權，我們似乎認為不管城市精神的具體內容是什麼，它都應該得到尊重。如果蒙特利爾人贊成限制操英語者的語言權利，那就太糟糕了。如果耶路撒冷人贊成限制無神論者的權利，無神論者應該收拾行李搬到其他地方而不是抱怨。如果一個城市如阿姆斯特丹希望通過建設沒結婚的年輕專業人士更喜歡的單人間小公寓來推銷其「藝術之都」的形象，希望留在這個城市的人們可能就需要限制生育。曲阜的地方官員計劃把這個城市及其周邊地區打造成為「孔子文化特區」，儒家學者已經反對在曲阜建立比孔廟更高的基督教堂的計劃。那些想建造這樣一座教堂的基督徒需要到其他地方，因為儒家信徒不可能在梵蒂岡建造一座比聖彼得大教堂更高的孔廟。換句話說，我們的途徑似乎為城市管理者打着城市精神的幌子而採取的高度具有爭議性和歧視性的政策辯護。多數國家不敢推動這樣的政策，因為他們很可能馬上被告上法庭，那麼為什麼允許城市這麼做呢？我們的回答是國家確實應該更加公平，不偏不倚。但是城市能夠和應該被允許表達一種比國家更「濃厚的」生活方式，只要尊重基本的人權。而且，我們的研究顯示這也是市民期待其城市所做之事。有時候，城市比國家層面的政策更開放和寬容。比如在二〇一二年德國最高法院判定幼年的割禮屬於違法，因為它等同於「嚴重的身體傷害」。不用說，猶太人和穆斯林認為這個裁決很難實行。

柏林市認為其對寬容的承諾和與過去和解的態度比法院裁決更重要，於是決定允許割禮。簡而言之，城市在當今時代對人類幸福十分重要，它們提供了一種國家無法提供的、建立在獨特性基礎上的共同體意識，因此應該有更多的通融餘地來推動表達城市身份的政策。

《城市的精神》的精裝本序言最後説該書「只是一個開端」。通常，這種説法應該被視為虛情假意的謙虛而遭忽略。但是，我們確實是這麼想的。不過，我們也認為這個話題很重要，是當今時代最重要的話題，或至少是最重要的研究課題之一。給「城市公民」賦予獨特的精神和身份認同，就能讓城市幫助人們有力量面對二十一世紀最嚴峻的挑戰。

* 本章英文版原刊於 Daniel A. Bell, "Preface: The City and Identity," *The Spirit of Cities: Why the Identity of a City Matters in a Global Age* (Princeton: Princeton University Press, 2013)，已經由 Copyright Clearance Center, Inc. 轉介，獲得 Princeton University Press 授權重印。中文版原刊於貝淡寧、艾維納•德夏里，吳萬偉譯：《城市的精神》（重慶：重慶出版社，2012）。

第十三章

愛城主義

在西方傳統中，政治思想首先作為對不同城市及其所表達的價值觀的對比而出現。古希臘代表民主和對普通人判斷的信任（除了奴隸和婦女之外），而斯巴達代表了更明顯的寡頭模式，由受到良好訓練的公民士兵（和相對強大的婦女）去追求國家的榮譽。政治思想家選擇不同的立場，從這些競爭性模式中吸取靈感，以便提出自己的政治管理理論。柏拉圖或許更容易親近斯巴達，而亞里士多德對民主管理持有更加平衡的觀點，因為他看到了雅典模式的一些美德。第三個城市耶路撒冷則質疑這種世俗政治成功的關切：人生的最終目的是崇拜上帝。世界三大「一神教」——猶太教、基督教和伊斯蘭教——都把耶路撒冷作為宗教價值觀的象徵。[1]

在希臘城邦處於高峰的同時，那個後來被稱為中國的國家被分裂成不同國家，它們為了爭奪政治上的最高權力而相互廝殺。七個主要大國的首都都是建有圍牆的城市，這些城市讓更早期的中國城市相形見絀：每個城市的人口都在十萬以上。城市被官僚集團組織起來，服務於對國民的登記、稅收、徵募等目的。但並非所有城市都具備軍事或政治氣質，如作為周朝首都洛陽的雙子城，就是作為商業大都市繁榮起來的。政治思想家和戰略家抱持讓國家富強和安全的不同主張，從一個城市周遊到另一個城市，中國社會和政治思想的主要學派就是從戰國時期城市的觀點碰撞中產生的。[2] 理論家確實都贊同一個沒有領土邊界的大同世界理想（與主張小國優勢的早期希臘思想家不同），但他們在如何實現這個理想，以及最終的國家是什麼樣子等問題上分歧很大。像孔子和孟子等思想家試圖說服君主實行德治，而像法家等冷酷無情的現實主義者，則鼓吹通過嚴厲的懲罰來統治。法家在秦王身上取得了立竿見影的成功，在他的統治下國家獲得了統一，他也贏得了始皇帝的稱號，但隨後的漢朝逐漸採取了儒家的原則。把隨後兩千年的中國政治歷史描述為儒家和法家的不斷鬥爭，只是稍微有點誇張。

認為城市代表了現代世界的不同政治價值觀能說得通嗎？和古希臘城邦國家或中國的用城牆圍起來的城市相對比，當今的城市龐大、分散和多樣化。[3] 說一個城市代表了這個或那個似乎顯得怪異，但只要想想耶路撒冷和北京：還有什麼城市的差異比這兩個更大呢？兩座城市都被設計成由同心圓圍起來的一個核心，但一個核心表達的是精神價值觀，而另一個則代表了政治權力（更不要提北京的人口是耶路撒冷的十六倍之多）。顯然，有些城市確實表達和優先選擇了不同的社會和政治價值觀：我們稱之為城市的「精神」或「氣質」。「氣質」（*Ethos*）被定義為一個民族或社會的代表性精神、普遍的心態（《牛津英語辭典》）。在本章中，我們一直使用這個定義，更具體地說，我們把城市的氣質定義為被生活在這個城市的人普遍承認的一套價值觀和視角。[4]

城市用很多方式反映並塑造了其居民的價值觀和視角。城市建築的設計和構造也反映了不同的社會和文化價值。公共紀念碑往往標誌着在政治上具有重要意義的場景和懷念死者的不同方式。大都市向外蔓延擴張和交通的繁忙程度，則反映了有關城市和鄉村生活在人口控制領域的不同假設，以及國家計劃或自由市場的差異等。婦女是否上街也表達和影響了性別關係的概念。正如大衛•哈維（David Harvey）指出的，許多臨近社區的形勢惡化與社會公平正義的議題密切相關，也影響人們對社會公平正義的理解。[5] 社區的組成和鄰居狀況能推動或破壞民主和公共參與的程度。貧民窟反映了種族關係的糟糕狀況；劇院、體育館、咖啡館、飯店則與生活方式、享樂主義、精英文化、大眾文化等問題有關。為步行和自行車出行提供方便的城市，和為轎車出行提供方便的城市，鼓勵和推動了有關可持續發展的不同價值觀。[6] 街道標誌牌上往往寫着不止一種語言，這反映了多元文化主義和少數團體權利的不同立場。醫院的存廢體現了人們對身體的關心程度。普通市民相互交往及與外地人交往的方式，同樣反映了不同的價值觀。甚至（尤其是）出租車司機的談論話題往往反映一個城市的主要氣質。雖然我們常聽見「全球化」和「同質化」的說法，但不同城市在這些方面常常存在很大差異。

現在，能夠辯論的是規劃、建造、建築設計在影響城市氣質，以及反映在居民身上的生活方式方面存在一種局限性，但確實存在諸如「耶路撒冷綜合症」的清晰影響力，其中遊客對這座城市的街道和建築的宗教象徵所感動，以至於他們相信自己已經變身成為耶穌。史太林主義者和法西斯主義者的建築常常有令個人顯得渺小的效果，使得國家很容易令民眾相信他們應該服從國家和「偉大領袖」。從更積極的方面說，或許令人不由得產生敬畏之情的哥德式大教堂如沙特爾大教堂，能夠強化人們對上帝的信仰（拿破崙的名言是大教堂會「讓無神論者感到不自在」），看到世界上最漂亮的象徵愛情力量的泰姬陵，你很難無動於衷。法蘭克•蓋瑞（Frank Gehry）在畢爾包（Bilbao）的引人注目的博物館，幾乎單槍匹馬地改變了西班牙城市，把它從衰落的工業中心變成了旅遊勝地。使用特別的建築影響價值觀並不總是有效的，科倫坡郊區的傑弗里•巴瓦（Geoffrey Bawa）的議會大廈建築結合了僧伽羅人（Sinhalese）的、佛教的和西方的特徵，旨在傳達出理想的多元文化和寬容的斯里蘭卡形象。[7] 不過，隨着時間的推移，在一個城市氣質的更廣泛背景下，人們可能受到都市環境的影響。正如旨在推動都市生活的創造性思考的智庫科米迪亞（Comedia）的創始人查爾斯•蘭德里（Charles Landry）所說，城市的物質基礎設施建設對當地人的交往產生影響。[8]

以城市為基礎的氣質，也影響人們評價城市的方式。想像一下我們常常對不同城市的生活方式作出的比較判斷。人們往往說「我愛蒙特利爾、北京、耶路撒冷等」，或者「我恨多倫多、上海、特拉維夫等」，就好像城市是人一樣，有獨特的個性。一般來說，對一個城市的魅力的評價，不僅僅是美學判斷，而且是對那座城市居民的生活方式的道德判斷。這種判斷往往被強烈地納入到對有關國家的判斷中去，而這些判斷往往比城市判斷更抽象、更虛幻。比如，一個受過教育的人如果說「我愛加拿大、中國、丹麥等」或「我恨法國、朝鮮、埃塞俄比亞等」，人們會覺得怪異，因為我們期待他在這些問題上有更加細膩的判斷。但有關城市的判斷似乎不這麼涵蓋一切，在道德上也沒有什麼問題，往往值得進一步分析作出這種判斷的原因，反思一下或許我們會贊同這種判斷。城市對外來者的喜歡和認同更開放一些。一個外國人更願意說「我愛阿姆斯特丹」，而不是說「我愛荷蘭」。這種認同更不容易被本地人覺得怪異。

但是，很少有人對這種以城市為基礎的判斷理論化。在政治理論中，辯論的內容往往是應不應該把整個世界或某些國家作為規範性的理論化場所。生活在城市的人為什麼不能在政治過程中竭力繁榮和推廣他們獨特的生活方式呢？在政治實踐上，城市往往是集體自決的場所，但當代思想家沒有把旨在為人們提供有關都市自豪感好壞的知情判斷理論化。[9]實際上，很難想出一個能抓住都市自豪感的詞，即城市居民對自己的生活方式感到驕傲，並努力推廣其獨特身份認同的觀點。今天的愛國主義指的是國家自豪感，但是對作為耶路撒冷、北京、蒙特利爾等城市的市民而感到驕傲的感情是什麼呢？我們創造一個詞「愛城主義」來表達這種都市自豪感。[10]

一、都市社群主義

我們為什麼關心這個話題呢？對艾維納（Avner，《城市的精神》其中一位作者）來説，這個主意來自他在環境理論方面所做的工作。他開始質疑環境總是有關「荒野」的假設，城市當然是環境的一部分，所以他是那些開始研究城市問題的環境理論家群體的一員。因為他曾經使用創造環境理論的方法，通過讓環境討論與理論家對話結合起來，他確實寫過一篇有關紐約的文章，把它當作一個和優雅的逛街者談話的環境，通過紀念碑、大樓、城市網格狀佈局及居民意外的談話而顯示自身。基本的想法是盡可能積累更多的信息，然後再認真確定研究的問題和理論。對貝淡寧（Daniel，《城市的精神》的作者）來說，他在有了有關城市的想法後，就跟艾維納交流過了。他認為從文明對比（東亞和西方）到國家對比（中國和美國），為什麼不再往下具體到城市對比呢？這樣的對比往往是有問題的，因為它們往往把多樣的分析單位「扼要表達」（essentialize），如果再進一步往下走，考慮到分析單位將愈來愈具體和真實，問題或許就更少了。[11] 而且，貝淡寧曾經在好幾個城市生活了相當長時間，對這些城市在表達和代表社會和政治生活方式等方面的差異印象深刻。為什麼不採用艾維納的模式，根據親身經歷和感受提出理論上的思考呢？

作為政治理論學者，我們試圖描述和解釋社會和政治現象，但我們也試圖思考規範性問題的隱含意義，如「從道德上來說，具有合理性的政治生活是什麼」，所以，我們的議程是：本旨在反駁全球化時代的擔憂，即社會單位沒有反對全球化的政治和經濟意志。[12] 或許國家變得愈來愈千篇一律，城市可能前來救駕。國家往往不得不遵循國際協議和規定，以及像國際貨幣基金組織、世界銀行、歐盟或自由市場的命令，這些可能削弱特別的文化、價值觀和生活方式的作用。在此意義上，全球主義具有將文化同質化的影響，把眾多文化轉變成單一的消費主義文化，結果可能是一模一樣的感覺，多元文化的削弱和文化觀點及選擇的平淡無奇。那些認定國家應該在幸福生活的概念問題上保持中立立場的自由派理論家，無意間加重了文化的貧乏程度，因為國家沒有了繁榮和支持遭遇全球化威脅的特別生活方式。

但是，許多人確實想經歷特殊性，維持和豐富自身的文化、價值觀和風俗習慣，他們相信這些是其身份認同的組成部分，如果缺少了這些東西，其群體生活方式將受到很大削弱。因此，我們想指出，城市愈來愈多地成為人們用來反對全球化及其將文化同質化的機制和工具。許多城市花費時間、精力和金錢來保護其獨特氣質，通過城市規劃和建築政策，通過人們使用城市和與城市交往的方式來保護這些氣質。或許並不是所有城市都這麼做，有些城市只是簡單地屈服於全球化的要求。但城市能夠和應該推動自己獨特生活方式的觀點，並不會引起多大爭議：即使在國家層次上，捍衛中立立場的自由派也傾向於允許大眾在城市層次上表達其特殊性。因此，擁有某種氣質的城市，往往擁有國際聲譽，並且能吸引那些在很大程度上就是因為這種氣質前來的遊客和居民就決非巧合。

簡而言之，氣質能為使得社會生活具有價值和趣味的多樣性作出貢獻。一方面，不同的城市創造更加美麗多彩的人類畫面，這是審美上的愉悅；另一方面，不同的城市給社會和政治生活的可能形式增加了新內容，這是多樣性的道德要求。有時候，在城市層次上能比在國家層面上，更容易實現道德上可欲的目標：雖然中國政府似乎不願意採取能源保護的國家工程，如碳排放的最高限額，但中國若干城市競相追求「綠色環保」氣質，通過為綠色技術提供稅收補貼等優惠措施（保定市是由太陽能提供電力的），像上海世博會等重大事件也推廣電動車。印度也是如此：新德里已經要求所有公交車和出租車使用壓縮的天然氣。在美國，舊金山正在重新修改其建築規範，要求新建築必須為電動車充電器作好準備，[13] 而這樣的政策在全國範圍內實行是難以想像的。[14] 城市還能實現其他目的。中國的重慶市正在試驗旨在推動相對更加平等的經濟發展模式的另類財產權形式。[15] 而且，擁有類似氣質的城市，有時候可以在國家領導人之上（或之下）進行交流，以便獲得共同的目標，如在城市間分享保護傳統建築的想法和專業知識。[16] 極富創造性的思想家，提出了以城市為基礎的處理問題的觀點（比如保羅•羅默〔Paul Romer〕「承包城市」〔charter cities〕的建議，由國家聯盟管理下的城市規模的管理區，幫助城市擺脱貧困的束縛）。[17] 與全球化時代保持競爭力的「命令」作鬥爭的活動，在國家層面無法進行，但在城市層面往往可以實現。[18]

當然，全球化也有好的一面。它常常是資本、人員、商品自由流動以及對待外國人和「他者」的開放態度的同義詞。誰能反對信息的自由流通，與遠方的人進行更多交流以及全球團結的感情呢？誰能反對全球化為歷史上被邊緣化的人們提供的眾多經濟機會呢？因此，我們關注的焦點集中在具有不反對開放性和全球團結的精神氣質的城市，如果其精神是圍繞外國人恐懼症、種族主義和仇恨等建立起來的，我們就不感興趣。柏林在曾經不寬容的時代，擁抱了世界上最凶惡的政權，我們不願意尊重那種精神氣質。但是當一個城市（和其他社會和政治實體）跨越了為居民提供最低限度的人權、基本物質必需品（食物、飲水、住房）等門檻後就是安全的，沒有人被虐待、屠殺、奴役或遭到制度性歧視，那麼，這座城市的主導性精神氣質自然就有了值得尊重的理由。

尊重一個城市的精神氣質的觀點，最好地體現在「到了羅馬，就按羅馬人那樣做」這句諺語上。一方面，從能量和經濟上考慮，改變一個城市的精神氣質是昂貴的，也會給居民的心理上帶來動盪。但我們想說存在這樣的情況，即使我們通常反對體現在某個城市精神氣質上的價值觀，我們仍然尊重它的精神。[19] 如果這種精神氣質不為令人震驚的人權侵犯辯護，我們就相信它反映了城市居民的特別價值觀，幫助形成了他們集體的身份認同，維持了多樣性和多元化，只要不過分排外，就有尊重這種精神氣質的強大理由。比如，對於香港這個以資本主義生活方式而自豪的城市，我們就沒有多少理由去批評香港的經濟不平等比高度尊重經濟平等的其他城市更嚴重。[20] 或者讓我們考慮這樣的問題：新加坡政府宣稱它有時候需要限制某種政治權利，在剛一聽到的時候，我們會覺得可疑，但是我們需要保持對可能性的開放態度，即這種權利限制對一個缺乏強烈的國民團結意識、而又需要擺脫貧困的國家來說或許是必要的。類似的情況，如強迫蒙特利爾市主要是說英語的居民區的商店店主掛上法語招牌，或者耶路撒冷強迫商店（和大學）在宗教節日關門，並非沒有合理性。[21]

雖然如此，我們並沒有暗示不管帶來的後果是什麼，主要精神氣質都應該得到尊重。如果這個精神氣質是自暴自棄的，如新加坡旨在推動國家建設的政策產生了相反的影響，或耶路撒冷的宗教狂熱主義傾向給更高的宗教敏感性造成集體破壞，對這種氣質進行批判就是有道理的。但這種批判必須建立在詳細了解本地情況的基礎上，也就是說，在全面了解信息後描述對某種集體精神氣質的某些解釋為什麼弊大於利。

我們來談一下可能出現的誤解。我們沒有暗示人人都應該遵從一個擁有精神氣質的城市的意思。有些人更願意生活在同質性的社會裏，他們湮沒在人群中默默無聞（正如有些人更喜歡住在「國際性的」五星級賓館，或喜歡麥當勞而不是帶有地方風味的迷人賓館或餐廳）。[22] 其他人或許喜歡生活在體現特殊品格的街區，即使這個城市作為整體是個並不連貫的大雜燴。或許也有人珍視「無特徵的」城市，僅僅因為他們就在那裏出生和長大。這是有道理的。不過，本章的讀者是那些尊重文化多樣性的人，那些擔心全球化危害多樣性的人。我們確實相信許多城市居民贊同我們的觀點，即使這樣的人是少數，我們仍然希望本章能夠讓這個事業堅持下去不至於被毀滅。

我們也沒有打算為竭力論證某一種城市或某一種精神氣質的合理性的價值體系辯護。相反，我們相信國際主義有眾多好處，在很多城市都有賓至如歸的感覺是可能的。應該承認，我們自己的親身經歷與我們的規範性世界觀是吻合的：我們覺得自己的根並不局限於一個城市。貝淡寧在蒙特利爾長大，在牛津求學，在新加坡和香港工作，如今住在北京。艾維納在耶路撒冷長大，現在仍然在家鄉工作，但他在牛津住了很多年，因為研究和度假的緣故經常返回牛津，所以覺得那裏就像家鄉一樣。我們每個人都認同至少兩個以上的城市精神，本章的某些讀者或許也對兩三個城市有認同感。當然，這種感情存在一些局限性：一個人不能有數不清的群體歸屬感的強烈意識。[23] 但一個人能夠屬於若干群體的事實，暗示我們的道德觀並非狹隘的社群主義：因此，我們把它描述為「世界性社群主義」（cosmopolitan communitarianism），它的意思是我們允許把我們的忠誠和興趣擴展到其他城市的可能性。因此，我們也描寫了各自最初的「家鄉」之外的城市。[24]

二、逛街和講故事

這促使我們為自己挑選的城市辯護。我們主要討論能夠從個人親身經歷的角度來描寫的城市，我們使用親身經歷，是要比較自信地談論這些城市的社會和政治生活的主流方式，我們也想顯示自己的生活和道德觀，是如何受到牽連和改變的，被我們所在城市的生活經歷所改變。人們或許能寫出有關新加坡的體育或者耶路撒冷的爵士樂的精彩文章甚至書籍，但是這些城市的大部分居民的生活，可能根本不受這些東西的影響。相反，不管喜歡與否，主流精神氣質往往涉及到生活在這些城市的居民。蒙特利爾人幾乎毫無例外地必須探索了解這個城市的微妙的語言政策，新加坡人也一定受到這個城市國家推動共同的國家身份認同努力的影響。人們很難想像一個耶路撒冷人會對宗教身份認同的問題一無所知。

我們選擇這些城市也被更加「客觀」的因素所決定。我們選擇那些與當代政治思想主要議題有關的城市，也就是說，我們試圖顯示表現和優先選擇特定主題，如追求經濟財富（香港）和追求個人抱負野心（紐約）的城市會帶給我們什麼東西。換句話說，我們選擇那些特別強調某些價值觀和主題的城市，使得這些城市成為社會和政治意義的哲學思考對象。[25]從否定的角度看，我們拋棄了那些真的似乎沒有表達主要價值觀的城市，意思是人們想了半天也很難提出這個城市最具代表性的東西應該是什麼。就我們的目的而言，城市精神應該對那些稍微了解一點這個城市的人來說都非常明顯。[26]

我們如何認識這些精神呢？作為大學老師，我們閱讀過有關這些城市的很多東西，包括小說、詩歌、旅遊指南等。我們需要研究每個城市的文化、社會、經濟、規劃設計，試圖對這些城市的演變過程作出連貫的歷史敍述。從原則上說，我們應該最好使用「硬」科學來描述價值觀和城市。人們或許使用民意調查問卷或者價值觀調查數據，雖然這樣的調查往往是對比國家或者更大的區域而不是城市的。[27]價值觀優先選擇的另外一個標誌，是看這個城市在預算中是如何分配資源的：人們可以預測，在蒙特利爾，用來保護語言的預算比例肯定更高，而在牛津，學術和文化的預算比例更高等。谷歌的點擊率也可能是優先選擇的標誌，如「耶路撒冷和宗教」有九百萬點擊率，而「耶路撒冷和浪漫」只有一百萬（當然，坦率地說，我們並沒有期待這種膚淺的指標會改變我們的發現）。或許更重要的是，利用檔案研究和城市規劃者解釋，什麼價值觀促使他們做了什麼之類的敍述。我們在某種程度上確實依賴這種方法，我們相信這種研究方法是重要的也是值得使用的。

但是，在本章中，我們主要採用的是定性研究方法。我們採訪（回訪）了《城市的精神》中描寫的城市，事先安排了與這些城市居民的訪談（如牛津的一個學院院長、巴黎的作家、柏林的年輕政治積極分子）。或許，更容易引起爭議的，是我們假設通過逛街和心血來潮式的採訪，也能了解這個城市及其價值觀的很多東西。在四年裏，我們一直在這些城市的大街上閒逛，與人們交談，聽他們談論建築、紀念碑、街道，鄰居街坊就好像給我們說似的。艾維納在擔任了系主任後不久，再次感受到這個方法的價值。當他問同事如何更好地理解老師的需要時，有人建議他只要在走廊上走一走，與隨便碰上的一個人聊聊而不是坐在辦公室等着有人上門來找。在這個「主觀性」更強，缺乏哲學思辨設計的方法中，城市及其居民不僅作為信息來源，而且成為靈感來源。城市不僅激發觀點，而且產生故事和情感，而這些反過來又會催生新的想法。這種「閒逛」方法對研究巴黎和紐約這樣對我們的身份認同沒有結構性和建設性影響的城市非常有用（相反，我們在談到蒙特利爾和耶路撒冷時可能更多依賴個人經歷）。當然，在不斷向外擴張和污染嚴重的城市如北京，逛街的方法也存在一些局限性。

我們就逛街問題再多說幾句。我們不是第一批把逛街作為研究方法的社會學家或哲學家。最著名的是沃爾特•本雅明（Walter Benjamin, 1898–1940）求助於都市漫遊者（*flâneur*）

的形象，即長時間在街上漫無目的閒逛的人作為考察十九世紀巴黎的資本主義、消費主義、都市主義興起的方法。本雅明研究了巴黎的街道，尤其是臨街店鋪——鋼鐵和玻璃街道作為現代社會的縮影。在描述他逛街時，常常以聯想意義和聯繫的方式附帶描述歷史、文化和社會學著作。和社會學中強調冷靜的、不帶感情色彩的研究者的方法不同，本雅明顯示了親密的知識和「此時此地」的現場經歷對理解社會現象同樣很重要。[28]

就我們來說，我們並沒有確定的假設，相反只是聽任城市告訴我們具體內容。我們在逛街的時候，故意試圖把期待和偏見拋到一邊，對發生的一切保持開放的心態，隨時準備對我們有關城市精神的最初觀點進行修改。[29] 比如，貝淡寧本認為蒙特利爾或許已經達到了語言戰爭的最後狀態，就在這時他注意到蒙特利爾人現在揮舞的旗幟，更多是蒙特利爾加拿大人冰球隊的旗幟，而不是魁北克或者加拿大國旗。因此，我們的途徑非常類似於數據驅動下的研究，我們愈來愈理解是在收集到的數據推動下完成的，雖然是隨機碰見的人、看到的建築、與街上人的交談、或解釋發生在我們身上的事等。這種數據驅動研究方法如今常常遭遇挑戰，因為多數研究者寧願採取假說驅動研究。不過，我們發現對公墓的一次拜訪、與商店店主的聊天、對主要火車站的參觀，能夠提供導致新研究問題和假設的數據。我們是如何選擇要收集哪些信息呢？我們收集那些促使我們對城市精神做出連貫敍述的數據，其中每個故事都和其他故事協調一致，每條數據都有各自的位置。比如，暗示耶路撒冷是和諧之城的故事與這裏有如此頻繁的種族和宗教衝突是不協調的，因此我們就拒絕這個故事。

現在，我們的觀點可能遭遇挑戰，有人可能說擁有精神氣質的是國家而不是城市。如果我們只描述紐約、牛津、北京、耶路撒冷，這可能是有道理的反駁，但《城市的精神》確實有不同的章節分別描述北京和香港的不同精神，雖然它們同屬一個國家。而且在有些章節，我們還寫到與之對比的城市或同一個國家的另一個城市。我們對比牛津和劍橋、蒙特利爾和多倫多、耶路撒冷和特拉維夫。由此我們宣稱這些精神代表的是城市而不是國家。

我們的觀點還可能遭遇如下的挑戰，如城市有不止一種精神，因為在任何一個城市內部，人們因為社會地位、階級、地域、宗教的不同會呈現不同的精神氣質。我們儘量顯示被種族群體、社會階級、性別等共享的精神，我們通過採訪不同群體的成員，參考相關文獻和學術著作來做到這些。

關於方法的最後一點評論：雖然我們受到本雅明方法的影響，這並不能解釋我們為什麼以現在的方法而不是更標準的學術研究方法進行研究和寫作。雖然我們羨慕和尊重標準的學術著作，但我們同時認為太多的學術著作已經過於專業化，甚至遠離了人們日常關心的內容。我們在試圖描述所看到的真理時，更願意用通俗易懂的文筆引起讀者的共鳴。

三、推廣一種精神

鑒於我們對擁有一種主流精神的城市的偏愛，這裏值得說一下增加城市塑造一種城市精神的可能性因素。贊同我們的世界觀的政策制訂者，和關心這個問題的市民因此可以就如何創造、復興或者培養城市精神作出知情的決策。不過，在這裏提醒一下，我們想強調指出公眾對創造或者培養一種精神的承諾，只有在這個城市已經克服了物質匱乏之後才有可能。城市和農村地區區分開來的特徵之一，是城市籠統地說要更富裕一些。但是，貧窮國家的有些城市仍然非常貧窮，意思是許多居民在為日常生存而奔波，如弄到足夠的食物和食水，甚至沒有體面的廁所設施。在此情況下，城市很難也不應該發展出把人們團結起來的城市精神：如果這個城市非常貧困，在犧牲更加迫切的生活必需品的情況下，仍竭力創造一種精神似乎是不道德的。這樣說，我們並不是宣稱貧窮城市的人民不關心或者過去沒有關心過城市精神問題，我們只是說如果該要求和對付極端貧困的更緊迫任務發生衝突的時候，要求這個城市關注城市精神是不合適的。[30] 讓我們回到幫助推廣城市精神的因素上。

首先，這個城市沒有貧富差距或民族和種族群體間的巨大鴻溝。如果不同族群各過各的生活，相互強烈不喜歡對方，他們將發現很難參與一個共同的（主導性）精神。在有些美國城市，貧富和黑白分界線如此明顯，以至於城市居民很少有什麼共同之處。耶路撒冷似乎是個例外，因為尖銳兩極化的群體都承諾於把城市作為宗教身份認同的象徵的理想。貝爾法斯特（Belfast）可以作為一個曾經被分裂現在又團結起來尋找其共同精神的城市的例子。但是這裏仍有規範性的一面。有些城市，貧富差距或不同民族群體的鴻溝需要疏通（如巴黎，許多貧窮的移民生活在城市的偏遠郊區），我們的主張是富裕居民應該盡一切努力擁抱新來者。可能更容易引起爭議的是，我們也主張來到一個城市的移民考慮這種精神是否適合他們。不錯，有些移民來到某座城市是因為他們孤注一擲，沒有其他選擇。而一旦進入這座城市，他們就能竭力適應城市的精神，同時在新的方面為塑造城市精神做貢獻。

其次，某個城市和另一個城市有長期的競爭關係，這往往發生在一個國家內部。像蒙特利爾、北京、耶路撒冷等城市的身份，很多是從它們與像多倫多、上海、特拉維夫等說英語的、「膚淺的」或者「享樂主義的」城市的對比中形成的。從道德角度看，這種競爭與國家競爭相比問題更少些，因為城市沒有自己的軍隊（新加坡是個例外），即使競爭的感情失控也不會發生戰爭。而且，這種競爭常常是幽默的話題，能激發具有持久價值的文化創造（如蒙特利爾加拿大人隊如果不能連續打敗可憐的多倫多楓葉隊，就不大可能成為冰球歷史上最偉大的隊伍）。[31]

第三，城市的身份認同/精神受到外來力量的威脅，因此，居民擁有一種強大的動力來爭取維持這種身份。香港人竭力要維持其資本主義生活方式，對應「共產主義」的中國大陸；蒙特利爾人竭力要在「英語的海洋」中維持法語的地位；新加坡人竭力要在更大的和潛在敵對的鄰國包圍中維持其國家存在等。只要在競爭中不侵犯他人的基本權利，就沒有理由批判這種鬥爭的努力。

第四，城市有實質性權威來推行法律（如新加坡）、條例、地方法規，以及保護和繁榮其特別身份和精神的規定。作為城市國家，新加坡是極端的例子（新加坡政府還不能自由地就他們認為合適的方式立法：受到其地方太小、自然資源缺乏、必須服從全球化「指令」等限制）。中國城市通過戶口（家庭登記體系）的手段而有力量決定誰有資格成為城市的完整一員，這不僅影響城市的性格，而且對人具有生或死的隱含意義（如天津在大躍進之後的饑荒時期那樣）。另一個極端的例子是美國城市往往缺乏處理共同問題的權威，因為城市只能做州政府授權它們做的事，因而有助於郊區化和根據階級與種族把城市變成獨特的社區。[32] 更典型的或許是「中間」案例，其中像巴黎和北京的城市管理者，必須處理若干重疊的法律權威層，但仍然能（有時候）實施旨在推廣城市精神的管理規定。

第五，城市或者曾擁有偉大的城市規劃者，他們用道德的、政治的或法律的權威來推行旨在幫助實現共同的公共思潮的城市改造計劃。極端的例子包括從零開始產生的城市如坎培拉（Canberra）、昌迪加爾（Chandigarh）或更近的瑪斯達爾城（Masdar），這是由福斯特建築事務所（Foster and Partners）設計，旨在建造「綠色」城市的阿拉伯聯合酋長國（United Arab Emirates）的試驗工程，即使最小的細節都要從生態可持續性的角度來考慮。[33]《城市的精神》中討論的偉大城市規劃者包括巴黎的豪斯曼（Baron Haussmann）男爵、紐約的羅伯特・摩西（Robert Moses）、新加坡的吳慶瑞（Goh Keng Swee）、蒙特利爾的讓・德拉波（Jean Drapeau）。這並不是說計劃總是成功的。典型的情況是，它們必須紮根於居民關心的某些潛在精神氣質。把巴西利亞（Brasilia）建設成與過去完全不同的無階級都市社會的計劃，使得它比巴西任何一個古老城市更加無情的貧富分割。[34] 讓・德拉波把蒙特利爾打造成世界級中心城市的計劃也失敗了，因為蒙特利爾大部分人更多關心的是語言權利。

第六，一個外部機構如廣告宣傳活動或電影，把城市貼上擁有某個特徵的標籤。與都市規劃一樣，這種努力往往只有在這種標籤與人們心中或都市風景中已經存在的某些特徵吻合時才能成功。[35] 巴黎成為「浪漫之都」很大程度上是因為荷里活電影的形象，以及像亨利·卡蒂爾·布雷松（Henri Cartier-Bresson）之類攝影家的作品，但這些形象確定下來，僅僅是因為城市本身很漂亮，有利於人們的浪漫想像（正如我們在訪談中發現的，許多巴黎人反對這種形象概括）。

單獨來看，這六個因素中，沒有一個必要或足以創造或者繁榮一種精神氣質，但每個因素確實增加了成功的可能性。這些因素愈多，成功的可能性就愈大。對於試圖開發或者繁榮一種精神氣質的城市來說，想一想這些因素或許是有用的，或從反面來看，如果沒有這些因素或不大可能在可見的未來成為重要因素，關心城市發展的市民和城市領袖應該把注意力轉向其他具有道德和政治重要性的事務上，如獲得生活的基本必需品供應。

四、《城市的精神》的提綱

最後，我們談一下《城市的精神》討論的九個城市中，我們試圖顯示每個城市是如何發展和繁榮某種公共的城市精神的。我們根據個人對這些城市的親身經歷（編者註：本書第十四至十六章會使用黑體字描述我們的個人經歷）和情感進行了一些理論化。從對自己身份認同產生最大影響的城市開始，即耶路撒冷（艾維納）和蒙特利爾（貝淡寧），然後轉向在影響我們身份認同的過程中發揮重要作用的其他城市：新加坡、香港、北京（貝淡寧）和牛津、柏林（艾維納）。這些章節是由受到這些城市精神影響最大的作者所寫。最後一部分討論了對我們個人身份認同並不很重要的兩個城市巴黎和紐約，着重探討我們認為非常重要，能教導我們如何維持某種氣質精神的東西。這兩章由貝淡寧所寫，但吸收了艾維納的眾多注釋（巴黎）和早期文章（紐約）。

第一章耶路撒冷，討論了宗教信仰問題。毫無疑問，這個城市的精神氣質是宗教。正如耶路撒冷許多居民的生活方式所顯示的，宗教可能是精神的、溫和的。但這個城市常常被民族群體種族群體或者每個宗教內部的不同教派撕扯得粉碎。而且，耶路撒冷被認為是一神教的中心，不過宗教已經常常墮落為信奉多神教，把石頭和建築神聖化，以上帝的名義讓人作出犧牲或者被殺。艾維納在最後採用樂觀的語調，暗示返回信仰的一種方式。

第二章蒙特利爾，討論了語言在經濟意義上和歸屬感的心理意義上的價值。這種議題往往導致像蒙特利爾這樣的多語環境下的社會衝突。貝淡寧討論了蒙特利爾語言衝突的歷史和該市如今採取的相對來説和平互利地解決語言衝突的辦法。無論説法語者還是説英語者都對雙語的價值感到自豪，這或許可以作為其他多語城市學習的強調語言價值的模式。

第三章會首先討論新加坡。作為一個獨立國家的唯一大城市，新加坡在一九六五年被踢出馬來西亞聯邦之後，不得不從事國家建設活動。政府推動了旨在構成國家認同的三個價值——物質生活富裕、種族多元化和賢能政治，這些實際上破壞了國家的團結，導致了極端形式的個人主義。最後描述了筆者最近對新加坡的訪問，其中他意外地發現在過去十五年左右的時間裏，國家建構方面取得的實質性進步。

第四章轉向香港，中國內部的「特別行政區」。因為其作為殖民地前哨的早期歷史，香港倖存下來，通過其自由市場的意識形態有時候還很繁榮。在某些方面，自由市場個人主義的意識形態並不符合現實：香港的成功，部分可以通過這個事實來解釋，即政府推行了一種「帶有儒家特色的」福利國家制度，存在被廣泛共享的儒家道德觀，優先考慮家庭成員和其他社區而不是個人的自我滿足。資本主義意識形態，仍然是讓香港不同於中國大陸其他城市的驕傲之處，但香港式資本主義並不是建立在自我利益或者享樂主義追求之上的。

第五章集中談論北京。與上海和香港不同，北京一直以政治城市自豪。但這個城市的政治史，並不一直是按計劃進行的：以北京為中心的最可悲的共產主義革命試驗，完全濫用了馬克思歷史理論的主要教訓之一。在本章的第二部分，筆者討論了當今政府通過在北京的政治象徵手段，讓中國人去政治化的努力。結尾是對儒家政治傳統如何影響北京以及整個中國的未來的預測。

第六章談論牛津以及學習的習性。牛津以世界上最古老的大學和追求卓越的中心而聞名。艾維納認為牛津的觀點是學習而不是研究，是學問而不是出版。而且，他批判性地考察了該市學習資源分配的不平等。

第七章集中在柏林和寬容（不寬容）觀。柏林一直在進行從歷史中學習的工程，我們好奇的是該工程的可行性如何，人們從歷史中到底學到了什麼。現在這個城市似乎是那些關心寬容精神的人的聖地，但它的居民似乎仍然表示懷疑，這個情況隨時都可能一下子轉變為不寬容。艾維納詢問如果新的政治文化就足夠的話，是否有必要讓某些制度體系來防止柏林墮落成種族主義和暴力的新時代。

第八章轉向浪漫之都巴黎。巴黎作為浪漫之都很大程度上歸功於外國人的認識，巴黎人自己排斥這種説法。但更加複雜的浪漫習性，與資產階級生活方式對立的我們稱之為「非殺菌消毒」的浪漫是對當地人所理解的巴黎精神的更準確描述。本章結尾是對追求浪漫和追求道德之間緊張關係的一些反思。

最後一章討論「世界之都」紐約及其個人抱負的精神。紐約成為金融和文化之都是它吸引各類雄心勃勃移民的歷史形成的結果，他們通過不斷質疑現有生活方式而不斷革新和創造。但野心勃勃的黑暗一面是極端形式的個人主義，這幾乎是大城市中獨特的現象。但矛盾的是，紐約存在強烈的「公民精神」意識，這使得紐約能夠承受體面社會生活遭遇到的多次挑戰。

五、點與線

作為作者，我們希望讀者閱讀全部內容，我們試圖用通俗易懂、引人入勝的筆調寫作，讓讀者閱讀時不覺得太勞累。但我們認識到或許需要作出某些選擇。實際上，該書需要按特別的順序來閱讀。我們希望讀者閱讀自己所在的城市或許發現一些新鮮觀點，我們也更希望讀者從不同的城市中了解一些新東西。學習不同城市的過程，也能改善我們對自己的理解：我們通過理解別人而認識自我。

我們對城市的討論或許不怎麼全面深刻。我們的討論很大程度上受到個人經歷的決定和限制。在嚴格的社會學家眼中，我們的方法或許顯得過於印象式的了。我們能夠和應該用更加客觀的測試和研究來支持城市精神的論點。而且，有些學者或許提出反對意見，指出本部分沒有充分利用社會學、地理學、建築學、心理學和都市研究等學科的研究發現。即使我們試圖進行跨學科研究，我們或許仍然受限於政治理論的專業經驗。或許涂爾幹（Émile Durkheim）、弗洛伊德（Sigmund Freud）、皮埃爾•布迪厄（Pierre Bourdieu）的理論和當代研究城市的學者，如薩斯基婭•薩森（Saskia Sassen）、曼紐爾•卡斯特爾（Manuel Castells）、馬里奧•波利斯（Mario Polese）、大衛•哈維（David Harvey）、理查德•佛羅里達（Richard Florida）、查爾斯•蘭德里（Charles Landry）和傑布•布魯格曼（Jeb Brugmann）的有影響力的理論能幫助我們更深入地思考城市精神，或許質疑我們的整個觀點。

也許是一種辯護，我們覺得自己的方法產生了可靠的結果。我們打算開展所討論的城市的對話而不是關閉這種對話。我們歡迎檢驗我們觀點的機會，社會科學或許不支持其中的某些觀點。即使作為我們所討論的城市的個人參與者，可以肯定的是，本部分並不是要提供最終答案。或許其他作者會給出這些城市的主流精神的不同，或者更加吸引人的故事：香港和文化雜合性？耶路撒冷和學問？巴黎和飲食？伊塔洛・卡爾維諾（Italo Calvino）已經寫了一本很吸引人的書，回顧了馬可・勃羅（Marco Polo）給中國皇帝忽必烈講的不同城市的故事，但結果發現馬可・勃羅只是提供了同一城市（威尼斯）的不同精神的解釋。[36] 這個工作是小說（幾乎是夢一樣的），但我們並不是否認「我們的」城市講出至少和我們講述的故事一樣吸引人的不同故事的可能性。

我們更肯定的是本部分中沒有涉及到的城市的公共精神及深刻思想的故事。我們希望聽到非洲城市精神的描述，如約翰內斯堡與種族和解？拉丁美洲的馬那瓜（Managua）和革命、印度的（孟買和電影、[37] 日本的京都和傳統，以及美國不同城市，如格林貝的體育、伯克利的異議者、波特蘭的環保主義等。本章只是一個開端，我們希望其他作者得到鼓勵，去講述他們自己城市的精神的個人和政治解讀。

全世界都市人，聯合起來！[38]

註釋

* 本章英文版原刊於 Daniel A. Bell, "Introduction: Civicism," *The Spirit of Cities: Why the Identity of a City Matters in a Global Age* (Princeton: Princeton University Press, 2013)，已經由 Copyright Clearance Center, Inc. 轉介，獲得 Princeton University Press 授權重印。中文版原刊於貝淡寧、艾維納•德夏里，吳萬偉譯：《城市的精神》（重慶：重慶出版社，2012）。

1 美國哲學家列奧•斯特勞斯（Leo Strauss）認為雅典和耶路撒冷是西方文明的兩個傳統的模式或象徵。雅典代表理性而耶路撒冷代表《聖經》啟示。參閱 Strauss, "Jerusalem and Athens: Some Preliminary Reflections," in *Jerusalem and Athens: Reason and Revelation in the Works of Leo Strauss*, ed. Susan Orr (Lanham, MD: Rowman and Littlefield, 1995).

2 W. J. F. Jenner, "Linzi and Other Cities of Warring States China," in *The Great Cities in History*, ed. John Julius Norwich (London: Thames & Hudson, 2009), 48–49.

3 在二十一世紀，超過十九個城市將超過兩千萬人，請參閱 www.192021.org。到了二〇二五年，單單中國將擁有十五個平均人口超過二千五百萬的特大城市，www.mckinsey.com/mgi/publications/china_urban_summary_of_findings.asp。今天，世界人口中超過一半生活在城市（在1800年代城市人口不足3%）。我們如何定義城市呢？對我們的目的而言，一個城市是一個社會群體，至少要有十萬人，這個定義被冰島和中國等眾多國家所共享。

4 更加具體的是，我們的意思是這個精神被共同分享，城市居民普遍相信城市表達了某種特別的價值觀，但不一定每個人都同意這種價值或者世界觀。更加引起爭議的是，我們認為那些不贊同這種價值和世界觀的人，仍然有義務尊重它們（只要這種價值不違反基本權利）。

5 David Harvey, Social Justice and the City (Athens: University of Georgia Press, 2009).

6 按照大衛•歐文（David Owen）的說法，像紐約和香港這樣提倡步行的人口，集中的城市比人口稀少的農村更加「綠色環保」，因為居民散步、騎車使用公共交通工具而不是駕車的比例更高，他們居住的空間更小，使用供暖的能量更少，不大可能積累很多龐大的浪費能源的設備。參見 David Owen, *Green Metropolis: Why Living Smaller, Living Closer, and Driving Less are the Keys to Sustainability* (New York: Riverhead, 2009).

7 參見 Alain de Botton, *The Architecture of Happiness* (New York: Vintage, 2006), 229–230.

8 Charles Landry, The Creative City (London: Earthscan, 2008)。此外，建築通過引起人們情緒的變化，對價值觀也能產生非直接的影響。比如，一座醜陋的城市能令人情緒低落，對人類及其在生活中獲得好東西的潛力感到悲觀。

9 或許可以寫另外一本關於鄰居驕傲的書（人們可能想到東京這樣的城市，或者倫敦的行政區，在自豪感和身份認同方面確實發揮了關鍵的作用）。但是，從我們的觀點看，對社區的自豪感、特別是在當今似乎不如對城市的感情那麼強烈（在北京，人們常說人的口音暴露出他是哪裏人，但是北京口音變得愈來愈一致性，因為北京人在市內的遷移更頻繁了）。從規範的角度看，我們相信社區往往更封閉和同質性，因此從道德上來說不如多樣的開放的城市那樣有合理性。

10 在意大利語中，*campanilismo* 這個詞指愛國主義的比國家低一級的形式（法語中的 *esprit de clocher* 與此類似）。但是，它不同於我們說的公民精神，*campanilismo* 是貶義詞，包含着褊狹、自大、狹隘，而公民精神則帶有褒義，只要它不為侵犯基本人權的行為辯護。

11 集中在「城市」上或許還是太抽象，無法抓住一個團體內社會生活的所有的或大部分的細節，我們不能避免在準確性和社會相關性之間的交換關係。飛得過高意味着丟掉太多的細節，但是挖掘太深入意味着錯過可能具有更大趣味和相關性的社會趨勢。

12 有人給我們建議應該有另外一個議題：使用對城市的感情抗衡民族主義。但是我們沒有反對任何形式的民族主義的意思：當民族主義有助於給國家帶來和平和安全，激勵有錢有勢的人關心其他人時，我們支持它。我們確實希望公民精神能夠抗衡民族主義的反動形式。如果人們對城市擁有強烈的感情，他們就不大可能形成對國家的排外的沙文主義情緒，除了一些例外，如對城市國家的感情如新加坡或者像耶路撒冷和北京這樣常常被作為國家的象徵的城市。

13 Todd Woody and Clifford Krauss, "Cities Prepare for Life with the Electric Car," *New York Times*, February 15, 2010.

14 其他例子，請參閱 Stephen Moore, *Alternative Routes to the Sustainable City: Austin, Coritiba, and Frankfurt* (Lanham, MD: Lexington Books, 2007).

15 參見 www.cui-zy.cn/Recommended/Chongqing/cui 重慶模式 .doc

16 城市也能給國家造成令人頭疼的政治問題。比如巴黎的公眾支持達賴喇嘛，破壞了法國政府努力與中國修補的關係。

17 參見 www.ted.com/talks/paul_romer.html

18 帕拉格•卡納（Parag Khanna argues）認為全球城市，像中世紀後期和文藝復興時期常常推動歐洲革新的自治城市一樣，將愈來愈多地刺激未來世界秩序在經濟、政治、外交上的革新。請參閱 Parag Khanna, *How to Run the World: Charting a Course to the Next Renaissance* (New York: Random House, 2011).

19 因此，我們不打算根據「我們的」價值標準給城市排名（一旦城市跨過了最低限度的人權門檻後）。這裏，我們從安霍爾特城市品牌綜合指數（Anholt City Brands Index）之類調查中作出區分，它根據可疑的價值觀，比如「每個城市的友好和安全程度」進行城市排名，北京社會科學院設計的新世界城市指數根據「在國際核心期刊上發表的學術論文的數量」給城市排名。

20 我們並非暗示香港的經濟不平等是合理的，許多社會批評家就是這麼做的。但是他們使用的標準並不像比如東京的標準那樣平等，或許因為本能性使用的標準意味着當地人對城市精神的自豪感的某種尊重。

21 雅各布•列維（Jacob T. Levy）引用了蒙特利爾一群正統派猶太人的例子，他們要求社區附近的健身房把窗戶遮擋起來，以免看到正在鍛煉的穿着身體大量裸露的訓練服的女性。參見 Jacob T. Levy, "Multicultural Manners," 12 May 2009, http://ssrn.com/abstract=1403687。列維提供了應該拒絕他們的要求的若干理由，但是我們提供另外一個關鍵的理由：蒙特利爾的精神不是宗教精神。在宗教佔主要地位的耶路撒冷，這樣的要求或許不會被看作太牽強的。

22 公平地說，麥當勞的成功部分因為它常常採用當地文化的「飲食風格」，比如在印度供應咖喱和蔬菜「漢堡包」，在魁北克供應鱈魚漢堡包。而且，世界最好的五星級酒店多數都結合當地文化的建築風格。

23 把一個人的承諾擴展得過於稀薄或許是不公平的：貝淡寧擔心他搭便車吸收了若干城市的精神，但沒有付出足夠的努力維持它們。對他來說，《城市的精神》是一種「報答」，感謝在他身上維持的曾經生活的不同城市的精神。

24 克瓦米•安東尼•阿皮亞（Kwame Anthony Appiah）的紮根於世界主義的理想，類似於我們的理想。請參閱 Kwame Anthony Appiah, *The Ethics of Identity* (Princeton, NJ: Princeton University Press, 2005)。阿皮亞企圖把常常衝突的理想結合起來，通過長期的哲學和個人旅行的探索，把全球義務和特別感情結合起來。我們提供另外一種方法：通過建造動態的開放的城市身份認同。

25 讀者或許在眾多地方發現，《城市的精神》的章節從對城市的描述轉變到我們在這些城市中的遭遇引發的反思。我們的目標是顯示城市像國家一樣激發我們思考政治。我們想顯示如果你在蒙特利爾，思考語言和政治是不可避免的；如果你在耶路撒冷，思考宗教和政治是不可避免的。

在我們看來，有關語言和多元文化主義的豐富辯論出現在蒙特利爾決非巧合，有關宗教的辯論出現在耶路撒冷，對「資產階級」生活方式的理論挑戰出現在巴黎也決非巧合。這些城市的精神實際上提供了豐富的資源來反思政治理論中的議題，這些議題對這些城市之外的政治思考和政治實踐都有隱含意義。

26 換句話說，我們選擇城市是根據個人親身經歷的城市和產生了明顯的精神的城市。其實，我們經歷的城市也往往有明顯的精神。部分因為幸運，我們在兩個具有明顯精神的城市出生和長大（艾維納在耶路撒冷，貝淡寧在蒙特利爾），部分因為選擇，意味着後來我們受到那些擁有明顯的精神的城市的吸引，雖然在寫《城市的精神》之前並沒有從理論上闡釋我們的選擇。

27 一個例外是在定義長沙精神的研究。長沙是中國中部的一個城市，以香辣美食和火爆脾氣的性格而聞名。居民被要求從表達這個城市精神的幾個理想中選擇，多數選票都給予了「做事堅定、熱心腸、有辣椒性格和騾子精神」。請參閱顧慶豐：《長沙的傳說》（北京：中國工人出版社，2009年），頁80–81。

28 Walter Benjamin, *The Arcades Project*, trans. Howard Eiland and Kevin McLaughlin (Cambridge, MA: Harvard University Press, 2002).

29 同樣的，法國社會學家米歇爾・德・塞爾托（Michel de Certeau）認為沒有特別的目的在城市散步的人，挑戰了規劃者和機構強加的「戰略」，因此可能以更真實的方式感受這個城市。請參閱Michel de Certeau, *The Practice of Everyday Life* (Berkeley: University of California Press, 1984).

30 從理想上說，減少貧困和推動精神的目標可以結合起來。比如曲阜市（孔子的故鄉）使用儒家學說的精神吸引文化遊客，他們的資金輸入刺激當地經濟發展。與反對這種努力的「商業化」的文化純潔論者相反，我們相信如能和經濟發展的目標結合起來的話，使用匱乏的資源推廣相對貧窮的城市的精神更有合理性。

31 請注意以城市為基礎的體育競爭，不一定要局限在一個國家內的城市之間：比如，巴塞隆拿隊和 AC 米蘭隊之間的競爭就有悠久的歷史。但是這樣的競爭發展成為戰爭的可能性不大，因為以城市為基礎的感情在各自的國家裏並不被其他城市的人所分享，相反，以國家為基礎的體育競爭有時候可能導致戰爭，比如在一九六九年薩爾瓦多和洪都拉斯之間發生的「足球戰爭」，http://libcom.org/library/soccer-war-1969-el-salvador-honduras-kapuscinski

32 請參閱 Gerald E. Frug, *City Making: Building Communities without Building Walls* (Princeton, NJ: Princeton University Press, 1999), 4–5. 但是，美國城市確實有力量實施發展規範，在那個領域的差別能產生不同的經濟影響。擁有相對嚴格的建築規範的城市，如舊金山和波特蘭已經試圖限制延伸，因而在 2008 年房屋陷落後，比監管更少的城市如拉斯維加斯和鳳凰城受到打擊更小些。請參閱 Timothy Egan, "Slumburbia," *Opinionator Blog, New York Times*, 10 February, 2010.

33 請參閱 Poul Erik Tojner, Ole Thyssen, Kasper Guldager, and Wilfried Wang, *Green Architecture for the Future* (Copenhagen: Louisiana Museum of Modern Art, 2009), 46–55.

34 Peter Hall, *Cities of Tomorrow*, 3rd edn. (Oxford: Blackwell, 2002), 230–34.

35 這並不是說品牌宣傳活動必須講出完整真理，尤其是如果有問題的聯繫破壞了推廣的精神的話。例如：「可以從以色列城市埃拉特的營銷活動中看出，該市在一九九〇年代在歐洲是這樣呈現的『紅海上的埃拉特』。」這個活動沒有提到這個城市位於以色列的事實，由於安全問題，被當時很多人認為是個對遊客不安全的城市。請參閱 Eli Avraham, "Media Strategies for Improving an Unfavorable City Image," *Cities 21*, no. 6 (December 2004): 477.

36 Italo Calvino, *Invisible Cities*, trans. William Weaver (Orlando, FL: Harvest, 1974).

37 想了解孟買不同階層的人的性格的扣人心弦描述，請參閱 Suketu Mehta, *Maximum City: Bombay Lost and Found* (New York: Vintage, 2004). 該書的幾個主要人物只是在電影片段中集中在一起。

38 但是請不要忘記為維持你自己的城市的文化特殊性而鬥爭。

第十四章

新加坡：建國之城

一九九一年，我得到了第一份教書的工作，在新加坡國立大學做政治理論講師。我剛剛完成有關社群主義理論的博士論文，來到新加坡倍感激動，因為該政府剛剛提出了「把社會放在個人之上」的社群主義作為該國在學校、工作單位和家庭來講授的四個核心價值觀之一。我知道我來到的不是自由民主國家，新加坡基本上是一黨專制國家，以侵犯隱私權和限制言論自由而臭名昭著，但是如果它的政府管理形式意味着社群主義能豐富而高效地實現，而不是政治過程中放縱的個人主義、無所適從、冷漠異化西方民主社會社群生活衰弱後產生的其他現象，那也是有價值的。或許新加坡模式不能被普遍推廣，但可能適合剛剛娶了中國大陸姑娘的「加拿大社群主義者」。但三年後，我收拾行李準備離開，因為系主任告訴我不「適合」在這裏工作。（編者註：黑體字為作者個人經歷。）

新加坡是一個熱帶小島，大小和紐約的布魯克林區差不多，現有人口將近五百萬，包括一百萬移民工人。該島最初是蘇門答臘人室利佛逝帝國（Srivijaya empire）的前哨基地，被爪哇人稱為淡馬錫（Temasek）或「海城」（Sea Town）。[1] 在十六世紀至十九世紀期間，該島是柔佛蘇丹統治的領土的一部分，雖然葡萄牙和荷蘭殖民者在不同時期曾統治過這個地方。一八一九年英帝國建造者湯馬士•史丹福•萊弗士（Thomas Stamford Raffles）成為該島的殖民者。萊弗士爵士被稱為「新加坡的締造者」，他的塑像仍然位於他第一次登上新加坡土地的地方。這個城市最古老和最豪華的賓館就是以他的名字命名的。萊弗士爵士是理性主義者，反對奴隸貿易，決心在把這個島塑造成講究美德和繁榮的地方，雖然後來的歷史並不總是按照這個計劃展開。新加坡成為重要的貿易中心，成千上萬的移民從中國、印度和附近的馬來伊斯蘭群島湧來。到了二十世紀初期，該島主要由中國男人組成，他們沒有把新加坡當成自己的家。「他們來這裏賺錢，然後盡快回家」，[2] 中國定居者組織起來成立了三合會（犯罪集團），賣淫猖獗（合法的），百分之七十的中國工人都經常抽鴉片。正如在香港一樣，英國殖民者從鴉片貿易中賺取了豐厚利潤：從一八二四年到一九一〇年，鴉片稅是政府唯一的最大收入來源。[3]

第二次世界大戰時，日本軍隊入侵馬來亞，戰爭的高潮就是新加坡之戰。六天後英國人被打敗，他們在一九四二年二月十五日交出自認為本來固若金湯的要塞而投降。這次投降被英國首相温斯頓•丘吉爾（Winston Churchill）描述為「英國歷史上最糟糕的災難和最大的投降」。[4] 像在香港一樣，殘酷的日本佔領期通常被描述為新加坡歷史上最糟糕的階段，[5] 這也意味着英國失掉了戰無不勝的光環。

英國於戰後重新掌權，但是最終也同意了民眾的自治要求。一九五九年，在給予新加坡控制除外交政策和國防之外的所有政府事務的條件下舉行了選舉（類似於一九九七年以來在香港推行的「一國兩制」）。[6] 李光耀領導的人民行動黨贏得了選舉，四年後宣佈徹底獨立。但人民行動黨領導人懷疑這個沒有任何自然資源的獨立小島，能否在經濟上獨立並生存下去，所以竭力加入周邊地區的聯邦組織，以便新加坡能夠享受共同市場的利益。李光耀還利用機會將島內主張獨立的中國左派邊緣化，雖然他們在二戰中英勇抗擊日本而獲得道德合法性。一九六三年，新加坡、馬來亞、沙撈越、北婆羅洲組成了新聯邦——馬來西亞。但兩年後，新加坡被馬來西亞驅逐出聯邦被迫獨立（雖然李光耀的親信吳慶瑞已經制訂了獨立的秘密計劃）。[7] 被驅逐出聯邦部分是因為主要是華人的新加坡人和主要是穆斯林的馬來人鄰居之間的民族差異和互不信任，新加坡和馬來亞經濟政策的衝突以及領導人的性格差異也發揮了作用。

李光耀在宣佈獨立時當眾哭泣非常著名。新加坡的獨立輕易地贏得了國際的承認，但擺在面前的經濟和安全挑戰似乎是難以克服的。只有穩定和團結的社會才能克服這些障礙。人民行動黨發動了大規模的建國運動，旨在塑造共同的身份認同，激發愛國公民為國作做出犧牲。但是建國可能成為新加坡最大的挑戰，正如李光耀所說「我們是從頭開始建國的」。[8] 幸運的是，李光耀和他的中尉軍官們信心十足。像其他國家的建造者一樣，他們需要灌輸某些價值觀神話（批評家可能說的），以便把人民團結起來（本書其他城市的政治領袖不需要面對這樣的要求）。前副總理吳慶瑞博士這樣描述初期的新加坡：「沒有廣泛接受的道德價值規範，新加坡仍然是現在的樣子，一個基本上以自我為中心的自私群體。我們為什麼想用創造性的想像力、健壯的性格、扎實的道德價值觀進行公民改造呢？我相信，如果沒有這樣的公民，我們就不能保證可以維持生存和繁榮所需要的持久基礎。」[9]

那麼，新加坡領導人讓新加坡人成為關心他人、關心國家命運的公民而試圖灌輸的價值觀是什麼呢？人民行動黨喜歡用首字母縮略語，人們可能用三個 M 來標識新加坡的核心價值觀：物質福利（material well-being）、多種族主義（multiracialism）和賢能政治（meritocracy）。自一九六五年獨立以來就統治新加坡的人民行動黨不遺餘力地推動這些價值觀。問題是這些價值觀（人民行動黨解釋和推動的）也產生了一種極端形式的個人主義，比我在任何西方國家遇到的更加個人主義的生活形式，這破壞了國家創造願意為公共利益作出犧牲的愛國公民的目標。正是在認識到社群主義言論和個人主義現實之間的巨大差異之後，我開始真正反對新加坡的社會和政治體制。在這個意義上，系主任得出我不合適在那裏工作的結論是正確的。但我不想太過消極，自一九九四年離開新加坡到十四年後再度訪問那裏，我從與老朋友吃飯、喝酒和聊天中看到了更多希望。下面請讓我從三M破壞國家建設說起，最後提出一種比較樂觀的預測。

一、物質福利的價值

過去我曾有打零工的經驗。用大鐮刀給滑雪山坡割草，開送貨卡車，在餐廳當服務員，在圖書館整理圖書等。我總是很清楚這些工作是臨時性的，幹這些活掙的小錢主要是用作青少年的物質享受。我在新加坡國立大學的第一份全職教學工作對一個學術界新人來說好得驚人。薪水的百分之四十被放入被稱為中央公積金的強制性的儲蓄計劃，所以我不需要擔心長期問題；政府將管理我的金融未來，在我看來這很好，因為我對管理基金既沒有興趣也沒有能力。大學的住房是有補貼的，我能剩下很多錢下館子吃飯或者到馬來西亞或越南等異國風情之地旅遊。有生以來第一次不需要為錢發愁了，工作也令人愉快。實際上是有人出錢讓我讀書、與朋友們或比我小幾歲的學生討論政治理論問題。我是否來到了沒有物質匱乏的、理想的共產主義社會呢？在那裏人們活着就是要工作而不是為了生存才工作，不同種類的人都可以在和諧社會中實現自己的創造價值？

二千多年前，孟子指出政府必須為人民提供基本的生存條件，這樣他們才不會誤入道德歧途。若民無恆產，因無恒心。苟無恒心，放辟邪侈，無不為已。[10] 在人們為下一頓飯發愁時推動道德行為是沒有意義的。因此，政府的首要選擇就是確保人們的基本生活條件。這種觀點在中國歷史上影響很大。卡爾•馬克思（Karl Marx）在十九世紀得出了類似結論：「沒有絕對基本物質前提，稀缺成為普遍的，因為稀缺，會使得爭奪生活必需品的鬥爭死灰復燃，從前骯髒的生意就可能再次復蘇。」[11] 如果共產主義在實施中沒有發達的生產力和豐富的物質基礎，是不能長久的。

李光耀和他的主要助手擁護社會主義，至少在初期是如此。不過，他們也是現實主義者，對社會變革和道德改造的烏托邦計劃保持高度警惕。因此，不足為奇的是，在新加坡不幸的開端之後，他們覺得最緊迫的任務是推動經濟發展以支持人人享有美好的物質生活，這是培養強烈的愛國熱情和關愛他人的行為的必要條件。一旦滿足了基本需求，新加坡就可以成為一個「要求更高層次的感情的國家。這種感情是對國家和人民的愛，是一種歸屬感和身份認同，是以忠誠、犧牲、甚至獻出生命來回報國家的決心」。[12]

一九六〇年代初期，很少人會預測新加坡的經濟能成功。一九六〇年代的新加坡以暴力和動盪為特徵，其課本一再強調「英國軍事基地撤出後的經濟災難、華人和馬來人的種族暴亂、印尼總統蘇加諾推翻新成立的馬來西亞聯邦的「馬印對抗」（Konfrontasi）、華人學生遊行示威抗議徵兵等議題，當然還有新加坡被趕出聯邦的傷心、痛苦和失望等。[13] 但新加坡成功了，正如李光耀回憶錄的標題顯示的「從第三世界晉升到第一世界」。在20年的時間裏，新加坡從骯髒落後的亞洲港口，變成了流光溢彩的現代化大都市和重要的製造業中心，為國民提供就業機會和高質量的住房、醫療保險和教育機會。[14]

我妻子宋冰在我們到達新加坡後不久就找到一份工作，為新加坡內閣撰寫中國司法改革的報告。她在為一家智庫工作，當時的名字是「東亞政治經濟研究院」，院長是吳慶瑞博士。吳博士幾次邀請我們共進晚餐，令我們深感榮幸。他是一個令人尊敬的人，頭腦聰明，談吐優雅，富於個人魅力。他有很多增強新加坡人創造性的點子，有時候甚至到了怪異的地步，要是能看到進餐的客人會怎麼使用這些觀點就好了。吳在一九八〇年代後期和一九九〇年代初期曾數次到中國訪問，富有遠見地看到那裏的巨大發展潛力。他是一個善於聆聽的人，雖然一旦下了決心後往往堅持己見。他曾經提議改造辦公室，一個室內裝修設計師提出了反對意見，但吳不耐煩地說「就這麼定了」。辦公室就是按照吳的要求進行裝修改造的。

吳博士被廣泛看作新加坡經濟奇蹟的設計師。[15] 在一九五九年選舉前，他已經制訂了新加坡經濟戰略的綱領。在被任命為財政部長後，吳博士建立了經濟發展局，旨在為在新加坡辦廠的本地和外國投資者的項目提供財政支持。

> 到新加坡後不久，我們就在裕廊西得到政府補貼的公寓。大學房管科的官員告訴我們那是斜屋脊多元文化區域，但對都市年輕人來說並不是理想的地方。我們的公寓周圍是公屋區和工廠，往返學校需要一個小時。一年後，我們允許住得離學校更近一些，因為我眼睛一再受到感染，醫生把疾病歸咎於環境污染。

經濟發展局早期最著名的工程，是把大片空地和荒地打造成工業園的裕廊計劃。經濟發展局在客戶到來之前花費大筆金錢建設基礎設施。[16] 當時，批評家把這些工程稱為「吳的蠢事」，但最終它由於為後來的經濟發展奠定了基礎而贏得人們的稱讚。

吳博士還推動依靠出口製造業而不是進口替代的投資政策。其思路是依靠經濟發展局在新加坡之外，尋求願意把製造業設施落戶新加坡的企業家，從新加坡向外出口產品。與此同時，國家實施開放外國投資的戰略是有創新意義的。正如李光耀用他典型的坦率語言所說的：「當然，流行的理論是跨國公司是廉價勞動力和廉價原材料的剝削者，會榨乾我們的血。我們沒有原材料供他們剝削，我們擁有的只有勞動力。別人都不願意被剝削，所以，如果他們願意剝削我們的勞動力，為什麼不呢？我們歡迎他們。不管他們是否剝削我們，都要學會如何為他們工作，這是我們從前從來沒有學過的東西。」[17]

二〇〇九年九月，我遇見了老朋友蔡明發，他現在是新加坡國立大學社會學系主任。他開一輛漂亮的跑車來接我，不過我們還是去工人階級街區品嚐當地小吃。天氣炎熱潮濕，但是在陰涼處很舒服，我們悠閒地邊喝冰鎮啤酒邊聊天，痛快地玩了幾個小時。我認識到在新加坡可能不適合「逛街」這種研究方法。在這熱帶氣候下，沒有人會把逛街當成享受。街市就是社交生活的核心：這是朋友聚會的地方，人們可以談天說地或議論政治掌故。[18] 蔡明發解釋說，一九六〇年代幾個偶然的歷史因素，解釋了為什麼新加坡沒有發展成為自由國家。冷戰、越南戰爭、印尼的屠殺華人、新加坡的種族暴亂等都成為政治精英手中可以依賴的東西，使他們有能力使用暴力手段鎮壓其他權力源頭。但是我納悶，這是真正必要的嗎？香港在一九六〇年代也遭遇巨大的挑戰，如文革期間暴力極端分子引爆炸彈，但政府並沒有上街鎮壓，仍然成功發展了經濟。正如任何一個優秀的馬克思主義者都會說的那樣，不同政治後果的一個關鍵解釋或許在於不同的經濟模式。

要在一個偏遠的並不好客的小城市國家投資，跨國公司只有在獲得穩定和安全的投資環境的承諾後，才願意剝削它的勞工。但是在一九六〇年代初期，左翼政治運動和新加坡的獨立工會組織非常強大，他們並不一定歡迎被剝削的機會。而且，人民行動黨想更多控制勞工，以便實施長期的發展規劃，比如它要求僱員把百分之三十五的工資存入中央公積金（僱主被要求投入相當於工人工資百分之五的資金作中央公積金），這給予政府相當多的現金儲備去進行都市開發、公共房屋和基礎設施的更新改造。[19]

一九九一年，我的同事和神經心理學的年輕教授朋友徐順全決定加入反對黨。李光耀作為總理已經下台（雖然作為內閣的高級部長仍然在發揮影響力），年輕的部長楊榮文回顧說，曾經有民主和公民社會的討論，玩世不恭者稱這個階段是新加坡的布拉格之春。徐順全博士無論走到哪裏都吸引大批的人群，毫無疑問這令政府感到擔憂。他在我所在的大學發表演講，房間裏擠滿了人，在氣勢上明顯戰勝了人民行動黨的議員文達星（在法庭上繼續和徐順全鬥爭）。不久，徐順全博士就被系主任兼人民行動黨議員解聘，理由是濫用科研基金。我的許多同事對此感到憤怒，但我們非常害怕，也沒有任何舉動，這是令人感到壓抑的時刻。幾個月後，我偶然發現丹尼斯•約瑟夫•恩萊特（D. J. Enright）寫的一本文筆優美的書，題目是《乞丐教授》（*The Mendicant Professor*）。作者描述了一九六〇年代初期他因為發表作為英語教授的就職演講而遭到人民行動黨部長公開批判的經歷。好多人加入到聲援這個大學教授的活動中，數百名老師聚會支持他保護言論自由的事業。但在徐順全博士的案例中，沒有一個學校老師公開為他辯護。我的大學怎麼啦？我納悶。

新加坡這個故事的黑暗面，在於李光耀領導的人民行動黨開始鎮壓其他派別，尤其是反對黨和工會組織等可能威脅到他們的經濟發展計劃的政治力量。

> 就在我和蔡明發會面的當天，《海峽時報》（*Straits Times*）發表了有關一本新書《穿白衣的人》（*Men in White*）的報道，該書討論了人民行動黨在一九六〇年代的政治鬥爭。第一次有人引述李光耀的話承認把「共產黨」標籤貼在眾多政治對手身上，他們推動左翼政治活動，但不一定是正式入黨的共產黨員。

一九六一年，人民行動黨的左翼從黨內分裂出去，成立了社會主義陣線。兩個反對派群體開始主導政治場景，使得人民行動黨和親政府的新加坡全國總工會（NTUC）為一方，社會主義陣線及其附屬機構新加坡工會聯合會（SATU）為另一方。一九六一年的兩次附屬選舉後，人民行動黨只是以非常微弱的多數保住了政權。在這種時候，正如卡爾•特羅（Carl A. Trocki）說的，有可能的情況是該黨「開始計劃被稱為『冷藏行動』的政變」。[20] 一九六三年二月三日，安全部隊出動悍然拘捕了將近一百五十名記者、學生領袖、勞工積極分子、反對派政客。在沒有提出指控也沒有審判的情況下，把他們關押在歐南路條件糟糕的監獄中三個多月。政府求助於殖民地時代遺留下來的內部安全法案，人民行動黨承諾要廢除該法案，但至今仍然在實施。社會主義陣線附屬的新加坡工會聯合會因為註冊申請遭到拒絕而被依法禁止存在，親政府的新加坡全國總工會成為主要受益者。李光耀解釋說，好戰的工會組織的目標不是「解決經濟和發展問題，而是製造更多問題，這將造成更多的失業，國家會陷入崩潰。如果經濟正常運行，該制度佔上風，共產主義就不會得逞。無休止的罷工、怠工、靜坐和各種示威遊行將阻撓經濟，延緩其發展速度。在馬來西亞之後，將開始大清洗。如果你呼籲政治罷工不去投票，你將被撤銷註冊，失去合法地位。[21] 實際上，好戰的工會組織受到極大限制，基本上被禁止參與政治活動，[22]

若在民主背景下，這些措施即便不是不可能的，至少也是很難實施的。在人民行動黨近乎壟斷的政治權力控制之下，該經濟模式持續了幾十年。

在一九八五年經濟陷入衰退之後，新加坡政府決定從依靠廉價勞動力的製造業退出，增加對中小企業的依賴來刺激投資和就業，但是新企業往往是與政府領導下的公司合作的中小企業，結果是政府控制和捲入的中小企業實際上增加了許多。[23] 不足為奇的是，獨立工會組織遭到的限制仍然存在，目的在於確保本地和外國經營者的穩定。政治壓迫更加零散，但在迫使持不同政見者閉嘴方面還是非常有效。李光耀的話非常說明問題。他解釋說，政府需要「大棒」以便管理，不需要「使用太多。對大人物用一兩次大棒，其他人就會注意到了」。[24]

政府用它的社會福利途徑為其控制民主政治的行為辯護。它提供了大規模的自籌資金的公共房屋項目、自籌資金的養老金、基本免費的教育，但是正式勞動力之外的人沒有失業保險、公費醫療或國家資助的養老金。[25] 主要考慮是國家資助的福利項目將延緩經濟發展速度，從長期看是無法持續下去的。李光耀非常明確地指出，反對派運動企圖「破壞銀行」，隱含的意思是使用「大棒」對付他們是合法的。「你得與這些人鬥爭，他們不僅決心不再繼續投資，而且把已經儲蓄的錢拿來養貓。如果一個選民天真地相信可以做這些事情，你就是在破壞銀行。」[26] 這裏，民主政治將破壞人民行動黨發展經濟的機會。

人民行動黨為了經濟目的而干預「私人」生活也是臭名昭著的。從受教育的母親的經濟獎勵到禁止銷售口香糖，人民行動黨已經顯示在追求繁榮中對日常生活細節的干預幾乎無所不在。再次，李光耀對政府的做法直言不諱：「如果不干涉個人事務的話，我們將不能取得經濟進步。與誰做鄰居、如何生活、說什麼語言、聲音多大、怎麼吐痰等全由我們說了算，不要考慮人民的想法。」[27] 新加坡記者契連•喬治（Cherian George）用令人印象深刻的比喻點明了新加坡發展模式的結果：「新加坡是個空調國家，是一個安逸舒適與中央控制獨特結合的社會，人們精確把握了環境，付出的代價是犧牲了個人自主性。」[28]

為什麼這很重要呢？或許新加坡人不像美國人那樣看重個人自主性。正如李光耀說的，新加坡人「很少懷疑，崇尚社會利益優先於個人利益的社群主義價值觀的社會，比美國的個人主義更適合他們」。[29] 但問題在於，政治壓迫破壞社群主義的目標，意味着它實際上推動以自我為中心的個人主義，而不是對國家整體的承諾。即使偶爾使用「大棒」對付反對派政客如徐順全，也是在向社會發出不愛國的信號，「在新加坡，最好專心做自己的事，悶聲發大財，把政治留給政客去搞吧」。[30]難怪，根據最新的一次民意調查，「在談到參與政治行動的時候，無論是請願書簽名還是參與靜坐或合法的遊行示威，新加坡人都是最冷漠的。在政治參與的所有這三個方面，新加坡人都是五個東亞鄰居中排名最靠後的」。[31]

大部分人對政治壓迫的反應是變得冷漠，不過也有些人會變得沮喪，只好到其他地方尋求機會，結果新加坡一直在流失一些最優秀的人才。二〇〇七年對新加坡年輕人的調查顯示，一半以上希望移民到其他國家。許多人尤其是向上流動的已經開始行動了。新加坡的平均人才外流率是每千人26.11，這是世界第二高，至少部分歸咎於限制性的政治環境，以及規則和法律過於嚴厲。[32]政府其實也意識到了這個問題，前總理吳慶瑞說「我們給予新加坡人的教育愈多，為他們創造的機會愈多，他們就有愈多的國際流動性，他們擁有從建屋發展局（HDB）得到的廉租房愈多，就愈有錢在澳洲買更便宜的房子。新加坡人會紮根新加坡嗎？會有足夠多的新加坡人留在這裏確保國家的長期生存嗎？我把這個問題留給那些只能共安樂不能共患難的新加坡人，他們享受了新加坡的一切好處，卻在國家遇到小風浪的時候收拾行李乘飛機離開」。[33]政府作出的回應是吸引外國人才，但多數新加坡人相信外來人才「在危機時刻是不會效忠國家的」。[34]

根據要求，我向系主任提交了「政治理論入門」課程的閱讀書目。他把我叫到辦公室，告訴我多講一些社群主義而不是自由主義和女性主義，強調說我不應該給一年級學生講約翰•斯圖亞特•穆勒（John Stuart Mill），因為他們還沒有達到理解所需要的成熟程度。很自然的，這使我偏偏要對着幹。我講解了穆勒的《論自由》（*On Liberty*），確保給全班同學閱讀最後一段話：

> 一個國家的價值，從長遠看，還是構成這個國家的個人的價值。一個國家若只圖在管理技巧方面或者在與企業經營細節相似的實踐上做得較好一點，卻把國民心智擴展和提高的根本利益向後推遲；一個國家若阻礙其國民的成長以便把他們變成它手中更加馴服的工具，即使為了良好的目的；那麼，這個國家將發現，依靠這些卑微小民不可能完成真正偉大的壯舉；它不惜犧牲一切而實現了的機器的完美，為了機器可以更順暢的運轉而寧願撤去了根本動力，到最後卻發現機器因為沒有動力而成為一堆廢鐵。

當政治壓迫和徹底的家長制結合起來，即使出於為了公民現有和未來福利考慮的好心，人民也可能變得更加追求物質享受，缺乏公共精神。新加坡社會學家郭建文引用托克維爾（Alexis de Tocqueville）的話哀嘆新加坡出現的情況：

（在「開明專制主義」下，公民）被強大的監護力量所控制，政府竭力去滿足他們的願望，控制他們的命運。政府願意為了他們的幸福而努力工作，但是它成為那種幸福的唯一代理人和仲裁者：政府為公民提供安全，監督和供應必需品，為娛樂提供方便，為他們排憂解難，指導工作，管理財產，分配遺產。讓人民免於思考的麻煩和生活的苦惱，人生還剩下什麼呢？[35]

求助於托克維爾，郭進一步指出這種政權下的民眾將缺乏對同胞的信任，缺乏對公共事務的興趣，當然也沒有為了公共利益而犧牲個人利益的願望。相反，「公民」將把注意力集中在私人生活的物質利益方面，這再次對政府有利。「人人都熱衷發財，已經有錢的人考慮如何保住財富。專制主義的本質正是鼓勵這種慾望，傳播這種破壞性。雖然這令國民道德水平下降，但這是專制主義的保障，因為它能把人們的注意力從公共事務上轉移開來。」[36]

新加坡人熱衷物質享受已經不是秘密。前外交部長拉惹勒南曾描述新加坡的民眾意識形態是「拜金主義」，[37] 按照前總理吳國棟的説法，對新加坡人來説，「不購物的人生是不完整的」[38]。新加坡人的夢想通常被描述為「五個C」：職業（career）、公屋（condominium）、轎車（car）、俱樂部（club）和信用卡（credit card）。在最近的一次調查中，百分之五十的新加坡人暗示他們對國民身份不感興趣，只要能發財就行。[39]

> 在裕廊西，妻子和我與我們社區一個説漢語的商店店主成為好朋友。她討厭人民行動黨，尤其討厭李光耀，投票支持反對派——工人黨。問題不在於她工作賣力卻工資低廉，而是常常因為政府檢查員和政府反對落後的中國方言的宣傳而感覺低人一等。我們覺得她善良聰明。我們和她的朋友一起慶祝中國節日，她也成為我岳父母的好朋友。我曾經計劃在上次旅行時去看望她，但她母親最近剛剛去世，她不願意離開家，這是傳統儒家服喪禮儀的要求。

新加坡確實創造了經濟奇蹟。今天，它是世界人均GDP第五名。其經濟模式被許多發展中國家所借鑒，讓千百萬人擺脱貧困。即使「共產主義」國家如中國也遵從新加坡模式依靠跨國公司輸入資本，提供就業機會，提高管理水平。新加坡擁有二千五百億新加坡元儲備以防「不時之需」（二〇〇九年全球金融危機後，新加坡政府作出前所未有的決定——減少國家儲蓄。）

但是像多數奇蹟一樣，新加坡的經濟奇蹟也是海市蜃樓。在馬克思主義者看來，問題是人們仍然被當作經濟生產力的工具，他們工作時間長，把工作當作生存手段而不是生活需要（即使老年人也有很多外出工作，以便新加坡在國家經濟競爭力優勝劣汰的鬥爭中保持領先：新加坡勞動力中六十五歲以上的老人比例，在一九九三年到二〇〇三年間增加了百分之五十七，雖然只有百分之五的新加坡人願意在六十五歲退休年齡之後工作）。[40] 在自由派看來，問題是政府的高壓手段限制了個人自主性和創造性。在社會民主派看來，問題是缺乏國家資助的福利，造成弱勢群體的痛苦和收入不平等的巨大差異（二〇〇六年，新加坡在收入不平等方面排名在全球一百零五名，與布隆迪和肯尼亞並列；將近百分之三十的庭不能賺取達到最低生活水平的收入）。[41] 在社群主義者看來，最深刻的問題是專制獨裁和家長制政權支持的經濟模式，鼓勵以自我為中心的個人主義，而不是具有公共精神的國家承諾。契連•喬治說得好，「新加坡的悲劇不是缺乏理想主義，而是它系統地獎勵熱衷個人主義的多數派，打擊具有社會公共意識的少數派」。[42] 難怪李光耀逐漸認識到新加坡人需要「另外三十、四十、五十年」，才能養成國民對國家整體的感情。[43] 他沒有說到的是，正是其政治體制應該為進步緩慢負責。

二、多元種族主義的價值

去年在翻閱幾個舊箱子的時候，我偶然發現一九九〇年申請在新加坡國立大學求職時寫的「目標宣言」影印件。我寫的是「我對新加坡的多元文化主義經驗印象最為深刻。在魁北克，法裔加拿大分裂主義者運動仍然非常活躍，法裔加拿大人和英裔加拿大人的緊張關係仍然時常爆發。但新加坡成功地完全消弭了民族衝突。在一九六〇年種族暴亂後不到三十年的時間裏，不同文化族群和諧平等地共處。我計劃學習和研究新加坡人的經驗。」我在讀到它時禁不住笑出聲來，心想「我在焦急地尋找工作，我真的相信我寫的東西嗎？」我知道第一次來到新加坡的時候我非常天真。每次我說話，一個同事都會說「他是新來的。」但是我真的那麼天真嗎？

新加坡是多民族社會，英國殖民政權把社會分成固定的種族類別和俗套，並一直持續到今天。[44] 眾多群體並不總能很好地相處。一八五四年，不同中國方言區的人之間的暴亂持續了十二天，造成五百人傷亡。[45] 一個多世紀之後，一九六四年，華人和馬來人之間的暴亂造成三十六人傷亡。

> 一個外交官朋友跟我談到他和新加坡一個部長的會面情況。他稱讚新加坡維持種族和平共處的努力，但這個部長笑了笑，說「沒有那麼神秘。你需要做的只是把槍放在這裏（指着桌子下面）」。

從那以後，人民行動黨開始嚴厲鎮壓有可能引發暴亂的「民族沙文主義」（ethnic chauvinism）的任何表現。區分維護和平的「大棒」和用來獲得人民行動黨權力的「大棒」並不總是很容易。在一九九〇年代中期臭名昭著的案例中，大眾喜歡的反對派政客鄧亮洪被迫離開新加坡，因為人民行動黨指控他是中國沙文主義者，[46]但是自上台以來，人民行動黨通過一系列旨在防止種族矛盾出現的法律，成功地阻止了民族衝突的爆發。宗教尤其是伊斯蘭教受到特別控制。前總理吳作棟說：「一旦宗教捲入，如果燃起大火，就無法撲滅了。我們非常擔心這種事。」[47]基本想法就是讓不同宗教信徒分開的權宜之計，而不是靠宗教對話和相互理解最終建立更強烈的國家共同體意識。

但是，在宗教領域之外，人民行動黨確實推行了融合政策。主要目標是遏制狹隘民族主義思想，促進民眾對建立在安全和繁榮基礎上的新加坡國民身份的認同。因此，它採取了「多種族主義」的建國原則，意思是不同族群在社會環境中混合，同時維持各自獨特的文化習俗，相互平等和睦共存。其中一個融合政策是被稱為建屋發展局的全國公共房屋項目。在建屋發展局公寓建造之前，人們居住在相對分散的同質性民族聚居區內。為了形成「種族和諧」的局面，政府強制推行房地產的種族融合。政府「通過清除擅自佔用土地建房，把它們改造成為高密度的高層建築作為公共房屋供居民居住，從而打破從前的種族聚居區。不同的種族按一定比例被分配進入每幢公屋和每個公屋區。結果，每個公屋區將反映新加坡總人口的種族構成比例：大概百分之七十五華人，百分之十七馬來人和百分之八印度人。」[48] 融合性房屋政策有明顯的劣勢，如把人們從種族社區連根拔起，打破了種族間隔，提高了「雜合」家庭的成本，讓少數族群更難進行自己的宗教活動（如建屋發展局公寓中的廚房緊挨着廁所的設計，是殖民地華人商品房流傳下來的，這讓印度教徒難以遵從傳統的清潔禮儀），[49] 不過這也幫助解釋了自人民行動黨上台以來，不同種族群體之間沒有暴力衝突的原因。生活在公共補貼的房屋中的居民，獲得一種所有權的意識（今天百分之八十五的人住在建屋發展局公寓中，其中百分之八十的人對公寓有九十九年的租期），這意味着現代大部分新加坡人與國家繁榮有密切的利害關係，這是國家建設的重要支柱之一。

我花了一段時間才贏得學生的信任。到最後，學生不再緊張了，尤其是在我的辦公室的小組學習時。在離開新加坡之前不久，我問幾個學生萬一發生戰爭，有多少人願意為國犧牲，沒有一個學生給出肯定的回答（一個學生説他願意犧牲，但這是為了家庭而不是國家）。

另外一個融合措施是國民服役。李光耀對新加坡能否獨立地保障自己的安全沒有信心，吳博士說服他要建造國家軍隊，並實施強制性的服役制度。新加坡在面對安全挑戰時確實有一個模範——以色列。作為被可能充滿敵意的、穆斯林佔絕對優勢的大國鄰居包圍下的小國，新加坡求助於以色列的指導。李光耀說：「我們在世界這個地方為自己的命運而奮鬥，任何人若認為我們好欺負，我說：那就從我的屍體上踏過去。我們選擇以色列的模式，具體地說，把每個男孩和女孩都訓練成紀律嚴明、驍勇善戰、保家衞國的軍人或許是必要的。」[50] 李光耀政府邀請一群以色列軍事顧問（偽裝成墨西哥人以避免讓穆斯林鄰居感到窩火）為新加坡國防軍提供秘密訓練。一九六七年，新加坡實行了以色列風格的強制服兵役政策。但是，國民服役作為融合工具的有效性非常有限，只有男性被徵召入伍（和以色列不同），馬來人入伍的數量很少，因為不相信在與鄰居發生戰爭時他們會為新加坡而戰（雖然現在國防軍對馬來人更開放了）。[51] 而且，新加坡（和以色列不同）自獨立以來沒有打過仗，尤其是私底下，人們常常懷疑國防軍的價值。正如《海峽時報》專欄作家郭伯松說的：「非常清楚，人們對保家衞國抱着一種玩世不恭的態度。無論是老闆還是沒有利益關係的旁觀者，我看到他們都不僅對國防軍的犧牲不屑一顧，而且顯然沒有任何的愛國情感。」[52]

至於語言，人民行動黨覺得它必須做出更加不得人心的決策。在一九六〇年代初期，它決定確立四種官方語言（馬來語、漢語、泰米爾語和英語），以馬來語為國語。新加坡的未來是在與馬來亞組成聯邦的背景下提出的，非馬來人被鼓勵去學習馬來語。馬來人作為本土人主要是從象徵意義上在憲法中得到特別承認。[53] 但是在一九六五年獲得獨立後，人民行動黨偏離了「以馬來人為中心的」民族和語言政策，但它不能創造一個新的身份認同，若以漢語和中國文化為中心，可能引起嚴重的國內種族關係緊張，並招致鄰國的批評甚至入侵。因此，政府決定推動以英語作為主要的教育語言，以「母語」作為第二語言。英語具有國際商業和貿易的語言優勢，因此英語的推廣和應用為新加坡帶來競爭優勢。英語的推廣也是包括多數族群華人在內的所有族群的共同願望。李光耀明確指出新加坡的語言政策是與多數原則衝突的：

> 如果我們選擇漢語，支持漢語，我們如何謀生呢？如何適應這個區域適應這個世界呢？我們沒有辦法生活。但華人都想要漢語。如果我們投票，就得遵循那個政策。所以，當人們說「啊，問人民吧！」這是孩子氣的廢話。我們是領袖，我們知道後果如何。他們說，人們自己會思考？你真的相信一個小學沒

有畢業的傢伙知道他對語言、文化和宗教等問題上的本能回答的後果嗎？但我們知道後果，我們可能挨餓，可能面臨種族暴亂，可能陷入分崩離析的境地。[54]

當然，推廣英語的語言政策也符合人民行動黨領袖的利益。一方面，他們是相對享有特權的接受英語教育的新加坡少數菁英，在英語環境中他們的權力將更加鞏固。楚明偉認為人民行動黨可以利用接受英語教育的人挫敗接受漢語教育的人，摧毀説漢語的工人階級政治反對派。[55]

雖然這些專制措施——打破民族聚居區、強制性服兵役、推廣英語教育剛開始很不受歡迎，但是這些政策逐漸被大多數人所接受。到了一九八〇年代中期，大部分新加坡人已經很舒服地使用英語作為教育和政府管理的媒介，少數人主張重新劃分民族聚居區。或許，國家建設真的接近成功的邊緣。

二〇〇九年九月。我與蔡明發在小吃街邊吃邊聊幾個小時後，另外一個朋友，政治理論家本傑明王（Benjamin Wong）參加到我們的對話中。本傑明王和蔡明發相互熱情地打招呼，然後用新加坡人口音很重的英語交談，這種口音讓我覺得很親切，因為它讓我想起魁北克法裔加拿大人説英語的方式。在喝了更多冰鎮啤酒後，我問本傑明王新加坡政府在什麼事情上還可以做得更好。他說政府應該放鬆對文化和語言的管理。他指出多倫多比新加坡的文化更加多元，他在那裏讀博士，不同族群的人一般來說相處得很好。不像我們這裏必須說新加坡英語這種「雜合語言」或被迫適用不同的種族劃分，這等於時刻提醒我們語言和文化差異並讓我們覺得低人一等。

在這一點上，政府可以放鬆管制和文化重塑，允許更自然的表達和演化。另外，政府如果不是消除強制性的服兵役，或許可以逐漸減少，逐漸採用哥斯達黎加的去軍事化模式，而不是繼續以色列模式。它還可以推行包容性更強的融合政策，如新加坡年輕人（無論男女）需參加一年強制性的公共服務項目。整個過程將伴隨着政治自由化和更多言論自由，因為政府不再需要高壓手段實現國內和平。

但是歷史選擇了另外一個方向。人民行動黨決定優先選擇民族身份，尤其是華人語言和文化。它開展了「說普通話」的運動，鼓勵新加坡華人在社會場合使用普通話而不是方言。在教育上，政府更多強調母語教學，每個「種族」的孩子必須在學習英語之外學習「母語」（雖然政府後來認識到雙語政策有點要求過高，所以在大學入學考試中降低了語言要求）。一九八〇年代後期，政府在中小學也推動宗教教育，基本上是不同族群對應不同宗教。引起最大爭議的是，政府推動以民族為基礎的福利，通過廢棄全國性組織負責各民族弱勢者的觀點，而是採取以民族為基礎的福利體制，各自照顧「自家」窮人。

有必要問一下為什麼政府的官方話語和政策在一九八〇年代後期及一九九〇年代初期發生民族轉向。最寬厚的解釋是新加坡領導人是受經濟動機的驅使。他們在一九八〇年代後期有足夠的先見之明預測到中國經濟和政治崛起，所以新加坡決定應該強調其「中國性」，以便在國際市場上維持這種比較優勢。結果，中國成為新加坡第三大貿易夥伴和最大投資目的地，兩國在二〇〇八年後期簽訂了自由貿易協定。

重新強調民族性的另外一個可能理由是李光耀的個人性格，其他「締造者」（失去政治影響力）不能像從前那樣多地限制李光耀的個人喜好。[56] 李光耀從來不隱瞞其世界觀：「你知道存在一些天生的偏見。我並不假裝自己沒有偏見，我也有偏見。如果我的一個兒子回家後説『我結識了這個美國女人，她是我在美國認識』，我的第一個問題是她是什麼膚色？」[57] 他也非常清楚地説，他自己的種族身份認同隨着年齡的增長而不斷增強。「人人都知道我們離真正的正宗的新加坡華人還有很長一段路要走。我現在比三十年或四十年前更有中國性的理由之一，是學習和讀書及年齡增長的結果，我認識到人性沒有改變。」[58] 或許他逐漸「認識」到那些根深蒂固的偏見其他人也有。隱含的意思是，最好和他們一起工作，而不是提出建立在人們可以超越自身局限性的烏托邦假設基礎上的政策。

以民族為基礎的福利一直遭受批評，因為它增加了跨族婚姻子女的成本，他們被迫進入政府劃定的類別中去。[59] 而且，民族群體名義上的平等，往往掩蓋了法律平等，往往有利於眾多富裕華人的事實。[60] 因為人口少和經濟狀況低劣，馬來人沒有同樣的能力幫助相對窮的馬來人，所以族群之間的不平等，即便沒有擴大也仍然持續存在。[61]

一九九二年，學校安排我上「政治理論簡介」的大課（三百多學生）。我是接替一個依靠西方材料授課的僑民，所以決定在課程中更多承認亞洲文明的內容。該課程開始討論的主題包括「沒有道德的政治」，但我沒有選擇馬基亞維里（Machiavelli），我覺得選用中國古代思想家韓非（公元前二八〇至二三三年）更好。他是一個深刻的玩世不恭的現實主義政治鼓吹者，被認為是中國政治思想中的法家奠基人。我在課堂上使用多數學生都懂得的《韓非子》原文中的漢字。在課程的第二部分「沒有政治的道德」中，我討論了無政府主義思想家的觀點，同時特別提到了道家思想家的觀點。在最後一部分「道德與政治」中，我引用了亞里士多德和穆勒的觀點，但同時也討論了孔子的觀點。我希望學生會讚賞我在課程中納入更多亞洲觀點的嘗試。

在我最後一次上課前不久，一個學生從辦公室門下塞進來一張字條，上面的用語很不友好。該學生指控我有種族主義傾向，具體地說就是讚美中國思想家，貶低少數民族的文化貢獻。我試圖在課堂上反駁這種指控，但新加坡一個同事和朋友指出我也有部分責任，因為我只討論了中國思想家的貢獻。問題不在於我實際上是否支持他們的觀點，僅僅在課堂上呈現這些內容，就已經顯示我是在認真對待它們。從課程大綱中排除穆斯林或印度思想家的貢獻，我送出的隱含信號是他們的觀點不重要或沒意思，至少馬來人學生和印度教學生會這麼看。我使用漢字的做法進一步讓少數民族學生感到疏遠，因為他們看不懂。後來，我通過納入伊斯蘭和印度傳統經典中的相關讀物，並堅持在課堂上使用英語試圖糾正這種偏見。

結合新加坡各地張貼的「說普通話」的標語，和李光耀公開為「強大的中國價值」能夠和應該影響非華裔新加坡人的觀點辯護，對相對富裕的華人多數族群有利的事實，使新加坡少數族群的政治疏遠感更加強烈。[62] 作為回應，人民行動黨採取措施提高少數族群政治代表的數量，如實施集體選舉區制度，確保選民投票選舉的多席位選區中至少有一位少數民族代表。但是這些措施也旨在鞏固人民行動黨對權力的把持。在一九七七年選舉前不久，政治動機被表達得非常清楚，人民行動黨增加了集體選舉區制度的規模從四席增加到六席，但並沒有增加少數民族的代表。

顯然，這種以民族為基礎的政策從國家建設角度看似乎問題特別大，因為政府非常有效地批准了對一個族群而不是對國家的依戀。正如反對派政客徐順全指出的，「這些以種族為基礎的社區將變得愈來愈內向，他們關心的問題將更加狹隘和區域性，在此情況下，怎麼能培養強大的國民精神呢？」[63] 從新加坡敏感的地緣政治背景看，值得進一步探討其政治動機，這或許有助於解釋它對民族性尤其是中國性的強調。不管在國家建設上會付出什麼代價，新加坡呼籲對亞洲文化的自豪感與不那麼民主的鄰國領導人的利益碰巧吻合，所以在這方面可擔憂的事並不多。

在新加坡工作幾年後，我參加了新加坡國立大學的一個主要由新加坡著名外交官和公共知識分子參加的座談會。討論的題目是「東南亞為什麼比東南歐做得好？」當時印尼在蘇哈圖總統領導下政治穩定，南斯拉夫則分裂成衝突不斷的民族部落，他的答案是基本上專制政權有助於獲得和平並為經濟發展打下基礎（蘇哈圖政權幾年後垮台，印尼成為新興民主國家）。我對西方政治說教強烈反感，可我非常討厭發言者自鳴得意的語調，所以忍不住走到麥克風前說，我對比較政治也很感興趣，也在思考為什麼新加坡成為除了少數石油豐富的海灣國家之外，沒有採取政治民主的唯一發達國家。一開口講話我就後悔了，知道自己已經落入大辯論家的陷阱。發言者回應說，我

> 是擁有帝國主義心態的典型西方人，總認為民主對任何人都是最好的制度，我應該更多反省自己的偏見。很多聽眾熱烈鼓掌。

對亞洲自豪感及其遺產的重新強調發生在蘇聯解體和自由民主似乎橫掃全球的時刻決非巧合。新加坡領導人開始擔心西方文化和價值觀尤其是政治民主思想的入侵。他們作出的回應是創建了「亞洲價值」觀，該術語就是為了挑戰西方的公民和政治自由。以亞洲價值觀名義提出的最常見的主張，是需要犧牲這樣的自由以便滿足更基本的物質財富需求。[64] 但是亞洲價值觀的說法很快遭遇批判性的審視。即使在發展的早期階段自由需要作出一些犧牲，為什麼新加坡人均GDP已經是最富裕的國家之一時，新加坡人還要繼續犧牲呢？這種論證是價值觀之爭，還是在競爭性的善之間保持平衡的實證研究呢？像亞洲這麼多樣化的地區，共同擁有的價值觀到底是什麼呢？民主的印度能分享這些價值嗎？作為對這些批評的回應，李光耀很快改變立場，宣稱他實際上指的是支持經濟發展的擁有儒家傳統的東亞價值觀。但這真的是「儒家」價值觀嗎？

> 在離開新加坡後不久，我和一個著名的儒家支持者共進午餐，他在美國一重點大學教書。曾經應邀在一九八〇年代後期幫助設計新加坡學校的儒家倫理學課程（作為宗教倫理學課程的一部分，因為威脅到重新引起宗教衝突而最終被拋棄），並和李光

耀有個人交往。我問起李光耀對儒家的興趣，這個學者連連嘆氣「他不懂，他根本就不懂。」

儒家是豐富而多樣的傳統，擁有一些共同的線索。在政治上，它強調依靠禮儀和道德典範而不是懲罰進行管理，追求和而不同、一個和平的沒有邊界的大同世界理想。而且，佔主導地位的孟子一派認定，人性可以通過適當的道德教育而改善。早期儒家的觀點受到法家如韓非的強烈批判，理由是鬆散的管理在充滿追求自我利益的政治行動者的危險世界裏將引發災難。因此，需要通過法律和嚴酷的懲罰等手段來增強國家的力量。韓非的目標幾乎就是徹底的國家控制，他一再強調道德考慮不應該成為干擾，難怪各國君主非常樂於接受這種觀點。公元前二四六年登上王位的殘暴君主秦始皇，吸收韓非的建議征服和控制了整個中國，成為秦朝第一個皇帝。秦始皇建造了長城（部分）和擁有大量兵馬俑的陵墓，還活埋了數千儒家學者並焚燒儒家書籍。這個王朝非常短命，但韓非的影響一直持續存在。

所以，李光耀或許確實受到中國政治文化的影響，不過法家的影響或許更明顯。公平地說，李光耀還沒有殺掉一個政治對手，也沒有公開為殺害無辜民眾辯護，但他的「要麼支配別人要麼被別人支配」的玩世不恭論調、[65]他依靠嚴酷懲罰控制民眾生活的做法、他缺乏仁愛以及嚴酷對待批判他的記者和反對派、還有他的「艱困的社會」和富國強兵的呼籲等，都說明李光耀是現代法家。或許這就是為什麼李光耀偏離了一九八〇年代中期的建國目標和民族融合政策的原因，那時候國家建設本來可以通過政治自由化而得到鞏固的。但李光耀需要強調種族分裂，因為沒有比這更好的來對付政治自由化訴求的辦法了。在他的心目中，目標是建造強大的國家而不是強大的國民。

三、賢能政治的價值

一封送到我母親在蒙特利爾的住址的信件通知我去參加新加坡國立大學政治系教師崗位的面試。我認真地準備這次面試，閱讀了政治理論中的經典內容和最近的一些熱點議題辯論。我期待的是由一幫專家進行的面試，通過考察該領域的知識挑選一名最佳候選人。他們給我提供一張前往華盛頓特區的機票。下飛機後，我乘出租車前往信封上寫的地址。讓我感到吃驚的是，那裏不是大學而是新加坡大使館。我被引領到樓上，更令我吃驚的是，接待我的人竟然是新加坡駐美大使。大使和我打招呼，並請我坐下。第一個問題：一九八五年你為什麼前往古巴？我奇怪他是怎麼知道的？到現在為止，我也沒有答案。我告訴他，那是麥基爾大學組織的學習熱帶農業旅行的組成部分。第二個問題：你是共產黨員嗎？我回答說，不是，我是社群主義者。這是一個質疑自由主義的個人主義傾向的政治理論。他似乎對這個回答感到滿意，說「希望你在新加坡過得愉快」。面試就這樣結束了。我對這個結果感到高興，但對面試過程感到困惑不解，一直在想，我是否真的配得到這份工作。我被錄用是因為我是最優秀的候選人，還是僅僅因為我擁護社群主義？

新加坡政府是人民選舉的，但選舉過程並不民主，即使按民主的最低定義，即國家的最重要政治決策者是通過自由和公平的競爭性選舉選出來的。正如薩繆爾•亨廷頓注意到的，這樣的選舉只有在採取措施，如保障言論自由、結社自由、新聞自由以及在反對派候選人和政黨能夠批評現任領導人而無需擔心遭到報復等情況下才是可能的。[66] 但在新加坡，個人投票是編號的（政府至少在理論上能夠查出誰投票支持了哪個政黨，對那些可能投票支持反對派的人來說，這可能是一種限制性的影響力）；有希望的反對派候選人遭到公開羞辱，以令人懷疑的理由令其破產或丟掉工作；如果該選區投票支持反對派的話，政府還明確威脅要取消某些如公屋改造等服務。親政府的媒體很少為反對派提供時間或空間來表達觀點。不過，如果考慮到李光耀公開的反對民主的觀點，這些反民主做法便不足為奇。他的兒子李顯龍是新加坡現任總理，提出了類似觀點：「假如你在國會中有十個、十五個或者二十個反對派議員，我就不是花費時間思考新加坡的正確政策是什麼，而是要花時間思考用什麼辦法搞定他們或收買支持者的選票。」[67]

在很多外國觀察家眼中，新加坡應該被貼上專制國家的標籤。但新加坡領導人並不接受國家只有民主或專制兩種的這個前提。相反，他們認為賢能政治的概念，最好地描述了新加坡的政治制度。考慮到新加坡人口少，資源有限，國家應該由根據美德選擇最聰明和最有品德的人來領導，讓我們再次借用李光耀自己的話：

新加坡是獎勵勤勞和美德而不是依靠天生的財富和特權的社會。精英根據人民的利益而把握國家前進的方向、制訂規劃、控制國家權力。我們就是在資源貧乏和有限的情況下，依靠這個群體創建社會組織，激發起全民的熱情和蓬勃發展的力量，創造出為國民提供亞洲第二高的生活水平的奇蹟。這種頑強奮鬥的精神是新加坡應該保持的。現有計劃和實施的主要重擔落在大概三百個重要人物身上，他們來自貧窮的或中產階級家庭，來自不同的語言學校。新加坡實行賢能政治，這些人就是通過自己的品德、才幹和辛苦工作而脱穎而出的。[68]

賢能政治的基本觀點是人人都有平等的機會受到教育並為社會和政治做貢獻，但不是每個人都擁有同樣的能力作出知情的道德和政治判斷，成為出類拔萃的人才。因此，政治的任務就是辨認出具有中等水平和能力以上的人，讓他們為公眾服務。如果領導人表現良好，人們就會跟從。

> 我和妻子參加了新加坡的牛津劍橋同學會聚會，新加坡的一個政府部長作為聚會的嘉賓主持人。有人問主持人政府為什麼需要限制《遠東經濟評論》（*Far Eastern Economic*）之類期刊的發行量，因為人們可以越過邊界進入馬來西亞輕易地得到這些東西。他笑着回答說：「我們當然知道。我們不是擔心你們。聰明人會找到辦法了解信息的，這沒關係。我們擔心的是建屋發展局的公屋居民，生活在公屋裏的中下層階級。他們是需要照顧的人，我們要確保他們得到很好的照顧，不要過多接觸那些引起感情反應的信息。」

這種途徑在新加坡華人社區引起強烈反響。正如李顯龍解釋的中，「許多儒家理想仍然對我們有重要意義。一個例子就是君子管理政府的概念，他們有義務為人民做正確的事，因而得到民眾的信任和尊敬。這比西方概念更符合我們的實際，西方認為應該盡可能限制政府的權力，總是用懷疑的目光看待政府，除非它能證明並非如此。」[69]

這樣的言論很容易被認為是領導人為限制民主的措施辯護的幌子而被不屑一顧，但是新加坡政府或許比世界上其他任何政府都更多地嘗試將賢能統治的理想制度化。新加坡的教育體制是無情的競爭，學習最好的學生「成為未來領袖」。[70] 內閣部長都有出色的教育和業績記錄，愈來愈多的政治領袖是因為學業優秀獲得政府獎學金從而進入政府工作的。[71] 一九六〇年代後期，人民行動黨派出若干擁有博士學位的候選人參選，但是李光耀發現僅有學術成就還不夠，最終把目光轉向政績突出的技術官僚。到了一九八〇年代中期，該黨從新加坡武裝力量中招募了愈來愈多的「學者軍官」。吳博士受到蜆殼公司（Shell Corporation）選擇擁有「直升飛機質量」（意思是關注關鍵細節的能力同時看到全域）的經理的選拔體制啟發，制訂了嚴格的標準化的選拔程序。這個過程涉及到政府和公司領導人的推薦，與部長一起「喝茶」，對候選人的人品、動機和團隊協作能力的詳細調查，然後是政府高官進行的面試。接着候選人被安排在不同部門進行基本培訓，並從事基層政治工作，那些具有管理潛力的人被給予一天半的心理測試，涉及到一千多個問題。這些考試旨在候選人的檢驗分析能力、想像能力和現實感。[72]

雖然如此，仍值得提出的問題是，人民行動黨採用這種嚴格的篩選程序是否屬於賢能政治。一方面，該體制的偏見在於更喜歡這些政府領導人自己在當學生時追求的學業成績良好。當選者往往擁有「法律、工程、科學、企業管理和其他基本上形式論的或定量研究的學科背景」。[73] 能為政府管理帶來更多人文關懷的人文學科的優秀人才有可能當選嗎？如果政府受到儒家理想的影響，它或許考慮這樣的觀點，政治領袖應該接受包括音樂在內的「六藝」訓練，以改善其道德判斷力和通感能力，而不僅僅是以最有效率的方式管理國家的能力。

這個選拔過程似乎也強化了傳統偏見，它意味着教育和政治上的流動性機會並不像宣傳的那樣開放。性別偏見最明顯，在新加坡政治歷史上還沒有一個女性內閣部長，愈來愈多地依靠「學者士兵」（他們從來沒有真正打過仗）並不是變革的好兆頭。這個過程似乎也在獎勵政治一致性，排斥那些或許不善於團隊協作的具有創造精神和批判能力的人。雖然有一些獎學金旨在為少數優秀貧困學生支付學費，但新加坡式的賢能政治受到階級和特權等操作方式的嚴格限制。「精英學校之所以是『精英』，不僅因為它們的學生學習成績好、教學水平高，而且因為學生幾乎完全來自社會的和經濟上的特權家庭」。[74] 新加坡最貧窮的社區是馬來人社區的這種階級和種族的重疊，意味着這個體制同樣存在天生的民族偏見。[75] 更糟糕的是，自一九八〇年代以來，教育資源中的非華人份額已進一步惡化。[76] 政治精英中具有軍方背景的學者的優越地位，更是伴隨着軍隊中對馬來人的制度化歧視，這只能加劇政治精英選拔過程中對少數民族的歧視。

> 一個朋友談到曾經和前任政府部長會面的故事。這個前任部長顯然非常惱火，問道：「在新加坡，誰最討厭？」我朋友回答說：「你指的是李光耀？」這位前任部長說：「是的，他除了家人，誰都不信任。」

李光耀的生活遵循馬基亞維利（Machiavellian）原則，對政治領袖來說，令人害怕比受人愛戴更好。他公開支持怪異的優生學理論，[77] 獎勵受教育的母親多生育，或讓教育少的人絕育等優生政策制度化的嘗試引起激烈的爭議，或許因為它們與位於賢能政治理想核心的機會平等價值觀格格不入，這也是他被迫從自己的政治目標上退卻的少數例子之一。但新加坡政治生活中最引起爭議的焦點和對賢能政治理想的最明顯挑戰，是李光耀家族控制了新加坡的大部分政治和經濟權力。李光耀本人是新加坡政府投資公司（GIC）董事長，這是不透明的主權財富基金，擁有大約三千三百億美元資產。[78] 他兒子是總理，也是該財富基金的副董事長。他的兒媳婦何晶把持着一個與政府關係密切的新加坡淡馬錫控股公司（從前，她是新加坡最大的與政府有密切關係的聯合大企業「新科集團」的總經理）。何晶本來會在淡馬錫控股公司最近的經濟逆轉後辭職，但是因為一個美國商人拒絕該公司的邀請，她仍將繼續留任。李光耀最小的兒子李顯陽是該國電信巨頭新加坡電信公司的首席執行官（最大的上市公司，政府是最大股東）。[79] 他現在是星獅集團（大型房地產開發商和果汁製造商）的非執行主席和新加坡民用航空局局長。毫無疑問，李氏家族是聰明的，其成員已經證明了在激烈競爭的學界、商界和政界的能力。但是似乎很難讓李氏家族之外的人相信，他們的成就完全取決於其能力或家族紐帶，只是偶然因素或其他人沒有資格從事他們現在的工作。

新加坡式賢能政治的另外一個引起爭議的特徵，是李顯龍所說的「在賢能政治社會，工資水平與能力高低成正比」的思想。[80] 因為政府官員應該是國家最聰明的人，他們的出色工作理應得到高額回報。表現良好的三十出頭的政府官員拿到「數十萬元（新加坡元）的工資」。[81] 工資級別的頂端是政府部長，總理本人每年獲得三百一十萬新加坡元，這是美國總統薪水的五倍。[82] 人們不由得想到很明顯的問題：在實行嚴厲專制、缺乏有效媒體監督的政治環境下，政府投票支持這樣的高工資，這種高薪酬難道不是合法的腐敗？[83] 為什麼工資水平應該和能力對應？卡爾•馬克思說，共產主義的低級階段應該是以賢能政治理想為特徵的「各盡所能，按勞分配」，但他接着說「它緘默地承認個人天賦能力的不平等，因而生產力是天生的特權」。[84]為什麼人們根據天賦能力進行分配呢？約翰・羅爾斯（John Rawls）的名言是「從道德角度看，天賦能力是隨意性的」。新加坡政府解釋說這些高工資是必要的，可以防止腐敗，吸引私有領域的人才進入政府部門工作（高薪養廉）[85]。若用羅爾斯的說法，還可以補充一點，這些享受高薪的政治領袖推行了最終有利於新加坡人最貧困者的政策。但是，很難相信真的需要這樣驚人的高薪來吸引政治人才。

從國家建設的角度看，存在一個主要的反對意見：這種工資水平給廣大民眾傳達了不愛國的信息。如果國家的締造者和締造者的子女都需要這種令人作嘔的高薪刺激來為國民服務的話，其他人幹嘛費心勞神地為社會服務呢？[86]人民行動黨常常求助於儒家思想，政治領袖應該成為社會其他成員的政治典範，但他們樹立的榜樣是，除非給予很高的報酬，否則沒有人願意為國家利益犧牲。在一九九八年和一九九九年亞洲金融危機期間，部長和公務員工資凍結，但僱主給中央公積金的繳費實際上被縮減，大部分員工的工資被降低。正如《海峽時報》一讀者來信評論的「如果我們的領袖能夠與我們一起，我們就能忍受」。[87]但是一年後，在普通民眾的養老金分擔額還沒有恢復之前，政府已經宣佈大幅提高政府部長（百分之二十）和公務員的工資（百分之十三）了。

但是「上面的示範」或許只是新加坡式賢能政治的原子化效應的表面現象。更深刻的問題在於，在很小的時候，孩子就被灌輸超級競爭的教育制度。一九七九年，吳博士主持的一個教育研究團隊，對許多孩子不能對付學習兩種語言的發現作出反應，建議在小學三年級末實行「分班制」。但分班學習的意外後果是，父母盡一切可能防止孩子被貼上「失敗者」的標籤，從而導致了私人家庭教師的迅猛增加，以及孩子在求學過程中時刻取得最佳成績的壓力。[88] 製造壓力的學校體制加劇了「怕輸」（kiasuism）現象，這是閩南話，字面意思是「怕輸」，指使用所有形式的小動作和自私行為以便戰勝別人。國家試圖通過旨在提高優雅和文明行為的公共宣傳活動來抗衡怕輸，但是競爭精神和自私利益似乎對人的行為有更大指導作用。[89]

四、愛國主義和政治壓制

二〇〇九年九月。在長時間離開後，我又返回新加坡做研究。在從機場到市區的出租車上，我問司機他喜歡新加坡的什麼地方。他說他對自己的國家感到自豪，並提到了新加坡的乾淨整潔、豐富的飲食和綠色風光。我問自一九九四年之後到現在發生了什麼變化，他提到了新加坡摩天觀景輪，我問在政治上有無變化，他說還是老樣子「我們這裏不談政治」。我告訴他我現在住在中國，並說了幾句漢語，但他說他是在英語學校受的教育，不怎麼會說漢語。他說他每天工作十二到十四小時，每周工作七天，每年工作三百六十五天。他的妻子呆在家裏，有一個十六歲的女兒，必須花錢供她上學。他問我在西方國家教育免費是真的嗎？我告訴他中等教育一般都是免費的，但我們的住房沒有補貼。現在我們的談話變得更加親切了，我試圖返回到政治話題，他仍然說我們不談政治，我問為什麼不。他提到了法規二十三條，即允許不審判就拘留的國內安全法案。我告訴他肯定不會有人因為在出租車裏談論政治而被關進監獄，他回答說「為什麼要談論政治？我們有吃的啊。」他接着問如果我想給妻子買什麼珠寶的話，他可以帶我去。我告訴他不用了，謝謝。接着他提出帶我到新加坡鬧市區的豪傑大廈（Orchard Tower），通常被稱為「四層樓的妓院」（four floors of whores），我說不了，謝謝。

截至目前，我的觀點是新加坡政府一直提倡的三個價值：物質福利、多種族主義和賢能政治系統性地破壞了其建國目標。它不是打造一個由富有公共服務精神，願意為共同的國家利益而作出犧牲的公民組成的新加坡人國家，政府實際上推行了一種極端形式的個人主義，把超級競爭和自私行為合理化。與此同時，廢墟中確實誕生出一個國家。按照政策研究院對一千四百五十一名新加坡人的調查，新加坡人對自己的國家感到非常自豪，在二十四個國家中排名第三，超過加拿大與美國並列。幾乎所有公民（百分之九十五）都同意或者強烈同意他們為自己是新加坡人感到自豪，他們喜歡新加坡。在眾多民族中，持這種看法的印度人和馬來人的比例超過華人，受教育程度更高的人打分最低。四分之三的新加坡人說如果發生戰爭，他們不會離開新加坡，三分之二的人說他們會為新加坡而戰，即使這意味着失去性命。[90]最初我對這些發現表示懷疑，或許因為它們和反對派引用的調查數據比起來過於積極了。新加坡人真的這麼愛國，竟然到了願意為國獻身的地步嗎？那些作為體制受害者的少數民族和窮人比其餘人更愛國嗎？或許他們的答案並不真誠，或許受訪者在自我欺騙。到了緊要關頭，他們真的願意為國而戰嗎？

在二〇〇九年訪問新加坡的時候，我得到東亞研究院的熱情接待，東亞研究院從前是東亞政治經濟研究所，我妻子曾在那裏工作過。我非常遺憾地得知吳博士身體不是很好。[91]在最初的見面中，妻子從前的上司開玩笑說我在新加坡不總是一個「和諧的」存在。我笑着說，是的，或許那些時候我過於急躁和對抗了。

但是，我突然想到一個問題。如果我的理論錯了怎麼辦？萬一新加坡人真的是愛國者呢？或許我的動機應該受到質疑，因為自己在新加坡的不愉快經歷，我可能一直在尋找某種結論。我到新加坡的時候，正好位於國家開始走上政治開放道路的時刻（或許只有像我這樣的初來乍到者才會上當受騙），或許我對社群主義作為自由派個人主義的替代品的期待，本身就是浪漫主義幻想，或許我在新加坡國立大學的經歷只是罕見的倒霉（bad luck）而已。今天，它的政治系主任是個可敬的美國政治理論家，他使用的選拔標準與其他地方的大學一模一樣。或許我與外國人及批判性的知識分子交流太多了。多數普通新加坡人把國家看作機會之鄉和向上流動的地方，尤其是如果和先輩或周邊國家的人的命運相比的話？有沒有這種可能呢？

不過，我的論證不可能完全錯誤。它來自政治領袖的言論和我三年的生活經歷、社會科學研究以及與深入思考的新加坡人的深度討論。發生的情況或許是這樣的：新加坡人自從我離開後變得更加愛國了，這個發現得到我早先引用的調查的支持，該調查對比了一九九三年的結果。如何解釋呢？一方面，時間或許發揮了作用。不管政府做什麼，多數人需要的是一種歸屬感，人們對自己出生和成長的地方會逐漸產生感情。就新加坡來說，人們期待新一代人的愛國熱情更高，因為他們沒有經歷過一九六〇年代更自由的環境，或許不認為他們的國家是「偶然」產生的國家。食物或許是部分答案，正如林語堂說的「愛國主義只不過是熱愛童時所吃食物而已，豈有他哉？」[92] 當然不難想像人們對新加坡豐富多彩的美食的喜愛。

後來發現，我的賓館離豪傑大廈只有兩個街區遠。在外出閒逛的時候，我走進大廈，馬上就有一個高個子「女士」迎上來提出猥褻要求，其性別特徵很模糊。我說謝謝，走進去使用廁所。擴音器裏傳出一個女性的聲音說這裏嚴禁吸煙，「除此之外，祝你玩得愉快。」我繼續閒逛，但裏面太熱了。我來到市中心君悅大酒店地下室的一個酒吧，有漂亮的雷蓋樂隊（reggae band）在表演，很快一個漂亮的淑女就迎上來，我拒絕後，她轉向隔壁一張桌子的商人。我知道賣淫在十五年前在新加坡就是合法的，我妻子曾陪同一些中國官員參觀過國營妓院，學習新加坡政府是如何管理性工作者的。不過，這個地方似乎已經成為官方和非官方性交易的熱土。我回到自己的旅館房間，繼續重新評價早先對新加坡的認識。

在過去十五年中，國家的強制手腕稍微鬆動了一些。強制服兵役的時間從兩年半縮減到兩年。讓新加坡成為笑柄的法律，如禁止出售口香糖已經放鬆或取消（技術解決了部分問題，如發明了自動沖洗的小便池，不再需要找人沖洗廁所了）。公平地說，從前有關新加坡的雙關語「它是個好城市（罰款的）」已經過時。政府不再連續派出宣傳家去宣揚其工作做得有多好，相反是通過行動（如讓新加坡走出一九九七年亞洲金融危機和二〇〇八年後期全球性金融危機的有效措施）來證明。藝術領域更加充滿活力，有關新加坡社會和政治的諷刺性電影和文學作品即便不是鼓勵至少可以容忍了。[93] 甚至移民政策也在某種程度上放鬆了，美國商人[94]和其他不完全適合政府的新加坡種族類別者也被給予公民身份。

我的老朋友，曾經是新加坡國立大學憲法學教授的譚凱文邀請我和他家人一起到外面吃飯。他已經讓兩個女兒退學，由他在家裏進行教育。譚凱文在和李光耀本人進行的議會辯論中遭到間接批評，所以職稱評審沒有通過，雖然他的科研成果和教學成績都非常出色。今天，他必須滿足於兼職的教學工作。他寫書論述新加坡政治史中的領導人，擔任一個非政府組織的領導。該非政府組織的名字是新加坡遺產協會，組織過有關歷史的討論，動員保護新加坡的歷史遺跡和建築。他解釋說，愛國主義不僅僅是物質利益，必須有對一個地方的感情依賴，而對歷史和建築的熟悉程度是這個工作的一部分。他的非政府組織不僅僅有新加坡人，許多外國長期居民也是成員。譚凱文提到澳洲前戰俘的案例，他們動員起來阻止拆除樟宜監獄的計劃：澳洲政府也捲入其中，最終雙方達成妥協保護監獄中那些可以追溯到二戰期間的部分。晚餐後，我們參觀了亞洲保險大廈，這是一九五年的建築，在藝術裝飾風格上非常漂亮，曾經是東南亞最高的建築。譚凱文的非政府組織積極行動阻止它被破壞，如今是漂亮的雅詩閣酒店（Ascott Hotel），在原始裝飾之外非常好地結合了現代生活設施。

最重要的是，政府放鬆了對公民社會的控制。或許政府最終承認充滿活力的結社生活是愛國主義的真正秘密。關鍵在於家庭和國家之間中介的協會對愛國主義是必不可少的，因為它們打破了社會孤立，允許人們合作，發現本來可能被忽略的共同利益和價值觀。正如托克維爾指出的，各種協會組織是「大的自由學校」，公民「可以看到自我之外的東西」，[95] 在這裏可以激發政治興趣和鍛煉組織能力。這種協會對抗那些把個人利益凌駕於公共利益之上的傾向，培養人們的公共服務精神和意識。當然，公民社會也呈現惡劣的形式如三K黨，但新加坡政府已經開始保護公民社會的自由特徵。其中一個案例是，在一群福音派基督教徒採取令人懷疑的手段，奪取女權主義非政府組織婦女行動及研究協會的領導權後，政府暗中支持恢復其從前的領袖地位。在另一個案例中，獲得提名的國會議員張黎衍在議會發表煽動性演說，反對針對同性戀聚集去罪化的一個法案，理由是同性戀是「性別認同錯亂」，肛交類似於「往鼻子裏塞麥稈吸管來喝水」。[96] 該法案沒有能通過，但政府很少強行實施針反對同性戀場所的法律。如今，新加坡的同性戀場所是亞洲最具活力的地方。就好像政府承認通過法律手段安撫非常保守的選民一般，同時對不給他人造成傷害的行為睜一隻眼閉一隻眼。

在小吃街和蔡明發進行了更多的交談，他是新加坡最著名的自由派知識分子之一。他說孩子在保守派環境中長大更好，長大後如果願意的話他們可以選擇生活在自由社會中。如果他們在自由派環境中長大，很容易接受諸如毒品和影響學習的活動等誘惑，他們的一生就給毀掉了，即使可以從傷害中走出來，他們也不大可能欣賞生活在保守社會中的美德了。換句話說，他們作為成人的選擇將受到限制。作為一個十六歲男孩的父親（仍然對自己曾經有點墮落的年代的記憶，我總算挺過來了），我同意蔡明發的觀點。我很高興兒子在北京相對保守的環境中長大。我突然想到兒子就是在新加坡被懷上的，作為歐亞混血兒（借用新加坡的說法），他說英語和普通話，特別喜歡高質量的美食，他以後或許非常「合適」在新加坡生活。

我並沒有暗示新加坡已經成為自由社會的意思。政府仍然採取嚴厲措施反對那些破壞社會秩序的人，如美國少年邁克爾•費（Michael Fay）的著名案例，他因為盜竊和故意破壞財物而被判處鞭刑。政府派警察去管理新加坡居民的盆栽植物，以確保它們不會成為滋生蚊子以傳播登革熱的土壤。對擁有少量毒品者必須執行死刑，警察有權讓毒品嫌疑犯進行尿檢。這些措施在新加坡不像在西方國家那樣會引起爭議（如百分之七十九的新加坡人強烈贊同對犯有嚴重罪行的人實施鞭刑）。[97] 這或許反映了在社會秩序和個人自由的兩種競爭性的善之間劃線的不同道德辯護方式。

二〇〇九年九月。我的朋友和前同事徐順全到烏節路的賓館來看我，我們相互擁抱。陪同他來的是他的台灣妻子和三個可愛的孩子，他們似乎對新加坡市中心的熙熙攘攘很興奮（徐順全告訴我他們一家很少到烏節路來）。徐順全是反對派新加坡民主黨的領袖，因為各種政治罪行被關進監獄七次，這些罪行若在西方發達國家可能根本不算什麼。第二天早上他將再次接受審判，很快可能第八次坐牢。他拒絕了我送給他的我最近的一本書，理由是太薄了：他在監獄中每兩個星期只允許帶四本書，書必須很厚，否則他在裏面就沒有可看的東西了）。他曾經是新加坡最有前途的反對派候選人，但是政府反對他的宣傳活動給他造成重大傷害。李光耀家族和人民行動黨其他官員針對他的訴訟讓他破產，因此他既不能離開這個島國（他已經三年沒有出國了）也不能參加下次選舉，但他仍然很樂觀。我問他從個人角度是否對新加坡感到依戀，我覺得自己若被限制離開這個小島，就會認為這是一種懲罰。他說當然，這是他的家啊。他擔心的是愈來愈多的外出移民對過敏性造成的影響，他引用了新加坡學生歡呼對方學校的羽毛球選手的例子，因為他們自己的球隊裏有中國大陸的選手。他說他的鬥爭促進了一些進步，如現在組織在演講角的示威遊行是被允許的。他說網絡沒有政治審查（我自己想這比中國更自由些），熱心的積極分子幫助他維持他的政黨的網站，該網站已經成為新加坡最受歡迎的政黨網站，每個月有超過兩百萬的點擊率。他的書在新加坡兩個書店銷售（同樣比中國更自由）。雖然如此，我仍然不由得感到悲哀。如果在一九九二年我第一次認識他的時候，政府不干涉他，我或許是在同當今的總理交談呢。

新加坡沒有變化的是精英政治。它仍然由人民行動黨壟斷統治，國內電視台和印刷媒體仍然是政府的口舌。是的，新加坡周圍的環境處於危險之中，恐怖分子二〇〇一年襲擊新加坡大使館的陰謀就是必要的提醒，但政府沒有必要臉皮這麼薄，安全考慮也不能為政府動用一切手段打壓國內外批評家的行為辯護。政府不能對那些沒有社會力量的人採取如此不人道的做法，如外國勞工在新加坡的待遇比在香港差多了。[98]

返回北京後，我和妻子交談，她注意到我仍然對新加坡政治耿耿於懷。我們在香港這個相對開放和公民政治環境裏生活了八年，我似乎很少關注香港的政治民主化（實際上，我常常站在反對政治快速民主化的陣營一邊）或關心籠統的香港政治。那麼，關心新加坡是為什麼呢？妻子提出了一個令人不安的觀點：或許偶爾的「大棒」可以提高人們對這個社會的感情。它給予人們一種需要反對的東西，尤其是如果這個大棒是一個相對小的社會的著名領袖給出的話。在像斯德哥爾摩這樣一個和諧的城市，一切運行良好，人們沒有理由對社會的命運感到激動。如果蒙特利爾由李光耀統治，或許我仍然要在那裏爭取改善那裏的狀況。如果新加坡被香港式的不干涉統治者管理，我的具有公共精神的新加坡學界朋友可能會遷居到像墨爾本這樣壓力小的城市，他們可以生活在郊外擁有花園的豪宅中。這就像一個嚴厲的父親管教孩子，他通常都很仁慈，偶爾有些殘忍和不講道理：孩子們可能更依賴這個父親，而不是聽任孩子想做什麼就做什麼的冷漠的父親（承認代理父親）。所以我的結論是：我仍然認為一個社會愈民主，國民的愛國意識就愈強。在本書的背景中，一個城市愈民主，其公民意識就愈強。但我不敢肯定政治現實是否與我的理想吻合。或許斯巴達人像雅典人一樣愛國？

註釋

* 本章英文版原刊於 Daniel A. Bell, "Singapore: The City of Nation Building," *The Spirit of Cities: Why the Identity of a City Matters in a Global Age* (Princeton: Princeton University Press, 2013)，已經由 Copyright Clearance Center, Inc. 轉介，獲得 Princeton University Press 授權重印。中文版原刊於貝淡寧，艾維納•德夏里，吳萬偉譯：《城市的精神》（重慶：重慶出版社，2012）。

1 最近，一本有關新加坡殖民前歷史的書的作者認為，這個現代城市國家不應該被看作歷史反常。相反，自它一九六五年獨立以來，新加坡已經恢復了其作為開放的港口城市的傳統角色，這個角色在第一個千年就在這個地區出現了。請參閱 Derek Heng, Kwa Chong Guan, and Tan Tai Yong, *Singapore: A 700-Year History From Emporium to World City* (Singapore: National Archives of Singapore, 2009).

2 Carl A. Trocki, *Singapore: Wealth, Power, and the Culture of Control* (London: Routledge, 2006), 47.

3 同上註，頁 20，64。

4 "On This Day 1942: Singapore Forced to Surrender," http://news.bbc.co.uk/onthisday/hi/dates/stories/february/15/newsid_3529000/3529447.stm（2007 年 1 月 5 日瀏覽）。

5 根據一項統計，「在這次佔領中，五萬新加坡華人被屠殺」。請參閱 John Keay, "Singapore: The Lion City," in *The Great Cities in History*, ed. John Julius Norwich (London: Thames & Hudson, 2009), 269.

6 在國內安全理事會下，英國也控制了新加坡和馬來西亞的國內安全。

7 請參閱 Tan Siok Sun, *Goh Keng Swee: A Portrait* (Singapore: EDN, 2007), 116–23.

8 Lee Kuan Yew, *The Singapore Story* (Singapore: Prentice Hall, 1994), 9.

9 Goh Keng Swee, *The Economics of Modernization* (Singapore: Asia Pacific Press, 1972), 146–48.

10 D. C. Lau, trans., *Mencius* (Hong Kong: Chinese University Press, 1984), IA.7。筆者對譯文做了修改。

11 Karl Marx and Friedrich Engels, *The German Ideology, in Collected Works* (London: Lawrence and Wishart, 1975–98), 5: 49.

12 Edwin Lee, *Singapore: The Unexpected Nation* (Singapore: Institute of Southeast Asian Studies, 2008), 648.

13 Souchou Yao, *Singapore: The State and the Culture of Excess* (London: Routledge, 2007), 38.

14 Trocki, *Singapore*, 107.

15 請參閱 Tilak Doshi and Peter Coclanis, "The Economic Architect: Goh Keng Swee," in *Lee's Lieutenants: Singapore's Old Guard*, ed. Lam Peng Er and Kevin Y. L. Tan (St. Leonards, Australia: Allen & Unwin, 1999). 在若干關鍵議題上，吳博士和李光耀發生衝突，並最終佔上風。請參閱 Melanie Chew, *Leaders of Singapore* (Singapore: Resource Press, 1996), 142. 在許多觀察家的眼中（尤其是羨慕新加坡模式的外國人），李光耀是思想家。比如，楊賢在影響很大的中文期刊《財經》上撰文指出李光耀是一九七〇年代對世界發生最大影響的亞洲人，沒有注意到新加坡的經濟政策主要是他的「副官」如吳博士等人提出來的。請參閱 Bernard Yeung, "Lingxiu Shijie"（Claiming a Century）, *Caijing, Annual Special*, 2009, 46–51. 在二〇〇八年美國大選前夕採訪李光耀的時候，湯姆•普萊特（Tom Plate）表現出了赤裸裸的英雄崇拜：

問：在即將到來的美國大選中，你有一個更喜歡的候選人嗎？你願意支持誰？我有自己的候選人，但你必須獲得美國公民身份。

李：你的候選人是誰？

問：你！你管理了這個美好的國家這麼長時間。

請參閱 www.asiamedia.ucla.edu/article.asp?parentid=79541（2010年3月21日瀏覽）。

16 Diane K. Mauzy and R. S. Milne, *Singapore's Politics under the People's Action Party* (London: Routledge, 2002), 67, 9.

17 引自 Han Fook Kwang, Warren Fernandez, and Sumiko Tan, *Lee Kuan Yew: The Man and His Ideas* (Singapore: Times Editions, 1998), 109.

18 請參閱 Yao, *Singapore*, 124–25.

19 Trocki, *Singapore*, 179.

20 同上註，頁124。

21 引自 Han, Fernandez, and Tan, *Lee Kuan Yew*, 109.

22 請參閱 Garry Rodan, *The Political Economy of Singapore's Industrialization: National State and International Capital* (Houndsmills: Macmillan, 1989), ch. 3.

23 Trocki, *Singapore*, 160, 176.

24 引自 *Straits Times*, 12 December 1992.

25 Trocki, *Singapore*, 129.

26 引自 Han, Fernandez, and Tan, *Lee Kuan Yew*, 136, 135.

27 引自 Chee Soon Juan, *A Nation Cheated* (Singapore: self-published, 2008), 90.

28 Cherian George, *Singapore: The Air-Conditioned Nation* (Singapore: Landmark Books, 2000), 15.

29 引自 *The International Herald Tribune*, 9-10 November 1991.

30 Cherian George, *Straits Times*, 11 July 1993.

31 Tambyah Siok Kuan, Tan Soo Juan, and Kau Ah Keng, *The Wellbeing of Singaporeans: Values, Lifestyles, Satisfaction and Quality of Life* (Singapore: World Scientific, 2010), 111. See also 97–98.

32 Chee, *A Nation Cheated*, 81; Mauzy and Milne, *Singapore*, 189–90.

33 請參閱 *Singapore*, 651; Michael D. Barr and Zlatko Skrbis, *Constructing Singapore: Elitism, Ethnicity and the Nation-Building Project* (Copenhagen: Nordic Institute of Asian Studies Press, 2008), 267.

34 請參閱 Lee, *Singapore*, 587.

35 引自 Kwok Kian Woon, "The Moral Condition of Democratic Society," *Commentary: The Journal of the National University of Singapore Society* 11, no. 1 (1993), 23.

36 同上註，頁 25.

37 引自 Mauzy and Milne, *Singapore*, 52.

38 引自 Trocki, *Singapore*, 171.

39 Chee, *A Nation Cheated*, 82.

40 同上註，頁 87.

41 同上註，頁 77，98–99.

42 George, Singapore, 207.

43 引自 Lee, *Singapore*, 650.

44 Barr and Skrbis, *Constructing Singapore*, 88.

45 Trocki, *Singapore*, 91.

46 Mauzy and Milne, *Singapore*, 134.

47 同上註，頁 100.

48 Chua Beng Huat, "Communitarianism without Competitive Politics in Singapore," in *Communitarian Politics in Asia, ed. Chua Beng Huat* (London: RoutledgeCurzon, 2004), 90.

49 Barr and Skrbis, *Constructing Singapore*, 98.

50 引自 Christopher Tremewan, *The Political Economy of Social Control in Singapore* (Houndmills: Macmillan / St. Antony's College, 1994), 107–8.

51 Barr and Skrbis, *Constructing Singapore*, 219.

52 Koh Buck Song, *Straits Times*, 11 July 1994.

53 Mauzy and Milne, *Singapore*, 102, 103; Trocki, *Singapore*, 130.

54 引自 Han, Fernandez, and Tan, *Lee Kuan Yew*, 134.

55 Tremewan, *The Political Economy of Social Control in Singapore*, 149; see also Trocki, *Singapore*, 117, 123, 151.

56 Barr and Skrbis, *Constructing Singapore*, 91.

57 引自 Tremewan, *The Political Economy of Social Control in Singapore*, 131.

58 引自 Lee, *Singapore*, 621.

59 Chua, "Communitarianism without Competitive Politics in Singapore," 89.

60 Lily Zubaidah Rahim Ishak, "The Paradox of Ethnic-Based Self-Help Groups," in *Debating Singapore*, ed. Derek da Cunha (Singapore: Institute for Southeast Asian Studies, 1994).

61 Mauzy and Milne, *Singapore*, 113; Barr and Skrbis, *Constructing Singapore*, 51.

62 Barr and Skrbis, *Constructing Singapore*, 87; Trocki, *Singapore*, 153.

63 Chee Soon Juan, *Dare to Change: An Alternative Vision for Singapore* (Singapore: Singapore Democratic Party, 1994), 25.

64 參見 Nathan Gardels, "Interview with Lee Kuan Yew," *New Perspectives Quarterly* 9, no. 1 (winter 1992).

65 引自 Mauzy and Milne, *Singapore*, 51。

66 Samuel Huntington, "American Democracy in Relation to Asia," in *Democracy and Capitalism: Asian and American Perspectives*, ed. Robert Bartley et al. (Singapore: Institute of Southeast Asian Studies, 1993), 28.

67 引自 Yao, *Singapore*, 186.

68 引自 Han, Fernandez, and Tan, *Lee Kuan Yew*, 315.

69 引自 Lee, *Singapore*, 547.

70 引自 Han, Fernandez, and Tan, *Lee Kuan Yew*, 315.

71 Barr and Skrbis, *Constructing Singapore*, 209.

72 Mauzy and Milne, *Singapore*, 46-49; Barr and Skrbis, *Constructing Singapore*, 64.

73 Trocki, *Singapore*, 130。不足為奇的是，這種偏向主要歸功於李光耀的觀點，「雖然學者在經濟進步中仍然是最偉大的角色，但他是這樣的人只是在他使用腦子不僅研究偉大的著作，經典著作和偉大詩歌，而且能抓住和發現新的知識，並親自用在研發、管理和營銷、銀行和金融等眾多需要掌握的新領域中。」引自 Benjamin Wong and Xunming Huang, "Political Legitimacy in Singapore," *Politics and Policy* 38, no. 3 (2010): 529.

74 Barr and Skrbis, *Constructing Singapore*, 192–93.

75 但是，區分政府政策和文化的影響並非總是很容易的。新加坡學校並不允許穆斯林女孩戴頭巾，所以許多家長把姑娘送到穆斯林學校，那裏世俗課程可能稍微弱一些（但是政府迫使穆斯林學校的課程偏離純粹的宗教學校，並取得了一定的成功）。請參閱 Norimitsu Onishi, "In Singapore, a More Progressive Islamic Education," *New York Times*, 23 April, 2009。同樣的，馬來人家長常常把兒子送到主流的學校，因為普遍的願望是培養守在家裏的保守派的女兒，和在資本主義世界闖天下的兒子。

76 同上註，頁 216。

77 Mauzy and Milne, *Singapore*, 55.

78 http://wapedia.mobi/en/Government_of_Singapore_Investment_Corporation. On the lack of transparency of the GIC, see Chee, *A Nation Cheated*, 123–24).

79 Yeo, Singapore, 128.

80 引自 Barr and Skrbis, *Constructing Singapore*, 208.

81 同上註，頁 206。

82 Yeo, Singapore, 131; Chee, *A Nation Cheated*, 90.

83 值得提問的還有為什麼公共官員的高薪不如在香港那樣引起爭議。一個原因是新加坡的工資比較高，另一個原因是香港政府的政策（包括給官員高薪的政策）要受到公眾嚴格的監督（官員通常都遭到媒體的嘲弄辱罵），因此，辯論中出現的任何東西，在公眾眼中就有了更多的合法性。

84 Karl Marx, "Critique of the Gotha Program," in *Karl Marx: Selected Writings*, ed. David McLellan (Oxford: Oxford University Press, 1977), 568–69.

85 政府高官的工資限定在他們在私有領域應該能拿到的相若，雖然公共領域的利益如退休金和社會威望沒有被計算進去。

86 總理李顯龍似乎認識到了這個問題，至少從公共認知的角度看。二〇〇七年，他決定保持現有工資水平五年不變，增加的部分捐給慈善機構。這點「金融犧牲」旨在提高他在新加坡人心中的道德立場，引自 Wong and Huang, "Political Legitimacy in Singapore," 15.

87 引自 Mauzy and Milne, *Singapore*, 61.

88 Barr and Skrbis, *Constructing Singapore*, 117.

89 Yeo, *Singapore*, 148.

90 參見 www.spp.nus.edu.sg/ips/docs/Media/yr2000/Press%20-%20Citizens%20and%20the%20Nation%20(web).pdf

91 二〇一〇年五月，聽說吳博士去世，我感到很傷心。

92 參見 www.goodreads.com/quotes/show/155480

93 參見 www.mrbrownshow.com 和 www.TalkingCock.com 等網站公開嘲諷新加坡政府及其行為。已經出現了一種新的文體，嘲笑新加坡的教育和其他社會生活領域中的怕輸行為（kiasu），比如精彩的新加坡電影《小孩不笨》。

94 新加坡不允許雙重國籍，因此那些擁有其他國家護照的人如果成為新加坡公民，必須放棄外國國籍，但是新加坡的低稅率，要讓人「跳下去」很容易。

95 Alexis de Tocqueville, *Democracy in America* (New York: Doubleday, 1992), 519.

96 完整的演講，請參閱 www.yawningbread.org/apdx_2007/imp-359.htm

97 Mauzy and Milne, *Singapore*, 197.

98 但是，加里•羅丹（Garry Rodan）注意到東盟發起的亞洲政府國際人權委員會，或許會允許新加坡積極分子加入地區人權網絡，給新加坡的移民工人帶來可能的利益。請參閱 Rodan, "Human Rights, Singaporean Style," *Far Eastern Economic Review*, December, 2009.

第十五章

香港：享樂之城

第一次把中國文化介紹給我的人是朋友易偉倫，他當時是香港理工大學政治理論教授。偉倫在哈佛獲得博士學位，在二十世紀最偉大的自由主義哲學家約翰•羅爾斯手下寫博士論文，但偉倫對自由主義感到不滿意，他說你可以擁有適當的政治機構，但同時人們的生活仍然很糟糕。因此，他轉向社群主義，一種激發諸如共同的美好生活和社會責任等價值觀的另外一種政治哲學。我有類似觀點，我們都有在一九八八至一九八九學年在麥基爾大學（McGill University）跟隨社群主義「創立者」查爾斯•泰勒（Charles Taylor）學習的經歷。易偉倫似乎鍾情於家鄉香港。一方面，他是激烈的批評者，嚴厲譴責香港年輕人「膚淺的消費主義」，他們關注時髦的髮型或流行服裝，即使生活在破舊公寓裏，很少能買得起如此「奢侈品」。但是在另一方面，在談到香港風味的粵菜時，偉倫就成了真正的伊壁鳩魯式（Epicurean）的享樂主義者，他不厭其煩地向我介紹蒙特利爾最好的粵菜。和偉倫在一起的時間愈長，我就對香港愈發感到好奇，所以當我回到牛津攻讀博士學位時，就到粵菜館要外賣，以便了解相關的烹調差異。不久以後，我遇見了名叫宋冰的中國研究生，我們相愛了。兩個月後，我打電話給偉倫詢問他是否能幫忙在香港安排婚禮。他似乎覺得吃驚，但是友好地提出願意幫忙。不過，已經沒有必要實施這個計劃了，我們兩個第二年就在牛津結了婚。當然邀請了偉倫，但他沒有參加，送來一套粵菜食譜作為結婚禮物。第二年，他就不幸死於癌症，從此我再也沒有見過他。

物質主義（materialism）這個詞在英語中是貶義詞。用在社會生活中，指人們更多關心物質財富積累而不是「更高的」追求如宗教、文化、政治和哲學。不用說，這樣的聯想意義來自創造和優化語言的受教育階級，像約翰•斯圖亞特•穆勒等理論家譴責「低級的」幸福，說他寧願做一個悲傷的蘇格拉底而不願意做一頭快樂的豬。或許有錢人太容易指責辛勤工作以便獲得生活必需品的工人階級的「物質主義」。如果「物質主義者」為了給孩子或孫子創造更穩定的未來而努力工作會如何呢？如果只工作不玩耍，人們是否更加關心他人生活，而不是成為毛主義者常常說的「反動知識分子」呢？

本章首先描述現代香港的發展歷史。香港從一八四二年到一九九七年是英國殖民地，奇怪的是英國統治常常被認為是相對仁慈的殖民主義，即使英國求助於制度化的種族主義等極其惡劣的做法。這裏有一種重要的解釋，即香港人認為，英國統治之外的其他選擇可能更糟糕：他們看到其他統治者可能破壞香港的經濟繁榮。

殖民地香港成為全球自由企業的代名詞，但現實和意識形態有明顯的偏差。本章的第二部分將解釋香港經濟的一些獨特之處，使得政府能夠維持低稅率的政策。關鍵的解釋不是在福利上降低開支，而是政府從土地銷售中獲得大筆收益的事實。英國政府也推行了一種福利主義，人們部分接受它是因為它呼應了普遍遵從的儒家價值觀。在香港回歸中國後，雖然擔心「共產主義者接管」，政府還是維持和強化了香港式資本主義的主要特徵。

本章的第三部分將顯示香港的物質主義鑲嵌在儒家價值觀中並受其限制，即優先考慮家人和社會而不是個人滿足。資本主義意識形態仍然是區分香港和中國大陸其他城市的自豪感來源，但香港式資本主義並不是建立在自我利益或物質主義基礎上的。

一、殖民主義和發財

就在香港回歸「祖國」之前不久的一九九六年，我非常高興地得到在香港大學講授政治理論的工作。學校的工資是全世界最高的，而且還給了我香港島上能俯瞰大海的漂亮公寓，不過，對此我感到有些尷尬，因為在牛津時的兩個香港朋友，如今是我的同事卻沒有資格享受這種住房福利，因為這房子只給像我這樣低級別的外國人。朋友們不得不為狹小的公寓支付高昂租金，所以在參觀我的公寓後很難掩飾他們的不滿。大學認識到這種殖民地特權是不公平的，也計劃取消這些優惠。其具體辦法就是建造更多房屋，讓每個人都享有得到補貼的大學住房。但在第二年香港經濟就陷入衰退，大學決定降低外國人住房標準以便人人平等。

每個中國人都知道的現代香港的起源令人懷疑。一八三九年，清朝當局拒絕進口鴉片導致中英之間的第一次鴉片戰爭，中國戰敗，在一八四二年把香港島割讓給英國。殖民者對這個新禮物並不十分熱情，佔領香港時的英國外交大臣帕爾默斯頓勳爵（Lord Palmerston）把香港描述為「上面幾乎沒有房子的荒涼小島」，[1] 但香港統治者很快把這個島變成了自由貿易的天堂，鴉片成為其主要交易商品。貿易的豐厚利潤讓英國貿易公司發了大財，如怡和集團、和記黃埔和太古集團。這些公司後來幾十年逐漸控制了香港經濟，這三家公司都擁有主宰香港空中輪廓線的大樓。

一九八八年，我的未婚妻宋冰是第一批享受太古集團獎學金的中國大陸學生。因為再過十年香港即將歸還給中國大陸，太古集團開始與中國大陸政府建立良好關係，這和在回歸前把總部遷出香港的怡和公司不同。如今，太古集團得到豐厚的回報，在大陸有利潤可觀的房地產生意，包括在北京核心區的豪華購物中心。

在一八五六年至一八六〇年之間進行了第二次鴉片戰爭，中國再次失敗。一八六〇年的《北京條約》將鴉片合法化，並且割讓九龍半島給英國。約翰・斯圖亞特・穆勒在其經典著作《論自由》（*On Liberty*）中支持將鴉片合法化，理由是中國人應該有購買毒品的自由。[2] 按照同樣的邏輯，商人威廉•渣甸說毒品「不是罪惡而是中國人的安慰劑。」[3] 同樣沒有討論毒品給染上毒癮者的家人帶來的影響。到了一八八三年，據說香港的十六萬中國男性人口中超過四分之一的人吸食鴉片上癮，中國大陸人口中也有類似的比例。[4] 因為大陸反對鴉片的革命運動，香港的利潤增加，在一九一八年佔據了政府收入的幾乎一半，因此確立了香港經濟相對開放得益於大陸限制的模式。但是英國精英擔心民眾上癮的毒品對美國和歐洲城市的危害，所以慢慢地毒品從香港經濟中退出了。

我到達香港後不久，一個同事開車帶我到香港島的太平山頂。這是沿着蜿蜒曲折的山路的驚人體驗。愈往高處走，房地產就愈高級愈豪華，位於山頂的舊殖民地房屋是世界上最貴的住宅。

二十世紀初期，英國小說家拉迪亞德・吉卜林（Rudyard Kipling）訪問了香港的大班（一家英國公司的頭目），後來寫了殖民地財富的讚歌「如果我死了，我要成為香港的大班（原來是香港開埠時的洋行負責人，現在泛指大公司或銀行的老闆）」。但這是一個種族隔離的社會，外國人享有制度化的特權（他們佔人口的不足百分之五）。在一八七〇年以前，中國體力勞動者如果不拿着燈籠和身份證的話，在晚上是不能到處活動的。允許參觀位於山頂住宅的中國人只有總督授權的那些僕人。甚至吉卜林都意識到未來的問題，他問道「當中國真的蘇醒了，建造從上海到拉薩的鐵路線，開闢另一條帝國黃旗移民輪船航線，而且真正生產和控制自己的槍炮廠和武器庫，會發生什麼事呢？」[5]

> 我在香港大學的辦公室在主樓上，這是仍然位於香港的幾個少數殖民時代建築之一。周末的時候，時裝模特兒和新婚夫婦常常要到那裏拍照。

最近的一本有關香港第一代中國建築師的中文書提到一些有點令人痛苦的內容。一九三〇年代，雖然外國建築師很少，但他們有政治影響力，因此可以很容易得到香港的所有委託業務。[6] 不過，香港許多人似乎對殖民地過去並不感到痛苦。在北京，落入外國列強手中的「百年國恥」歷歷在目，從第一次鴉片戰爭到中國共產黨在一九四九年的勝利，似乎在人們的心裏依然清晰，這幫助解釋了常常令外國人感到困惑的充滿憤怒的民族主義。但是，對殖民主義的憤怒，在香港似乎比較温和。如何解釋這種「例外」呢？西方支持反對清朝的民族主義革命，這在一九一一年中國大陸誕生了新的共和政府，這或許減緩了憤怒情緒。用比較正面的態度描述英國的學校課本或許也有幫助作用，或許香港土地讓征服者更難建造充當提醒殖民統治日常標誌的大戰斧。[7] 但我要指出，其他因素更加重要，首先是某些中國人與英國合作，從殖民統治中獲得巨額經濟利益。

中國是個大國，區域差異相當大，這多與地理有關。法國漢學家白吉爾（Bergere）教授區分了「南中國和北中國。前者面向大海，主要由變革的力量來主導，後者面向大草原，是霸權和中央集權的皇權意識形態的象徵和庇護所」。[8] 修正主義者歷史學家現在認為，即使在英國佔領香港前，開拓進取的南方人就願意與外國列強合作：「東南亞商業和鴉片貿易之間關係的研究，已經發現了證據，挑戰帝國主義侵略的單一方向的傳統觀念。按照這些研究，歐洲商人與中國人的商業往來和合作可以追溯到十八世紀，遠遠早於英國佔領香港。」這種合作或許幫助解釋了英國人最初為什麼關心「荒涼的礁石」：「當清朝海軍被打敗後，英國貿易代表義律說服英國皇室當局，把割讓香港島作為一攬子賠償的一部分。他認為英國王冠有義務保留香港，『作為伸張正義和保護當地人的行動，長時間以來我們一直指望他們的幫助和供應。』」[9] 英國佔領香港後這種合作進一步加強。航海的蜑家

（廣東一帶船上人家）為殖民者提供嚮導，有些人從與英國人合作及鴉片戰爭中發了財。買辦（歐洲商人的中國中間人）成功利用生意和文化中間人的角色贏得新的地位和權力。到了一八五八年，六十五家中國商行（中國人擁有的貿易公司）是英國精英的貿易公司的補充。[10]中國人在鴉片貿易中也開始直接競爭，香港充當了進口到中國的鴉片和出口到加州或澳洲等海外華人社區的貨物集散地。香港當局把當地鴉片壟斷權租給地方貿易商，他們的佣金成為幾十年來政府收入的主要來源。

但是在英國統治下的香港，大部分中國人是貧窮的體力勞動者，中國精英的合作不足以緩和民眾對殖民者的憤怒。明顯的默許英國統治的一個主要解釋是其他管理似乎更糟糕。香港基本上是由大陸逃避迫害而來的移民組成的，香港被看作逃避迫害的自由綠洲和發財之地。第一批湧進來的難民是逃避一八五〇年太平軍的南京屠殺；後來的是反對慈禧太后的改革派知識分子和逃避軍閥血腥混戰的人。[11]

香港歷史上最糟糕的階段是一九四一年到一九四五年日本佔領期間。日本人在一九三〇年代後期佔領了中國南方城市，迫使大批難民湧入香港，使得轄區人口翻一番達到一百六十萬人，其中五十萬人睡在大街上。因為英國人被困在歐洲和其他地方的戰事中無法抽身，根本沒有提供收留中國人和捍衛殖民地的計劃。當日本人入侵時，英國及其盟友迅速潰敗。英國人被拘押在赤柱集中營（香港島南部一個地方，現在是旅遊勝地），他們在本地人眼中失掉了戰無不勝的光環。[12] 日本人將街道和紀念碑等重新命名以抹去英國身份，還接管了太平山頂的殖民地住宅。當地人的生活（尤其是獲得食物）在日本戰敗後變得更加艱難。香港歷史上第一次有大量人口向外移民，在日本入侵至一九四五年投降期間，香港的人口減少了一半以上。日本投降後，英國重新獲得對香港的主權，日本貨物和公司在後來的幾十年裏很難獲得大眾的喜歡。[13]

> 為了研究，我返回香港，詢問一個名叫三聯的中文學術書店，有人告訴我在域多利皇后街：這個女王在中國大陸拍攝的電影《鴉片戰爭》中被描述為説過「我們必須教訓他們一下，讓他們知道什麼是自由貿易」。我注意到香港的幾條主要幹線被命名為前英國總督的名字，甚至在香港中部的人民解放軍基地仍然被當地人稱為威爾斯親王大廈。

在二戰後，英國放棄了大部分種族隔離措施，中國人有了更多的發財機會，因此吸引了大陸數十萬難民。大部分難民是激烈反對共產主義者，他們乘坐搖晃的小船逃離大陸，甚至在鯊魚出沒的水域游泳到達香港這個「黃金鋪滿街道的城市」。從一九四五年到一九五〇年，香港人口達到一百八十萬，到了一九八一年猛漲到五百多萬人，因為大躍進之後的饑荒和文革的瘋狂，大量難民逃離大陸。從經濟上說，大部分有影響力的難民是上海資本家，其中包括香港在一九九七年回歸「祖國」後的首任特區行政長官董建華的父親。他們的資本和專業技術幫助推動了香港的經濟騰飛。

香港發生的大規模抗議英國殖民主義的示威活動出現在一九六七年的文革前期。受到紅衛兵激勵的煽動者引爆炸彈、組織罷工、進行反抗英國帝國主義的示威遊行。但是這些運動壽命很短：大部分香港人對造成五十一人被殺的有組織的混亂感到厭惡。更出人意表的是，中國大陸的共產黨領導人也對抗議者不很熱心：中國總理周恩來本人約束抗議者，因為香港作為受限制的門戶是有用的，能夠讓中國逃避國際制裁。[14] 中國還沒有做好收回香港主權的準備。

簡而言之，英國殖民者不受愛戴，但他們似乎並不像日本侵略者或中國共產黨人那麼糟糕。這種引起反感的對比，幫助解釋了最近香港歷史上相對缺少的殖民地憤怒。即使廣東人對外國人的貶義稱呼「鬼佬」，也逐漸被香港外國人所接受，作為一種自嘲。[15] 一九八二年，香港人熱切地支持福克蘭戰爭，有些人希望英國人未來可能把香港從共產主義者手中拯救出來，[16] 但這是不可能的。戴卓爾夫人要在一九九七年之後控制香港的努力，遭到鄧小平的反駁。把新界租給英國的條約期限是九十九年，到一九九七年到期。英國和中國達成協議，英國在一九九七年把香港歸還給中國，按照著名的「一國兩制」模式確保「從前的資本主義制度和生活方式五十年不變」（《香港基本法》第5條）。在此條件下，中國控制了國防和外交政策，香港可以繼續管理自己的內部事務，就好像它是一個單獨的經濟體。該條約曾經令人擔憂，中國統治將導致政治壓迫，這種擔憂在一九八九年六月四日的天安門抗議活動遭到血腥鎮壓後進一步加劇。這種擔憂導致香港在一九八四年到一九九四年間向外移民的大潮，六十萬香港人移民到加拿大和澳洲等國。[17]

香港人在即將到來的政權交接前，因為中國和英國關係緊張而再次驚慌失措。在英國駐華大使珀西・柯利達（Percy Cradock）爵士管理下，英國確立了與中國合作的政策，理由是香港回歸中國是不可避免的，對抗只能讓中國放開手腳自己幹。柯利達參與了一九八四年《中英聯合聲明》的談判，和一九九〇年有關為香港提供部分民主的直選立法會議席的協議。[18] 但是當彭定康在一九九二年被任命為香港總督後，英國放棄了合作政策，轉而推動香港的更快民主化，無論中國同意與否。彭定康提出了實際上讓幾乎所有工作人口獲得選舉權的改革。意料之中的是，中國開始懷疑這最後一刻的民主轉變。[19] 中國強烈反對彭定康的計劃，把這視為這違反了從前達成的基本法和政治協議。中國政府官員特別惱火的，是他的建議的公開性以及拒絕了他們在他公開之前私下協商的請求。他們明確指出，如果彭定康單方面推行政改的話，他的改革隨後將被推翻，但是他仍然在立法會推動改革。政權交接後，中國果然對彭定康的建議做出反應。他們解散了香港立法會，任命了主要由親中國的商人主導的臨時立法會。但香港人的情緒基本上是積極的，這歸功於欣欣向榮的經濟，股票市場創下新高。

一九九七年七月一日，全世界的目光都集中在香港，這是香港回歸中國的歷史性交接。我們住在薄扶林道一個寬敞的大學公寓裏，前來看熱鬧的還有來自新加坡的幾個從前的學生和一個加拿大朋友，我們一起見證這個歷史時刻。但是在我看來，這是最近歷史上的最大的煞有介事的儀式。我喝酒太多，在午夜煙花表演之前就睡着了。十年後，香港由前公務員曾蔭權擔任行政長官領導政府，弱勢的立法會是混合體，有直選議席，也有根據界別分配的議席，這類似於彭定康之前英國統治下的體制。香港人一直不斷呼籲行政長官直選和立法會全民直選，但這樣的改革被中國政府推遲到最早在2017年進行。

我兒子從一九九九年到二〇〇三年在加拿大人國際學校上學。該校百分之九十以上的學生是香港外出移民在拿到加拿大護照後又返回香港的人的孩子。據統計，每一百名離開香港的人中，有六十人後來又返回香港，而且往往是在獲得雙重居住權之後。[20]

令人欣慰的是，人們對政治壓迫和廣泛的人權侵犯的擔憂被證明是沒有根據的。雖然政治改革遭到拖延，香港仍然是中國最自由的地區。香港的法治是大陸人羨慕的，媒體充滿活力和批判，和平示威遊行像往常一樣進行，大學教授仍然撰寫嚴厲批評現狀的文章，每年都在維多利亞公園舉行紀念六四屠殺遇難者的活動。

或許對一國兩制模式的相對成功本不應該感到吃驚。中國大陸政府有動機儘量不進行政治壓迫，因為它想緩和台灣人對和大陸正式統一的恐懼（雖然一國兩制模式在台灣非常不受人歡迎）。強世功認為一國兩制的觀點，起源於儒家觀點「以德孝治天下」（隱含的意思是君子不應該到遠離家鄉的地方冒險），這論證了「無為而治」的管理偏遠地方的模式。這個模式在清朝時期和毛澤東統治初期曾在西藏實施，強世功認為這個模式還可以在未來用於西藏管理（這與達賴喇嘛的中國管理建議類似）。[21]所以問題不是為什麼中國在回歸後的很多時候克制自己不干涉香港的公民自由，而是為什麼一國兩制模式還沒有出口到香港和澳門之外的地方。

回歸後發生的真正令人驚訝的事，是香港在共產黨人接管後變得更加資本主義了。

二、共產黨國家的資本主義城市

對像我這樣的都市人，世界上最好的風景是香港的空中輪廓線。從九龍看香港島的風景，港口對面的摩天大樓競相展現高度優勢，連同背景中的維多利亞山頂真的令人驚嘆不止。最著名的兩大建築，建築師諾曼•福斯特（Norman Foster）的香港滙豐銀行總部和上海銀行，還有貝聿銘（I. M. Pei）的中國銀行（都出現在香港貨幣上）把附近渺小的政治建築（立法會大樓和前總督府）擠掉了，這似乎象徵着資本凌駕於政治之上。大樓都裝飾着公司的標誌牌，在西方和中國新年慶典時期景象就更加壯觀了，因為大樓都開始亮燈工程（經濟愈好，燈光展示就愈豪華）。在這樣人造的美麗景觀中，誰能反對資本主義呢？[22] 即使「失敗者」也沒有什麼可丟人的。[23] 二〇〇九年四月，我注意到美國國際集團的標誌仍然顯眼地展現在公司的大樓上，不像紐約的公司總部，在那裏，美國國際集團即將破產的恥辱和税款支持的數十億美元的緊急援助，以及公眾因對税款資助的補貼而對管理者的憤怒，都促使美國國際集團取下公司標誌。

殖民地香港成為全球自由企業精神的代名詞，甚至超過列根的美國和戴卓爾夫人的英國，該地區被吹噓為新古典經濟學家喜歡的自由放任經濟的典範。正如米爾頓・弗里德曼（Milton Friedman）指出的，「要看自由市場到底是如何運作的，香港就是需要去的地方」。[24] 這個説法有一定道理。殖民地政府堅決反對把納税人的錢用來補貼無利潤可圖的企業和夕陽產業（或者救助銀行）。香港沒有一般消費税或資本税，香港或許是世界上最容易註冊公司的地方（即使政黨到今天也是作為公司來註冊的）。沒有免税期、關税優惠、反壟斷法，也沒有反競爭法或旨在吸引外國投資者的運輸設施使用特權。沒有公眾養老金、兒童補貼，也沒有最高工時法或失業保險。這些情況在一九九七年回歸中國後依然沒有變化。美國的一家保守派智庫遺產基金會仍然把香港經濟視為世界上最自由的經濟。[25]

香港經濟中最受廣泛讚譽的特徵——令人驚訝的低税率需要做某些背景解釋。國外的自由意志論者羨慕香港的税率，但如果更加仔細地審查「香港制度」就會打擊他們的熱情。[26] 在一九九六年，就在香港回歸前，香港公司的利得税是16.5%，薪俸税最高限額是15%。而且，在香港税法下還有眾多慷慨的個人補貼。事實上香港勞動力中53%的人不需要繳納所得税。低税率（回歸後進一步降低）的主要解釋不是福利開支的降低。一個重要的原因是香港不需要支付國防費用（這是成為主權大國的殖民地和「特別行政區」的好處之一），但是，最關鍵的解釋是政府不需要完全依靠直接稅收作為其收入來源。

我在香港的第一年是值得紀念的。每個周末，我都和妻子孩子到不同的地方如公園、海島或海灘遊玩。香港不是嚴格意義上的城市，百分之四十的土地被隔離起來作為國家公園、娛樂或環境保護，只有百分之十七的土地上建有房屋。[27] 香港的人口密度只有臨近的澳門（隔壁小鎮）的三分之一。[28] 香港都市區是由政府留下來作為開發的土地。

香港政府實際上從土地銷售中獲得其收入的30%，[29] 領土內的土地在法律上屬於政府所有，即李寧衍所說的「社會主義土地所有制」。政府通過出售從七十五年到九百九十九年的長期租賃權給開發商以填補金庫。[30] 土地價格愈高，政府的利潤就愈大。換句話說，維持香港在全世界最高的房產價格對政府是有利的，如果它要維持低稅率政策的話。它通過認真控制待售土地的數量來實現這個目標：如果土地出售過快，房產價值將會降低，政府的收入就要受到影響。當然，是那些買新房的人和從私人領域租房的人為這個政策買單。許多香港人生活在非常狹小的房子裏，支付天文數字的房地產價格的需要，被很多人認為是間接地納稅。

政府的很多土地是以三家房地產開發商競拍的形式出售的：恒基地產、新鴻基地產集團和長江實業集團。這些開發商坐擁大量土地，但他們像靜脈注射一樣，把公寓一點一滴投放到市場上以便維持房產價格的高挺。從一九九二年到一九九六年，三大開發商每年出售的房屋數量在下降，而價格上漲四倍，利潤翻番。與此同時，潛在的新進入市場者，受到作為政府收入基石的巨額土地變更費用成本的限制。自香港回歸後十年，地產大亨在顧問和立法機構中控制的席位已經增加了三倍。[31]

香港回歸並沒有切斷政府和開發商的聯繫。實際上，中國政府在一九八〇年代開始準備接收香港時就與開發商結盟。當時，中國官員不敢肯定當地人是否支持主權回歸，當時作為北京在香港的頭號人物的許家屯在回憶錄中解釋了「世界末日的普遍恐慌。人人都想帶着金錢逃離」（許本人在一九九〇年叛逃到美國）。作為回應，中國採取了與當地資本家合作、給這個地方注資的策略，這個措施被認為是維持香港經濟穩定所需要的。為了贏得大企業老闆的支持，中國政府代表香港公司組織了及時的干預措施。其中一個臭名昭著的例子，是中國銀行幫助挽救董氏航運公司及其公開的分公司東方海外公司免於破產。董氏航運總裁董建華被任命為回歸後香港特區政府首任行政長官。在組建顧問委員會確定後英國時代的香港政策的時候，中國也向曾經的許多敵人伸出援手。比如，權力巨大的籌備委員會成員就包括了香港最富有的二十個人中的幾乎全部。

> 一九九九年，失掉大學住房的權利後，我們在香港島的碧瑤灣租了一套公寓。那裏可以看到大海的風景，但是我無法忍受白天在那裏度過任何時間。我的沉思被大聲的鑽井聲所打斷，當地人巧妙地把香港特區區歌稱為風鑽的噪音。因為從頭開始搞起的數碼港工程，就在我們公寓的下面。最初它是打算成為香港的「矽谷」，政府在真正的矽谷裏的網絡公司股票下跌之後，放棄了這個把它變成高科技園區的計劃。所以整個工程最後成為電信和信息技術大企業——電訊盈科的主席和億萬富翁李嘉誠的兒子李澤楷——的特殊優惠。李澤楷被政府給予特別的機會獲得昂貴的土地，以供開發而無需經過正常的競拍程序。

自香港回歸以來，政府和地產商之間的紐帶沒有被切斷，這應該不是令人吃驚的事。相反，每當開發商的核心利益受到波及的時候，政府就干預經濟。一個被廣泛報道的例子就是一九九八年對股票市場的干預，當時納稅人的千百萬美元資產被用來購買幾個重大藍籌公司的股票，其中大部分與房地產利益有密切關係（香港政府當時受到廣泛的批評，但干預政策成功地穩定了股票市場，為十年後美國政府的干預政策確立一個可學習的模式）。

更加清晰的旨在刺激房地產價格的干預措施，是二〇〇三年終止『居者有其屋計劃』，這是針對中產階級和低收入階級之間的邊緣收入群體的公共房屋計劃之一。這個穩定私有房屋市場價格的嘗試，產生了保護大房產商利益的作用。」[32]

但是誰真的相信資本主義是開放的競爭性的市場，單靠才幹和勤勞就能成為經濟上的成功者？至於受到馬克思主義激勵的中國共產黨人，[33] 他們應該認為資本主義社會中的國家是服務資本家階級利益的工具。「現代的國家政權不過是管理整個資產階級的共同事務的委員會罷了」（卡爾·馬克思《共產黨宣言》〔*The Communist Manifesto*〕）。在這個意義上，共產黨人正如曾經許諾的那樣，忠誠地在香港實行資本主義模式。而且，人們可能預料到大企業與政府攀交情的做法在小地方可能更加肆無忌憚。正如美國著名的社會學家丹尼爾·貝爾（Daniel Bell，與筆者沒有血緣關係）說的，「我總是假設這是我內心潛伏的馬克思主義，當一個小的城市國家擁有了龐大的財富，那是因為寡頭集團與政府之間密不可分的勾結」。[34]

雖然如此，仍然值得爭論的是，香港提供了比新加坡更加平衡的發財之路，在新加坡李氏家族擁有政治權力控制經濟命脈（請參閱新加坡一章）。殖民主義的終結，因為終結了殖民時期明顯的英國利益集團的政治恩主，從而實現了機會平等化。英國大東電報公司在一九九五年前壟斷了當地的電話業務，它的國際通話服務壟斷在香港回歸後就終結了。香港地產大亨陳啟宗説，城市所有公交車都是「世界上任何其他地方都沒有聽説過的一家英國公司製造的」。[35] 當時主要由太古集團控制的國泰航空擁有香港機場的所有降落權。殖民地時期，英國工人自動擁有在香港工作的權利。[36] 英國大企業和政府的衝突就是普遍存在的：「香港銀行主席和英國幾個大公司的老總，都是香港政府最高機關行政會議的成員。他們總是能首先得到政策和重要信息，並很容易地採取行動，而本地中國商人成為二等公民。在企業界，時間就是金錢，你先得到信息，你就贏得勝利。這有什麼公平和清廉可言？」當然，表面的市場和社會機構的開放，所有人都能公平參與的外表，不過是新的中國精英戴的假面。但中國在香港的經濟利益不是單一的：眾多「紅色資本家」競相爭奪在香港的地位和影響力。陳啟宗宣稱：「對比一九九七年之前和之後的情景，人們就會發現香港特區政府（回歸後的香港政府）更多地從企業界退出。」[37]

簡而言之，香港自回歸以後變得更加資本主義了，因為行動場地對中國企業主和經營者更平等，或者對資本家更平等。如果是這樣，這種發展應該被看作對殖民地統治扭曲的一種矯正，是值得渴望的。但香港的「資本主義轉變」也表現出更黑暗的一面：回歸以來，社會福利權利遭到持續削弱，貧富差距迅速擴大。

我在蒙特利爾卑微的中產階級家庭長大，從來沒有夢想過自己家裏會僱傭家庭保姆，但是在我前往香港後就發生了這種事。沒有國家資助的日託中心，大部分中產階級家庭或專業人士家庭都僱傭外國保姆幫助照看孩子做家務：二〇〇八年，在香港工作的外國保姆超過二十五萬一千人，[38]她們主要來自印尼和菲律賓（殖民地時代的一個遺產）。我們僱傭了一個保姆住在家裏照看小孩。在香港回歸中國後，該地區待遇最低的工人，保姆的最低工資被香港政府砍掉一半，作為對政黨和僱主利益團體壓力的反應。但是妻子和我都有穩定的工作，我們能夠負擔起「殖民時代」的保姆工資，但很多香港人因為經濟困難而降低了保姆工資。

香港社會福利體制中最特別的部分是一九五三年開始的房屋政策，起因是石硤尾寮屋區大火使五萬三千人無家可歸。政府重建社區時為火災受害者提供房屋。[39]政府補貼的房屋被擁有社會黨背景的外交官、派往殖民地當總督的麥理浩急劇擴大。[40]在一九七二年擔任總督一年後，麥理浩爵士開始了旨在為一百八十萬仍然生活在擅自搭建的房屋或臨時房屋的人，提供永久性公共租賃房屋的住房計劃。幸運的是，那是香港經濟起飛的開始，政府有很多錢，雖然一九七〇年代中期的經濟衰退阻礙了旨在獲得公平和關愛的社會計劃。到了回歸時，香港房屋委員會是世界上最大的地主。超過三百萬香港人或者人口中的百分之五十二生活在政府補貼的房屋內，主要是從房屋當局那裏租賃的公寓（租金是市場水平的五分之一），其餘人購買各種家庭所有權項目提供的各種補貼的公寓，價格只是私有市場的將近一半。

> 作為加拿大人，我總是為我們的醫療保健制度而自豪，這是美國公民只能夢想的全部公民公費醫療。不過，我們仍然需要按市場價格支付醫生所開藥品的費用。讓我吃驚的是，在香港，不僅醫療保健幾乎是免費的，而且處方藥也都得到很多補貼。

除了公共房屋外，香港也有西歐福利國家的若干標準特徵。香港有非常好的公共醫療保健制度，政府支付百分之九十七的費用（私立醫院基本上無法生存，因為不能競爭）。香港擁有低廉和高效的公共交通體系，幾乎覆蓋了轄區的每個角落（公交車和地鐵從技術上說是私有的，但政府在大部分公交公司擁有相當資產，有權力通過給予專營權和壟斷線路而決定公司的成功或失敗）。而且，向新轎車徵收百分之一百的稅的做法，強烈刺激人們使用公共交通工具。中小學的教育大部分是免費或補貼很多的，轄區八大高校幾乎全部是從公共金庫中獲得資金。政府為弱勢群體如老人和殘疾人提供基本補貼，為個人和家庭提供調查後的援助，提高他們的收入以滿足基本需要和特殊需要（包括眼鏡和假牙）。殖民地時代香港甚至提供某些「具有中國特色的」福利援助：根據儒家的孝心傳統，納稅人因為照看家中老人而得到補貼。

殖民地政府的最後六年，福利開支以每年遞增百分之十的速度（扣除通貨膨脹後的實際速度）增加，政府在環境方面的開支增加了百分之六十，讓許多企業家擔心香港要走向福利國家的道路。實際上，香港已經在福利上開支很大了：在一九九五至九六年，香港政府把公共開支的百分之四十七用在社會服務上，超過新加坡和台灣，只是比英國稍微少一點。[41]

但是這些福利成就被中共及其香港企業界盟友給破壞了。在即將回歸時期，中共堅決反對香港的社會和經濟權利擴張。即將下台的立法會的最後一批法案之一，是通過五項大幅度提高香港工人權利的法案，包括給予工會使用集體討價還價手段與僱主談判工資的權利，另一個法律保護工人被不公平地辭退或剝奪參加工會活動的權利。這些法律馬上遭到香港工業總會主席唐英年的譴責，他認為這是危險的。後來他被任命為董建華的政務司長。回歸後，除了兩個相對不重要的法律，增加職業病失聰受害者的賠償金和五一作為法定假日的法律外，北京任命的臨時立法會投票擱置這些法律。

中國人對英國意圖的懷疑或許發揮了作用：香港政府提出的新福利計劃被看作是英國陰謀的一部分，旨在花光香港的資金儲備，讓該地方陷入巨額債務負擔的麻煩。但回歸後的政府，實際上擁有巨額現金（財政盈餘超過四百六十億美元，二〇一〇年的盈餘預計達到一百八十億美元），某些反對或許是出於政治方面的考慮。很多增加福利開支的推動力量，是來自反對中國統治的親民主黨派，中共反福利主義的主要解釋應該是它與香港企業界的戰略結盟。

回歸以後，社會福利因為經濟條件惡化而進一步遭到削弱。香港遭遇了三次重大的經濟危機，是東亞在一九九七年到二〇〇七年中經濟表現最糟糕的地方。[42] 即使對於一個習慣於資本主義「創造性破壞」的地方（包括一九七三年恒生指數的單日跌幅從一千七百點下跌到四百五十點），「經濟奇跡」的明顯崩潰仍然令人驚訝。這很容易讓人把失敗歸咎於共產黨中國的「接收」，正如美國參議員阿爾弗斯・德阿瑪托（Alfonse D'Amato）說的，香港的霉運實際上根源於一九八四年的《中英聯合聲明》，規定了每年出租土地五十英畝。宋恩榮解釋說，「這個條款是中國加上去的，企圖預先阻止即將離任的殖民地政府可能大量出租過量的土地，使得一九九七後的香港特區政府不剩下多少土地。添加這個條款是要確保政權平穩過渡。具有諷刺意味的是，它導致了巨大的房地產泡沫，這其實成為香港回歸最具破壞性的因素。」[43] 這個泡沫在一九九七年末期亞洲金融危機襲來的時候破滅，其實不管是誰執政，泡沫肯定是要破裂的。

我來香港前，總是讀完政治新聞和體育新聞後就把報紙扔掉了。但是，現在我的愛好發生了變化。一方面，因為香港的學界朋友花費大量時間討論房地產和股票市場。很明顯的是，那些試圖了解香港政治的人，必須開始閱讀財經新聞。一九九八年初，我是股票市場的熱切追隨者，空餘時間在辦公室電腦裏跟蹤恒生指數的漲跌。最後，在一九九八年二月，我認定市場對悲觀主義反應過度，我投資了三萬美元購買了一些股票。在一個月的時間裏我賺了一萬四千美元，我對預測了市場的底部感到很自豪。我告訴朋友們説嚴肅的投資者如果了解經濟學的基本常識、摸透人的心理、了解國際政治的話，應該可以賺錢。最後，我賺的錢又全部賠進去（還不止）。移居北京後，我就很少閱讀財經新聞了，讓妻子負責家庭財務。

在亞洲金融危機初期區域貨幣崩潰之後，貨幣投機者開始攻擊港元。但香港政府承受不起港幣貶值的代價，港幣和美元掛鉤已經十四年了，這種綁定做法成為穩定的重要基礎。取消綁定匯率將破壞香港政府的信譽（在一再保證綁定是「神聖的」），並導致大規模的資本出逃。而政府若捍衛這個貨幣，將會付出沉重的代價。香港花了所儲備的數十億美元阻擊投機者，把利率提高到驚人的高度來保護港元的價值。高利率消滅了香港的房地產業，因為香港投資房地產的十家上市公司中七家的股票下跌。香港經濟連續五個季度負增長，一九九九至二〇〇〇年技術泡沫催生的短暫經濟增長後，出現了第二波的衰退。

香港在經濟衰退時也經歷了其他艱難。凱恩斯（Keynesian）經濟學可能提出增加開支刺激經濟的處方，為窮人提供更多社會福利，但香港政府採取了相反的政策：它收緊開支，包括三口和四口之家福利分別削減 10% 和 20%，迫使兩萬多失業者做社區工作，否則將失掉福利。[44] 但是，對企業界，政府通過削減利得稅 16% 而增加一些對他們有利的條件。這些措施在香港得到財界親企業的保守派意識形態的支持。管理層喜歡預算平衡，這個意識形態體現在香港小憲法香港基本法第 107 款。但政府幾年來一直都有預算赤字，主要是因為收入尤其是土地銷售收入大幅度下降。[45] 並不意外的是，衡量收入不平等的堅尼系數從一九九六年的 0.518 上漲到二〇〇一年的 0.525，使香港排在南美和非洲十六個發展中國家之後。[46] 二〇一〇年，聯合國發展項目報告說香港是該項目研究的三十八個「高度發達」經濟體中貧富差距最大的地方。更令人警惕的統計數據是，30% 的香港人現在掙的錢比一九九六年還少（雖然在此期間 GDP 增加了 34%），有將近 20% 的人生活在貧困線以下，包括三分之一香港老人。[47] 陳銘楷總結了經濟衰退給不同社會群體造成的影響：「回歸後的第一個十年，雖然許多中產階級變成了擁有負資產的房產所有者，工人階級承受了工資降低和失業的痛苦，弱勢群體遭受因為預算赤字而導致的福利優惠和公共救助的大幅度減少。但是，大亨主導的經濟上層梯隊，卻成功地大幅度增長，這部分歸功於房地產開發投資的高額回報率，和在中國大陸的其他利潤豐厚的經營。」[48]

> 回歸後不久，香港政府宣佈了在接下來三年裏削減高等教育資金百分之十，此後再削減百分之十。到了二〇〇三年，我們系的會議主要是關於如何削減開支以及誰將丟掉工作。在二月，我不得不趕快飛回蒙特利爾，因為父親從來沒有正確診斷出來的呼吸疾病突然急劇惡化，他已經不能呼吸了。他於三月八日去世。等到我返回香港後，被告知我的工資被扣除了一萬元（港幣）。大學沒有為僱員提供帶薪的奔喪假期福利。三月十一日，香港爆發了神秘的呼吸道疾病，該地區很快成為沙士流行病的中心。很少人敢於不戴口罩外出，附近的大樓就有人奄奄一息。我自言自語說，沙士殺人的速度比父親患的呼吸疾病的殺人速度更快。在後來的四個月裏，沙士讓香港一千七百五十個人受到感染，造成二百九十九人死亡。

失業率從一九九七年的 2.2% 增加到二〇〇三年的 8.3%，這是自一九八一年以來的最高值，房屋價格在沙士爆發的黑暗日子裏降到歷史上的低點。但這種疾病傳播的終結像其開始一樣非常突然，香港出現了另一個經濟復蘇，這受益於美元走弱和中國中央政府刺激香港經濟的各種措施，如開放大陸人到港旅遊。到了二〇〇七年五月，香港的股票價格創造了新記錄，飯店生意興隆，失業率下降到3%，房地產價格恢復到一九九七年的水平，似乎香港已經最終恢復了作為「龍經濟」的地位。不過，好日子沒有持續多久，香港很快就遭到美國二〇〇八年房產泡沫破裂引發的危機的衝擊。由於香港對金融業和服務業的依賴性，它是自一九三〇年代以來最嚴重的全球金融危機打擊最重的地方。[49]

二〇〇九年四月，香港特區行政長官曾蔭權説城市經濟面臨二戰以來最大的挑戰。它會如何應對這個挑戰呢？政府能避免進一步削減社會福利嗎？即使窮人的公共房屋也不再是理所當然的了。公共房屋開支在政府總開支中的比例從一九九九至二〇〇〇年度的3.68%降低為二〇〇四至二〇〇五年度的1.52%，政府退縮到「非常狹隘和更多限制的防守政策中，以便為私有企業騰出空間。這種變化實際上不過是政府在房屋方面的責任殘餘而已」。[50] 香港弱勢群體能夠應付這個苦難嗎？人們可能預料社會被分裂成兩部分，經濟上的「失敗者」淪落街頭，知識分子不得不質疑維持作為「生活方式」的資本主義的大問題。

二〇〇九年四月六日。從金鐘地鐵站出來，發現我的道路被一群抗議工資遭到削減的保姆攔住了。一個大學教授帶領他們喊口號和歡呼，他寫了保護保姆權益的宣傳單。幾分鐘後，在香港上海滙豐銀行大廈前，我看到中產階級示威者抗議銀行使其資產遭受重大損失的賭博行為。警察封鎖了街道幾分鐘，但行人似乎對抗議者熟視無睹，我似乎是唯一關注的人。那天晚上，我和老朋友一起吃飯。他剛剛在似乎被看作最糟糕的時間開辦了風險投資賬戶，但他很樂觀，期待危機會很快過去。房地產價格沒有像在一九九七年那樣狂跌，銀行都很好地實現了資本化（香港的抵押貸款規定比其他許多部門更嚴格，如抵押貸款不得超過房產價值的百分之七十），[51] 低稅率仍然是香港的一大優勢。他妻子批評政府提供小額的為期一年的資金幫助大學生應對經濟衰退（我剛剛從丹麥返回，那裏學生舉行罷課，因為政府提議把針對所有年輕人的每人每月一千美元的補貼從六年縮減為四年）。

最近的一次調查發現，香港人比英國人擁有更持久的反福利態度。比如，大多數人反對失業保險，除非領取者在積極尋找工作。調查發現香港人擁有自力更生和強烈的職業道德等儒家觀念。[52] 甚至連香港的進步知識分子都懷疑人們「天生」擁有從國家獲得福利的權利觀念。陳文提出了建立在優先把家庭作為好生活關鍵的儒家觀念基礎上的社會福利模式。福利責任首先在家庭，當地社區是第二級的幫助者，國家扮演最後一招的角色，為那些不能自立的或沒有成年人照顧的人提供直接幫助。[53] 楊貝蒂（Betty Yung）認為儒家社會正義理想涉及到私有財產市場經濟，但政府控制土地分配，尤其是在災難來臨的時候，需提供政府救濟減輕人們的痛苦。[54] 殖民地時代社會福利政策有更加持久的一面，如為自然災害的受害者提供公共房屋就非常有效，因為它們符合這樣的觀念。[55] 在後回歸時代，房屋私有化和取消公屋租賃繼承權和檢驗房屋補貼等其他政策，或許也「符合中國人理解的正義概念和精神」。[56] 所以，不考慮家庭和社會情況，讓人人獲得免費服務，推動政府應該為人們提供基本需要的理想或許是個錯誤。考慮到北歐國家獨特的歷史和文化，這種理想或許適合他們，但是不一定適合香港。麥理浩或許是香港最有愛心的總督，但他仍然位於歷史的錯誤一方。不是香港人不關心窮人，他們只是不相信國家福利總是或常常是保護他們利益的好辦法。過多的國家福利破壞經濟發展，其實也存在其他方法保護窮人的利益，如使用普遍尊重的家庭和社會關係（並不造成破壞）。在這個意義上，香港自回歸中國共產主義者以後，「資本主義制度和生活方式」的加深或許與香港人的主流精神一致。

回歸以來，人們像乘坐過山車一樣變得更加不知所措和失去自信，為什麼要這麼擔憂資本主義的盛衰榮辱呢？[57] 香港主要是從中國大陸逃脫混亂尋找好生活的移民組成的，他們不願意在看到經濟衰退的跡象後就認輸。是的，製造業已經幾乎全部轉移到廣東省（那裏勞動力和土地更低廉），與快速現代化的上海和深圳相比，香港或許失掉了比較優勢。[58] 但香港有一個給予它獨特優勢的因素：資本主義制度和生活方式。正如香港政府最近的報告指出「香港以其適應性強的勤勞精神而聞名，將努力把危機變成機會」。[59] 但誰能保證「勤勞精神」會永遠存在呢？

三、沒有享樂主義的物質主義

走在旺角的街上，我感到壓抑。街上擠滿了人，但基本上看不到笑臉。[60] 人們腳步匆匆，一邊大聲地打電話，無論在街道市場上還是在小店裏，人人都在忙着做自己的事。高樓上的老年人在頂樓上晾曬衣服。閃爍的霓虹燈標誌牌凸出來指向各個方向（漢字可以橫寫也可以豎寫，商人充分利用語言的多樣性），空調滴水灑在路人身上，雙層公交車差一點撞上路人（他在交通燈還沒有變綠時就快速跑過馬路）。我又累又熱，拐進一家餐館休息。餐館位於混合使用的樓房三樓，我進入電梯後馬上按關門鍵，這是我在香港養成的習慣（相反，在蒙特利爾就隨意多了，因為許多電梯根本就沒有關門鍵。）

旺角（位於九龍，是香港的大陸部分）是世界上人口最稠密的地方，每平方公里有十三萬居民，[61]還不包括非法移民及大批外地遊客。從客觀標準衡量，它應該是多數好生活的底層。最近的研究顯示，對一個城市愈來愈多的「認知負擔」會造成人們注意力和記憶力的喪失，嚴重影響人們的情緒，甚至干擾人們的自控能力。在最近的一項研究中，那些曾經在密歇根州安娜堡市鬧市區街道走過的人，情緒變得糟糕，在涉及重複一系列看過的數字的測試中的分數比在植物園散步的人的分數更低。[62]

> 香港大學一管理部門的朋友剛剛從澳洲度假回來。我問她假期過得如何。她說過得很開心，不過回來還是很高興，她解釋說澳洲「太空曠了。」

但是，在香港似乎起作用。在街道層次上，破碎的和不連貫的形式背後有一種秩序：施培德（Peter Cookson Smith）注意到的「結構性動盪」是「香港街景的有趣描述」。[63]一方面，該市以犯罪率低而著稱：即使在被認為香港黑幫活動中心之一的旺角，單身婦女晚上一個人行走也是安全的。酗酒和吸毒的事很稀少。香港人的預期壽命是世界第六高：男人七十九歲，女人八十五歲。[64]香港人不是尋求逃避都市文化，而是常常在移居國外後尋找再創造這種文化。紐約和多倫多等城市的唐人街非常類似香港街道的熱鬧環境，可能在高度管理下的都市環境之內。

香港最高的建築是作為金融機構所在地的八十八層的國際金融中心二期。[65] 據公司網站説，該大樓「頂端是個雕塑皇冠，慶祝塔頂直插天空的高度」。[66] 但是和我交談的每個香港人都説，它應該看起來像抓錢的一隻手。

香港的「結構性動盪」的秘密並不神秘。人人都在忙着做一件事：賺錢。人們努力工作賺錢，人口稠密的都市環境讓交流和生意更容易。[67] 是的，擁擠的生活環境反映了政策決策以及在多山地方的建築的局限性。不過，它也反映了許多人最關心的事：誰願意把時間浪費在從郊區到工作場所的旅途上？

小時候在蒙特利爾，我渴望去看望有錢的祖父母。他們經營一家童裝廠，廠名就是以作為設計師的祖母的名字命名。我喜歡和他們在一起，也喜歡到豪華的餐館吃飯。但是爺爺的轎車總是讓我尷尬。他來接我時總是開着昂貴的林肯大陸轎車或者奢華的白色卡迪拉克轎車。在從我們街區出來時，我不得不假裝肚子不舒服，彎下腰來，這樣我的工人階級和移民後代朋友就看不見我坐在車裏。二十五年後，香港一個學界朋友提出願意把他的寶馬車賣給我。雖然有十四年了，但看起來仍然非常引人注目。我從來沒有想過自己擁有一輛寶馬車，周圍人似乎都有一輛梅賽德斯-奔馳或者寶馬。我愉快地買了下來。

一個著名的香港故事是一個有錢人把他的勞斯萊斯轎車停在最貧窮的街區，馬上就有一群羨慕的人圍上來（在美國城市的窮人區，故事可能是這輛車被故意砸壞）。當然，故事的寓意是香港對富人沒有多少怨恨。人人都努力工作，人與人之間的差別不是那麼明顯（香港的億萬富翁很少因為能力而受到稱讚），成功者不過比多數人更幸運而已。為什麼要對幸運者感到仇恨呢？這就像仇恨香港馬會的獲獎者一樣沒有道理。或許有點羨慕，但不是仇恨，當然更沒有到傷害獲勝者的程度。下一次或者下一代，就輪到其他人獲勝了。[68]

我家曾被香港最著名的企業律師之一邀請參加香港賽馬俱樂部的午宴。雖然主人家多年前就聘用我妻子在其律師事務所工作，但談話沒有涉及工作。我們吃了一頓美味可口的點心，把每一道食品都吃光，因為女主人解釋她從來不在盤中留下任何東西（相反，我想起一個有錢的美國朋友告訴我，他總是留下一些食物，以便提醒自己他不是因為餓才吃東西的）。她注意到香港從來沒有實行貴族制度，這或許幫助解釋了缺乏高雅文化和更平等的職業道德。主人家擔心新一代香港人失掉了為香港生活方式提供動力的職業道德和奮鬥精神（我十四歲的兒子回答說，你們一代應該為破壞環境和造成全球氣候變暖而受到批評。）

香港有一個著名的統計數字，人均擁有的勞斯萊斯轎車比任何別的城市都多。這說明了香港職業道德的什麼呢？香港人應該努力工作而不是努力遊玩，那麼為什麼花錢購買名牌商品和奢侈品呢？這是否意味着香港人失掉了促使香港在經濟上取得成功的動力呢？他們變成喜歡享樂而不是工作的享樂主義者了？

香港人喜歡豪華轎車的理由之一是他們的公寓太小。他們必須通過其他方式炫耀財富，如購買高檔轎車。這並不意味着他們是放縱的享樂主義者。實際上，炫耀財富的整個思想更多是考慮他人的，目的是向別人顯示自己很快樂而不是自己去感受那種快樂，除非這種快樂也能影響別人的想法。[69] 而且，香港人消費並不是大手大腳，個人儲蓄率仍然很高，政府的資金儲備位居世界前列。就好像香港人僅僅花錢讓資本主義車輪轉起來就行，僅此而已。

雖然如此，情況確實發生了變化。偉大的伊斯蘭思想家伊本・卡爾敦（Ibn Khaldun, 1332–1406）提出了一個解釋朝代衰落的理論，或許可以用來預示香港的未來。按照卡爾敦的說法，讓個人為部落獻身的 asabiyah（群體感情）和部落忠誠是政治力量的關鍵。對部落的感情愈強，部落的戰鬥力就愈強，能夠戰無不勝。「眾所周知，沙漠生活無疑是凶悍的群體比他人更凶猛的原因。他們更容易獲得優越地位，掠奪其他國家手中的東西。」[70] 但是，慢慢地遊牧部落的征服者屈服於奢華城市生活的誘惑，這就是其命運終結的開始了。曾經凶悍的遊牧部落在外來者面前變成了柔軟的、虛弱的、温順的群體，這個朝代最終被更強大群體感情武裝起來的新部落征服。就香港來説，來自中國大陸的凶悍遊牧部落已經在消亡。隨着移民經驗從集體記憶中消失，它不再擁有同樣的強大動機。老年人擔心下一代香港人或許屈服於奢侈都市生活的誘惑。但把香港人團結起來的群體感情，到底是在削弱還是在增強呢？

清明節或掃墓節自英國殖民地時代以來，一直是香港的法定公眾假期（這種節日在大陸曾經被共產黨壓制過，二〇〇八年後作為公眾假期又恢復了）。讓我吃驚的是，人們都真的非常重視。我曾經在薄扶林道的家附近的公墓看到在假日期間擠滿了掃墓者，街道上擠滿了燒紙錢的人，還有人在燒用紙做的各種東西如轎車手機等，為了讓另一個世界的先人使用。

當然，中國風格的群體感情是以家庭為中心的。新加坡前總理李光耀説得好：「中國歷史是王朝興衰的歷史，是社會盛衰的歷史。在所有這些動盪中，家族、部落提供了讓個人生存下來的筏子。文明衰落了，朝代被征服者掃蕩了，但這個生命的筏子能夠讓文明延續下去進入下一個階段。家庭和人際關係構成的方式確實增加了成員生存的機會。這是在許多不同情景下被驗證了幾千年的東西。」[71]

只要家庭穩定，族群就能生存。就香港來說，認為人們是個人主義者並不準確。典型的是，他們努力工作不是為了個人自我實現。他們努力工作是為了家人祖先和延續家族血脈的子孫後代。[72]但是，問題在於香港現在是世界上出生率最低的地方：二〇〇九年適齡婦女生育率是0.742，遠遠低於標準替代率水平的2.1。[73]在這樣的趨勢下，據估計到了二〇三三年，26.8%的香港人口將是六十五歲以上的老人，而二〇〇五年這個比例只有12.1%。不過，根據出生率來預測是錯誤的。首先，在需要的時候，香港政府可以很容易地向大陸開放移民大門來提高生產工人的比例。其次，統計數字本身是令人懷疑的。香港邊界那邊存在着香港商人支持的「二奶村」。雖然有人質疑，目的不僅僅是在一夫一妻制嚴格婚姻之外滿足性需要（可以通過在香港合法的賣淫來實現），而是增加家族代代相傳的機會。

二〇〇九年四月。與妻兒一起，我們拜會了最初來自台灣的香港長期居民，我們的老朋友朱爾。她撰寫洞察力深刻的香港文化和美食的文章。從前朱爾做一桌豐盛的宴席需要提前幾天做準備。這次，我們決定在喧囂的灣仔區一家開在大廈三樓的杭州餐館吃飯。這是自二戰以來香港最糟糕的鬧市區的核心，餐館裏擠滿了人。電梯實際上就是開在餐館裏的；沒有空間可以浪費作為大廳或走道的無聊空間。老闆跟我們打招呼，他自豪地給我們介紹他的美食，並區分了吃飽和吃好兩類人。我想起來伊壁鳩魯派（Epicureans）和享樂主義者的區分，前者是過着禁欲的生活，以便追求社會背景中更高的善（比如朋友間的交流或者美味高級菜餚），後者則僅僅滿足於口腹之樂。在餐桌上，我問朱爾香港人最獨特的地方在哪裏？她說是共同生活的高度地方化本質。人們很少到處走動，他們呆在一個地方，與周圍的人結成豐富的紐帶。我妻子說香港的出租車也是這樣的，九龍的出租車司機若被告知要到香港島的話，似乎感到很恐慌，反過來也一樣。

根據儒家倫理學，道德並不終結於家庭。正相反：道德是在家庭中學習，然後擴展到其他社會關係中的。正如《大學》著名的開頭一段所説「家齊而後國治，國治而後天下平」。對人的關心從親人推廣到他人，從家人推廣到社區生活的其他人，最後推廣到整個世界，雖然離家庭愈遠，愛的強度就愈弱。

> 我們的兒子朱利安八歲前的大部分時間是在香港度過的，對他來説，香港就是家。放假的時候他常常要求我們允許他返回香港。過去幾年，我們送他單獨乘飛機去那裏。在香港，他和表哥萊恩住在一起。

自回歸以來，香港人似乎把紐帶擴展到家庭以外進入到社區了。他們表現出在過去所缺乏的真誠的公民精神。在二〇〇一年到二〇〇九年，香港人每年從事志願者工作的數量比從前增加了一倍。[74] 在一九九〇年代，香港都市文化觀察家阿克巴・阿巴斯（Ackbar Abbas）認為，「香港戰後人口中的許多人所經歷的暫時性和臨時生活條件的延長階段，連同拆遷和重建不可避免的循環，已經形成了一種文化和社會身份認同，他們沒有根基也沒有對不穩定的過去的懷舊感」。[75] 但是今天，香港有更深刻的根基意識和對過去歷史延續性的關心。[76] 其中的理由包括殖民主義的終結、擁有自己房屋的人口比例增大、人口中受教育者的增多、以及向香港之外移民的人數減少。人們開始捍衛或保護他們的生活方式。自回歸以來，諸如關心港口、清潔空氣、資源保護和氣候變化等環保組織等公民團體欣欣向榮[77]。理想主義的年輕人針對具體議題如威脅新界環境和生活習慣的鐵路計劃等各自開展行動。[78] 熱心市民和非政府組織在得知政府計劃拆除人們喜歡的天星渡輪碼頭巴士總站，以便騰出地方建設連接港口的高架線路後遊行示威，十五萬示威者者集中觀看天星渡輪的最後一次航行。[79] 二〇〇三年，五十萬香港人舉行和平示威抗議提議中的國家安全法，人們擔心這將破壞香港珍視的公民自由（政府屈服被迫收回法案，保安局局長辭職）。[80] 才華出眾的電影導演王家衛表達了對穩定和社會團結的渴望，正如在《重慶森林》中的場景，身着便衣的警察抗議任何東西的失效日期。[81] 最近的建築是對香港遺產愈來愈強烈的身份認同意識的反應（如位於銅鑼灣的中央圖書館結合了東西方建築風格），城市表現出增加的革新趨勢，整修而不是拆除古建築。[82] 中國歷史學家和其他歷史學家都已經努力駁斥「香港在英國佔領之前沒有歷史」的説法。一九二四年英國旅遊指南説「今天，香港整修過的歷史博物館一樓提供了清朝以來該地區地質學形成過程的漫長傳奇和對香港人生活的描述」。[83]

在沙士危機的黑暗日子裏，香港的醫務工作者讓城市感到自豪。在台灣，有廣泛傳播的報道説醫務人員因擔心受到沙士病人的感染而拒絕上班，有些甚至跳窗逃跑。在北京，醫務人員基本上是被禁閉在工作場所。但在香港，醫務人員完全出於職業道德和服務社會的精神堅持工作。似乎沒有人因為死亡恐懼而影響自己的工作，雖然確實有一些醫務人員付出了生命的代價。[84] 危機結束後，我本來以為會有示威遊行或者隆重的感謝儀式的，但什麼也沒有發生。我猜想，人們可能覺得他們只是盡職盡責而已。

唯一真正顯示對社會的承諾的方式，是人們願意為了社區作出犧牲。香港的醫務人員證明了香港人努力工作不僅僅是為自己或者家人。

在香港，紀念一九八九年六月四日北京天安門廣場遇難者的燭光悼念集會自一九九〇年以來每年都舉行。二〇〇九年，我妻子到香港出差，我借此機會把孩子從學校帶出來送他到香港參加這次燭光集會。那天晚上，我打電話給兒子，他說離得太遠根本看不見什麼，人群比預先設想的更多。但他說祈禱儀式令人感動。成千上萬的人（組織者說有十五萬人）聚集在那裏紀念屠殺二十周年，是一九九〇年以來規模最大的一次。許多家庭都是帶着孩子一同參加。

一九八九年六月五日，百萬香港人掀起一場風暴，他們上街遊行抗議中國當局的暴行。他們可能是在表達對自己未來的恐懼，雖然有人也許不同意這個看法。但二十年後，香港的公民自由相對安全，香港人在一九八九年的最大恐懼被證明有點過分了。那麼，二〇〇九年六月四日，為什麼有這麼多人上街遊行呢？我猜想，主要原因是鼓勵其他中國人採取更加人性化的管理模式，開始為二十年前犯下的罪行正式道歉。這不僅僅是對香港人好，也是對整個國家好。二〇〇八年五月，四川地震後香港善心的大爆發也說明香港人已經擴展了與全體中國人的感情紐帶。香港每個明星都參加了籌款賑災音樂會，普通民眾似乎都對這次悲劇感到真正的震驚。對整個世界的關心呢（如果使用儒家的術語就是天下）？懷疑論者或者指出香港對四川地震前幾天造成至少兩倍多傷亡的緬甸龍捲風相對淡漠的反應，但是道德關懷的區域或許在擴大。二〇〇九年，亞洲各地餐館組織參加給東帝汶兒童食品的慈善活動，香港是餐館參加數量最多的地方。[85] 香港大學舉辦了成功的項目，派學生前往泰國邊境難民營中給緬甸兒童講授英語。[86]

> 我們應邀參加香港鄉村俱樂部的特別午宴，邀請者是張健利夫婦。張健利（Denis Cheng）是香港著名的大律師之一，正忙於涉及香港最富有的人之一龔如心的遺產繼承糾紛案。據說龔如心雖然個人非常節儉，但立下遺囑，實際上把她的幾乎全部遺產捐贈給慈善事業。這個遺囑受到一個怪異者，名叫陳振聰的風水師兼情人的質疑。他給孩子起了英文名叫陳財富（Wealthee Chan）。送到我們賓館裏的報紙上刊登了這個案件的報道。整個香港似乎都在稱讚張健利，他是王太太的代理人。[87] 張健利告訴我們香港是為慈善籌款的最好地方之一，它已經愈來愈成為慈善活動的中心。[88]

偉倫兄，如果你還活着，我還想繼續與你辯論。或許，你應該用更加善意的眼光看待自己的家鄉，而不是跑到蒙特利爾研究社群主義。不錯，香港人熱衷物質主義，但他們為什麼關心金錢呢？畢竟，他們似乎不像其他城市的人那樣會享受。部分因為賺錢的渴望與他人有關，如向別人炫耀自己用金錢購買的東西。當然，這不是值得羡慕的特徵。但香港精神中也有道德的一面：人們努力工作為了他人，從家庭成員開始，擴展到所在社區，再到城市、國家、以及全世界。公平地說，從你離開我們以後，這裏情況改善了許多。或許，在你那個時候更難辨別出香港精神背後的道德意義。不過我擔心你不贊同我的觀點，你可能說我把香港浪漫化了，批評我花太多時間和試圖與美化階級結構的有錢人交談。你可能鼓勵我學習粵語以便和當地各階層的人用母語交流（而不是用英語或普通話）。下一輩子，也許。下次到香港，我要做的事就是為你燒一份這篇文章。等到我去那邊的時候，咱們可以在另一個世界繼續辯論。

註釋

* 本章英文版原刊於 Daniel A. Bell, "Hong Kong: The City of Materialism," *The Spirit of Cities: Why the Identity of a City Matters in a Global Age* (Princeton: Princeton University Press, 2013)，已經由 Copyright Clearance Center, Inc. 轉介，獲得 Princeton University Press 授權重印。中文版原刊於貝淡寧，艾維納•德夏里，吳萬偉譯：《城市的精神》（重慶：重慶出版社，2012）。

1 引自 Gary McDonogh and Cindy Wong, *Global Hong Kong* (New York: Routledge, 2005), 33.

2 John Stuart Mill, "On Liberty," in *Three Essays* (Oxford: Oxford University Press, 1975), 11.

3 引自 Denis Hiault, *Hong Kong: Rendez-vous chinois* (Évreux: Gallimard, 1997), 21.

4 McDonogh and Wong, *Global Hong Kong*, 41, 42.

5 參見 http://ebooks.adelaide.edu.au/k/kipling/rudyard/seatosea/chapter9.html

6 吳啟聰，朱卓雄：《建聞築跡——香港第一代華人建築師的故事》（香港：經濟日報出版社，2007年），頁15。

7 Peter Cookson Smith, *The Urban Design of Impermanence: Streets, Places and Spaces in Hong Kong* (Hong Kong: MCCM Creations, 2006), 77.

8 引自 McDonogh and Wong, *Global Hong Kong*, 136。但是，白吉爾（Bergere）的區分不大能清晰地應用在中國前現代時期。比如在唐朝，繁榮的大都市長安和絲綢之路貿易城鎮證明了中國北方的開放和商業熱情。

9 Law Wing-sang, "Hong Kong Undercover: An Approach to 'Collaborative Colonialism'," *Inter-Asia Cultural Studies* 9, no. 4 (2008): 524–25.

10 McDonogh and Wong, *Global Hong Kong*, 46, 48.

11 Hiault, *Hong Kong: Rendez-vous chinois*, 44.

12 在新加坡，影響類似（請參閱〈新加坡：建國之城〉一章）。

13 McDonogh and Wong, *Global Hong Kong*, 63–64, 67.

14 同上註，頁69。

15 英國記者馬丁・布斯（Martin Booth）寫了小時候在香港的充滿感情的回憶錄，題目是《鬼佬：我在香港的童年》（*Gweilo: A Memoir of a Hong Kong Childhood* [Ealing: Bantam, 2005]）.

16 強世功：《中國香港：文化與政治的視野》（香港：牛津大學出版社，2008年），頁139。

17 Hiault, *Hong Kong: Rendez-vous Chinois*, 70.

18 Percy Cradock, *Experiences of China* (London: John Murray, 1994), part 3.

19 律師胡紅玉一九七五年幫助創建了壓力集團「香港觀察家」，認為麥理浩爵士在他擔任港督期間（一九七一至一九八二），拒絕把選舉引進立法會對香港來說是「災難性的」。直到一九九〇年代才引進民主，殖民地政府實際上為中國政府反對政治變革提供了合理性。請參閱 John M. Carroll, *A Concise History of Hong Kong* (Lanham, MD: Rowman and Littlefield, 2007), 230. 從積極的一面看，麥理浩爵士給香港引進了影響很大的廉政公署和開展大規模的公屋建造計劃。

20 McDonogh and Wong, *Global Hong Kong*, 105.

21 強世功：《中國香港：文化與政治的視野》，頁112–21，頁149–58。

22 香港風格的資本主義有一種激發人們詩歌靈魂受到藝術和音樂的吸引，而不是金錢的吸引的方法，請參閱里尼・小笠原（Leanne Ogasawara）文筆優美的博客：www.tangdynastytimes.com/2009/04/hong-kong.html

23 對資本的支配地位的驕傲，或者缺乏羞恥感也通過下面的事實體現出來：像《明報》這樣嚴肅的報紙的整個頭版都填滿廣告，比如，《明報》，二〇〇九年三月六日的頭版，就是百達翡麗鐘錶的廣告。

24 參見 www.hoover.org/publications/digest/3513096.html

25 Wilson Wong and Sabrina Luk, "Economic Policy," in *Contemporary Hong Kong Politics: Governance in the Post-1997 Era*, ed. Lam Wai-man, Percy Luen-tim Lui, Wilson Wong, and Ian Holliday (Hong Kong: Hong Kong University Press, 2007), 181.

26 請參閱 www.geocities.com/CapitolHill/1931/secC12.html

27 McDonogh and Wong, *Global Hong Kong*, 12; Smith, *The Urban Design of Impermanence*, 79.

28 陳翠兒，鍾卓明等：《The 逼 City：我們的空間》（香港：民政事務局，2006），頁 13。

29 Paul Wilding, "Social Policy," in *Contemporary Hong Kong Politics*, 209.

30 Ling-hin Li, *Development Appraisal of Land in Hong Kong* (Hong Kong: Chinese University Press, 2006), 211, 18.

31 Gary Cheung, "Property Giants' Influence Grows," *South China Morning Post*, April 12, 2010.

32 Wong and Luk, "Economic Policy," in *Contemporary Hong Kong Politics*, 184.

33 根據卡爾・馬克思（Karl Marx）的《哥達綱領批判》（*Critique of the Gotha Program*），應該體現資產階級社會的賢能政治理想的「各盡所能，按勞分配」，只有在已經消除了階級特權的「共產主義的初級階段」實施。但是初級共產主義仍然是有缺陷的，因為它是根據天賦對人們實行獎懲的，因此，「高級共產主義」將實行「各取所需，按需分配」的原則。

34 給作者的信。

35 Ronnie C. Chan, "What You Are Not Supposed to Know about Hong Kong," in *China's Hong Kong Transformed: Retrospect and Prospects beyond the First Decade*, ed. Ming K. Chan (Hong Kong: City University Press, 2008), 100。香港回歸前壟斷的情況，請參閱 www.independent.co.uk/news/business/paragon-of-free-markets-is-riddled-with-monopolies-1598537.html; and Carroll, *A Concise History of Hong Kong*, 229.

36 在英國統治的末期，受到優先移民和就業的地位吸引，英國大量年輕人湧進香港，他們的縮略語為 FILTH（Failed in London, Try Hong Kong，倫敦失敗就闖香港）。

37 Chan, "What You Are Not Supposed to Know about Hong Kong," 101, 109.

38 www.helpersfordomestichelpers.com/pb/wp_aa0b2bed/wp_aa0b2bed.html

39 Betty Yung, *Hong Kong's Housing Policy: A Case Study in Social Justice* (Hong Kong: Hong Kong University Press, 2008), 7.

40 Nelson Chow, "Social Welfare: The Way Ahead," in *From Colony to SAR: Hong Kong's Challenges Ahead*, ed. Joseph Y. S. Cheng and Sonny S. H. Lo (Hong Kong: Chinese University of Hong Kong, 1995), 400.

41 應該追問的是，香港在稅率這麼低的情況下，怎麼能提供這麼多資金保障、如此廣泛的社會福利呢？重複一下，政府的大部分收入來自土地交易，但是百分之六的收入來自「博彩業稅收」，後一種收入主要來自著名的六合彩和香港賽馬。這筆錢被用來支持金融福利項目，通過撥款或者貸款，這或許解釋了一個非常怪異的現象，香港的有些醫院病房裝飾着香港馬會的標誌。

42 Yun-wing Sung, "The Hong Kong Economy Since Reversion," in *China's Hong Kong Transformed*, 195–98.

43 同上註，頁 192。

44 "20,000 Jobless to Be Put to Work," *SCMP*, 10 December 1998, 1; "Grounds for Discontent," *SCMP*, 30 July 2010.

45 Wong and Luk, "Economic Policy," in *Contemporary Hong Kong Politics*, 183.

46 Lam Wai-man, "Political Context," in *Contemporary Hong Kong Politics*, 2.

47 www.asiasentinel.com/index.php?option=com_content&task=view&id=2294&Itemid=173; Kevin Drew, "Retrial in Murder Case Spotlights Justice and Class Division in Hong Kong," *New York Times*, 9 January, 2011.

48 Ming K. Chan, "Transforming China's Hong Kong: Toward 2047 Convergence?" in *China's Hong Kong Transformed*, 30.

49 請參閱《香港雜誌》，二〇〇八年和二〇〇九年的文章，在線免費閱讀 www.hkjournal.org/

50 Wilding, "Social Policy," 206, 210.

51 "The Four Reasons HK Banks Are Unlikely to Go Under," *SCMP*, October 16, 2008, A10.

52 王卓祺、張宙橋：〈福利主義與福利依賴的關係：香港的實徵研究〉，載黃紹倫、尹寶珊、梁世榮編：《新世紀台港社會風貌》（香港：香港中文大學香港亞太研究所，2008年），頁206、208。

53 Joseph Chan, "Giving Priority to the Worst Off: A Confucian Perspective on Social Welfare," in *Confucianism for the Modern World, ed. Daniel A. Bell and Hahm Chaibong* (New York: Cambridge University Press, 2003), ch. 10.

54 Yung, *Hong Kong's Housing Policy*, 76–81, 107.

55 可能有人爭論，公眾接受大規模的公共資金支持教育，包括提供高工資的大學，至少部分可以這樣解釋，因為該政策符合普遍擁有的尊重教育的儒家價值觀。而且，工資不是由市場原則決定的事實，諸如哲學之類「不實用的」學科的教授工資和企業法的教授工資同樣多，至少可以部分解釋為在儒家道德框架下，人們對人文教育的重視（雖然這樣的政策起源或許更多是因為英國公務員是在伊頓公學和牛津大學接受的人文教育訓練）。

56 Yung, *Hong Kong's Housing Policy*, 128.

57 當然，香港的經濟從2008年的金融危機中比較快地反彈。請參閱 Bettina Wassaner, "Finance Jobs Hint at Recovery in Asia," *New York Times*, 2 September 2009.

58 有關香港和上海對金融中心地位的爭奪，請參閱《香港雜誌》，2009年10月，www.hkjournal.org

59 www.investhk.gov.hk/UploadFile/IPA_global_financial_crisis.pdf

60 「不苟言笑」在香港背景下不是問題，實際上正好相反。麥當勞已經了解到它不能把「微笑服務」的標準帶到香港。正如詹姆斯•沃特森（James L. Watson）注意到的，香港居民特別強調「嚴肅性」的公共形象，麥當勞的員工應該做出這樣的面部表情；關注細節，堅定不移，所以看起來更像皺眉而不是微笑。在香港，微笑被看作過於和藹，過於關心，過於套近乎。請參閱 James Watson, "McDonald's in Hong Kong: Consumerism, Dietary Change, and the Rise of a Children's Culture," in *Golden Arches East: McDonald's in East Asia*, ed. James Watson (Palo Alto, CA: Stanford University Press, 1997), 90–92.

61 陳翠兒、鍾卓明等：《The 逼 City：我們的空間》，頁 13。

62 Jonah Lehrer, "How the City Hurts Your Brain ...and What You Can Do about It," boston.com, 2 January 2009.

63 Smith, *The Urban Design of Impermanence*, 119.

64 www.indexmundi.com/hong_kong/life_expectancy_at_birth.html

65 二〇一一年中，它被一百一十八層的環球貿易廣場超過。

66 http://architecture.about.com/gi/dynamic/offsite.htm?zi=1/XJ&sdn=architecture&cdn=homegarden&tm=33&gps=142_1150_728_332&f=10&tt=33&bt=1&bts=1&zu=http%3A//www.ifc.com.hk/english/onetwo.aspx

67 陳翠兒、鍾卓明等：《The 逼 City：我們的空間》，頁 18。

68 這種世界觀也幫助解釋了在香港重新分配財富的壓力不大：如果財富主要是運氣（如贏得彩票）的功能，對富人就沒有那麼多的怨恨了。不是要求改革，人們渴望下次運氣能更好些。

69 一個住在日本的女性朋友告訴我一個有趣的故事，反映了考慮自我和考慮他人的消費差異。當她到訪香港時，她在掂量買不買一件漂亮的麥絲瑪拉牌（Max Mara）冬裝大衣，標價可以優惠百分之七十五（但仍然要花一千美元，所以她放棄了）。裏面的口袋縫有貂皮，售貨員解釋說日本顧客是多麼喜歡「隱蔽的奢侈」。

70 Ibn Khaldun, *The Muqaddimah: An Introduction to History*, vol. 1, trans. Franz Rosenthal (London: Routledge & Kegan Paul, 1958), 282.

71 引自 Fareed Zakaria, "A Conversation with Lee Kuan Yew," *Foreign Affairs*, March/April 1994, 115.

72 檢驗這種說法的唯一真正方法，是問人們在衝突的情況下怎麼做（或者至少問他們說要做什麼）。按照二〇〇六年進行的亞洲價值觀指標調查，香港人把「和家人在一起」等價值放在自我表現的價值如「掙高收入」和「事業成功」之上。請參閱 Ming Sing, "The Quality of Life in Hong Kong," *Social Indicators Research*, 92 (2009): 312–15.

73 請參閱 http://en.wikipedia.org/wiki/List_of_countries_by_birth_rate; and Chen et al., 陳翠兒、鍾卓明等：《The 逼 City：我們的空間》，頁 96。

74 *SCMP*, 6 May 2010.

75 引自 Smith, *The Urban Design of Impermanence*, 135.

76 McDonogh and Wong, *Global Hong Kong*, 113.

77 Yan-yan Yip and Christine Loh, "New Generation, Greening Politics and Growing Civil Society," in *China's Hong Kong Transformed*, 213, 220.

78 呂大樂的《四代香港人》（香港：進一步多媒體有限公司，2007 年）中，認為年輕的香港人很難滿足老年人對他們的高期待，最新一代香港人不知道他們想要什麼（頁 64 –65）。當本書被香港政府官員用來解釋反對鐵路項目的年輕批評家的抱怨時，抗議者激烈地抗議，理由是他們是出於理想主義的考慮而不是出於個人利益。

79 Ming, "Transforming China's Hong Kong," 18–19; Leo Ou-fan Lee, *City between Worlds: My Hong Kong* (Cambridge, MA: Harvard University Press, 2008), 56.

80 但是，請注意香港風格的公民精神不一定轉變成對更多政治民主的偏愛。按照東亞民主動態調查，香港人對自己參與能力的認識是亞洲最低的，只有1.5%的人相信他們能理解和參與政治。請參閱 Wai-man Lam and Hsin-chi Kuan, "Democratic Transition Frustrated: The Case of Hong Kong," in *How East Asians View Democracy*, ed. Yan-Han Chu et al. (New York: Columbia University Press, 2008), 198。2010年6月，民主派認可了一項得到北京支持的憲法建議，允許選民選擇五個功能界別議員，似乎進一步推遲了特區決策者的直接選舉，他們的領袖在投票中領先。參見 "Albert Ho, Emily Law Rise in Poll," *SCMP*, July 21, 2010.

81 Tsung-Yi Michelle Huang, *Walking between Slums and Skyscrapers: Illusions of Open Space in Hong Kong, Tokyo, and Shanghai* (Hong Kong: Hong Kong University Press, 2004), 52.

82 Charlie Q. L. Xue, "Hong Kong Architecture: Identities and Prospects A Discourse on Tradition and Creation," in *Building Design and Development in Hong Kong* (Hong Kong: City University of Hong Kong Press, 2003), 91; Charmaine Carvalho, "Building Smart," *SCMP*, 16 October, 2008.

83 McDonogh and Wong, *Global Hong Kong*, 34.

84 這並不是暗示政府以高效的方式對危機作出反應，或者盡一切可能保護醫療工作者。有關政府表現的批評性分析，請參閱 Ngok Ma, "SARS and the Limits of the Hong Kong Administrative State," *Asian Perspective*, 28, no. 1 (2004): 99–120.

85 Joyce Hor-Chung Lau, "Eating for Charity at Hong Kong's Fanciest Spots," *New York Times*, 17 August, 2009.

86 www.hku.hk/socsc/moei/

87 丹尼斯（Denis）的團隊贏得官司，參見 Mark McDonald, "Feng Shui Master Loses Claim to Tycoon's Fortune," *International Herald Tribune*, 3 February, 2010. 雖然陳啟宗的律師說他們要上訴。

88 或許可以寫另外一篇有關香港的文章，香港精神是法治和相關的自由政治價值（請參閱 http://zh.wikipedia.org/wiki/ 香港核心價值）。香港人權律師的高能見度以及社會對公民自由的強烈支持，確實使這種說法有一些說服力。但是，邁克爾・道達爾（Michael W. Dowdle）認為，正如以英語為基礎的「香港法律體系，讓百分之八十完全使用粵語的人口的觀點和關心與法律無關，也讓法律與這個人口無關」。請參閱 Michael W. Dowdle, "Constitutionalism in the Shadow of the Common Law," in *Interpreting Hong Kong's Basic Law: The Struggle for Coherence*, ed. Hualing Fu, Lison Harris, and Simon N. M. Young (New York: Palgrave Macmillan, 2007), 63–64. 因此，共同的法律是否已經在香港紮根還存在疑問。

第十六章

北京：政治之城

二〇〇九年年初。我搭乘從歐洲到北京的中國國際航空公司班機長途飛行。在座位上坐下後，有人讓我到飛機的前面去。我忐忑不安地走上前去，被告知我進入了商務艙。正要問為什麼，但是我克制了自己找到真相的慾望：萬一他們發現弄錯了該怎麼辦？坐下後舒適地喝着一杯香檳酒，我看了菜譜，準備要一份「中式牛柳」，正要點菜卻發現一個註釋：「這道主菜是專門為政府高級官員準備的。如果你的第一選擇無法滿足，請接受我們的道歉。」[1] 我自言自語：中國其他航空公司如上海航空或者深圳航空（更不要提私有企業海南航空）是否有類似註釋呢？我懷疑。只有以北京為基地的全國航線才這麼公開地確認政治權力的主導地位。我開始閱讀從孔子網站上打印出來的中文材料，我的心一沉，我看到北京一個上年紀的學者對儒學的無理攻擊，他認為儒學必須在馬克思主義框架下解讀。[2] 雖然沒有提到我的名字，但顯然矛頭是針對我的。我知道這個學者已經給其他儒家帶來了政治麻煩。需要喝更多香檳的時間到了。

飛機降落後，我感到頭疼欲裂。當海關官員比通常花費的時間更長時，我感到有些緊張，但一切還算順利。我乘出租車回家，直接坐在後排。通常我坐在前排和司機聊天，我希望他看出來今天我沒有心思說話。可他沒有注意到這一點，開始了典型的北京政治侃大山。司機回顧了老北京，說那時候人們雖窮但更快活。人們的生活壓力沒有這麼大，城市污染沒有這麼嚴重，政府沒這麼腐敗。我們又遇到堵車，因為這是一年一度兩個星期的人大政協會議期間，街上擠滿了全國各地政府官員的轎車。司機咒罵那些通過專用車道在我們眼前飛馳的政府公用車。

幾天後，我飛到上海做演講。應邀在教師俱樂部吃美味的午餐，我們圍繞西方式長方形餐桌就座。我在想，若在北京，我們可能坐在更「和諧」的圓桌前就餐。上海人傾向於採用最新的西方時尚，不管好壞。難道他們不在乎帝國主義歷史嗎？一九三○年代上海有世界上最高比例的妓女：每一百三十個婦女中就有一個人從事這個行當。許多人為西方帝國主義者服務，她們不需要遵守中國的法律。一八七○年代進入上海的一千三百萬磅鴉片呢（是這個時期進口到中國的鴉片的一半）？[3] 不要提上海黃埔公園那臭名昭著的牌子「華人與狗不得入內」。[4] 主人派一個研究生帶領我參觀市區。我發現她是黨員，但她不願意談論政治。導遊告訴我她喜歡上海，雖然我認為上海風格的公民精神常常伴隨着對其他國人的蔑視。上海的承諾圈子直接從家庭和城市擴展到（西方）世界，基本上跳過了對國家的承諾。不管怎樣，導遊帶我到現代藝術博物館，作了一些有深度的評價。隨後我自己一個人閒逛。迷路後問路，好心的路人用磕磕絆絆的英語回答我。在北京，如果我用漢語問的話，他們總是用漢語回答我。我不喜歡上海人討好西方人的方式，雖然我是受益者。我想說我來自蒙特利爾，不會說英語，但我只是說謝謝（用漢語）。我在有利於行人的狹窄彎曲的街上行走，這和北京寬闊的大街形成鮮明對比。我還注意到街上沒有鼓勵道德修養的標牌或圖片。許多時髦的女性戴着很酷的太陽鏡，難怪有人稱上海是「東方的巴黎」。實際上，如果和北京相比，上海整個城市顯得女性氣息濃厚。我從一個紮着馬尾辮的可愛小女孩身邊走過，她尖叫一聲，跑掉了。這是一個小弄堂，老人在打撲克，穿着睡衣散步，但附近的路牌上寫着（英語）"Benny Image Consultant"。是的，我知道尋找「真實性」是愚蠢的，但是上海人似乎陶醉在外觀世界中，[5] 許多年輕人穿着寫有英文口號的襯衫。啊，這裏有一個寫着法語，一個年輕姑娘的襯衫上寫着 "*Tu veux sortir avec moi?*"（你想和我一起出去走走嗎？）胸前是兩個心形圖案。無恥。而且還有這麼多成對的跨國男女，上海女人一點都不克制，她們跨着西方男友的胳膊，這種情況在北京很少看到。我在想，這些人難道沒有民族自豪感嗎？但是，接着我想到自己也娶了個中國姑娘，我怎麼能反對異族人相愛呢？或許我在北京呆的時間太長了。[6]

北京人有強烈的公民意識，這個城市充滿了國家的象徵，所以對城市感到自豪也意味着對國家感到自豪。批評這個城市也意味着批評這個國家，無論如何，在北京發生的事具有更大的政治隱含意義。無論政府高官還是著名社會批評家都住在北京。本章的第一部分討論北京在政治上的崛起。五百多年來，北京是皇權時代中國的首都，在統治者眼中還是世界首都。中國最終認識到它只是許多國家中的一個，而且還不是最強大的國家，帝國體制在一九一一年被推翻。毛澤東領導下的中國共產黨在一九四九年建立了中華人民共和國，把北京作為首都。毛認為中國可以與過去割裂，建造一個嶄新的共產黨未來，但這證明是奪取了千百萬人性命的幻想。

本章第二部分討論當今時代。中共現在是馬克思主義政黨，它相信經濟力量是政治力量的關鍵。在政府看來，建設經濟的最好辦法（抓住權力）是讓人們去政治化。但是，僅僅從國家層面的政治權力角度看待政治是錯誤的：儒家提醒我們政治力量的真正來源是自下而上的。未來，北京註定要成為重大政治變革的誕生地。什麼變化呢？藐視歷史以及貶低其道德義務的共產主義已經死亡，也應該死亡。有些人回到歷史中去尋找未來的走向。在有些人看來，它意味着提醒中國受西方列強欺負的不幸歷史，建造能夠在世界上説一不二的富強國家，無需考慮其道德義務。在其他人看來，它意味着建設更加人性化的管理、吸收中國最優秀的傳統、通過道德力量感化世界其他人的國家。

一、過去：抹去過去的痕跡

一個在聯合國教科文組織工作的朋友來到北京，他有參觀紫禁城花園整修地的特殊門票。按照官方的說法，該花園是被試圖掩蓋其掠奪證據的太監放火焚燒的，但導遊說這是中國末代皇帝溥儀正在私人放映室觀看查理•卓別靈（Charlie Chaplin）的電影時，不小心偶然燒掉的。無論如何，這個花園確實很漂亮，美麗的花草和各種植物與並不引人注目的亭臺樓閣和諧一體，渾然天成。有人告訴我們，這個花園建成後是不會對公眾開放的。只有國家高級官員和他們的客人才有資格進入參觀。

北京是中國最後一個也是最持久的帝國首都。在十世紀到十二世紀，它是若干區域性亞洲帝國的首都之一。十三世紀，它成為蒙古人統治下的整個中國的首都。該市的規劃更加悠久：「北京獨特的平衡佈局因素出現在更早的帝國首都如長安（現代的西安）、洛陽、汴京（現代的開封）。北京後來的建設者吸取了反映古代信仰和機構的共同先例，尤其是那些聲稱擁有皇帝獨特權威的先例。中國首都城市規劃和建築的持久性源於同連續朝代的政治合法性密切相關的傳統。」[7]

對外行來說，北京為什麼被挑選為中國的首都，為什麼連續八百多年一直是首都並非顯而易見的。這裏氣候惡劣，每年都有沙塵暴，風景也不出色，而且中國是世界上少數幾個首都不是在沿海或沿江大城市的國家。那麼，為什麼統治者建都北京呢？意料之中的是，答案在於獲得政治權力的需要。北京接近蒙古和滿洲，這些地方常常是前現代中國權力爭奪者的誕生地。這些中亞地區產生了四個定都北京的非漢人朝代：契丹人的遼國（九一六至一一二五年）、女真人的金國（一一一五至一二三四年）、蒙古人的元朝（一二七九至一三六八年）和滿族人的清朝（一六四四至一九一二）。漢人明朝統治者（一三六八至一六四四年）最初建都南京，後來遷都北京，因為他們認識到南京離需要捍衛的邊境和邊關太遠。他們重新修建了標誌中國北方邊界的長城和供應城市糧食的通道大運河。北京本身的設計就體現了天、地、人的和諧，[8] 帝國皇宮紫禁城位於正中心。

我在北京中部迷路了，詢問該怎麼走。有人告訴我，從這裏向西，再向南，然後再向東幾個街區，可我還是不可救藥地糊塗了。北京人怎麼有這種超自然的方向感呢？我感到納悶。太陽並不能作為嚮導啊，通常因為嚴重污染，根本看不見太陽。

紫禁城從北到南大概一千米，位於城市的中軸線上，這條線從天壇向北延伸一直到北城牆（奧運體育館就建立在這個傳統中軸線的北部延長線上）。在明朝，北京的人口達到一百萬，或許是十五世紀世界上人口最多的城市，此後就一直在增加。今天它有一千七百萬常駐人口，包括四百萬打工者。

從一九二八年到一九四九年，國民黨定都南京。關鍵的問題是，為什麼共產黨人在一九四九年上台　後把首都遷回北京。畢竟，共產黨的革命應該是掃蕩一切封建殘餘的。而且應該終結受到殖民列強控制的「百年國恥」，這個恥辱的標誌就是北京西北角的圓明園遺址，它在一八六〇年被英法聯軍放火焚燒。共產黨領袖尤其是主席毛澤東挑選北京作為首都的主要原因是，其他任何城市都不能像北京一樣代表新政權獲得的政治權力和合法性。顧問們告訴毛，首都有三個可能的選擇：北京、南京和西安。南京與國民黨統治太緊密，西安的榮華過於古老。[9]

像我這一代許多西方人一樣，我第一次關注天安門廣場是在一九八九年的五月。當時，它被一百多萬親民主的學生示威者佔據。那是激動人心的時刻，關心自己政治命運的人們呼籲專制政權進行政治改革，整個世界似乎都站在學生一邊。對我來說，它也是激動人心的時刻，因為我還遇見了一個中國姑娘，她後來成了我的妻子。在牛津大學讀研究生期間，像其他海外中國學生遊行一樣，我們參與了示威遊行支持天安門廣場的學生運動。但是在一九八九年六月四日，民主運動遭到鎮壓，鄧小平命令軍隊武力鎮壓親民主運動，開槍射殺了天安門廣場的幾百名和平示威者。這種最赤裸、最野蠻的國家暴力讓中國海外留學生陷入痛苦中。妻子告訴我，我們再也不要回到中國去，我不得不放棄訪問這個國家的夢想。我們曾這樣想，但到了二〇〇三年，我們來到北京，此後就一直住在這裏。我在培養了大部分中國政治精英的清華大學講授政治理論（包括民主理論），妻子則在中國的一家總部設在美國的大型投資銀行當大律師。

而且，北京被視為在決定革命力量取得勝利的決定性階段發揮了重要作用。尤其是天安門廣場與二十世紀的反抗運動及群眾運動密切相關。「一九一九年五月二日？抗議凡爾賽和約把中國領土交給日本的示威遊行，一九二六年三月十八日的愛國遊行，一九三五年九月九日的示威遊行開始了反抗日本侵略者的鬥爭，一九四七年五月二十日內戰期間的反獨裁遊行等。」[10] 所以當毛提出一個計劃，引用恩格斯的《自然辯證法》（*Dialectics of Nature*），把天安門廣場作為新北京的零點（中心）後，天安門廣場就成為新中國的誕生地。而天安門廣場也被選為國徽圖案，五個金星代表了中國共產黨的領導和革命民眾的大團結。[11]

毛澤東個人決定把政府確定在北京中心，反對以梁思成和陳佔祥為首的一群保護古建築的建築師在老北京西邊建造新的行政中心的建議，他們希望歷史古城得以保留。正如巫鴻注意到的，保護計劃的失敗「是必然的，因為它與中共當時的基本思想觀念衝突，中共強調革命而不是保護。對梁思成和陳佔祥來說，太明顯不過的是這將給古城帶來太大的壓力，除非行政中心建在城外，否則具有歷史意義的北京的破壞就不可避免，因為它肯定成為愈來愈多現代建築的場所。但是，對毛來說，這種擔憂是無關緊要的，革命就意味着破壞和改造，在中國獲得新生的時候重建北京是天經地義的。」[12] 此後的幾十年講述了破壞的歷史。毛個人下令拆除被梁思成稱為漂亮的「國家項鍊」的城牆，[13] 在他看來，城牆象徵着他們剛剛戰勝的特權統治階級的權威和腐朽的舊社會。[14] 老的城市中心漸漸地被重新開發以適應發展的需要，修建了通向四面八方的道路和環形道路（今天，以天安門廣場和紫禁城作為第一環的象徵，圍繞它們的是「環形道路」已經有了六環路）。一九五八年，中共領導人決定在北京建造十大蘇聯風格的建築，作為社會主義建設成就看得見的表現，包括在天安門廣場上建造的人民大會堂、中國歷史博物館和中國革命博物館。同年，廣場中心的人民英雄紀念碑落成，毛下令擴建廣場，以象徵與過去決裂，並讓天安門廣場成為世界最大和最漂亮的廣場。市長彭真要求臨近的長安街應該足夠堅硬可以讓最重的裝甲車通過而不破壞路面。天安門廣場的最後一個永久建築是一九七七年建造的毛主席紀念堂（毛的屍體陰森森地盯着路人觀看）。從那以後，天安門廣場從時間上説就基本靜止了，或許是北京唯一一塊沒有受到新開發影響的區域。[15] 曾經是新中國最亮麗的象徵，逐漸變成了一個過去政治時代的代表，[16] 一個僵化的政治結構，在需要時不惜依靠殘忍的武力維持其存在。

按官方的説法，中國仍然是馬克思主義國家。中共説，現有體制是「社會主義初級階段」，意思是它是向更高的更優越的社會主義轉變，即馬克思所説的「社會主義高級階段」的過度階段。經濟基礎和法律及政治等上層建築在未來都要變化。最著名的是，馬克思説國家將要「消亡」。在共產主義社會，物質財富極大豐富，可以實行按需分配，誰也不需要為生存而工作，社會將沒有階級差別，不再有用以維護統治階級利益的國家的存在必要。但是，我們該如何得到那種社會呢？什麼時間會到達那裏呢？在我看來，這是馬克思主義國家應該提出的重要問題。不久前，我訪問了中共中央編譯局，這是負責把馬克思著作翻譯成漢語的官方馬克思主義研究機構。希望找到更多東西，中國的馬克思主義者是如何理解共產主義的。該機構獲得政府的大量撥款，這裏的工作人員相對自由，可以思考在中國實行共產主義的合適條件和機制，可是我空手而歸。人家遞給我包裝精美的共產黨宣言的譯稿，和我交談的人談到了需要處理的當代中國的經濟不平等問題，但他們似乎對我提出的中國共產主義未來問題感到困惑不解。他們說，讓我們先對付當前問題，隨後再考慮長遠的未來。

共產主義革命已經失敗。更準確地說，毛在世時實現共產主義的希望就破滅了（我還沒有碰見一個人真的認為共產主義在近期將實現）。或許毛本人從來就沒有真正希望實現共產主義？否則，為什麼共產黨的口號是「偉大的中國共產黨萬歲（字面意思就是一萬年）」，這口號仍然可以在天安門廣場的正面看到。這似乎與國家應該最終消亡的理想發生衝突。另一方面，毛顯然希望實現某種共產主義社會，無休止的群眾性政治運動就是要實現這個目的。但是，不管他心中想的是什麼，毛本人認識到歷史現實沒有能實現他的期待：一九七二年美國總統李察•尼克遜（Richard Nixon）劃時代訪問中國時，試圖恭維毛說他的著作「改造了中國」、「改變了世界」，毛回答說：「我沒有能改變它。我只不過改變了北京郊區的幾片地方而已。」[17] 從積極的一面看，毛或許太謙虛了，中國革命確實極大地提高了人均壽命，促進了男女平等，把中國建設成為不再被外國列強欺負的大國。從消極的一面看，他的政治活動讓國家陷入動盪和混亂，很少有人會反對這種觀點，徹底切斷過去創造嶄新的共產主義未來的努力是失敗了。

那麼，為什麼失敗了呢？有若干原因。隨着年齡愈來愈大，毛本人似乎變得愈發狂熱和幻想。或許他生性殘酷無情，更關心個人權力而不是國家建設，這是最嚴厲的批評家提出的觀點。[18] 另一個原因是毛對儒家的敵視。儒家對家庭紐帶的強調深深地紮根於中國文化中，任何試圖把國家紐帶凌駕於家庭紐帶的嘗試註定是要失敗的。類似論證還有試圖用政治激情取代儒家教育觀也是註定要失敗的。不是認同中國反儒的秦始皇（被認為是中國第一個皇帝），毛或許應該吸取這個皇帝短命任期（公元前二二一年到二〇六年）的教訓。從最好處說，靠中央集權和恐怖統治是對付動盪時代的短期戰略，並非國家長治久安之秘訣。毛或許應該吸取埃德蒙•伯克（Edmund Burke）對法國革命的批判：追求烏托邦變革的專制工程必然帶來恐怖和暴力。

在北京講授政治理論的自由令人吃驚（出版物則受到嚴格控制）。在七年多的時間裏，我只遭遇過一次限制：有人警告我不要過多講授馬克思主義。講授民主和人權可以，但如果我對馬克思主義的解釋過分偏離官方立場，就可能遇到麻煩。但是，在過去這些年，我履行了一些自由，講授了幾節有關卡爾•馬克思（Karl Marx）思想的課。有一次，我給一群本科生講了一節馬克思的歷史理論。我總結說，在我看來，鄧小平對馬克思理論的理解比毛澤東更好，因為鄧小平認識到馬克思的觀點，共產主義社會需要經過資本主義社會來發展經濟這個階段。我的學生似乎非常驚訝，所以我問學生：「你們在馬克思主義必修課上學到的內容是什麼？」一個玩世不恭的學生回答說中國官方的「馬克思主義」可以用一句話總結：「服從黨的領導。」

但是，我要說毛的共產主義理想失敗的主要原因，是他根本上錯誤理解了馬克思的歷史理論。毛似乎把列寧主義觀點推向極端，一個社會可以從貧窮、不發達、半封建社會直接邁向光明的共產主義未來。[20] 大躍進是通過發揮革命能量在幾年內實現工業化的嘗試，結果造成千百萬人的死亡。馬克思本人也會反對，貧窮國家必須經過資本主義發展這個階段。[21] 原因如下：資本主義生產方式僅僅把工作當成生產過程中的工具，為了少數資本家的利益而使用新技術。但它確實有重要的好處：它比其他經濟模式更容易發展生產力。理由是資本家相互競爭以獲得利潤，因此他們有動機和熱情開發新的更有效的生產商品的手段，創造更多物質財富。如果沒有這些，共產主義是不可能的。如果共產主義在沒有用來支撐物質極大豐富的發達的生產力的條件下實施（先進的技術和使用新技術的知識）是不能持久的。正如馬克思和恩格斯在《德意志意識形態》中所說的，沒有「絕對必須的物質前提」，「物質匱乏成為普遍的現象，而匱乏一旦存在，爭奪必需品的鬥爭就會重新開始，從前的醜惡現象就會恢復。」[22]這就是為什麼馬克思支持英國人在印度的帝國主義，是的，它對印度工人來說是剝削和苦難，但它可以為共產黨的統治打下基礎。

所以，這是毛失敗的主要原因：他不應該試圖越過資本主義階段，單單通過依靠政治宣傳和群眾運動直接進入共產主義。如果毛更認真地學習馬克思主義，千百萬人的生命或許就可以倖免。

二、現在：去政治化的政治

今天，北京繼續代表中國的政治權力。[23]北京人說的語言成為中國其他地方遵循的標準。同樣地，京劇被認為是國家形式的劇種。天安門廣場仍然像二十世紀的大部分時間一樣是神聖的政治中心，是國慶節遊行的場所和高度象徵性的國旗升降儀式場所。但是，自從一九八九年以後，再也沒有見到遊行示威活動了。原因很明顯：遊行將威脅執政黨的政治合法性。因此，遊行示威的任何跡象都會被扼殺在萌芽狀態，在任何遊行出現之前，一直在場的安全官員就會離開採取行動。

但是，在北京其他地方或中國其他地方，我忍不住想說已經基本上去政治化了，即國家放鬆了對社會的控制。中國仍然實行政治壓迫，但已不再是專制國家。國家對經濟的控制已經受到削弱，自由市場改革造成了二十年雙位數的經濟發展速度。大部分中國人的個人自由在三十年前是不可想像的。學生畢業時不再由國家分配工作，宗教限制很少，人們可以自由地結婚、離婚，自由地到國外旅行，只要有錢。不同的人群都有自己的酒吧和迪斯科歌廳，包括同性戀群體。實際上，多數人可以自由地做他們想做的任何事，只要他們把政治留給七千八百萬黨員。可是，真的那麼簡單嗎？

一方面，按照官方的說法，每年都有數千宗社會和政治示威遊行，二〇〇九年前三個月有五千八百次「群體事件」（罷工、街頭抗議、堵塞道路和其他形式的群眾抗議），[24]這顯示情況並不像表面那樣好。中國不斷擴大的貧富差距已經接近拉美國家的水平，具有把國家分裂為不同階級的威脅。宗教自由在西藏和新疆受到嚴格限制。國家呼籲「和諧社會」可以被看作間接地承認現在社會不那麼和諧。不過，與毛時代不同，今天的中共說衝突必須通過和平方式解決，而不是通過階級暴力來解決。

作為十二歲的男孩，我非常自豪家鄉蒙特利爾舉辦了一九七六年的夏季奧運會。這意味着蒙特利爾作為國際大都市的地位得到確認。當我第一次進入奧運會體育館的時候，我驚訝得說不出話來：馬上感到渺小和宏大的強烈對比。但是讓我長久失望的是，加拿大運動員在運動會上表現不佳。奧運會歷史上第一次主辦國沒有獲得一塊金牌。[25] 當加拿大跳高運動員格雷格•喬伊（Greg Joy）在和波蘭競爭者爭奪金牌的時候失掉機會，我一連幾天情緒低落。這次活動之後外出，我不明白蒙特利爾人怎麼還能面帶笑容，這似乎是缺乏尊重和忠誠的表現。後來，在認識到奧運會沒有能真的把蒙特利爾變成全球大城市後感到有點沮喪。傾向獨立的運動興起造成只說英語的單語者加拿大人外流，蒙特利爾作為金融首都和人口第一大城市的地位很快被多倫多取代。今天，蒙特利爾是個漂亮的、休閒的、雙語的城市，但是它的光榮日子或許已經結束。

二〇〇八年，我也為北京歡呼。我很自豪地向遊客展示北京四環路上令人驚嘆的鳥巢奧運會體育館。我用妻子和岳父母的中國人身份證參與奧運會門票的抽籤申請，獲得了很多賽場的門票。雖然我有點吃驚外國人對北京奧運的報道，他們似乎熱衷於壞消息，但這並不阻礙我欣賞體育比賽。我承認，我為中國在獎牌總數上戰勝美國而歡呼。我認為這是對更值得嚮往的多極化政治未來的一個合適的象徵，沒有一個國家有力量在全球反對的情況下侵略另一個國家。我認為中國球迷和運動員沒有傲慢地展示他們的新力量，他們對他國遊客和運動員往往非常友好。[26]

馬基亞維里（Machiavelli）在《君主論》（*The Prince*）第二十一章的開頭是這樣的：「沒有什麼東西比舉行大型活動或從事不同尋常的行動，更能讓統治者獲得威望的了。」[27] 他接着讚美了當時的西班牙阿拉貢國王費迪南追求這種征服活動，「讓卡斯蒂利亞貴族的心思集中在戰爭上，不再考慮反叛計劃。」國王「常利用宗教作為藉口，他乞靈於宗教上的殘酷，把馬尼拉人從他的王國驅逐出去並且把他們掠奪一空。在世界上再也找不到比這個事例更悲慘和罕見的了。」「他經常地完成了一件大事又安排著另一件大事，通過這些大事使他的臣民的心神始終忐忑不安同時驚嘆不已，注意着這些事物的結果。而他的這些行動都是一個接一個地出現的，在這一行動和另一行動之間沒有一點空隙，使人們不能夠從容不迫地進行反對他的活動。」（此段引自：尼科洛・馬基雅維里，潘漢典譯：《君主論》〔北京：商務印書館，1985年〕，頁107）因此，他總是策劃和取得偉大的業績，在臣民等待結果時，從來不缺少緊張刺激和驚心動魄的體驗。他的行動一個接一個緊密相連，沒有人有足夠時間能發起反對他的叛亂。」我們稱這些策略就是去政治化的政治。統治者有意識地進行一些能夠把民眾的注意力從政治議題上轉移開來的政治活動。

像奧運會這種體育活動也可以這樣來看。在同一章，馬基亞維里警告說：「在每年的適當時候，他（君主）應該用宴會和宏大活動讓民眾娛樂。」中國政府的發言人聲稱「把奧運會政治化是與奧運精神格格不入的」，[28] 但這個說法不可能是真誠的。奧運會當然具有政治功能：它是展示在過去幾十年裏中國在中共領導下所取得的巨大成就的櫥窗，是的，至少暫時轉移人們對中國社會和政治問題的注意力。它的確起到了這種作用。除了少數社會批評家外，大部分中國人對奧運會感到自豪，反對在奧運期間搖晃政治船的行為。

這是壞事嗎？這取決於獲得國家榮譽所採用的手段。馬基亞維里對血腥入侵和「空前苦難」的稱讚在道德上存在嚴重的問題，這同樣適用於中國傳統中的法家——「馬基亞維里主義者」如韓非，他稱讚使用嚴酷刑罰控制人民，增強國家力量，但是中國奧運會不同。不錯，中國政府支持（間接地）蘇丹、津巴布韋、緬甸等糟糕的政府，但聲稱中國政府的不當行為應該讓奧運遭到抵制，這種懲罰就有些牽強附會（在我看來，作為對美國入侵伊拉克的反應，抵制美國隊的比賽反而是更好的做法）。另外，它也取決於政府在國內的所作所為，如果奧運會被用來支持或者炫耀推行種族主義的政權，如一九三六年的柏林奧運會，抵制它當然有道理。但是，那些常常把北京奧運和納粹奧運的「大屠殺」進行對比的人，從最好處說也是令人懷疑的。是的，西藏出現了壓迫，但有誰真的相信中國將在奧運會後實施大屠殺或者發動戰爭呢？納粹意識形態核心的官方種族主義在哪裏呢？我還沒有看到中國政府的任何一個聲明有這種效果。事實上正好相反，前任文化部長王蒙在中國人民政治協商會議上發表了一篇精彩的發言，其中他明確批評了中國跨欄運動員劉翔的說法，他說他的金牌（二〇〇四年奧運會）顯示「黃種人」也能跑得快。王蒙補充說：「我們不能老是用受氣的小媳婦吐苦水的語氣說話。」相反，他稱讚在比賽失利後不久向劉翔祝賀的黑人運動員。[29] 在北京，政府盡最大努力鼓勵運動員與觀眾和公民在奧運期間對他國人友好和禮貌。[30] 政府或許使用了一些嚴厲手段，如為了給奧運場館建設騰地方，強迫一些居民拆遷而沒有提供充分賠償，[31] 但我看不出中國犯下了什麼值得作出抵制奧運的罪行。最終，或許歸結為那些愛好競爭性體育運動和無此愛好者之間的衝突。缺乏體育興趣的人或許懷疑像奧運會這種壯麗盛景，最終成為政府用來賦予合法性、轉移反對派注意力的政治工具。在他們看來，體育真的是政治問題。而那些熱愛體育的人會說批評家也有落後之處，政治的要點就是創造美好生活的條件，而美好生活就包括了體育。所以，政治的確是體育問題。如果政府成功地舉辦了國際體育比賽，人們玩得很高興，政府就是做了應該做的事。只要在此過程中沒有犯下嚴重罪行，人們對這個重大活動感到自豪沒有什麼不好，我們不應該對整個事件的道德寓意感到痛苦。

二〇〇七年末，位於天安門廣場右側的巨蛋形狀的北京國家大劇院開張後不久，我去觀看了一場音樂會。我對這個結構感到驚嘆，似乎就是漂浮在人造湖上。走進去，音響效果完美無缺，這個大廳感覺很親切，雖然我坐在最後一排。演出結束後，我乘出租車，司機馬上開始對新建築大加批判。他抱怨説這個建築是外國人設計的（法國建築師保羅•安德魯〔Paul Andreu〕）。我回答説在過去，中國許多著名建築也都是外國人合作設計的。我問他是否反對新的奧運會體育館（也是外國人設計的），他説當然不。我注意到國家大劇院的屋頂有陰陽象徵，或許這是中國文化最常見的標誌。接着司機説真正的問題是這個建築與周圍的建築不協調。[32] 我試圖開玩笑，就回答説其他建築都太醜陋，為什麼不能與這個風格一致起來呢？他沒有笑。然後我試圖提出儒家和而不同的觀點，但他説仍然存在風格和意義的連續性問題。他指出附近的建築具有政治意義，天安門廣場是中國政治結構的中心，周圍的建築應該具有政治意義。我問道天安門廣場另一邊的北京飯店：它不是政治建築。歌劇院有什麼錯？他回答説賓館具有政治功能，因為全國人大代表每年來開會時就住在那裏。[33] 我説他們來到這裏後也可以去看看歌劇啊。出租車司機搖搖頭説：「那是娛樂消遣。」

中國主要的政治傳統儒家學說基本上是一種社會責任哲學：我們追求的應該不僅僅是個人品德修養而且要盡可能關心他人，當權者應該實行仁政。但是，在儒家經典「母本」——孔子的《論語》中有一篇文章，似乎與儒家強調社會責任的觀點形成鮮明對比。這篇文章似乎是該書中最長的一篇，似乎可以作為非政治性的（或反對政治性的）解讀。在本篇中，孔子和他的四個學生坐在一起，他問他們各自的不同理想。第一個學生子路説他想管理一千輛兵車的中等諸侯國，用三年時間他將打敗外國入侵的軍隊，戰勝國內的饑荒，讓民眾有勇氣，懂得大道理。孔子的反應是撇嘴笑笑表示懷疑。冉有接着説，他比較謙虛，他可以管理更小一點的國家，讓民眾富足，但是需要賢德君子來修明禮樂。公西華更謙虛，他説他只能做個小小的司儀。最後一個學生曾皙的回答或許是最讓人感到困惑的。他説他要和朋友一起洗澡後，一邊唱歌吟詩，一邊往家回。孔子讚許地點點頭。（〈先進〉第二十六條：「『千乘之國，攝乎大國之間，加之以師旅，因之以饑饉，由也為之，比及三年，可使有勇，且知方也。』夫子哂之：『求，爾何如？』對曰：『方六七十，如五六十，求也為之，比及三年，可使足民。如其禮樂，以俟君子。』『赤，爾何如？』對曰：『非曰能之，願學焉。宗廟之事，如會同，端章甫，願為小相焉。』『點，爾何如？』鼓瑟希，鏗爾，舍瑟而作，對曰：『異乎三子者之撰。』子曰：『何傷乎？

亦各言其志也。』曰：『暮春者，春服既成，冠者五六人，童子六七人，浴乎沂，風乎舞雩，詠而歸。』夫子喟然歎曰：『吾與點也！』」）

講解《論語》的暢銷書作家于丹認為，這篇文章意味着個人態度比政治承諾更重要。她借助於宋朝大學者朱熹的權威，認為曾皙的理想相比來說微不足道，但實際上比別人更勝一籌，這是因為曾皙旨在培養內在的態度和自我修養的提高，而不是具體計劃。後來，她再次討論曾皙的理想，使用道家的語言指出欣賞大自然的重要性。然後提到了莊子的思想「獨與天地精神往來」，以解釋孔子對曾皙理想的讚賞。[34]

但是，如果該篇真是關於追求個人幸福，或者與大自然和諧相處，天人合一，那就奇怪了。在這樣一本強調社會關係和政治關切的重要性的書中，上述有關個體性追求的觀點該如何展開呢？在我看來，該篇是關於政治關切的，但孔子強調政治關切的手段不僅僅是管理國家。考慮一下該篇的末尾，孔子和曾皙對話時解釋他對冉有和公西華的反應。孔子說，他們仍然在思考社會和政治關切的重要形式，即使他們並沒有挪去國家權力的最高槓桿（于丹對孔子就該問題的進一步討論無法作出解釋，如果她的解釋正確，那麼《論語》的那段話就應該在曾皙闡述其理想之後即告結束才對，沒有必要再寫下去）。那麼，曾皙的理想如何呢？如果把它放在《論語》其他篇章的背景下來考慮，其意思就清楚了。孔子指出與關係密切的人的非正式社會交往以及吟詩唱歌的重要性，這是支持社會和諧的信任紐帶所不可缺少的東西。曾皙描述與朋友一起吟詩唱歌有助於形成社會信任即「社會資本」（借用當代社會科學的用語）。孔子贊同這種活動是因為它是在道德上可行的更高層次的政治活動的基礎和必要條件。子路認為僅僅通過個人性格和正確政策來作出改變就能管理國家，但是他忽略了能夠讓那些政策有效實施的社會信任的必要性，難怪孔子最不贊成他的理想。如果我們用這樣的解釋來分析曾皙的理想（以及孔子對這個理想的反應），整篇文章的意義就更加明確了：政治承諾大到體現在管理國家的理念，小到與親朋好友的非正式交往準則，而後者在某種意義上更重要。

這聽起來不大可能嗎？對那些決心摧毀政治體制的暴君並非不可能。聰明人知道他們必須遵照社會規範行動。因此，當阿里斯托米達斯（Aristomedus）在公元前五三四年推翻庫馬的政府後，他不僅血洗參議院，而且系統地摧毀了健身房。那時候，健身房是制度化的雞奸活動場所，在健身房形成的社會紐帶鞏固和支持了整個社會的紐帶。通過關閉健身房和強迫所有年輕人在城市養大，蓄長髮，穿姑娘的衣服，阿里斯托米達斯企圖打擊「高貴的男子漢精神」，將那些渴望恢復從前秩序的人分散開來。[35] 換句話說，限制結社自由，防止傳統的社會聚集是破壞舊政權的關鍵。從積極的方面說，像與朋友一起唱歌和游泳這種沒有政治性的活動，實際上是真正創造社會和諧與政治穩定的因素。

所以，如果當時想到這些，我肯定會説給出租車司機聽的。政治也是音樂問題。

二〇〇九年十月一日。在中共「解放中國」六十周年紀念活動時，我接到邀請在國家電視台談論教育和社會趨勢。這個城市的道路因為準備大型的軍事閱兵而封閉，我被要求在電視台附近的一家賓館過夜。我出來散步，除了安全保衛人員和一個提着金絲雀鳥籠散步的老人外，街上空無一人。人家告訴我節目是關於什麼內容的，也問我可能要説什麼話。節目是現場直播，不能出現任何閃失。我確實反對其中一節，其中搖滾歌手崔健在一九八〇年代被描述為「代表性音樂人」。崔健是個有才華的音樂人和激動人心的表演者，我在紐約的一個小型俱樂部中看過他的演出，但我不認為他能代表那個時代。台灣歌手鄧麗君在學生中更受歡迎，她也受到不同群體人的歡迎。鄧麗君受到唐朝詩歌激發的甜蜜優美的歌曲至今仍然受到民眾歡迎。所以，我改變了腳本在直播中提到鄧麗君。我有點擔憂，是否踩在了政治敏感區，因為鄧麗君是終身的反共主義者，從來沒有訪問過大陸，希望沒出岔子（畢竟，我那八十四歲的老丈人，一個參加過三次戰爭的老軍人，中國最後的真正的共產主義信徒之一也是鄧麗君的歌迷）。好像沒有出什麼問題。後來我再一次到電視台作節目，應邀談論有關孔子的新電影。

早期中國統治者會派代表到民間采風，聽取、記錄和彙報人們唱的種種歌曲。如果歌曲是高興的、歡快的，説明人民感到滿意，國王就覺得安全。如果他們的歌曲是悲傷的、怨憤的，他們不滿意，國王就處於危險中。[36]但是，音樂不僅僅被用來作為了解和判斷民眾政治情緒的調查手段，統治者也被鼓勵通過適當的音樂提高人民素質。儒家模式仍然是多樣性的和諧。據説《樂記》是孔子本人編纂而成的書，但被漢代（公元前二〇二至公二二〇年）的眾多學者編輯和重新撰寫。該書説「在偉大的音樂中，存在着天地之間盛行的和諧（大樂與天地同和）」。各地的音樂可能不同，但道德影響是一樣的。「在整個世界，都有同樣的愛情，音樂的風格不同，但它們表達的愛情是一樣的（禮者殊事合敬者也；樂者異文合愛者也）」。音樂本身也呈現出和而不同的理想。「平和舒緩、曲調豐富而節奏簡明的音樂，人民感到安康和幸福（嘽諧慢易、繁文簡節之音作，而民康樂）」。這種音樂能激發快樂的感情，或許還能使人們的身體活動起來。「當標記和聲音不夠，人們的手臂不知不覺中就開始晃動起來（隨着音樂和歌唱），腳也開始動起來。」最重要的是，推動適當音樂的寓意是保護社區中的弱小成員。如果人們的慾望不受到和諧音樂的調整，社會將陷入混亂，結果造成「強者欺壓弱者，多數壓迫少數，聰明人佔愚蠢人的便宜，膽大者欺負膽怯者，老人、小孩和孤兒寡母（沒有社會關係保護）無人關照（強者脅弱，眾者暴寡，知者詐愚，勇者苦怯，疾病不養，老幼孤獨不得其所，此大亂之道也）」。

當然，另一面是我們應該擔憂造成道德上的壞影響的音樂。二千年前的新音樂在古代人看來是有問題的：

> 今天的音樂不如古樂那樣歡快。（在過去，表演者）齊進齊退，整齊劃一，樂聲諧和、雅正，而且氣勢寬廣。性格得到陶冶，家庭得以管理，和平與正義在整個王國得以實現。但現在，（表演者）進退曲折，或俯或僂，但求變幻不求整齊，樂聲淫邪，沒完沒了烏七八糟，而且有俳優侏儒側身其間，男女無別，不知有父子尊卑，如獼猴麕（粵音菌，普音qūn）聚。音樂終結之後無餘味可尋，又不與古事相連。現在你詢問的是音樂，但喜歡的不過是聲音。[37]（《禮記‧樂記》：「今夫古樂，進旅退旅，和正以廣。……修身及家，平均天下……。今夫新樂，進俯退俯，奸聲以濫，溺而不止；及優侏儒，糅雜子女，不知父子。樂終不可以語，不可以道古。……今君之所問者樂也，所好者音也！」）

在《論語》中，孔子非常明確地指出應該禁止在道德上有危害的音樂：「捨棄鄭國的樂曲，斥退諂媚的人。鄭國的樂曲淫穢，諂媚的人危險。」（〈衞靈公〉第十一條：「放鄭聲，遠佞人。鄭聲淫，佞人殆。」）但是，他也指出禮儀（連同適當的音樂）比強大的法律能更有效地改造人的心靈（〈為政〉第三條：「道之以政，齊之以刑，民免而無恥；道之以德，齊之以禮，有恥且格。」）所以，或許結論是國家不應該限制音樂，但需要小心地挑選公共儀式和孩子們所在的學校中的適當音樂。雖然有人或許喜歡崔健（或我最喜歡的搖滾樂隊「碰撞」〔clash〕），但它不是政府應該提倡的音樂。[38]

三、未來：復興過去

住在北京的快樂之一是人們不（主要）以賺錢多少評價他人。那些確實有錢的人喜歡顯示他們的文化，他們常常與不同社會背景的人交往，如政客或藝術家（和香港對比，香港更多是金錢取向的，人們往往堅持和自己所在的社會階層的人交往），同樣的人常常做不同的事情。對「你是做什麼的？」的問題，常常有兩三種不同的答案。至於我自己，我是大學老師，但我也經營餐館。我幫助創辦了一家餐館，我的書就存在那裏，我到那裏和朋友交流對話。這家餐館名字叫紫蘇庭，主要由另外兩個股東在經營——我的中國朋友阿文和她的瑞典丈夫托比。阿文有自己的空調裝置生意，而托比是在北京演奏爵士樂的音樂人。

共產主義到底是怎樣的呢？不幸的是，馬克思本人很少談論共產主義社會的社會生活。在他四十多卷的著作中，只有很少段落談到共產主義社會。最著名的是一八四六年寫的《德意志意識形態》，當時馬克思還是年輕人：在共產主義社會裏，每個人都可能「隨自己的心願今天幹這事，明天幹那事，上午打獵，下午釣魚，傍晚從事畜牧，晚飯後進行批判活動。這樣就不會使我老是一個獵人、漁夫、牧人或批判者」。[39] 或許馬克思只是想說人們的選擇不受經濟上必要的勞動分工所決定。但這些例子是怪異的，因為共產主義社會的特徵是技術高度發達（這是物質財富極大豐富所必須的，這能夠讓人們免於從事不喜歡的工作），所以人們不大可能會選擇如養牛這樣的牧業活動。或許馬克思克制自己沒有進一步預測共產主義社會的本質，因為他認識到技術將導致他自己時代難以想像的東西（他能想到互聯網嗎？）。不過，負面影響是大門敞開，各種浪漫的幻想家如毛澤東，把自己瘋狂的夢想強加在共產主義理想之上。

比馬克思更清醒的學界闡釋者，已經試圖表達出共產主義的樣子。特里•伊格爾頓（Terry Eagleton）的《人生的意義》（*The Meaning of Life*）是對各種可能性的學問高深的批判。他在最後幾頁得出他的理想的積極內容。這是一個人人都能實現個人獨特才華，允許和鼓勵其他人繁榮發展的社會。更具體地説，這意味着什麼呢？伊格爾頓借用馬克思主義政治理論家柯恩（G. A. Cohen）的形象：爵士樂隊。這裏值得全部引用：

> 一個即興表演的爵士樂隊顯然不同於交響樂團，因為在很大程度上，每個成員都是自由地任意表現自我。但是，她這麼做的時候敏感地認識到其他音樂人的自我表現。他們形成的複雜和諧並非來自集體的演奏，而是來自每個成員在他人自由表現的基礎上進行的自由的音樂表現。隨着每個演奏者在音樂上更加嫻熟，其他人也能從中獲得靈感並得到激勵從而達到新的高度。在這裏，自由和「整體的善」之間沒有衝突，不過，其形象正好是專制的反面。雖然每個表演者為「整體的善」作貢獻，但她這麼做不是通過殘酷犧牲而是通過表現自我。其中有自我實現，但那是通過自我在音樂整體中的消失而達成的。其中有成就，但它不是自我吹捧的成功問題。相反，成就（音樂本身）充當了表演者之間關係的媒介。從這種藝術活動中可以得到快樂，因為這裏有自由的成就感和力量實現，同時有一種欣欣向榮的感覺。因為這種成功是相互的，我們甚至可以籠統地比喻性地説，這是一種愛。[40]

那是對共產主義理想的動人描述，但也暴露了共產主義的弊端：它貶低了歷史的重要性和伴隨歷史的道德義務。在現實世界中，無論我有多少錢，我面對的決不僅僅是在社會中與他人一起發揮自己才能的問題。我還擁有對他人的義務，這是我從前的角色、現在的角色和未來將要擔任的角色決定的。歷史非常重要。這基本上是儒家道德的深刻洞察力之關鍵所在。父母花費多年時間辛辛苦苦把我養大，在他們年邁體弱之後，我有義務照料他們。如果父親生病，我就不能在自由選擇的群體中忙着提升自己。[41] 我要照料他，即使這妨礙我平常喜歡做的事。我的行動受到限制，也應該受到限制。這不一定是「殘酷的犧牲」，實際上如果我在照料父親時表現出這是一種犧牲，它會傷害我父親。但是，這確實是一種犧牲。[42]

北京大學有傲人的社會承諾的歷史，它的學生在二十世紀領導了中國眾多政治運動。[43] 幾個月前，我和妻子在這個校園裏散步。我們路過在一九二〇年因為反對軍閥鬥爭而被殺害的學生的紀念碑。妻子評論說有一天，將會有一個紀念碑來紀念一九八九年六月四日被殺害的學生。

如果我在中國學到了什麼東西的話，那就是耐心。是的，政治改革將會發生，但它需要時間。我的最令人尷尬的錯誤之一是預測在二〇〇七年六月四日，在政府對一九八九年六月四日的屠殺道歉之後會出現政治改革的憲法會議。[44] 就在我寫本章的二〇一〇年，我們還沒有看到任何實質性的政治改革，或為六月四日道歉的跡象。總有一天會有實質性的政治改革，但那一天可能還很遠。二〇〇七年二月，温家寶總理說中國必須堅持目前的發展方針至少一百年，改革者比較樂觀。改革派學者周天勇在二〇〇七年中共第十七次全國代表大會後發表的研究報告顯示，中國需要至少六十年時間（從一九七九年算起）才能過渡到現代市場經濟和更高程度的政治民主。從二〇二一至二〇四〇年的最後階段，將涉及到發展經過改善的民主政治體制框架，和形成現代化國家的「中等發展水平」的成熟民主和法治。[45] 其中沒有特別提到選舉。

我的一本書討論過儒家學説在當代中國政治和日常生活中的復興。有個朋友建議適當的封面或許是一張（修補的）孔子照片取代天安門廣場上毛的照片。這似乎是個不錯的主意，但我認識到那樣可能在政治上太敏感了（一九八九年學生示威遊行時，有兩個學生給毛的畫像上潑紅色油漆被關進監獄很長時間）。我和編輯討論了這個問題，我們想到了另外一種可能性：把孔子照片和毛照片並列。[46] 最後，我們決定完全放棄這個想法。心照不宣的假設是這種封面會讓我在清華大學講授政治理論的職位陷入危險中。

回想起來，為什麼像我這樣的西方人會真心支持一九八九年的學生運動呢？我感到好奇。我對中國一點都不了解，我怎麼如此肯定學生代表了中國的未來呢？或許這是一種自戀。我支持學生是因為他們渴望成為像我們這樣的人？或許學生運動本身就有點天真了。當然，政府向和平的示威者開槍是不對的，他們最終將不得不為此道歉。但這並不能推論說學生就站在歷史的正確一邊。他們有一種理想化的沒有受到任何民主實踐經驗污染的民主觀（因此，就像毛的共產主義理想，民主代表了他們最浪漫的幻想）。既然很多學生出國留學，世界新聞可以在中國被廣泛閱讀（互聯網比印刷媒體受到限制更少，如果和嚴格控制的全國性新聞相比，國際新聞相對來說更自由一些），中國受教育的民眾對民主的優缺點有了更加知情的認識和判斷。一方面，美國入侵伊拉克玷污了民主模式在許多中國人眼中的形象：美國似乎代表了霸道的強權政治而不是民主理想。中國的經濟崛起使中國人對中國自身的傳統有了新的自信。未來，天安門廣場可能有更多的政治示威遊行，但激動人心的形象將不再是自由女神像。

二〇〇九年六月。在北京參加了有關儒學的跨學科學術會議之後，偉大的儒家學者蔣慶在我家小住了幾日。在批評家看來，蔣慶是個試圖顛覆歷史的「儒家極端主義者」。我覺得，他是一個能獨立思考的思想家，試圖從豐富和多樣的儒家傳統中尋求靈感來思考中國的政治改革，同時對其他傳統的影響保持開放態度。他的三院制國會的建議（通過民主選舉方式產生議員的庶民院，通過考試選拔德才兼備的精英的通儒院，和由中國多樣的文化傳統的代表組成的國體院），成為人們深入討論的話題。[47]

> 我們參觀了一三〇六年由蒙古征服者忽必烈汗首次建造的儒家寺院雍和宮，有大概十五個儒家青年學者在等待蔣慶。他們對蔣畢恭畢敬。我們走向大廳，向孔子像鞠躬，有人請蔣擔任司儀。還有人問我是否應該參加這個儀式，蔣堅決反對這個問題背後的狹隘民族主義思想。蔣說，儒家學說是為天下的。然後我們走到隔壁皇權時代中國的最高學府國子監。成千上萬的學生就是通過國子監的大門來參加科舉考試的最後階段，那些成功者由此博取功名。我們被帶領參觀了皇帝本人每年春天講授儒家經典的講壇，皇帝的御旨口口相傳給三千名考生。蔣說那不對。他指的是十七世紀儒家社會批評家黃宗羲，此人提出太學祭酒應當「推擇當世大儒」，其權力和地位應該與宰相平等，皇帝及宰相六卿大臣等官到太學，應就弟子之列，聽祭酒講學和對朝政過失的批評。[48]

當今中國有兩種民族主義。一種是思想封閉的、充滿怨恨的民族主義，這更多地歸功於中國式的法家而不是儒家。這種民族主義者企圖把中國建設成為軍事強大，經濟發達，可以向世界其他地方「說不」的大國，[49] 不受任何道德約束。另外一種民族主義者對中國文化傳統感到自豪，同時對其他影響保持開放態度。這些民族主義者創造性地解釋傳統價值以便它們符合當今現實，滿足當代人和未來人的需要。他們夢想一個民族，同享一種建立在道德理想而不是民族或種族基礎上的文化，他們的政治目標是建設一個讓人們過上幸福生活的國家，主要通過道德力量感化世界其他地方。[50] 現在預測哪一種民族主義取得勝利還為時尚早。不過可以肯定的是，政治劇場即將在北京上演。

註釋

* 本章英文版原刊於 Daniel A. Bell, "Beijing: The City of Political Power," *The Spirit of Cities: Why the Identity of a City Matters in a Global Age* (Princeton: Princeton University Press, 2013)，已經由 Copyright Clearance Center, Inc. 轉介，獲得 Princeton University Press 授權重印。中文版原刊於貝淡寧，艾維納•德夏里，吳萬偉譯：《城市的精神》（重慶：重慶出版社，2012）。

1 我把菜單留下了，誰若不相信這個故事，我就可以拿給他看。中文菜單有類似的註腳，雖然它說這道菜是專門為「國家領導人」準備的，而不是為「高級領導」準備的。

2 《儒家郵報》，第 85 期，2009 年 2 月 19 日。

3 Stella Dong, *Shanghai: The Rise and Fall of a Decadent City* (New York: Harper Collins, 2001), 45, 53.

4 雖然中國人禁止進入公園，但沒有證據證明有這樣的招牌。請參閱 Robert A. Bickers and Jeffrey N. Wasserstrom, "Shanghai's 'Dogs and Chinese Not Admitted' Sign: Legend, History and Contemporary Symbol," *China Quarterly*, no. 142 (1995): 444–66.

5 上海人比北京、廈門、福州的人更喜歡西方產品和名牌。請參閱 Wei R. and Pan Z., "Mass Media and Consumerist Values in the People's Republic of China," *International Journal of Public Opinion Research* 11, no. 1 (1999): 75–96.

6 二〇一一年初，我和上海交通大學簽訂了學術崗位合同，我希望，這讓我能在這個城市花更多時間對這個城市的精神有更加細膩和平衡的描述。

7 Lillian M. Li, Alison J. Dray-Novey, and Haili Kong, *Beijing: From Imperial Capital to Olympic City* (New York: Palgrave Macmillan, 2007), 8.

8 王博：《北京：一座失去建築哲學的城市》（瀋陽：遼寧科學技術出版社，2009），頁 26–27。但是，在滿族統治下，這個城市的設計更少和諧特徵：少數民族滿族建立了一個准許種族隔離的政權，禁止漢族人居住在城市內城。請參閱 Roger Darrobers, *Pékin: Capitale Impériale, Mégapole de Demain* (Paris: Gallimard, 2008), 29.

9 Li, Dray-Novey, and Kong, *Beijing*, 173.

10 Wu Hung, *Remaking Beijing: Tiananmen Square and the Creation of a Political Space* (Chicago: University of Chicago Press, 2007), 15。新中國中央銀行發行的第一套革命後的鈔票上，也是天安門的畫面。

11 同上註，頁 66。五星也在中國旗幟上，但是不清楚這些星實際上代表什麼，見 http://commentisfree.guardian.co.uk/daniel_a_bell/2006/10/post_502.html

12 Wu, Remaking, *Beijing*, 8. 軍事上的考慮，尤其是建造地鐵，或許一直是為拆除城牆辯護的因素。請參閱 Yue Zhang, "Re-imagining Chinese Modernity: The Demolition and Restoration of the City Walls of Beijing, 1949–2005," manuscript, University of Illinois at Chicago, 13.

13 引自 Li, Dray-Novey, and Kong, *Beijing*, 176。梁提交了一個計劃，沿着城牆創建花園人行道，讓它們變得更加漂亮。請參閱插圖 Geremie R. Barmé, "Beijing, a Garden of Violence," *Inter-Asia Cultural Studies*, 9, no. 4 (2008): 617。在共產黨掌權之前，北京市長（一九三三年）已經強調了類似梁的計劃的保護目標，也是旨在吸引外國遊客。請參閱 Madeleine Yue Dong, "Defining Beijing: Urban Reconstruction and National Identity, 1928–1936," in *Remaking the Chinese City: Modernity and National Identity, 1900–1950*, ed. Joseph W. Esherick (Honolulu: University of Hawaii Press, 2000), 121–35.

14 十九世紀末二〇世紀初，都市改革者也試圖將中國城市現代化，增強它們的國家功能。請參閱 Kristin Stapleton, *Civilizing Chengdu: Chinese Urban Reform, 1895–1937* (Cambridge MA: Harvard University Asia Center, 2000), 1–2, 257. 但是，毛把這些觀點推向極端。

15 更準確的是，革命前時代的建築有百分之五仍然留在北京。賈斯珀•貝克爾（Jasper Becker）注意到「即使豪斯曼男爵也對十九世紀的巴黎留下百分之四十的建築沒有拆遷」。請參閱 Jasper Becker, *City of Heavenly Tranquility: Beijing in the History of China* (London: Penguin Books, 2008), 8. 最近北京有很多文章哀嘆老北京的大規模破壞，請參閱 Michael Meyer, *The Last Days of Old Beijing: Life in the Vanishing Backstreets of a City Transformed* (New York: Walker & Company, 2008)。從積極的方面看，大躍進和文革期間鏟平紫禁城的計劃被放棄了。請參閱 Geremie R. Barmé, *The Forbidden City* (London: Profile Books, 2008), 15. 紫禁城是北京列入世界文化遺產名錄的六大名勝之一（中國總共有三十四處）。請參閱羅哲文、李江樹：《老北京》（石家莊：河北教育出

版社，2006 年），頁 2–4。有關北京的中文書往往不是專門談論建築，它們也討論更加具有持續性的北京文化的方面，比如施連芳、上官文軒編著的《趣談老北京文化》（北京：知識產權出版社，2005）的上半部分就是談論北京的飲食文化。

16 Wu, *Remaking Beijing*, 134, 240。但是，邁克爾•杜頓（Michael Dutto）和合著者注意到天安門廣場是中國遊客的國家的強有力的象徵。請參閱 Michael Dutton, *Hsiu-ju Stacy Lo, and Dong Dong Wu, Beijing Time* (Cambridge, MA: Harvard University Press, 2008), 2–3, 11, 206. 雖然如此，從了解一九八九年六月四日醜陋事件的我的學生的經驗來判斷，一旦對這些事件的公共討論不再是個禁忌，我可以猜測天安門廣場的象徵意義已經不再激動人心。

17 Jonathan D. Spence, *The Search for Modern China* (London: Hutchinson, 1990), 631.

18 Jung Chang and Jon Holliday, *Mao: The Unknown Story* (New York: Anchor, 2006).

19 卡爾•馬克思的歷史理論的權威描述是 G. A. Cohen, *Karl Marx's Theory of History: A Defence, expanded edition* (Princeton, NJ: Princeton University Press, 2000)。

20 毫無疑問，他也受到一九五〇年代初期俄國例子的啟發：當時，它似乎是成功跳過資本主義階段的國家。

21 有人可能指出，馬克思在臨終的時候，暗示像俄羅斯這樣的農業國家走向共產主義的可能性。但是他可能排斥像大躍進這樣的努力，同樣地，他會排斥在他那個時代實施烏托邦社會主義的努力。

22 Karl Marx and Friedrich Engels, *The German Ideology, in Collected Works* (London: Lawrence and Wishart, 1975–98), 5:49.

23 這並不是暗示北京只有一種政治權威，而是存在兩個重要的政治權威——國家和北京市。這個事實有時候使得解決北京問題更加困難，比如交通擠塞，它在過去幾年裏變得愈來愈嚴重。有時候，市政府在挑戰中央政府的權威：按照薄智躍的説法，首都和中央在一九六六至一九九五年期間出現過兩次對抗，中央都取得了勝利。請參閱 Bo Zhiyue, "Economic Development and Corruption: Beijing beyond 'Beijing'," *Journal of Contemporary China* 9, no. 25 (2000): 484–86.

24 http://libcom.org/news/58000-mass-incidents-china-first-quarter-unrest-grows-largest-ever-recorded-06052009

25 加拿大在一九八八年卡爾加里市的冬季奧運會上重複了這個不光彩的成績。我很高興地報告説，加拿大最終在二〇一〇年卡爾加里的冬季奧運會上終止了「奧運羞辱的世紀」，該國位居金牌榜榜首。

26 參見 www.blog.newsweek.com/blogs/beijingolympics/archive/2008/08/12/a-harmonious-day-at-the-races.aspx; www.blog.newsweek.com/blogs/beijingolympics/archive/2008/08/15/view-from-the-stands-patriot-games.aspx

27 這裏和隨後的馬基亞維里（Machiavelli）引語來自《君主論》（*The Prince*）。*The Prince, ed. Quentin Skinner and Russell Price* (Cambridge: Cambridge University Press, 1988), ch. 21.

28 引自 Edward Cody, "China Steps Up Its Argument over Darfur: World Leaders' Plans to Attend Olympics Used to Push View of Games as Apolitical," *Washington Post*, March 8, 2008.

29 http://news.sohu.com/20070312/n248674721.shtml

30 http://commentisfree.guardian.co.uk/daniel_a_bell/2007/04/a_great_leap_forward.html

31 賈斯珀‧貝克爾評論說：「北京承諾給世界『人民的奧運』」，但是對古代城市的這種重大改變，若非在專制社會則根本不可能完成。」（Jasper Becker, *City of Heavenly Tranquility*, 292）.

32 對國家大劇院的特別嚴厲的批評，請參閱王博：《北京：一座失去建築哲學的城市》，第四章。王認為，這個建築與周圍建築不協調，從環境上說，它是一種浪費，和中國人的信仰發生衝突，不是特別的有創新，不能服務於人民的需要，整個事情就是政客決定的，很少考慮大眾和專家的意見。王認為這個建築代表了北京最近的一種趨勢，即外國建築師把這個城市作為試驗場，檢驗那些在西方根本不可能得到批准的怪異和昂貴的建築。但是，王並不反對外國建築師的作用，他高度讚揚了由瑞士建築師雅克‧赫爾佐格（Jacques Herzog）和皮埃爾‧德默隆（Pierre de Meuron）設計的奧林匹克體育館（鳥巢）。這個體育館是受到中國陶瓷的研究的啟發，表達了中國文化和現代美學的和諧的結合。參見王博：《北京：一座失去建築哲學的城市》，第五章第三節。

33 最早的北京飯店是法國人在一九一五年建造的。在革命後的中國，人民大會堂的建築師張博設計了一個分部，讓老建築相形見絀。這個飯店將接待重要的外國客人，打算做出這樣的政治聲明，「中國最終砸碎了殖民時代的鐐銬，共產黨解放了這個城市和國家」。（Dutton et al., *Beijing Time*, 78）。現在它是一個豪華飯店，由總部設在新加坡的萊佛士連鎖酒店（Raffles chain）經營。當然，萊佛士是創建了現代新加坡的英國帝國主義者（請參閱新加坡一章）。

34 請參閱于丹：《論語心得》（北京：中華書局，2006年），頁90，91，93，99。

35 Thomas S. Scanlon, *Eros and Greek Athletics* (Oxford: Oxford University Press, 2002), 268.

36 Philip J. Ivanhoe, "Asian Tradition and New Humanity," in *2009 Global Civilization and Peace* (Seoul: Jimoondang, 2010), 123–33.

37 這裏和其他地方，我修改了《樂記》的翻譯，參見 http://chinese.dsturgeon.net/text.pl?node=10113&if=en

38 有一些社會科學證據支持儒家的音樂觀點。在最近的試驗中，十多歲的孩子聽音樂，沒有關心他人的內容（比如米高•積遜〔Michael Jackson〕的「拯救世界」〔Heal the World〕）更容易表現為好的撒瑪利亞人，如果和採用中立影響聽音樂的人對比的話（Peter Walker, "Positive Lyrics Keep Teens on Right Track," *South China Morning Post*, January 8, 2010）。應該説，如果受試者聽搖滾樂隊「性手槍」（Sex Pistols）的英國的無政府主義之類歌曲的話，影響可能更加明顯。

39 Robert. C. Tucker, ed. *The Marx-Engels Reader*, 2nd ed. (New York: Norton, 1978), 160.

40 Terry Eagleton, *The Meaning of Life* (Oxford: Oxford University Press, 2007), 171–73.

41 艾維納（Avner）本人在成為學者之前就做了幾年的職業爵士音樂人，他提醒我爵士音樂人也尊重歷史。「你知道，歷史是人類演奏的第一句。你通過尊重這個句子而即興表演，接着第三個樂手通過尊重前兩個及其所做的事進行即興表演，在第一個樂手的句子上建造。」雖然如此，儒家確實不怎麼強調自我表現和即興表演。即使我在關照父母的時候不是具有創造性的，我仍然有義務照料他們，因為我的角色和他們從前對我所做的一切。

42 我應該承認，我父親最後那幾年基本上是由我的妹妹照料的。我花時間撰寫如何孝敬父母，而她則花時間實踐這種孝道。

43 請參閱 Xiaoqing Diana Lin, *Peking University: Chinese Scholarship and Intellectuals, 1898–1937* (Albany: State University of New York Press, 2005); and Fabio Lanza, "The Beijing University Students in the May Fourth Era: A Collective Biography," in *The Human Tradition in Modern China*, ed. Kenneth J. Hammond and Kristin Stapleton (Lanham, MD: Rowman & Littlefield, 2008), 117–34.

44 那是拙著 *East Meets West: Human Rights and Democracy in East Asia* (Princeton, NJ: Princeton University Press, 2000)(《東方遭遇西方：東亞的民主與人權》)的第五章。

45 周天勇：〈攻堅：十七大後中國政治體制改革研究報告〉，2008 年 3 月 12 日。

46 這樣的一天或許不像我想像的那樣遙遠。二〇一一年一月十一日，一個龐大的三十一英尺（9.5 米）的雕像在天安門廣場東側揭幕，面對毛的畫像。請參閱 Mark MacKinnon, "Rehabilitation of Confucius Complete," *Globe and Mail*, January 14, 2011.

47 請參閱范瑞平編著：《儒家社會與道統復興：與蔣慶對話》（上海：華東師範大學出版社，2008）。

48 Huang Zongxi, *Waiting for the Dawn: A Plan for the Prince*（《明夷待訪錄》）, trans. William Theodore de Bary (New York: Columbia University Press, 1993）, 83.

49 參見 http://en.wikipedia.org/wiki/China_Can_Say_No

50 這樣的民族主義者不需要只從儒家那裏尋求靈感。比如閻學通為受到先秦思想家多樣的思想啟發的一種人道的民族主義辯護。請參閱 Yan Xuetong, Ancient Chinese Thought, *Modern Chinese Power*, ed. Daniel A. Bell and Sun Zhe, trans. Edmund Ryden (Princeton, NJ: Princeton University Press, 2011.

CIVITAS 思想共和國 CIVITAS 思想共和國 CIVITAS 思想共和國 CIVITAS 思想共和國
CIVITAS 思想共和國 CIVITAS 思想共和國 CIVITAS 思想共和國
CIVITAS 思想共和國 CIVITAS 思想共和國 CIVITAS 思想共和國 CIVITAS 思想共和國
CIVITAS 思想共和國 CIVITAS 思想共和國 CIVITAS 思想共和國
CIVITAS 思想共和國 CIVITAS 思想共和國 CIVITAS 思想共和國 CIVITAS 思想共和國
CIVITAS 思想共和國 CIVITAS 思想共和國 CIVITAS 思想共和國
CIVITAS 思想共和國 CIVITAS 思想共和國 CIVITAS 思想共和國 CIVITAS 思想共和國
CIVITAS 思想共和國 CIVITAS 思想共和國 CIVITAS 思想共和國
CIVITAS 思想共和國 CIVITAS 思想共和國 CIVITAS 思想共和國 CIVITAS 思想共和國
CIVITAS 思想共和國 CIVITAS 思想共和國 CIVITAS 思想共和國
CIVITAS 思想共和國 CIVITAS 思想共和國 CIVITAS 思想共和國 CIVITAS 思想共和國
CIVITAS 思想共和國 CIVITAS 思想共和國 CIVITAS 思想共和國
CIVITAS 思想共和國 CIVITAS 思想共和國 CIVITAS 思想共和國 CIVITAS 思想共和國
CIVITAS 思想共和國 CIVITAS 思想共和國 CIVITAS 思想共和國
CIVITAS 思想共和國 CIVITAS 思想共和國 CIVITAS 思想共和國 CIVITAS 思想共和國
CIVITAS 思想共和國 CIVITAS 思想共和國 CIVITAS 思想共和國
CIVITAS 思想共和國 CIVITAS 思想共和國 CIVITAS 思想共和國 CIVITAS 思想共和國
CIVITAS 思想共和國 CIVITAS 思想共和國 CIVITAS 思想共和國
CIVITAS 思想共和國 CIVITAS 思想共和國 CIVITAS 思想共和國 CIVITAS 思想共和國